M
Mathematics
中小学数学课程
国际比较研究丛书

河南大学研究生教育创新与质量提升计划项目
“中法高中数学课程比较研究（SYL18050109）”资助

中法高中数学课程比较研究

曹一鸣 /丛书主编
张玉环 /著

丛书序

经济的发展，社会的进步，越来越依赖于科学技术，而人力资源已成为其中的决定性因素，教育受到重视应该是一个必然的结果。应对时代发展的需求，世界各国从不同层面上加大了投入，开展教育改革。教育部在全国基础教育课程改革实验工作会议中指出"综观中外教育改革，无不把课程改革放在突出位置，把课程作为提高人才培养质量的关键来加以改革和建设"。

数学学科一直是各国基础教育课程中的核心学科，也是各国历次课程改革的重心。进入21世纪，诸多国家纷纷出台全国性的数学课程标准或国家层面的课程改革政策文件。我国教育部于2001年7月，颁布了《全日制义务教育数学课程标准(实验稿)》，2003年3月颁布了《普通高中数学课程标准(实验)》，2011年12月颁布了《义务教育数学课程标准(2011年版)》，目前全国普通高中数学课程标准也正在修订之中。

美国相继出台了有关基础教育课程改革的一系列法案政策。早在1989年，美国科学促进会就出台了面向21世纪的基础教育改革计划——《普及科学——美国2061计划》。以乔治·布什为领导的共和党政府于1991年签发了指导美国基础教育改革的纲领性文件《美国2000年：教育战略》。以克林顿为领导的民主党政府1994年签署了《2000年目标：美国教育法》以及1997年的国情咨文。2001年，小布什政府制定了《不让一个孩子掉队》(No Child Left Behind，简称NCLB)的教育改革计划。这些政策文件都反映基础教育课程改革在美国的重要程度。2000年，由全美数学教师协会(National Council of Teachers of Mathematics，简称NCTM)颁布了准备十年之久的《数学课程标准》，并向全国推荐实施。2009年7月，奥巴马政府制定了"力争上游"(Race-to-the-top)项目，以促进各州的基础教育课程改革，其中一项内容就是各州联合制定并使用统一的K－12标准和相应的学业评价标准。2010年6月，全美州长协会(National Governors Association，简称

NGA)与美国各州首席学校官员理事会(The Council of Chief State School Officers,简称 CCSSO)联合推出了《共同核心州数学课程标准》(Common Core State Standards for Mathematics)。英国在 1989 年形成全国统一的国家数学课程,1991 年和 1995 年进行了第一次和第二次修订。1997 年,布莱尔政府强调“教育、教育还是教育”是政府工作重心之一,对课程进行了改革。1999 年和 2007 年(仅限中学)又进行了第三次和第四次修订,并于 2011 年启动第五次修订。1999 年,英国课程与资格局修订并颁布了《英国国家课程标准》。2005 年、2006 年英国又相继颁布了《小学、初中英国国家课程标准》及《高中英国国家课程标准》,2013 年和 2014 年分别颁发了《2014 国家数学课程》的义务教育阶段和高中教育阶段的版本。澳大利亚也于 2010 年颁布了澳大利亚《全国统一数学课程标准》,并已于 2011 年开始推广,这也是澳大利亚第一个全国性的课程标准,并且逐步编制与课程标准相配套的教材。

21 世纪初启动的数学课程改革,至今已有十多年,新一轮的数学课程改革也已经拉开帷幕。当今社会,对公民数学素养的要求越来越高,越来越多样化,数学课程的改革面临着从数学内容的选择到呈现方式、教学方式、评价标准等多方面的改革,视角的不同往往会得出不同的结论,因此改革必须谨慎,必须从多种不同的视角展开深入的研究。纵观国际课程改革历史与经验教训,一个现实问题是改革作为对现实的改进和对理想的追求,其本身并不一定必然导致进步,世界诸国在面对每一次教育与课程发展中的“问题”或“不适”进行改革时,总是成功与失败并存,当人们满怀激情地解决了一些问题的同时,新的问题又产生了,有时甚至一些理想中改革的“亮点”,最终却成为最大的败笔。

因此,在研制课程改革方案以前,应做大量的研究工作,既要广泛听取数学家的意见,又要大量吸收数学教育专家的研究成果以及一线教师、教研员宝贵的实践经验。既要研究我国自身数学课程改革的历史和特点,又要深入研究国际数学课程发展,了解世界各国数学课程的变化、最新进展,以国际的视野,通过对比来审视本国的数学课程,传承本国数学课程中所特有的优良传统,紧随 21 世纪信息科技型社会的发展步伐,与时俱进地发展、更新知识,提出新要求。

自 2006 年起,我们从学习者的视角来进行中学数学课堂教学微观分析,系统地开始数学教育的国际比较研究。2011 年,在相关国际合作研究的基础上,选择了亚洲的日本、韩国与新加坡,欧洲的英国、法国、德国、俄罗斯、芬兰与荷兰,美洲的美国与加拿大,大洋洲的澳大利亚,非洲的南非等十三个国家的数学课程标准进行研究。相继出版了《十三国数学课程标准评介(小学、初中卷)》和《十三国数学课程标准评介(高中卷)》,成功申报教育部人文社会科学基金规划项目“高中数学课程标准的国际比较研究”以及国家哲学社会科学基金“十二五”规划2012年教育学重点课题“中小学理科教材国际比较研究(初中数学)”,开展对中国、美国、澳大利亚、英国、法国、德国、俄罗斯、日本、韩国、新加坡等国数学教材的国际比较研究。为此,国际研究的视角从开始的数学课堂教学比较,逐步延伸到数学课程标准、数学教材、数学学业评价等方面。

通过以上诸项目的研究,进一步加强了与国际数学教育研究者的联系,与美国范德堡大学、澳大利亚墨尔本大学、英国剑桥大学、英国国王学院建立实质性的合作研究,成功联合申报一系列国际合作研究项目。研究团队分别在《教育研究》《中国教育学刊》《比较教育研究》《课程·教材·教法》《外国中小学教育》《教育科学研究》《数学教育学报》《数学通报》等杂志上发表了一系列相关研究论文,多位博士研究生基于比较的视角,从数学课程标准、数学教材、数学教学等方面开展了国际比较的研究,完成学位论文。我们一直有一个想法,希望能够整体发布、出版。2015年下半年,上海教育出版社刘祖希编辑来北京师范大学和我探讨、交流数学教育研究发展问题,他主动提到上海教育出版社愿为数学教育界青年学者的成长提供支持,可以以我们团队的研究为基础,同时关注到国内其他青年学者,联合全国数学教育研究会,开展优秀博士论文评选资助出版,计划在“十三五”(2016—2020)期间陆续出版10册左右的中小学数学课程标准、教材、课堂教学的国际比较研究著作,这一想法很快得到了上海教育出版社王耀东副总编的大力支持,列入资助出版计划。

本选题作为国内第一套较为系统的数学课程领域国际比较研究丛书,其意义在于能对国内数学课程改革、国际数学课程比较研究、数学课程理论学科发展这三个方面起到推进作用。

1. 推动我国数学课程改革的理论研究和实践探索

课程标准成为指导教材编写、教师教学、学生考试评价等工作的重要依据。课程标准的出现及修订直接牵动着课程改革的方方面面,进而影响着整个基础教育改革。因此,课程标准有着举足轻重的作用,对课程标准的研究还需要进一步的探索。关于数学课程标准的比较研究,旨在为基础教育数学职前教师、一线教师、在职培训教师、学校和地方的数学课程和教学负责人、教研员、教师教育的培训者、课程标准和教材的决策者和制定者,以及广大关注国际数学教育、关注数学课程改革的数学家、数学教育家、数学教育研究人员提供广阔的国际视野,了解更多国家的数学课程内容;同时,也为我国进一步发展和完善数学课程标准提供重要的参考和借鉴价值，服务于我国的基础教育课程改革实践，进一步推动课程改革的理论研究和实践探索，为我国数学课程改革铺路架桥。

2. 立足本土、借鉴国际

在课程改革理论研究和实践探索的过程中，离不开借鉴别国的经验。其他国家在数学课程变迁中积累的经验、制胜的优势和存在的问题都是在课程改革的过程中沉淀的宝贵财富，无疑对我国的数学课程改革大有裨益，值得我们扬长避短、学习借鉴。本研究旨在用国际的视野看各国的数学课程，以全球的意识思考我国的数学课程，立足本土、借鉴国际，继承与发展我国数学课程。

3. 探寻国际中小学数学课程标准的异同

研究数学课程标准国际比较，是为了通过国际比较，揭示当前世界中小学数学课程标准中存在的一些共性与差异，借鉴别国的课程改革经验，取他人之长，促进我国的课程改革与发展；认识各国数学课程之间的普遍联系与差异，揭示隐藏在课程内部的本质性规律；促进国际数学课程的比较研究，加深各国之间的理解和交流，推动我国数学教育研究的发展。

该套丛书的出版希望能够为有志于研习数学教育理论，全面提高数学教学、科研水平、拓展国际视野的中小学教师、教研员、本科生、研究生提供有力的帮助。

北京师范大学数学科学学院教授
全国数学教育研究会理事长

2016 年 6 月

前　言

随着时代的变迁，我国高中数学课程一直在不断地变革与发展，如何才能有效解决高中数学课程实施过程中存在的问题和困难？这需要从国际的视野来审视我国高中数学课程，正所谓“他山之石，可以攻玉”。众所周知，法国数学教育较为优秀，且颇具特色。蔡元培先生认为“在世界各国之中，法国文化与中国最相契合”。因此，法国教育改革对我国的教育发展有一定的借鉴意义。高中教育是基础教育阶段非常关键的环节，而近几十年来，国内详细研究法国高中数学教育的文献较少，因此，开展中法高中数学课程的比较研究就显得有必要了。

本书采用总分总的研究思路，共分为十章。首先，详细介绍法国 2010 年实施的高中数学课程标准，并依据课程标准、教材对内容分布进行整体比较。列宁(Лéнин)指出：“为了用科学眼光观察问题，最可靠、最必须、最重要的就是不要忘记基本的历史联系。”因此，我们不但横向比较课程标准与教材，而且从历史发展角度纵向比较中法高中数学课程。其次，高中数学课程的主要内容包含微积分、函数、概率与统计、几何、代数等，因此，本书依据课程标准、教材对中法高中数学课程各模块内容以及信息技术运用进行比较研究，为使结果尽量客观，研究采用定性和定量相结合的方法。最后，梳理本书的研究结论与展望。本书旨在为中国高中数学课程的教学和改革发展提供借鉴和思考。

第一章，主要介绍法国教育，梳理国内外研究现状，明确研究问题与意义，出示研究设计。

第二章，详细介绍法国普通高中数学课程标准，包含高一课程标准、高二的理科与文科数学课程标准、高三的理科与文科数学课程标准。

第三章，依据中法课程标准以及高中教材，对中法高中数学课程进行整体比较研究。

第四章至第八章，对微积分、函数、概率与统计、几何、代数内容进行比较研究，先比较中法课程标准中各内容的差异，然后依据教材对中法高中数学课程中的各内容展开比较研究。

第九章，主要依据中法高中数学教材，介绍中法两国教材信息运用的整体分布；基于传统的习题难度模型建立适用于信息技术类习题的难度模型，进行中法教材信息技术习题难度的比较研究；对法国的信息技术运用进行展示。

第十章，分析研究结论，并对后续开展研究进行展望。

本书的特色与亮点主要体现在以下七个方面。第一，邀请法国本地人参与研究，与法国科学院高级研究员阿兰·莱热（Alain Leger）合作，详细介绍了法国高中数学课程标准（2010、2011、2012 年出版）；第二，研究内容做到了尽可能全面且有代表性，本书选取了中法两国高中数学课程标准、中国人教 A 版高中教材和法国两个版本的教材作为研究对象，法国教材其一是塞萨玛斯（Sésamath）和玛格纳德（MAGNARD）合作出版的数学教材（理科，出版年份为 2014、2015、2016），其二是哈切特（HACHETTE）教育出版社负责出版的教材（经济与社会专业，2005 年出版）；第三，比较结果做到了尽可能客观，宏观、微观、纵横交错并且多角度地进行量化分析和质性分析；第四，研究思路采用总分总的形式，清晰明了，先依据课程标准、教材进行整体梳理，再分模块，如微积分、函数、概率与统计、几何、代数，进行详细比较，并对信息技术的运用进行研究；第五，案例鲜活，具有一定的可读性，本书列举了法国教材中的大量实例，通过案例分析得出相应的结论；第六，比较结果形式多样，既有饼状图、柱状图、雷达图，又有表格等形式，读者阅读时不会感觉单调；第七，微积分内容研究相对深入，首先调查来自 17 个省、直辖市的高中数学骨干教师和生源地是全国各地的大一理科新生，了解国内高中微积分教与学现状，接着基于横向和纵向视角对中法课程标准、教材中的微积分内容进行定性和定量分析，然后梳理国内外知名数学家对微积分教学改革的最新进展，最后对我国高中微积分课程设置和教学提出思考和建议。

本书的内容是我在首都师范大学攻读数学教育博士学位时的主要工作，近阶段又作了部分补充和更新，是对中法高中数学课程的深入研究和总结。本书能顺利完成，首先，感谢我的博士生导师林群院士，已八十多岁高龄的他，仍然工作在数学教育、数学科普的最前线，这种孜孜不倦的治学精神，值得我们敬佩和学习。其次，感谢北京师范大学曹一鸣教授，在攻读博士期间有幸跟着曹教授做项目，不仅开阔了眼界，也提高了科研能力。再者，感谢法国科学院高级研究员阿兰·莱热，正是在他的帮助下，才能更深入地研究法国高中数学课程。此外，感谢参与本书的教师和研究生，李晓云主要负责第五章；李红玲参与完成第六章

第一节内容，张留芳参与完成第六章第二节和第三节内容；王菲主要负责第八章；符方杰主要负责第九章；杨萌萌、吴佳桧参与书稿校对工作。最后，感谢出版社和编辑为本书出版付出的辛苦和努力。

虽然我们投入了很大精力，尽可能提供准确、丰富的中法高中数学课程内容，但由于水平有限，存在许多不足之处，恳请专家、同仁们谅解，并提出宝贵意见。

张玉环

目　录

第一章 研究概况

法国历史上出现过笛卡尔(Descartes)、费马(Fermat)、庞加莱(Poincaré),还有名字被刻在埃菲尔铁塔上的72位法国科学、工程精英里的拉格朗日(Lagrange)、柯西(Cauchy)、拉普拉斯(Laplace)、傅里叶(Fourier)等著名数学大师。特别是18世纪末19世纪初,巴黎几乎成为当时世界数学发展的晴雨表[1]。2006年,在马德里召开的国际数学家大会上,有25%的发言人是法国数学家。可见,法国数学教育的优秀传统从古延续至今。另外,法国精英教育与大众教育能合理并存[2]。

蔡元培先生认为:在世界各国之中,法国文化与中国最相契合[3]。因此,研究法国的数学教育颇有意义。

第一节 法国教育简介

法国首都是巴黎,官方语言是法语。法国具有悠久的历史,工农业发达,有灿烂辉煌的文化,是世界主要发达国家之一。法国非常重视教育,它的科技和教育在

〔1〕 张生春,邓明立.十九世纪法国高等教育改革的启示——兼谈法国数学百年兴衰[J].数学教育学报,2005,14(2):50-52.

〔2〕 杨少琳.双轨制:法国精英教育与大众教育的合理并存[J].重庆工学院学报(社会科学版),2009,23(12):173-178.

〔3〕 周谷平.蔡元培与法国教育管理模式的移植及其启示[J].高等教育研究,2005,26(2):87-92.

世界名列前茅[1]。

一、法国教育现状

（一）学校教育制度

法国幼儿园教育 2～3 年，小学 5 年，初中 4 年，高中分为普通高中、技术高中和职业高中，前两者学制是 3 年，职业高中是 2～4 年。法国普通高中教育从纵向上分为两个阶段，即决定班（高一）和终结阶段（高二和高三），高一不分专业，从高二开始分专业，主要有 L（文学、语言、哲学和艺术，简称文学专业）、ES（经济与社会）、S（自然科学，简称理科专业）。职业高中主要针对即将工作的学生，主要学习一门技术，他们也有机会进入大学。技术高中分为科学与工业技术、科学与实验技术、社会医疗专业、科学与第三（产业）技术专业等。法国高中毕业会考对这三类高中设置了 3 个系列。2006 年，普通高中、技术高中、职业高中拿到高中毕业会考证书的比例分别为 35%、17.2%、12.3%，总共 64.5%。大多数数学系学生或数学家来自普通高中。普通和技术会考成绩合格者，可直接进入普通综合大学学习，但要进入大学校（即精英学校），还需先考入该类学校的预科班，学习 2 年后再考试，成绩优秀者才会被录取。

参照我国普通高中，本书着重介绍法国普通高中的数学课程情况。

（二）课程标准

法国中小学各年级的教学计划、课程标准以及课程设置等是由国民教育部统一制定的。1990 年，法国成立了国家教学课程标准委员会（Conseil National des Programmes，简称 CNP），其中有 31 名成员，4 名技术顾问，都由教育部部长任命，多数是大、中、小学的教师。该委员会按学科设课程标准制定小组，共有 23 人，包括普通教育、职业教育，成员由委员会确定，每个小组 10 多人，通常由大、中、小学教师和督学组成。各小组制定的课程标准经委员会审查通过后，由教育部部长签发。最后委员会进行颁发、执行和评估。

法国国家教学课程标准委员会在 1992 年颁布了《课程宪章》，把它作为今后指导国家制定课程标准的纲领性文件。《课程宪章》特别强调课程标准是指导全国教学的官方文件，突出了强制性，有利于协调和统一全国的中小学教育，促进一般学

[1] 曹一鸣. 十三国数学课程标准评介（小学、初中卷）[M]. 北京：北京师范大学出版社，2012.

科目标和教育体系目标之间的联系。

中小学课程标准的特点如下：首先，详细规定公立学校的教学内容、课时分配、课程结构及进度，具有高度的限制性；其次，法国的中学课程标准和全国统一的业士考试（相当于我国的高考）关系紧密。[1]

（三）教材

法国的教学用书，使用“教材”（manuel scolaire）、“教室用图书”（livre classique，livre de classe）、“教育图书”（livre scolaire）等术语。法国没有统一的教材编写机构来协调教材的编写和出版，而是由商业性出版社组织和邀请社外作者来完成的。一般出版社选定作者，其主体是相关学科的中小学教师，通常是由大学教授或学区督导担任主编。法国中小学教师在选择教材时往往是选择作者而不是选择出版社，因此出版社注重邀请各学科著名学者担任该学科的主编。首先，教材编写必须依据国民教育部颁布的课程标准；其次，教材以知识性原则为基础，强调知识的系统编排与传授；最后，教材的编写应充分考虑学生的身心发展特点和学习需要。但教材的选择权在于教师，没有严格的教材审定制度。当一个年级有几个平行班并有两个以上相同任课教师时，则要求教师们协商选择，当选择意见不一致时，可由校长组织投票选定或直接由校长确定使用哪版教材。法国教师和学生使用的教材由国民教育部负责提供，近几十年来对小学以及初中实行教材免费提供制度，高中在某些地区试行免费教材。法国中部地区从 2001 年起高中教材全部免费。2001 年 5 月，学生家长会议联盟（FCPE）曾经广泛征集签名，要求政府在 2002 年开学时在全国范围内的高中试行教材免费制度。学生对免费的教材只有使用权，而没有拥有权。学生升级或毕业时，需将教材归还学校，以供下一年级学生使用。一般教材至少 4 年不变，以供有效利用，并且法国中部地区已经开始实行一项被称为“e-教材”的计划，教师可以利用电脑进入已授权的网址下载教材的内容，然后让学生直接在电脑屏幕上看[2]。

（四）课程

自 1989 年以来，法国在课程上一直奉行“百科全书式”的方针。虽然后来出现了一系列的课程改革，但仍未改变该传统。其课程理论主要遵循三个原则：首先

〔1〕 毛亚庆. 法国基础教育概览[M]. 北京：中国城市出版社，1997.

〔2〕 陈元. 法国基础教育[M]. 广州：广东教育出版社，2004.

是理性原则，认为最重要的科目是发展学生理性思维能力的课程，在19世纪被认为是古典语言和哲学，到了20世纪，成了数学和自然科学。人们相信，数学和物理不但对工业发展具有推动作用，而且利于发展学生的智力，是培养学生正确推理和善于分析问题的主要手段。其次是普遍性原则，即学生应学习各种学科知识。教学内容对所有学生大致一样，并且按同样的顺序和进度实施，实现教育的平等性。最后是功效原则，即理性知识应用于改造社会，推动社会发展。这三个原则一直指导着法国中小学课程的实践与改革，但其中哪一个是主要原则，随着时代的发展和变化一直都备受争议。19世纪下半叶至20世纪中叶，法国学校课程的变化趋势一直是重视并维护百科全书式的传统，同时适应国际竞争和科学技术发展的需要，不断增设相应的技术性、实用性课程，并提高其地位[1]。

20世纪80年代以来，法国的政治、经济形势发生了较为全面、深刻的变化，法国教育与社会发展的不适应性变得更加突出。20世纪80年代后期，高中课程改革有以下几个特点：首先，高一不再分科，高二和高三分科学习，有很多种分科方法，此外还有一些公共必修课，如法语、外语、数学、公民教育等，只是课时不同，这是为了全面提高学生的基本素质。其次，重新编写高中各年级的数学课程标准，以减轻课程难度，着重培养学生的逻辑推理能力，改变过去只用数学来衡量学生智力的片面做法。最后，加强个别化教学，推广对学生的个别辅导，强调因材施教，将法语、数学、外语的以年龄分组转变为以能力分组。

（五）教学模式

班级授课制是法国传统的教学模式。自20世纪60年代以来，法国在教学领域试图改变传统的班级授课制度，建立以学生为主体的新教学模式。1978年开始出现很多教学实验方案，如权威课：各学科选择优秀的教师上示范课，其他教师分班辅导；个别化工作：个人用卡片学习；小组讨论：由教师提出问题，学生通过讨论解决问题，获取知识；学习组工作：将学生分成若干组，每个学习组都有明确的任务，每个小组成员承担一定的工作[2]。

（六）教学评价

教学评价是依据一定的教学目标和标准对教学进行研究，并评定其价值和优

---

〔1〕 钟启泉.现代课程论[M].上海：上海教育出版社，1989.

〔2〕 毛亚庆.法国基础教育概览[M].北京：中国城市出版社，1997.

缺点以求改进的过程。法国教育部指出，评价本身不是最终的目的，它只是提供了一个出发点，人们可以借此来组织教学。

从 1991 年开始，法国就在小学各阶段和初中各年级建立教育评价检验制度，要求教师对自己所监护学生的学习能力、态度、成绩、方法、效果，作出全面的分析和评价。通过考试、作业、教师观察等评价模式，分门别类地评价学生各方面的发展状况，而不仅仅关注学生的学习成绩。法国的小学和初中都没有学期和学年考试，教师根据学生的平时情况，给学生一个总体评价，且评价中十分重视学生的学习态度，如努力程度、记忆力、理解力、注意力、纪律、学习节奏、对课题的态度、手工及美术的才能，其次是学习成绩。1986 年，初中开始实行毕业考试制度，但考试成绩是对初中学习的一种评估，不影响升学〔1〕。

法国高中生在毕业以后都要参加业士考试，采用 20 分制。业士考试包括两个阶段，其中学生在高二结束时要提前进行部分学科考试，以普通高中为例，所有学生参加法语考试，经济与社会专业学生参加理科教育考试，文学专业学生参加理科教育和数学—计算机考试等。高三结束时，各专业学生参加教育考试，考试形式为笔试、口试和实践等。另外，考生最多还可以参加两门自由选修教育考试，若考试分数超过 10 分，评委在给学生评分时可以作为参考。考试平均分在 10 分以上者视为通过考试，低于 8 分为不及格，8～10 分之间者可以参加第二轮口试形式的补考。从 1992 年开始，法国每年对所有高一的新生作学业测试，目的在于让教师收集有关学生能力和技能的信息，以便后续开展有针对性的教学活动和采取相应的教学手段。对普通高中学生而言，这一类测试包括法语、数学、历史、地理和外语（英语或德语）等学科〔2〕。

（七）教师

1989 年，法国颁布《教育方针法》，建立大学师范学院，负责初等教育教师及部分中学教师的职前培养和在职进修，于 1991 年开始全面实施。法国现有 29 所大学师范学院，每学区一所，学生近 8 万。学院招收至少受过 3 年高等教育且获相应学位的人（对学历留有余地，如同等学历及三年工作经验者等），学制 2 年。审查学习档案是师范学院决定录取的主要方式，有时辅以委员会的谈话，以便更全面、深

---

〔1〕 毛亚庆.法国基础教育概览[M].北京：中国城市出版社，1997.

〔2〕 李其龙，张德伟.普通高中教育发展国际比较研究[M].北京：教育科学出版社，2008.

入地了解考生。考生可以在多所学院报名，可是最后只能在一所学院注册学习。师范生还需具有法国国籍（也有例外）、无前科和身体健康，凡是未达到 65 岁退休年龄的都可以报名。

具体而言，针对不同的方向实施不同的培训。例如，中等教育教师，第一年的主要任务是准备不同的资格考试，学校会针对这些专业开设相应的课程，主要涉及学科知识，并兼顾教学法。第二年，首先是专业教育，包括学科教学法，理论联系实际，讨论培养目标、教学活动、手段利用等方面的问题；以及不同来源和去向的学生共同研讨具有广泛意义的问题；并且通过不同年级和学校的教学，更加全面深入地了解教育、教学、教育系统和社会。其次是普通教育，基本是面向各级各类未来中小学教师的公共课。再次是分散实习，由学院教师和学区的专职或兼职“教育顾问”指导，平均每周 4～6 小时；最后是论文，每个学生在学习和实习后必须完成的工作，其质量和答辩情况在结业考核中占很大比重。法国中学教师的职称主要包括会考教师、证书教师、技术高中教师、职业高中教师和体育教师。大学师范学院的所有学员在进入二年级以前都已通过相应的资格考试，所以只要通过学院的考核就可成为正式的教师[1]。

为了加强教师的权威，2004 年 5 月 10 日法国政令规定教师在纪律委员会中的地位和作用，但教师权威并非仅在纪律惩戒中表现出来。

（八）普通高中各专业数学教育概况

文学专业，让一个真正喜爱文学、人文科学、语言或艺术的学生在这一专业里获得成功。应该借助各种手段引导和培养学生的阅读和写作能力，发展他们的想象能力、自制能力等，充分考虑学生就业的方向多种多样和未来职业市场的迅速变化。数学教育的目标是提供对学生学业继续有用的知识和能力；发展学生传统的数学素质，如好奇心、批判精神、综合能力、逻辑能力等；提高学生的公民素质；更加注重让学生掌握数字信息和图表信息，辨识数字（数据）的合法性和意义（如两个百分比是否具有可比性）。

经济与社会专业，突出从多学科的角度来研究重大的社会主题，注重历史视角、地理视角、经济视角、社会视角和人口视角的互补性。从全局或地区的水平陈述来分析世界化过程的政治侧面、经济侧面、社会侧面。该专业的学生需要具备良

[1] 邢克超，李兴业. 世界教育大系——法国教育[M]. 长春：吉林教育出版社，2000.

好的数据信息分析能力和能够揭示出一个推理过程的逻辑阶段的素质，因此其数学教育的侧重点主要放在概率与统计方面。

理科专业的数学教育在注重数学的文化功能的同时，更加注重数学的服务功能，总体目标为：让学生学会进行各种推理和证明；掌握计算技术；加强数学不同领域之间的衔接；引入模型化；恰当地使用计算机工具等[1]。

各年级三个专业数学课程时间安排：高一（Seconde）每周 4～5 个小时；L、ES、S 三个专业，高二（Première）学生分别为 2～5 小时、3～5 小时、5 小时；高三（Terminal）学生分别为 0～3 小时、4～6 小时、5.5～7.5 小时[2]。

二、法国教育的历史变迁

“所有的教育工作者，包括课程专家，需要从一种历史的观点把过去和现在整合起来。理解历史不仅帮助我们在抽象的和现实的世界中，不重蹈历史的错误，而且让我们更好地为现在作准备”[3]。为了更好地探讨法国数学教育改革，有必要了解法国基础教育政策的变化及其国际环境。因此，下面列举出一些代表性的、有时代气息的教育政策变革。

（一）封建社会及其之前

法国文化的源头是古罗马的教育。公元前 58 年，罗马帝国征服高卢，开办了具有罗马特点的学校。公元 2 世纪后期，基督教传入高卢。4 世纪末，各地建起修道院，后者逐步成为教会教育的主要场所。公元 5 世纪末，法兰克人建立法兰克王国，法国进入封建社会，教会掌握教育大权。8 世纪中期，查理曼大帝（Charles the Great）执政，法国出现了早期的第一个教育发展高潮。11～13 世纪，法国政治稳定，经济活跃，巴黎大学于此期间建立，这是法国教育发展过程中的一个重要里程碑，极大地推动了法国教育事业的进步。16 世纪中叶，宗教改革中的耶稣会学院实行免费就学，学校设施、教学内容和方法、师资水平、教学质量等方面都比较讲究，因此得到了很快的发展。17 世纪以后直到 1789 年大革命爆发，耶稣会几乎完

[1] 汪凌. 法国普通教育高中的数学教育课程[J]. 全球教育展望，2002，31(10)：28-30.

[2] 米歇尔·阿蒂格，郭玉峰. 法国高中数学教学[J]. 数学通报，2009，48(12)：1-4.

[3] 艾伦·C. 奥恩斯坦，费朗西斯·P. 汉金斯. 课程：基础、原理和问题[M]. 柯森，译. 南京：江苏教育出版社，2002.

全控制了法国的中等教育，当时的数学教育主要是欧式几何。

（二）1789 年法国大革命至 20 世纪 50 年代

1789 年资产阶级大革命，推翻了封建专制制度。大革命时期的众多教育计划和教育法案，是法国从旧时代向新的社会形态过渡、建立相应的新的教育制度的尝试。只是这一时期政治动乱，经济困难，办学经费严重短缺，使得一些教育计划和法令无法全面实施。

19 世纪初，拿破仑（Napoléon Bonaparte）建立了第一帝国，封闭教会学校。教育实行双轨制，既要培养文职官员，又要应对国际资本竞争和科技发展的需要，开始加强数学、自然科学教育，并且通过立法奠定了法国近现代教育制度的基础。1852 年起，法国中学分文科、实科两个专业，其中实科重视数学、商业算术和簿记等。1848～1870 年，法国的资产阶级掌握了国家大权，由于产业革命，统治阶级压制文科。19 世纪中期，中学不断加强教学改革，造成了数学教材过重过深的局面。

19 世纪末 20 世纪初，法国国内外民主运动日益高涨，工业革命加速了科学技术的发展，“民主化”和“现代化”成为不可阻挡的潮流[1]。1882 年，（第三共和国）费里法规定，6～13 岁的男女儿童都应该接受初等教育，这种教育可以在公立学校、私立小学或家中进行，但要接受有效性的检查。1890 年，法国政府训令规定：“中等教育的目的，与其说是在于题材的利用，不如说是由陶冶的价值所决定的。教育真正的目的，在于培养学生的兴趣，训练研究方法，发展理解、同化、创造的能力。”于是，数学教材被改造，如叙述简单明了、习题浅显，增加近代数学的一些内容，又如使用函数概念，对几何与代数也做了一些融合。

第一次、第二次世界大战期间，法国数学教育几度中断，受到比较大的影响。

（三）20 世纪 60～70 年代：新数学运动

第二次世界大战后，国际上兴起了由美国发动的数学教育现代化运动，提倡几何代数化，打破欧式几何体系，轻视几何，重视代数，大量减少传统几何内容，用各种方法代替欧式几何体系。1960 年之前，法国只有少数考试合格的学生才能进入中学学习。1960 年后义务教育延长至 16 岁。传统的数学教育几乎被几何控制

---

〔1〕 邢克超，李兴业. 世界教育大系——法国教育[M]. 长春：吉林教育出版社，2000.

着，并且有一些枝节性的、非本质的问题，如学生会用几个月的时间研究圆束，学习一些特殊定理，如辛普森（Simpson）定理等，可是大多数学生并不感兴趣。因此，1960 年左右进行了“新数学运动”，实行的基本原则是：强调数学所特有的从公理出发的演绎推理；导出基本的数学结构，使学生对数与空间的概念有更现代化的理解；为帮助学生更好地适应高等数学的学习，教会学生相应的知识及方法。具体表现如下：几何方面，更强调对称与变换，在高级中学里着重向量及其运算，特别是数量积的教学；代数方面，强调代数运算以及运算间有先后次序的性质；另外，高级中学教学内容涉及一些数学分析的初步知识，如逼近、变量阶、极限等，以及数理统计的初步知识等。在布尔巴基（Bourbaki）学派带领下，“新数学运动”的前期课程改革比较顺利。但在实际操作中，这些原则严重走样，以至于数学里有很多十分抽象的、复杂的定义，使用了过多的符号等，数学教育出现了过重的情况。最终因要求过高，即过分强调数学的抽象性、普遍性和数学理论而贬低了具体性和特殊性，削弱了实际应用，以及教学方法上的一些缺陷等，1981 年，“新数学运动”宣告失败[1]。

（四）20 世纪 80～90 年代的全面改革

自从 20 世纪 70 年代初现代数学教育改革以来，法国的课程标准大约每 10 年变动一次[2]。从 1981 年起高中一年级不再分科，进入 20 世纪 90 年代以后，基础教育课程改革备受重视，1990 年成立了“国家教学课程标准委员会”，该机构是全国课程和课程标准的编写机构[3]。当时法国劳动力市场不景气等诸多原因使得高中就学人数显著增加，1984 年至 1988 年间，学生人数大约增长了 11 倍；56%的就业人口文化程度低于正常要求水平，成年人平均就读时间居工业发达国家之尾；学生负担过重，课外活动困难，学生对社会、文化诸问题漠不关心[4]。于是，法国发起了 20 世纪 90 年代的改革，中等教育采取了质和量兼顾发展的战略，但教育改革并非一帆风顺，主要原因是法国社会在教育认识上和利益上看法不一致，这

---

〔1〕 马忠林，等. 数学教育史[M]. 南宁：广西教育出版社，2001.

〔2〕 李渺，陈志云. 新世纪初的法国数学课程简介[J]. 数学通讯，2003(3)：1－2.

〔3〕 吴式颖. 外国教育史教程[M]. 北京：人民教育出版社，1999.

〔4〕 陆兴发. 九十年代法国高中的课程改革[J]. 外国中小学教育，1993(6)：31－32.

大大增加了教育改革的难度，其次是经费不足[1]。1991 年以来高中有三个主要专业：L(文学、语言、哲学和艺术)，ES(经济与社会)，S(自然科学，即理科)。

(五) 20 世纪末 21 世纪初的改革

1997 年，法国政府的政策更加着眼于缓和社会矛盾，在教育方面也更加注重教育平等[2]。教育部于 1999 年 3 月开始公布一系列文件，实施“21 世纪高中”改革，主要针对的问题有：课业负担过重；不同专业与系列不平衡，如理科系列成为优势学科，理科系列的高中生以出身社会中上层者居多；无文凭青年的数量居高不下等。改革采取的主要措施有：缩减高中课时；教学内容方面增设“社会、法制与公民教育”课和“个别辅导”课；在教学方法上，设置每周 2 小时的“个别辅导”课，主要针对学习困难的学生，重点辅导法语和数学等[3]。2000 年，法国对高中数学进行了改革，数学学科制定课程标准专家组包括数学家、中学教师、数学教育工作者以及教育部的一些人员，主席是统计学家克劳丁 · 罗伯特(Claudine Robert)。此次改革不是革命，高中教育的基本价值不会变，课程上有一些变化：加强概率与统计的内容，根据不同专业选择增加课程差异，考虑数学在当今社会、经济职业需要的多样性，考虑到文学、哲学、语言中的需要，强调技术的应用，不只是计算器[4]。在减少给学生授课时间的同时，采纳多种教学视角让学生不断获得知识，让他们所有的才能得到发展[5]。但是，这些改革措施的效果并不明显，学生学业失败依然严重，每年仍然有 5 万名高中生毕业时拿不到文凭，而且学科不平衡仍在加剧。

(六) 面向 2010 年的新高中

2008 年，时任法国总统萨科奇(Sarkozy)公布了中学教育改革计划，要调整教学课时、课程内容以及评价方式。2009 年 11 月 19 日，法国教育部公布的“面向 2010 年的新高中”就是其中一项，主要针对普通高中和技术高中一年级(2010 年开始实施)，普通高中二年级(2011 年实施)和普通高中三年级(2012 年实施)。法国

---

[1] 苏燕. 法国中等教育发展述评[J]. 基础教育参考，2006(1)：27 - 29.

[2] 王晓辉. 法国当前高中课程改革述评[J]. 课程 · 教材 · 教法，1999(7)：56 - 58.

[3] 王晓辉. 法国“面向 2010 年的新高中”的解析与思考[J]. 比较教育研究，2010(6)：58 - 61.

[4] 米歇尔 · 阿蒂格，郭玉峰. 法国高中数学教学[J]. 数学通报，2009，48(12)：1 - 4.

[5] 汪凌. 法国普通教育高中的数学教育课程[J]. 全球教育展望，2002，31(10)：28 - 30.

此次教育改革的主要意图是使法国教育与欧盟及国际社会接轨，促进教育与学校的持续发展，试图通过采取增设探索性课程、个性化辅导、专科补习等措施，使学生得到更好的教育，从而让每一位高中生更好定向、更多辅导、更多准备，获得成功[1]。更好定向，原则上普通高一学生必须在文学、经济与社会、理科三个专业中选择一个专业，最迟在学年结束时做出决定。本次改革可以让学生有“错选权”，允许高二的学生重新定向，使高中的定向成为渐进的、可回复的。为了方便高二学生转专业，新课表中增加了共同课的比重。更多辅导，改革中提出从高中一年级至三年级实施每周2个小时的个别辅导，特别针对学习有困难的学生。其实，从1999年起实施的个别辅导出现了一些偏差，主要辅导一些学习不错的学生向理科系列过渡，这次辅导扩大了范围，并修正之前的一些偏差。更多准备，改革中要求每个学生都应当至少掌握两门外语，文学系列应当成为面向国际的优秀学习系列[2]。

第二节　国内外研究现状

一、法国数学教育研究现状

国内关于法国高中数学教育的资源非常有限，具体如下。

马忠林等论述了在国际及国内政治、经济影响下法国数学教育从古至20世纪80年代的历史沿革[3]，详细论述了法国普通高中理科1990年的课程标准，并举例介绍当时法国数学教材的特点[4]。法国数学教育和计算机教育专家卡莱特·劳德(Colette Laborde)在长春国际数学教育大会发言，以几何内容为例，介绍了法国数学教学中的技术整合情况[5]，对我国信息技术与数学的整合有启发意义。有学者以法国普通教育高中2000年版的课程标准为参考，在介绍作为必修课的数

〔1〕张萌.“面向2010年的新高中”——法国新一轮高中教育改革[J].外国中小学教育，2010(7)：14－18.

〔2〕王晓辉.法国“面向2010年的新高中”的解析与思考[J].比较教育研究，2010(6)：56－61.

〔3〕马忠林，等.数学教育史[M].南宁：广西教育出版社，2001.

〔4〕陈昌平，黄建弘，邹一心.数学教育比较与研究[M].上海：华东师范大学出版社，1995.

〔5〕Laborde C，孙连举，刘长明.法国数学教学中的技术整合——应用Cabri-geometry进行交互式动态几何教学的案例[J].数学教育学报，2002，11(1)：56－59.

学教育的教育目标和各专业的侧重点之后，着重以高中一年级课程标准为案例，从课程标准的内容架构和教学导向两个方面剖析了法国普通高中数学教育的特点[1]，但并没有详细介绍法国数学课程标准的具体内容。

李渺、陈志云根据 21 世纪数学课程与教学改革国际学术研讨会相关资料，介绍了 21 世纪法国数学课程。从学校和数学教学的组织、数学课程标准的定位、学习课程标准的发展、信息技术的使用等方面进行介绍、分析[2]，但并没有法国数学课程的具体内容。

王媛、苏帆以 1995 年起颁布施行的法国数学课程标准和中国数学课程标准为例，进行了对比。她们认为，法国的数学教学内容有利于加强不同知识之间的相互渗透与贯通，扩大学生的知识面，培养学生的创新能力和独立工作的能力，而中国的数学教学内容保证了知识的逻辑性和系统性，有利于帮助学生打下坚实的基础，更好地培养学生的逻辑思维能力，并据此对中国课程发展提出了几点思考[3]。

2008 年，法国数学家吉恩・皮埃尔・代梅利(Jean-Pierre Demaiay)院士在第四届世界华人数学家大会中学数学教育论坛上的发言，讲述了法国数学当前面临的一些问题，如在法国有 65%的人高中毕业，但是毕业平均成绩很差；理科的学习让学生感到失败(可能除了生物和医学)；在过去的十年，大学一年级学习数学的学生人数减少了 50%(物理的人数减少得更多)；工业也因缺乏工程和技术人员而受到影响；数学博士的培养保持了很高的水平，但是学生很少(在过去的四十年里，锐减了 40%～50%)等。分析了成因，并采取了一些措施，如 2003 年吉恩・皮埃尔・代梅利院士和一些大学同事以及一些中小学教师组织成立了法国学校跨学科标准研究小组(GRIP)，他们提交一些批判的报告。GRIP 的活动主要是评价和修正当前的课程标准和课程。在他们看来，这是导致教育危机的关键[4]。

邓冠铁、高志强翻译了 2000 年的法国普通高中理科数学课程标准，但是不够详细，数学课程标准的很多内容都没有体现出来[5]。

---

[1] 汪凌. 法国普通教育高中的数学教育课程[J]. 全球教育展望，2002，31(10)：28－30.

[2] 李渺，陈志云. 新世纪初的法国数学课程简介[J]. 数学通讯，2003(3)：1－2.

[3] 王媛，苏帆. 中法两国中学数学教学内容差异之管窥[J]. 中学教研(数学)，2004(5)：1－3.

[4] 李亚玲. 法国数学家 Jean-Pierre Demailly 在华人数学家大会上的报告[J]. 数学通报，2008，47(2)：21－25.

[5] 邓冠铁，高志强. 法国数学课程标准简介[J]. 数学通报，2009，48(1)：12－16.

2009 年，国际数学教育委员会主席米歇尔·阿蒂格(Michèle Artigue)在中国数学会厦门年会上发言，首先介绍了法国中学教育的结构、面对的主要挑战；接着介绍与现行课程标准相关的 2000 年高中学校改革，包括解释这次改革的目的和相关的课程选择，以及目标何时会在课堂中实现；然后简要介绍当前实施的课程情况；最后评论了当前引发数学界与数学教育界许多波动和反响的所面临的新形势〔1〕。

2009 年，法国国民教育部数学总督察雷米·乔斯特(Rémy Jost)来北京师范大学访问，进行了中法数学教育座谈会，探讨了数学教学中的一些常见问题，并介绍了法国教学的一些传统，教师聘请及待遇等内容〔2〕。

蒲淑萍介绍了法国中学数学教材的特色。比如，以现代数学内容及方法为统领；注意与多学科联系，突出数学的文化价值和应用意识；以实验、探究等活动方式展示"活生生的数学"等。这对我国中学数学教材编写具有一定的启示作用：中学几何内容应融入现代数学内容及其方法；应注意数学与其他学科的联系；妥善处理信息技术与数学教育的关系等〔3〕。但该介绍比较宏观，没有具体到对内容的处理。

总之，系统、详细介绍法国高中数学课程的文献比较少，特别是法国从 2009 年开始又公布了新的数学教育政策，亟待向国内介绍。并且国内比较教育的文献，大部分是根据自己的出发点进行小范围的比较研究，比较缺乏原汁原味地介绍国外的课程标准或教材，特别是法国、德国这些非英语国家，不利于其他人进行资源再利用。因此，本书首先介绍法国 2010 年开始实施的高中数学课程标准，然后分模块进行微观比较研究。

我国教育部于 2003 年颁布的课程标准〔4〕已实施十多年，与国外优秀国家的课程标准相比，如法国的课程标准，中国的课程标准是否有需要改进的地方？高中课程标准中的一些关键内容模块，如微积分、几何、概率与统计内容，如何处理？特别是微积分内容比较受争议。微积分的创立是数学发展中的里程碑，为研究变量和函数提供了重要的方法和手段，在生产实践、实际生活等领域应用十分广泛。然

〔1〕 米歇尔·阿蒂格，郭玉峰. 法国高中数学教学[J]. 数学通报，2009，48(12)：1-4.

〔2〕 Jost R，张英伯，等. 中法数学教育座谈会实录[J]. 数学通报，2009，48(9)：1-6.

〔3〕 蒲淑萍. 法国中学数学教材的特色及启示[J]. 外国中小学教育，2012(8)：53-59.

〔4〕 中华人民共和国教育部. 普通高中数学课程标准(实验)[S]. 北京：人民教育出版社，2003.

而，究其特性，比较难以掌握。因此，学生是否应在高中学习微积分？应当学什么？怎么学？一直是国内外教育界研究的热点问题。微积分在我国的高中教材中也经历了几进几出，一直在不断地革新之中。2003 年的课程标准以逾越极限的形式来讲解微积分，引起了很大的反响，有很多赞成的声音，也有一些反对的说法。

课程内容比较研究主要涉及的领域有国际学业评价项目的比较研究、课程一致性比较、课程标准的比较研究、教材的比较研究、内容分布研究等。可依此来确定本书课程比较的维度。

二、比较研究现状

（一）大型学业评价项目的比较研究

2006 年，特蕾莎・史密斯（Teresa Smith）等三人在国际数学和科学研究趋势（The Trends in International Mathematics and Science Study，简称 TIMSS）、国际学生评价项目（Program for International Student Assessment，简称 PISA）、国家教育进步评价（The National Assessment of Educational Progress，简称 NAEP）的数学知识比较中，把数学知识分成数、测量、几何、数据、代数五个部分，按照内容范围、年级、数学复杂水平三个维度分别统计 TIMSS、PISA 和 NAEP 三个评价体系的知识点。同年，特蕾莎・史密斯等人在“TIMSS 和 NAEP 科学内容比较”中，按照内容范围、年级、认知领域、科学探究四个维度统计知识点。认知领域按照 TIMSS 项目划分为了解事实、概念理解、推理和分析四个层次，科学探究是指知识点是否涉及科学研究技能[1]。

（二）课程一致性研究

课程一致性研究是对学业评价与课程标准之间的匹配程度的研究，缘起于美国基于标准的课程改革，目的是为了促进课程评价改革以及与课程标准的共同提高，提高学生的基础学业。目前已经开发、研制出课程一致性分析的模型有韦伯（Webb）分析模式、课堂实施调查（Surveys of Enacted Curriculum，简称 SEC）分析模式和成功（Achieve）分析模式。韦伯分析模式的一致性判断标准主要从知识种类、知识深度、知识广度、知识分布平衡性四个维度去构建比较维度。知识种类即

---

〔1〕 何穗. 上海、加州两地化学课程内容的微观比较[D]. 上海：华东师范大学，2009.

学习内容范围，用标准中的学习主题(topic)领域来比较；知识深度是学习主题的认知要求等级，包括四个水平，即回忆、技能或概念、策略思维和拓展思维；知识广度是主要概念、观点的所有类型或表现形式；知识分布平衡性是主要内容分布的均匀程度。SEC 模式是 1999 年安德鲁·帕特(Andrew Porter)和约翰·史密森(John Smithson)等人研究的一致性分析模型，SEC 选取了知识广度和知识深度作为课程比较的两个维度。韦伯分析模式只能比较一套课程系统内部的一致性，SEC 可以用来比较不同学科之间、不同课程之间，以及评价与评价之间的一致性。由于 SEC 模式的简单灵活，受到研究者的普遍青睐，渐渐取代韦伯分析模式成为美国主流的课程一致性分析方法。

(三) 课程标准比较研究

国内大部分数学课程标准比较限于质性分析，如根据课程目标、课程内容选择、课程内容编排等比较分析。量化分析比较方面，史宁中等对我国义务教育几何课程标准进行了难度对比分析[1]；孔凡哲、史宁中对四边形课程难度进行定量分析比较[2]；吕世虎、史宁中、陈婷对标准和大纲中几何部分内容难度进行比较研究[3]等。量化分析还处于探索阶段。总之，国内数学课程标准比较集中于质性分析方面。

(四) 教材比较研究

教材体现课程标准的理念、目标和内容，直接指导课程的实施[4]。然而，与数学教育研究的其他领域相比，聚焦教材的研究是不够的[5]。目前，数学教材比较主要集中在质性研究上，如教材设计思想、数学的课程组织结构、课程的组织方式等方面。量化分析主要有教材习题比较研究及教材难度分析。

---

〔1〕史宁中，孔凡哲，李淑文.课程难度模型：我国义务教育几何课程难度的对比[J].东北师大学报(哲学社会科学版)，2005(6)：151－155.

〔2〕孔凡哲，史宁中.四边形课程难度的定量分析比较[J].数学教育学报，2006，15(1)：11－15.

〔3〕吕世虎，史宁中，陈婷.《标准》与《大纲》中几何部分内容难度的比较研究[J].课程·教材·教法，2006，26(8)：38－43.

〔4〕张辅.上海与美国加州小学数学期望课程的比较研究[D].上海：华东师范大学，2007.

〔5〕Zhu Yan, Fan Lianghuo. Focus on the Representation of Problem Types in Intended Curriculum: A Comparison of Selected Mathematics Textbooks from Mainland China and the United States[J]. International Journal of Science and Mathematics Education, 2006(4): 609－626.

1. 教材习题比较研究

2001 年,大卫·野原(David Nohara)在为美国教育统计国际中心所作的工作报告中,对三项大规模的数学和科学成就测试(NAEP2000、TIMSS、PISA2000)的内容分布、科学术语、题型、情景、数学技能、多步推理、阅读和总体难度作了比较。他认为,影响科学试题难度的因素主要有四个:扩展性问题,即要求学生自己得出结论,并且做出解释的问题;背景,指的是脱离学校,在生活和社会中所遇到的实际背景;数学技能,即解答科学题需要的数学技能;多步推理,即为解决问题转换信息,如建立中间图像、建构或分解成子问题。他认为,科学试题的难度在一定程度上反映了课程的难度。国内的鲍建生最先建立了习题难度量化模型〔1〕。

2. 教材难度比较研究

2012 年国家社科类重大项目:中小学教材难易程度的比较研究。曹一鸣领导的小组负责初中数学教材难易程度的比较研究,首先选择 7～9 年级这个学段,定下五个知识主题,分别为三角形、统计、方程、数与运算、立体图形,然后按知识主题进行比较研究,具体量化见表 1-1 与表 1-2〔2〕。

表 1-1　教材难度刻画

维　度	内容 (概念、命题、例题)	例　题	习　题
广　度	内容广度	例题难度	习题难度
深　度	内容深度		

刻画内容深度的主要指标是内容的呈现方式:直观描述、归纳、演绎。直观描述与归纳的区别如下:概念或者命题只有描述性定义是直观;如果是归纳,至少 2 个案例以上。例习题难度刻画见表 1-2。

表 1-2　例习题难度刻画

	知识点数量	背　景	要求水平
难度	1(1) 2(2) 3(3) 3 个以上(4)	无背景(1) 个人生活(2) 公共常识(3) 科学背景(4)	模仿(1) 理解(2) 运用(3) 探究(4)

注:括号中数字为赋值。

〔1〕 鲍建生. 中英两国初中数学期望课程综合难度的比较[J]. 全球教育展望, 2002,31(9):48-52.

〔2〕 曹一鸣,吴立宝,等. 中小学教材难易程度的国际比较研究——初中数学[R]. 北京:北京师范大学数学科学学院,2012.

（五）课程量化分析模型

1. 课程广度

史宁中等认为，课程广度是指课程内容所涉及的范围和领域的广泛程度，可以用通常所说的"知识点"的多少进行量化。李高峰修正了史宁中等提出的广度模型，他认为用"知识点"的多少来量化课程广度是不全面的，初中数学课程目标有四个方面：知识与技能、数学思考、解决问题、情感与态度，这四个方面的目标是一个密切联系的有机整体，标准不仅强调基础知识与基本技能的获得，更要强调让学生经历数学知识的形成过程，了解数学的价值，增强应用数学的意识，充分发展学生的情感态度和一般能力。由此可知，"知识"只是课程目标中的一个方面，而且还不是最强调的一个方面；用"知识点"的多少来量化课程广度是不全面的，应该按所有课程目标的多少来量化[1]。该修正有一定的道理，但也有一定的局限性。

2. 课程深度

课程深度的内涵，学界至今没有统一界定。1999 年，韦伯在课程一致性研究中对知识深度的理解是每一个学习主题的认知要求等级，主要由学生推理的深度、知识的迁移程度、概念的综合应用等方面来确定。安德鲁·帕特在 SEC 一致性分析模型中也把认知水平看成知识深度水平。史宁中等认为，课程深度是课程目标对课程内容的要求程度及课程内容学习所需要的思维深度。徐利治等认为，课程深度泛指课程内容所需要的思维的深度，这是一个非常难以量化的要素，涉及概念和数学原理的抽象程度以及概念之间的关联程度（徐利治、郑毓信称之为"数学抽象度"）[2]。史宁中等认为，除此之外还涉及课程内容的推理与运算步骤，具体统计的时候用内容目标总和的平均值或抽象度总和的平均值。何穗认为，课程深度包括两个含义：课程内容深度和课程认知要求深度。课程内容深度与内容抽象程度有关，知识越抽象，则课程内容越深；课程认知要求深度是课程对知识的要求程度。课程内容深度与课程认知要求深度并没有直接的联系，课程内容深的要求不一定高，课程要求高的内容不一定深。课程内容深度难以量化，没有合适的工具衡量内容深度，但课程认知要求深度可以量化。李高峰修正了史宁中等提出的深度模型，他认为用最大抽象度来刻画课程深度时，会把小于最大抽象度的链的抽象度都忽略不计。如果有数条链的抽象度都为最大抽象度，也只取一条链的抽象度来

---

〔1〕 李高峰.课程难度模型运用中的偏差及其修正——与史宁中教授等商榷[J].上海教育科研,2010(3)：46－49.

〔2〕 徐利治，郑毓信.数学抽象方法与抽象度分析法[M].南京：江苏教育出版社,1990.

刻画课程深度。再者，课程目标的要求层次很高或很低时，如果用目标动词赋值的平均数来表示课程深度，那么课程难度95%以上是由课程广度决定的。他认为应当用抽象度总和或目标要求总和来表示课程深度。

3. 课程难度

第一位系统触及课程难度问题的是赞科夫（Занков Леонид Владимирович），他提出了“以高难度进行教学的原则”，他的新思想和成功的教学实验给世界教育改革注入了一股新的活力，然而他的成果却止步于教育实践的大门[1]。

与赞科夫同时期的布鲁纳（Bruner），依据认知心理学原理提出了结构主义课程论。他认为没有难教难学的知识，任何学科都能够以某种智育上适宜的方式教给任何发展阶段的任何儿童[2]。但是布鲁纳的教学理论过分强调学科的结构化、形式化，脱离学生的认知水平和生活实际，教材内容过难。国内黄甫全第一个对课程难度进行了系统研究，他从认识论的角度给出了课程难度的定义和特点，课程难度是预期的教育结果从简单到复杂、从低级到高级的质和量在时间上相统一的动态进程。作用于课程难度的因素主要有三个：一是社会发展的要求与可能，二是人的要求与可能，三是人类知识的发展及其体系结构，这三个因素分别制约着课程难度，又综合地决定着课程难度。课程难度具有动态统一性、动态阶梯性、可塑性、主客观统一性、对象性等特点。然后，他应用灰色系统理论建立课程难度模型系统，并编写中小学课程难度问卷进行调查，发现学习过难的年级是小学一年级、五年级，初中二年级，高中三年级。学习过难的科目是数学、英语、物理等[3]。该研究存在的问题是没有正确区分相对课程难度和绝对课程难度。由于相对课程难度是在被试对象上表现出来的难度值，因此影响相对课程难度的因素有很多，如学生的认知水平、兴趣爱好、教师教学能力等。想全面、正确地把握这种课程难度是相当困难的，而且这种课程难度也不能客观地反映课程的实际水平。

鲍建生在“中英两国初中数学课程综合难度的比较研究”中，建立了数学题综合难度模型[4]。该研究是国际课程比较研究的一个创新，但数学题综合难度反映不出整体的课程难度。因为，数学题综合难度模型中的探究因素反映的是习题

---

[1] 赞科夫. 教学与发展[M]. 桂殿坤，等译. 北京：人民教育出版社，1985.

[2] 曹才翰，蔡金法. 数学教育学概论[M]. 南京：江苏教育出版社，1989.

[3] 黄甫全. 对中小学课程难度灰色模型 Gm_s(1,1)的探索[J]. 系统工程理论与实践，1995，15(10)：63－70.

[4] 鲍建生. 中英两国初中数学期望课程综合难度的比较[J]. 全球教育展望，2002，31(9)：48－52.

的思维深度，背景因素反映的是习题的应用程度，运算与推理因素反映的是习题的复杂程度等。因此，数学题综合难度模型并不能完全刻画课程综合难度。

史宁中等[1]认为，影响课程难度的基本要素至少有三个：课程深度、课程广度和课程时间。课程时间是指完成课程内容所需要的时间，可以用通常所说的“课时”多少进行量化。假定所研究的课程内容，只要有足够的时间，绝大多数学生都是能够理解的。

第三节　研究问题与意义

一、主要研究问题

要进行高中数学课程的比较研究，首先要了解目的是什么，最终要得到什么。因此，定下研究问题很重要，本书的主要研究问题如下。

问题1：法国课程标准情况怎么样？包括哪些内容？教学目标、教学宗旨是什么？编排上有何侧重？

问题2：1983年以来，分析（函数、微积分）、几何、概率与统计、代数，这些核心模块在中法课程标准中所占比重的变化趋势如何？按年级分布有何异同？这些模块内容在中法教材中如何分布？

问题3：中国高中数学课程标准（实验版）中微积分的教与学存在哪些问题？针对存在的问题，法国高中微积分是否有值得借鉴的地方？

问题4：中法高中课程函数内容在历史上是如何发展变化的？中法高中课程标准、教材对函数内容的要求有何异同？中法高中教材例习题的设置有何差异？

问题5：中法高中课程概率与统计内容在历史上是如何发展变化的？中法高中课程标准、教材对概率与统计内容的要求有何异同？中法高中教材例习题的设置有何差异？

问题6：法国高中课程几何内容在历史上是如何发展变化的？中法高中课程标准对几何内容的要求有何异同？法国高中教材几何内容的处理有哪些值得借鉴的地方？

---

[1] 孔凡哲，史宁中．现行教科书课程难度的静态定量对比分析——以初中数学课程标准实验教科书“不等式”“四边形”课程内容为例[J]．教育科学，2006，22(3)：40－43．

问题7：中法两国高中教材代数内容的分布、安排的呈现、广度和深度有何异同？

问题8：中法两国高中教材信息技术运用的整体分布有何异同？习题中信息技术的运用分布情况如何？难度有何异同？

二、研究意义

大卫·克拉克(David Clarke)说“没有一个教学分支有数学这么紧密和大量的国际联系；没有一个学科的内容有数学这样多的国际性比较和有影响力的研究”[1]。

比较教育的目的是反思自己国家的情况，根据自身状况去其糟粕吸取精华。中央民族大学孙晓天教授说“开阔视野，环顾左右，看看别人是怎么做的，想想自己是怎么做的，再思考自己下一步该怎么做，才能把事情做得更好”[2]。杜威(J. Dewey)曾经说“一国的教育绝不可能胡乱模仿别国。为什么呢？因为一切模仿都只能学到别国的表面种种形式编制，绝不能得到内部的特殊精神。况且现在各国都在逐渐改良教育，等完全模仿成功时，他们早已暗中把旧制度逐渐变换过了。模仿者还是赶不上的”[3]。关于“高中学生数学素质的国际比较研究”的目的不是作国家之间的比较，更不是为中国在TIMSS的排名表中找到一个座次，而是借TIMSS这面镜子照一照我们的数学教学，希望从中发现一些值得关注的问题[4]。

随着时代的变迁，我国高中数学课程一直在不断变革与发展，如何有效解决高中数学课程实施过程中存在的问题和困难？需要国际的视野来审视我国高中数学课程，正所谓“他山之石，可以攻玉”。众所周知，法国数学教育颇具特色，而且蔡元培先生认为“在世界各国之中，法国文化与中国最相契合”。因此，法国教育改革对我国的教育发展有一定的借鉴意义。高中教育是基础教育阶段非常关键的环节，而近几十年来，国内详细研究法国高中数学教育的文献较少，因此，有必要开展中

---

〔1〕 Clarke D. International Comparative Research in Mathematics Education, Second International Handbook of Mathematics Education [M]. London: Kluwer Academic publishers, 2003.

〔2〕 孙晓天. 数学课程发展的国际视野[M]. 北京：高等教育出版社，2003.

〔3〕 杜威. 杜威教育论著选[M]. 赵祥麟，王承绪，译. 上海：华东师范大学出版社，1981.

〔4〕 谭巍，黄勇，鲍建生. 高中学生数学素质的国际比较研究[J]. 中学数学月刊，2001(6)：1-5.

法高中数学课程的比较研究。

第四节　研究设计

一、研究对象

本书主要研究中国、法国普通高中的数学教育，选择高中数学课程标准和高中数学教材为研究文本。

（一）课程标准选择

本书选择中法两国教育部于1983年以来颁布的课程标准，中国选取1983、1990、1996、2000、2003年颁布的高中数学教学大纲或课程标准（简记为中国1983、中国1990、中国1996、中国2000、中国2003）[1-2]。法国选取1990、2000、2010年起开始实施的普通高中数学课程标准（简记为法国1990、法国2000、法国2010）[3]。本书主要以理科为研究对象，如无特别说明（比如指出文科），书中出现的课程标准默认为理科。为保证表达的一致性，法国的研究对象统一翻译为课程标准。

（二）教材选择

中国选取的教材是根据《普通高中数学课程标准（实验）》编写的，经全国中小学教材审定委员会2004年初审通过的，普通高中课程标准实验教材人教A版的数学必修和高中理科学生必须学习的选修2-1、2-2、2-3、4-4和4-5[4]（简记为人教A版教材）。

法国教材选取两个版本，第一个版本是由Sésamath和MAGNARD合作出版的数学教材（简记为SM教材），Sésamath是1901年成立的法国社会团体，其大部分成员是经验丰富、知识渊博的教师，他们对中小学教材的贡献得到了广泛的认

---

〔1〕课程教材研究所.20世纪中国中小学课程标准·教学大纲汇编：数学卷[M].北京：人民教育出版社，2000.

〔2〕中华人民共和国教育部.普通高中数学课程标准（实验）[S].北京：人民教育出版社，2003.

〔3〕法国普通高中数学课程标准可以从法国教育部网站获取（http://www.education.gouv.fr）.

〔4〕人民教育出版社课程教材研究所中学数学课程教材研究开发中心.普通高中课程标准实验教科书·数学（A版）[M].北京：人民教育出版社，2007.

可。这一版本教材集信誉、新课程标准、现代信息技术、新思想等于一身，在网络平台上完全开放[1]。主要研究高一[2]和高二[3]、高三[4]理科必修教材，出版年份分别为2014、2015、2016，其封面见图1-1。

高一

高二理科

高三理科

图1-1　法国SM教材封面

第二个版本是由法国科学院高级研究员阿兰·莱热介绍的在法国应用比较广泛的一类数学教材，由HACHETTE教育出版社负责出版（简记为法国HACHETTE教材），出版时间为2005年，主要研究高一[5]和高二[6]、高三[7]经济与社会专业的教材，其封面见图1-2。

---

[1] 张玉环，吴立宝，曹一鸣.法国初中数学教材特点剖析及启示[J].数学教育学报，2016，25(06)：32-37.

[2] Collaboratif d'un grand nombre d'enseignants en activité. Manuel Sésamath 2nde Générale：MATHS 2de[EB/OL].(2014)[2018-06-2]. http://www.sesamath.net/.

[3] Collaboratif d'un grand nombre d'enseignants en activité. Manuel Magnard 1ère S：MATHS 1re S[EB/OL].(2015)[2018-06-2]. http://www.sesamath.net/.

[4] Arnaud D，Casavecchia B，Couteau J，et al. Manuel Magnard Tle S Obl & Spé：MATHS TERM S[EB/OL].(2016)[2018-06-2]. http://www.sesamath.net/.

[5] Misset L，Turner J，Lotz É，et al. Mathematiques DECLIC 2de[M]. Paris：HACHETTE LIVRE，2005.

[6] Misset L，Bras M，Dher C，et al. Mathematiques DECLIC 1^{re}ES[M]. Paris：HACHETTE LIVRE，2005.

[7] Misset L，Bras M，Belarbi M，et al. Mathematiques DECLIC T^{erm}ES[M]. Paris：HACHETTE LIVRE，2005.

高一

高二 经济与社会专业

高三 经济与社会专业

图 1－2　法国 HACHETTE 教材封面

二、研究方法

1817 年，法国教育家朱利安(Marc-Antoine Jullien)把比较法引入教育学，形成了比较教育学的基本原则。比较教育是以比较法为主要方法，研究比较当代世界各国教育的一般规律与特殊规律，揭示教育发展的主要因素及其相互联系，探索教育发展趋势的一门教育科学[1]。

本书研究主要采用比较法、文献法、调查研究法、文本分析法(理论分析法)、编码方法、统计分析法等多种方法。其中文本比较包括量化比较和质性分析。

(一) 比较法

本书拟采用的比较方法为纵向比较方法、横向比较方法以及纵横交错比较方法。只有了解课程发展的历史，才能更准确、深刻地了解一个课程。因此，先研究法国高中数学课程的历史沿革情况，并与中国课程的历史沿革进行比较，再详细比较中法两国的高中数学课程。

(二) 文献资料法

通过对国内外有关数学教材、课程标准、课程比较研究理论与经验的研究，了解目前数学比较教育的常用方法，并在此基础上进行甄别，挑选出适合中法高中数

〔1〕 吴文侃，杨汉清. 比较教育学(修订本)[M]. 北京：人民教育出版社，1999.

学课程比较研究的方法，并根据自身情况对现有的方法进行改进。

（三）调查研究法

顾明远指出“一个比较教育工作者只有懂得本国的教育才能算是一个真正的比较教育工作者”[1]。因此，对高中进行微积分比较之前，先调查国内高中微积分教与学现状，其间主要采用了调查问卷法及访谈法。

（四）量化分析

量化分析时，力求做到客观公正。主要采用了编码方法和统计分析方法。本书的量化比较包括微观比较和宏观比较。微观比较包括课程广度、深度、难度、认知水平分布、核心模块知识分布；宏观比较包括各核心模块知识在课程标准中所占的比重，核心模块知识按年级分布。

1. 广度

本书按知识点个数来统计广度。知识点主要包括概念、命题，而命题又包含定理、运算法则等。知识点又分为大知识点和小知识点。为了做到客观，尽可能选择最小的知识点，如“高阶导数”这个内容分成“二阶导数”与“三阶及以上导数”两个知识点，力争不重不漏。

2. 深度

(1) 课程标准深度

课程深度，一般来说泛指课程目标对课程内容的要求程度以及课程内容所需要的思维深度。在过去的研究中，通常将课程深度看作对课程的认知要求水平。借鉴研究经验，并根据李高峰对课程难度模型的修订[2]，用课程目标的不同要求程度或概念命题的呈现方式求和来刻画深度。

课程标准对目标要求的描述所用词语分别指向认知性学习目标、技能性学习目标和体验性学习目标。参考新修订的布鲁姆(Bloom)的认知水平[3]，结合具体研究把课程标准中认知要求分为 3 个层次：记忆性水平、解释性理解水平、探究性水平，分别赋值 1、2、3，具体见表 1－3。

---

〔1〕 顾明远. 知识经济时代比较教育的使命[J]. 比较教育研究，2003(1)：4.

〔2〕 李高峰. 课程难度模型运用中的偏差及其修正——与史宁中教授等商榷[J]. 上海教育科研，2010(3)：46－49.

〔3〕 安德森. 学习、教学和评估的分类学[M]. 皮连生，译. 上海：华东师范大学出版社，2008.

表 1－3　目标赋值

赋值	层　次	目　　标
1	记忆性水平	知道、描述、认识、初步学会、模仿、感受、直观感受、查表、直观理解
2	解释性理解水平	理解、计算、判别、识别、解释、表示、估计、透过、说明、介绍、区分、陈述、学会、完成、认同、体验、经历、刻画、熟悉、确定出、求解、求出、找出、进一步认识、使用、利用、辨认
3	探究性水平	解决、会用、掌握、证明、理解并计算、理解并使用、验证、灵活运用、迁移、探索、形成、发展、应用、探究、构建、总结

其中,记忆性水平是指识别、记忆和回忆学习内容,是对知识的初步认识,对要求知道的知识,说出要点、大意或在有关情景中加以识别;解释性理解水平是指初步把握学习内容的由来、意义和主要特征,是对知识的一般认识,对要求理解的知识,能明了知识的确切含义并能运用、分析、解决简单的实际问题。探究性水平是指以某一学习内容为重点,综合其他内容,解决比较复杂的自然科学问题,是对知识较系统的认识。

深度计算公式如下:

$$S=\frac{\sum_{i=1}^{3}n_id_i}{n}\quad\left(\sum_{i=1}^{3}n_i=n,\ i=1、2、3\right),$$

其中 $d_i=1、2、3$ 依次表示“记忆性水平”“解释性理解水平”“探究性水平”三个认知要求层次;n_i 为属于第 d_i 个水平的知识点数,所有 n_i 的总和等于该课程包含的知识点总和 n。

(2) 教材深度

教材内容深度根据知识点的呈现方式刻画,基于曹一鸣、吴立宝等人的研究,知识点的呈现方式分为直观描述、类比归纳和演绎三种类型,分别赋值 1、2、3。

直观描述是通过一个实例的分析来提出概念或命题。比如,中国教材函数的图像和性质部分,先给出了映射的例子,“例如,亚洲的国家构成集合 A,亚洲各国的首都构成集合 B,对应关系 f: 国家 a 对应于它的首都 b。这样,对于集合 A 中的任意一个国家,按照对应关系 f,在集合 B 中都有唯一确定的首都与之对应,我们将对应 $f: A\to B$ 称为映射。”教材接着给出了映射的定义,这就是通过分析例子刻画映射的概念,属于直观描述。

类比是由一个事物所具有的性质来推测与它类似的事物也具有相同的性质。比如,运用等式的性质来类比得到不等式的性质。归纳是通过对两个及以上例子的分析，总结出命题的一般规律或者抽象出概念。比如，中国教材中函数定义的提出，就是通过生活中的几个实例，抽象出了函数的一般性定义。

演绎是从普遍性的数学理论内容出发，去认识个别的、特殊的数学概念和命题的一种推理方法，对于教材中给出证明的知识点均记作演绎。

依据参考文献[1]，第 i 个知识点的内容深度为 $S_i=\dfrac{1\times A+2\times B+3\times C}{A+B+C}$，其中 A 为第 i 个知识点“直观描述”的概念数之和，B 为第 i 个知识点“类比归纳”的概念数之和，C 为第 i 个知识点“演绎”的概念数之和。

教材内容深度 $S=\dfrac{\sum_{i=1}^{n}S_i}{n}$，其中 n 为包含的知识点个数，S_i 为第 i 个知识点的内容深度。

3. 难度

(1) 内容难度

课程的统计难度是指在确定的被试对象上表现出来的难度值，主要是通过考试，衡量学生是否达到课程目标的要求，也叫相对难度。课程的内容难度是由课程目标确定的、在课程标准和教材上表现出来的难度，课程标准和教材一旦形成，课程的内容难度便成为一种不附加任何条件、不受任何限制的客观存在。本书研究中课程难度指课程的内容难度。依据文献[2-3]，课程难度与课程深度成正比，与课程时间成反比；课程难度与课程广度成正比，与课程时间成反比，则难度的计算模型如下：

$$课程难度=\lambda\times(广度/T)+(1-\lambda)\times(深度/T),$$

其中 T 指课程时间，λ 为加权系数。在确定 λ 值时，参考“在应用中，常常取 $\lambda=0.5$，即课程难度等于课程的深度和广度的算术平均数”，访谈、调查资深大学数学教师、高级中学的数学教师及学生，并咨询林群院士等知名数学家的意见，得出结论“对于高中的学生而言，学习新的概念、命题相对来说比旧内容的加深更有难

---

[1] 王建波，曹一鸣. 中美澳初中数学教材统计内容比较研究[J]. 数学教育学报，2016，25(3)：14－19.

[2] 李淑文. 中日两国初中几何课程难度的比较研究[D]. 长春：东北师范大学，2006：30－32.

[3] 李高峰. 课程难度模型运用中的偏差及其修正——与史宁中教授等商榷[J]. 上海教育科研，2010(3)：46－49.

度”，因此，选定 $\lambda=0.6$。

(2) 例习题难度

例习题难易程度以题目包含的知识点个数、背景和要求水平三个维度来度量。知识点个数指在解题过程中用到的当前章的知识点的数目，背景划分为无背景、个人生活背景、公共常识背景和科学背景，要求水平分为模仿、理解、运用和探究。如果一个题目有多个小题，那么要求水平按最高的计算，知识点个数按各个小题总数计算，证明题一律算作探究层次，赋值情况具体见表 1-4。

表 1-4　例习题难度水平指标

赋　值	维　　度		
	知识点个数	背　景	要求水平
1	1 个	无背景	模仿
2	2 个	个人生活背景	理解
3	3 个	公共常识背景	运用
4	3 个以上	科学背景	探究

讨论各个子指标的基本数据，根据赋值情况，使用以下公式计算：

$$d_i=\frac{\sum_j n_{ij}d_{ij}}{n}\left(\sum_j n_{ij}=n,\ i=1、2、3,\ j=1、2、3、4\right),$$

其中 d_i 依次表示知识点个数、背景和要求水平等因素的取值；d_{ij} 表示第 i 个难度因素的第 j 个水平的权重；n_{ij} 表示一组题目中属于第 i 个难度因素的第 j 个水平的题目的个数，其总和等于题目总数 n〔1〕。

由文献〔2〕以及专家访谈与教师问卷调查，通过主因素分析，确定习题难度（N）从要求水平（YQ）、知识点个数（ZS）、背景（BJ）三个方面进行刻画，其中要求水平、知识点个数、背景各自的权重分别为 0.38、0.36、0.26。

4. 信息技术类习题难度

基于传统的习题难度模型，考虑信息技术使用种类、特征水平和使用次数等，建立信息技术类习题的难度模型，具体见表 1-5。

---

〔1〕 范良火，黄毅英，蔡金法，等. 华人如何学习数学（中文版）[M]. 南京：江苏教育出版社，2005.

〔2〕 吴立宝，王建波，曹一鸣. 初中数学教科书习题国际比较研究[J]. 课程·教材·教法，2014，34(2)：112-117.

表 1－5　信息技术类习题难度因素

习题中难度因素	特征水平	使用种类	使用次数	情境类型	知识点个数
所占比重	25%	20%	15%	20%	20%

5. 内容分布

由于知识主题不同，并且统计的范围较广，可操作性的方法是统计课程标准中内容的条目数，即参考布鲁姆目标分类学，按照自然语句来统计。虽然这个方法有些误差，但基本能够反映核心模块知识所占比重。然后分析随着年级的升高，内容分布变化趋势方面的异同。

比较的信度和效度。实施比较教育最应该注重比较的信度和效度。本书研究从比较的对等性、文本的代表性、量化工具的客观性、统计数据的正确性保证比较的信度和效度。首先，保证比较的对等性和文本的代表性。其次，量化工具的客观性，研究参考了大量文献，并访谈许多相关人员，制定出比较合理、客观的统计标准和量化模型。最后，统计数据的正确性，让 3 人进行 3 次重复的统计，以保证结果的一致性和正确性。

第二章 法国普通高中数学课程标准介绍

本章主要介绍法国高中数学课程标准，即2009、2010、2011年在法国教育部网站上依次公布的高一[1]、高二理科[2]、高二文科[3]、高三理科[4]、高三文科数学课程标准[5]。高一只有一个数学课程标准，从高二开始文学、经济与社会专业共用一个数学课程标准（本书简称为文科课程标准），自然科学专业有专门的数学课程标准（本书简称为理科课程标准）。由于该数学课程标准从2010年开始实施，因此本书简记为法国2010。

格式编排：数学课程标准编排成一个表格，共分三栏：第一栏是基本内容，包括基本概念、性质以及定理等；第二栏是教学目标，即要求学生要达到的最低能力；第三栏是注释或补充说明，如学生完成学习任务需要用到的器具，学生之间交流的内容，对数学证明的要求，交叉学科的开放性题目以及给有特殊需要的人准备的较

---

〔1〕 Ministère de l'education nationale. Mathématiques classe de seconde [EB/OL]. (2009) [2011-08-6]. http://www.education.gouv.fr.

〔2〕 Ministère de l'education nationale. Annexe mathématiques cycle terminal de série scientifique class de première[EB/OL]. (2010) [2011-08-6]. http://www.education.gouv.fr.

〔3〕 Ministère de l'education nationale. Annexe mathématiques cycle terminal de la série économique et sociale et de la série literatre class de première [EB/OL]. (2010) [2011-08-6]. http://www.education.gouv.fr.

〔4〕 Ministère de l'education nationale. Annexe programme de l'enseignement spécifique et de spécialité de mathématiques classe terminale de la série Scientifique[EB/OL]. (2011) [2012-03-8]. http://www.education.gouv.fr.

〔5〕 Ministère de l'education nationale. Annexe programme de l'enseignement spécifique et de spécialité de mathématiques de la série économique et sociale et de l'enseignement de spécialité de mathématiques de la série littéraire [EB/OL]. (2011) [2012-03-8]. http://www.education.gouv.fr.

难内容等。

表格中的符号说明：用"♯"表示范例式的一些证明，其中的一些是课程标准的目标，需要理解和掌握；算法的活动用"◇"表示；"◎"标注的注释区别于一般的话题，可以让学生咨询其他学科的教师，尝试做交叉学科的一些开放性课题；"※"表示难度较大的知识点，针对有特殊学习要求的学生。

第一节　高一数学课程标准

一、简介

高一是定专业阶段，要加强学生在社会生活中及理解客观世界时所需要的数学文化的学习，为学生进一步学习打下坚实的数学基础，帮助学生构建他们自己的学习旅程。

课程标准每一部分的目的和学习动机都是让学生解决问题。学习技巧的获得是必需的，但必须以推理、实践作为学生数学活动的基础。无论整体的教学计划如何，每名学生对数学概念的理解都有个性表现，需要依赖于个人的经验。因此，对于不同层次的学生需要控制概念的抽象程度，必要的时候加以简化。

二、一般目标

课程标准的目标是训练学生掌握各种各样的科学方法，让他们能够：建立模型进行研究活动；进行论证、证明；进行计算或实验；对结果进行批判性分析；具有阅读信息的能力（批判性的数据处理），集中于表达方式的变换（图像、数值、代数、几何）；解决问题，选择合适的软件工具（计算机或计算器）；口头和书面的交流。只要有可能，问题的设置要基于现实生活或其他学科。但是，必须以简单、简洁的形式呈现出来，让学生能够自己解决，并发挥其创造力。高一年级问题的答案一般比较简短。

三、推理和数学符号、语言

高中阶段有必要训练学生的逻辑思维和推理论证能力。在高一结束时，学生要能区分数学逻辑原理和一般的逻辑语言，如区分数学逻辑和推理。数学逻辑不应该仅仅出现在某些特定的课程里，而应该分布在课程标准的各个章节。类似地，数学符号和语言不应该突兀地直接出现，而是在解决问题的过程中，需要时根据情况介绍。作为数学逻辑的基本要素，数学符号和语言应当被看作教育的终极目标而不是教育的起点。数学语言和逻辑虽然只是课程标准的一部分，但会贯穿于课程标准的始终。

四、软件工具的使用

软件工具（计算器或计算机）的使用，如可视化、演示软件、计算（数字或符号）、数值模拟、通过编程做实验等，可以拓宽观察和论证之间的关系，从根本上改变教学的性质。通常以下面三种方式使用软件：教师在课堂上集中演示；学生在数学的实践中使用；学生在课外作业中使用（如 CDI 或局域网的其他接入点）。

五、数学活动的多样性

数学活动的多样性，需要查找、实验，特别是使用软件工具；使用技术，且实施算法；推理，论证，求出部分解，并进行分析；口头上解释过程，口头或书面形式交流结果；让学生知道数学工具的多样性，以及该多样性在科学活动中的定位。给学生布置的作业也要体现数学活动的多样性，包括课外的写作任务，通过给学生主动权来发展他们的创新能力。要考虑到每名学生学习能力和接受能力的不同来设计该部分知识。计算在解决实际问题中非常重要，高一应当继续训练学生心算、数值计算和符号计算，使用软件工具（计算器或计算机）进行计算，更有助于该训练开展。

六、课程标准安排

内容分成三部分：函数、几何、概率与统计。一方面强调算法，另一方面强调推理，两者相互融合，分布于上述三个部分。该课程标准并不是讲课计划，只是给出了一些教学建议，指出了要达到的目标以及学生必须会解决的问题。

七、评价

依据所要达到的目标，并用多种方式来评估学生，如数学书写、实践工作的记录报告等，最终的评价要与最初设定的目标相一致。

八、内容

（一）函数

目标是让学生能够研究：把问题归结为一个方程，如 $f(x)=k$ ，并求解。此时给定函数（由曲线、数据或公式定义），或根据问题的各个方面自己确定出函数；求解一个优化问题或如 $f(x)>k$ 的问题，可以选择用图像法或者代数法求解，也可以使用软件工具求解该问题所对应的函数。

教材中的背景知识应来自各个领域，如平面几何或立体几何、生物、经济、物理、新闻等，学生要充分利用所掌握的工具（电子表格、图形计算器、动态几何软件、数值计算、符号计算等）。另外，在解决问题的过程中要掌握计算机代数系统，并且要进一步掌握不同类型的数据知识，特别是要区别逼近数。也需学生能够区分图形是用图形计算器画出来的，还是一些数据的表达。换句话说，这些结论对解决实际问题是充分的，但用它们证明函数的性质并不充分。

表 2-1　高一函数内容

内　容	目　标	注　释
函数 像、原像、曲线图像	• 用公式把两个数量联系起来 • 对由图形、数据或公式定义的函数： 　• 确定变量和定义域 　• 确定图像 　• 求值域	• 所研究的函数一般是定义域给定的实变量函数 • 给出一些例子，如定义在有限集合或 **N** 上的函数，甚至两个变量的函数（值域依赖于维数）
研究函数的量 • 增函数 • 减函数 • 区间上函数的最大值、最小值	• 用适当的语言或数据表格描述由曲线定义的函数特征 • 根据表格中的数据画出函数图像 • 用语言或数据给出变化趋势后： 　• 比较区间上两个数的像 　• 确定比给定的像大（或小）的所有像的原像	• 学生能够借助图像特点辨别不同曲线 • 递增函数、递减函数的正式定义要逐渐给出 • 学年末的时候需要掌握 ◇ 用绘图工具能很快得到由代数式定义的函数的图像，有趣的是，对分段函数，学生需要编写算法画图

续 表

内 容	目 标	注 释
代数表达 把问题的解变换成代数表达	· 包含代数表达的问题 · 求解给定问题时，要得出最合适(展开或分解形式)的表达 · 展开、化简或分解多项式表达 · 变换成简单的有理表达	计算活动需要一些技巧，并能够锻炼学生推理能力。学生要学会观察曲线，根据要达到的目标以及对计算的熟练程度采取合适的解决策略，必要的时候可以采取机械的计算方法或相关的代数系统
方程 方程的图像解和代数解	· 用方程表达问题 · 把方程降为一阶来求解 ◇ 用二分法求方程的解	对同样一个问题，综合图像解和代数解，特别是用图形计算器或软件处理图表数据
函数的推广 · 线性函数与仿射函数 · 二次函数及其反函数的变化	· 确定仿射函数的变化趋势 · 对数值 a 和 b，给出 $ax+b$ 的符号表格 · 知道二次函数及其反函数的变化趋势 · 画出函数以及反函数的图像	· 把 $ax+b$ 的符号与函数的变化趋势和图像联系起来 · 给出非线性函数的例子 · 特别地，二次函数的反函数是非线性的
函数研究 · 二次多项式函数 · 函数的对称变换	· 知道二次多项式函数的变化趋势(单调性、极值)及其图像的对称性 · 确定所有函数对称变换的定义	· 在课堂上给出二次多项式函数的变化趋势(单调性、极值)及其图像的对称性，让学生了解，可以部分或全部默认成立 · 如何得到二次多项式函数的标准形式不作要求 · 除了反函数以外，函数对称变换的一般知识以及它的应用不作要求
不等式 用图形法与代数法求解不等式	· 用不等式对问题建立模型 · 用图形法求解如下的不等式：$f(x)<k$，$f(x)<g(x)$ · 通过研究不等式两边乘或除以因子的符号变化，求解不等式 · 为解决问题，用代数法求解不等式	· 对同样的问题： 　· 把图形解和数值解综合起来 　· 强调图形中的限制信息 · 出现的函数一般是二次多项式函数或单项式函数
三角形 · 单位圆上的"曲线段的值" · 角度为实数的正弦和余弦定义	角度为 $0°$、$30°$、$45°$、$60°$、$90°$ 的正弦值和余弦值	与初中学过的直角三角形联系起来，弧度的概念不作要求

（二）几何

高一学习平面几何的目的是让学生能研究一些问题，而这些问题的解决基于如下知识：计算两点之间的距离；证明三点共线；两直线平行；求两直线交点的坐标；利用平面几何坐标系的技术；继续研究初中学过的几何图形，如三角形、四边形和圆；几何坐标系和向量。这些知识为解决问题提供了新的强有力的工具。研究点共线、线线平行或相交，知道三角形、多边形的性质，依据不同的情况选择是否用坐标方法、向量方法。在解决问题的过程中，鼓励学生使用动态几何软件，促进他们有更大的自主权。基于几何坐标系，介绍向量定义、向量线性运算。

本阶段学习立体几何的目的是：继续学习初中学过的常见物体；介绍空间中直线、平面的概念以及它们之间的位置关系；学习几何图形有利于其他数学知识（如平面几何、函数、概率）和物理知识的学习。因此，立体几何在高一前期显得特别重要。对图形做实验、实体操作以及使用几何软件是学习立体几何的关键。学生应该能够解释并构造简单图形。另外，要求学生掌握平面几何的一些证明。

表 2-2　高一几何内容

内　容	目　标	注　释
平面内点坐标 • 点的横坐标和纵坐标 • 直角坐标系中两点之间的距离 • 中点	• 对平面中的点定位，知道平面中某一点的坐标 • 已知点的坐标找出该点 • 已知两点坐标，计算它们之间的距离 • 计算中点的坐标	• 如果两轴相交成直角，且两轴上的长度单位相同，这样的坐标系称为直角坐标系 • 依据不同的情形，选择直角坐标系或非直角坐标系
平面图形 三角形、四边形和圆	求解问题： • 利用三角形、四边形、圆的性质 • 利用性质：中心对称或轴对称	• 学习活动给予初中学习的一些性质，并且可以通过引入平面几何坐标系进行推广 ◇ 几何坐标系为把几何性质变换成数值，并为实施简单的算法来求解问题提供了可能
直线 • 直线是线性函数的图像 • 直线的方程 • 直线平行、相交	• 在平面坐标系中画直线，用图像解释直线的斜率 • 用解析法刻画直线 • 构建三点共线、不共线的情况 • 进一步认识两直线平行、相交 • 确定两直线的交点	• 直线方程有两种形式：$y = mx + p$ 或 $x = c$ • 与向量共线的联系 • 求解相应的线性方程

续　表

内　容	目　标	注　释
向量 · 平移的定义：把点 A 变换到点 B · 向量 $\overrightarrow{AB}$ 的分量 · 两向量相等：$\vec{u}=\overrightarrow{AB}=\overrightarrow{CD}$ · 向量的坐标 · 两个向量的和 · 向量的数乘 · 夏耳（Chasles）关系式：$\overrightarrow{AB}+\overrightarrow{BC}+\overrightarrow{CA}=\vec{0}$	· 知道 $\overrightarrow{AB}=\overrightarrow{CD}$ 等价于四边形 $ABDC$ 是一个平行四边形 · 知道向量 $\overrightarrow{AB}$ 的坐标为 $(x_B-x_A,\ y_B-y_A)$ · 计算坐标系统中两个向量和的坐标 · 会用符号 $\vec{u}$ 构建两个共线的向量 · 在几何上构建两个向量的和 · 利用向量的共线性刻画三点共线和两向量平行	· 平面内的任一点 C，通过平移把点 A 变换到点 B，则存在唯一的点 D 使得 $\overrightarrow{AD}$ 和 $\overrightarrow{BC}$ 平行且长度相等 · 向量 $\vec{u}$ 与 $\vec{v}$ 的和是两个向量平移的合成，即会利用平行四边形作两向量的和 · 在一个坐标系下，向量 $\vec{u}$ 的坐标为 $(a,\ b)$，则在同一个坐标系下，向量 $\lambda\vec{u}$ 的坐标是 $(\lambda a,\ \lambda b)$，因此向量 $\lambda\vec{u}$ 的定义与坐标系无关
立体几何 · 长方体、四棱锥、圆锥体、圆柱体、球体 · 直线、平面及位置关系	操作、构造、表示空间物体	· 计算图形中的距离，计算图形的表面积、体积 · 引导学生独立使用空间几何软件

（三）概率与统计

按照教学计划，概率与统计的内容在后面分开介绍。然而，这些课程之间具有紧密的联系，高一学习统计的目标在于对数据进行分析，并解决问题，使得学生能够认识并解释出数据的统计汇总，比较两组数据的中心趋势、分散性，绘制累积频率曲线。抽样部分要求学生思考模拟的设计和实施，掌握并运用抽样波动、波动区间和置信区间的概念。

基于问题解决的概率的教学目标是学生必须对等可能情形进行研究并做试验进行模拟（如掷硬币、掷骰子）；基于对频率的观测，在简单情形下提出概率模型；把事件以整体的方式解释出来；计算概率。研究的情形包括一个或多个试验，如果是重复随机试验可能会要求写算法（随机游动）。

表 2-3　高一概率与统计内容

内　容	目　标	注　释
统计描述 **数据分析** 中心趋势与离散程度 ・中位数 ・四分位数、均值	・使用软件(如电子表格)或计算器研究统计数据 ・从数量到频率,计算由数或者频率定义的数据的特征 ・计算实际的累积频率 ・统计数据的图形表示(散点图、直方图、累积频数曲线)	目标是让学生对于丰富真实的数据(例如,对法国全国统计及经济研究所提出的文件)进行思考,综合信息并作出相关的陈述
抽样 ・抽样概念 ・对以 95% 把握确定的频率波动区间进行模拟(*)	・使用电子表格或者计算器对实际情况的模拟进行设计、实施和操作 ・操作并得到样本结果的关键分析	・由 n 个独立重复事件构成的大小为 n 的样本,在建立模拟的时候,则: ・使用具有逻辑功能的电子表格或者计算器 ◇ 设计算法以实现条件指令 ・目标是帮助学生在活动中达到: ・根据样本估计未知比例,根据样本设定决策
有限集上的概率 ・概率事件 ・两个事件的交与并及公式 $P(A\cup B)+P(A\cap B)=P(A)+P(B)$	・在等可能情况下确定事件的概率 ・对观察到的频率使用模型来定义 ・掌握并能够使用该公式	・一个事件的概率定义为:组成它的所有基本事件的概率总和 ・在概率的计算中,可以使用树形、图或表

表 2-3 中的符号(*):对于大小为 n 的样本,95%的频率波动区间是以 p 为中心的区间,其中 p 为特征在总体中所处位置的比例。这里,在大小为 n 的样本中观察到的频率在此范围内的概率为 0.95。该区间可以通过模拟,以一种近似的方式得到。对样本大小为 $n\geqslant 25$,比例 p 在 0.2 与 0.8 之间的情形,教师要告诉学生以下结论:若 f 是样本中的特征频率,则 f 属于区间 $\left[p-\frac{1}{\sqrt{n}},\ p+\frac{1}{\sqrt{n}}\right]$ 的概率至少为 0.95。教师可以通过实验搜集该性质的有效性。

第二节　高二数学课程标准

一、高二理科数学课程标准

高中学习数学的目的是让学生了解数学文化,不仅日常生活需要,且为进一步学习打基础。高二要培养学生坚实的数学基础，为日后科学研究作准备，让他们掌握科学的实践方法，提高做研究的能力。学习数学可以培养有益于一生的学习技巧和能力，有助于更好地了解社会的变化。做足够的练习后能有正确的科学理解。学校课程主要的目的是为上大学作准备，另一目的是提高解决问题的能力。

（一）课程标准的安排

课程标准的设计是让学生掌握概念以及它们的连贯性，一方面强调推理，另一方面强调算法，在整个课程标准中应当体现出来。

（二）内容

1．分析

与高一相同，问题解决要贯穿课程标准的始终，这些问题是纯数学问题或其他相关学科的问题。其中一个目标是让学生掌握数学工具来解决连续的或离散的问题。推广函数类型，介绍平方根函数和绝对值函数。

研究的函数是正则的，直观地感受某点处的有限极限概念。计算简单情形的导数，复杂情况下要用符号计算系统。离散现象的研究为介绍不同的数列提供了一个方式，并且这些数列概念的形成要借助于不同的领域（符号计算、图像、数字、几何），其中需要广泛地使用软件工具。第一次接触极限概念之后，高三会进一步深入地学习。研究数列时比较适合学习算法。

表 2－4　高二理科分析内容

内　容	目　标	注　释
二次函数 • 二次多项式函数的标准形式 • 二次方程及其判别式 • 二次三项式函数符号的研究	选择最合适的二次多项式函数形式解决问题：展开形式、分解形式、标准形式	• 与高一学过的图像联系起来 • 标准形式的概念不作要求 ◇ 要求实现算法运算
研究函数 • 函数的推广（$x\to\sqrt{x}, x\to\|x\|$） • 函数（$u+k$，$\lambda u, \sqrt{u}, \frac{1}{u}$，其中函数 u 已知，k、λ 是实的常量）的变化趋势	• 知道两个函数的变化趋势以及它们的图像 ＃ 证明平方根函数在（0，$+\infty$）上递增 ＃ 说明函数 $x\to x$，$x\to x^2$，$x\to\sqrt{x}$ 曲线的相对位置 • 依据这些性质，确定简单函数的变化趋势	• 对于绝对值函数并没有专门的技巧性知识 ＃ 之前课堂上用不同的推理方法证明了多个例子，但并没有一个统一的规则能给出两个函数的和或积的变化趋势 • 不研究两个函数的复合

续 表

内 容	目 标	注 释
导数 · 函数在某点处的导数 · 可导函数 f 对应的曲线的切线 · 导函数 · 常见函数（$x \to \sqrt{x}$，$x \to \frac{1}{x}$，$x \to x^n$，其中 n 为正整数）的导函数 · 函数的和、积、商的导数 · 导数的符号和函数单调性的关系 · 函数的极值	· 画出函数在某点处的切线 · 计算函数的导函数 · 依据导数的符号判断简单函数的性质	· 当 h 趋于 0 时，增长率 $\frac{f(a+h)-f(a)}{h}$ 的极限定义为函数在某点处的导数，但并不给出极限的正式定义 · 利用软件工具介绍导数 · 研究计算技术，但它不是解决问题的障碍，如果有必要，可以用计算机的符号计算系统 · 如果有兴趣，写出函数积的导数的证明 · 利用导数判断函数的单调性并不是经常有效的 · 解决一些优化问题
数列 · 生成数列的方法 · 等比数列 · 等差数列 · 数列的单调性 · 从例子中感受无穷极限的直观概念	· 用数列对某情境建模和研究 ◇ 实施算法： ——通过项数计算数列各项 ——给定数列中的数值，计算它的项数 # 构建且知道公式 $1+2+\cdots+n$ 和 $1+q+\cdots+q^n$ · 用图表表示出数列的各项	· 注意改变逼近的方法和工具 · 利用电子表格并且实施算法来研究有递推关系的通项公式 ◇ 用算法或电子表格观察等差数列与等比数列的增减速度 · 数列收敛到 a 的定义：任一包含 a 的开区间，包含了整个数列中去掉有限项后的所有项 · 用电子表格、动态几何软件、计算工具研究结果，特别是对极限的逼近方面 · 不给出极限的正规定义

2. 几何

高二学习几何的目的是进一步加强学生解决问题的能力，该类问题需要计算距离、角度，需要证明共线、平行以及垂直。介绍新工具内积，要让学生知道应该选择哪种形式的工具来解决问题。在整个高二，向量几何都是分析、平面几何甚至优化问题实施新工具的好场所。

表 2-5 高二理科几何内容

内 容	目 标	注 释
平面几何 • 两向量共线条件：$xy'-yx'=0$ • 直线的方向向量 • 直线的笛卡尔方程 • 不共线向量的共面向量	# 对直线的笛卡尔方程会使用共线的条件 • 已知点和方向向量确定笛卡尔方程 • 求由笛卡尔方程定义的直线的方向向量 • 在解决问题过程中选择合适的向量分解	• 阐明方向系数和斜率之间的关系 • 目标是让学生选择有效的方法确定笛卡尔方程 • 并不只是局限于几何坐标系
三角学 • 弧度 • 辐角 • 辐角主值	利用单位圆，解决如下问题： ——确定给定角度的正弦和余弦 ——求解 **R** 中的方程，其中 x 未知：$\cos x=\cos a$，$\sin x=\sin a$	不研究正弦函数和余弦函数
平面中的内积 • 定义、性质 • 直线的法向量 • 内积的应用：计算角度和模，正、余弦和差公式、倍角公式	• 用不同的方法计算两个向量的内积： ——正交投影 $\overrightarrow{OA}\cdot\overrightarrow{OB}=\overrightarrow{OA}\cdot\overrightarrow{OH}$ ——分析法 $\vec{u}\cdot\vec{v}=xx'+yy'$ ——用模和角度 $\vec{u}\cdot\vec{v}=\|u\|\cdot\|v\|\cos\theta$ ——用模 $2\vec{u}\cdot\vec{v}=\|\vec{u}+\vec{v}\|-\|\vec{u}\|^2-\|\vec{v}\|^2$ • 选择最合适的方法求解问题 • 已知点和法向量确定笛卡尔方程 • 求由笛卡尔方程定义的直线的法向量 # 用圆心和半径或直径表示圆的方程 # 证明：$\cos(b-a)=\cos b\cos a+\sin b\sin a$	# 证明这几种方法是等价的 # 证明：中位线定理的证明需要计算相关的内积 • 有向角度满足夏耳关系式

3. 概率与统计

高二将继续引进数据分析中的新工具，进行统计数据的研究与比较。目标是让学生对于真实且丰富多样的数据进行思考（如根据法国全国统计及经济研究所提出的文件进行思考）。

使用随机变量的概率分布，对随机情况建立模型，进行概率分析，并验证由高中实验观察到的某种事实。加权树用于对独立重复试验进行建模，这些被严格限制在框架中以防相关条件概率引起混乱。在特殊情形——两个事件是相同且独立的试验中，引入二项分布。基于此原则继续对学生的现场抽样进行训练。

表 2-6　高二理科概率与统计内容

内　容	目　标	注　释
统计描述 **数据分析** • 分散性：方差、标准差 • 盒子图	• 恰当使用已知数据，以便总结出统计数据的平均值、标准差和中位数、四分位数 • 使用软件或者计算器对一个统计数据进行分析，或者对两个统计数据进行有意义的比较	• 使用计算器或者软件来确定统计数据的方差和标准差 • 使用软件研究一些例子，指出数据的分布结构对平均值的影响
概率 • 离散随机变量与概率分布 • 期望、方差与标准差	• 识别并能使用随机变量的法则 • 在大量重复的情形下，将期望解释为平均值	• 使用大数定律的模拟和试探法，使之与数据的期望与方差联系起来 • 利用计算器或者软件求随机变量的期望、方差和标准差 # 证明下列期望与方差的公式：$E(aX+b)=aE(X)+b$，$V(aX)=a^2V(X)$
两个或多个独立重复试验模型 • 伯努利(Bernoulli)试验 • 伯努利试验，二项分布(成功次数的分布) • 二项式系数，帕斯卡(Pascal)三角 • 二项分布的期望、方差和标准差	• 用加权树表示独立重复试验 • 用该表达式确定与该情况相关的随机变量的规律 • 能辨认出二项分布的情形 • 会计算二项分布的概率 # 证明：$\binom{n}{k}+\binom{n}{k+1}=\binom{n+1}{k+1}$ • 二项分布的图形表示 • 在各种情况下使用二项分布的期望	• 对于独立重复试验，乘积的概率等于概率的乘积 • 这里对条件概率不作要求 • 可以处理截断情形下几何分布的一些情况 • 模拟截断情形下几何分布的算法 • 优先采用树的表示方式：这是一个有效的心理表征。这使得：对于 n ($n\leqslant 4$) 较小的情形，便于二项分布的发现；对于 n 次重复中有 k 次成功的情形，引入二项式系数 $\binom{n}{k}$ 来表示；最后给出二项分布的一般式 • 方程的建立基于进行 $n+1$ 次重复试验成功了 $k+1$ 次的推理 • 方程也基于二项式系数的对称性质 • 在编写程序时，不建议使用阶乘形式二项式系数计算问题 • 实践中使用计算器或者软件得到二项式系数的值，直接计算概率，并作出二项分布的图形 • 先猜想出二项分布的期望公式，然后证实，方差也是这样的 • 用算法模拟二项分布

续　表

内　容	目　标	注　释
抽样 对于频率决策，使用二项分布	使用二项分布求超过给定值的波动区间，在一定程度上拒绝或不接受假设	• 目标是使得学生对“显著性差异”和期望值的概念进行试验，并注意到对于较大的样本而言，证实了在高一看到的结果 ◇ 可使用电子表格或者算法来确定波动区间 • 词汇测试（假设检验、零假设、显著性水平）不作要求

二、高二文科数学课程标准

对选择文学、经济与社会专业的学生而言，高二学习数学的目的是让学生了解数学文化，不仅是日常生活需要，也为进一步学习打基础。要培养学生坚实的数学基础，为日后科学研究作准备，让他们掌握科学的实践方法，提高做研究的能力。学习数学可以培养有益于一生的学习技巧和能力，有助于更好地了解社会的变化。做足够的练习后能有正确的科学理解。学校课程主要的目的是为上大学作准备，另一目的是提高学生解决问题的能力。

（一）课程标准的安排

该课程标准的目标是为了达到一定的能力。课程标准的设计是让学生掌握概念以及它们的连贯性，一方面强调推理，另一方面强调算法。在整个课程标准中应当体现出来，并不限制要怎么训练，但要求适度，并且必须和他们本专业的理念一致。

（二）内容

1. 代数和分析

高二文科课程标准与高一保持一致，以解决问题为主要学习动机。这些问题基本上来自纯数学或其他学科。其中一个目标是让学生掌握用数学工具处理与连续现象、离散现象相关的问题。因此，需要强化对函数的研究，课程标准要介绍两个新的函数类型：平方根函数和三次函数；介绍一个新工具：导数。掌握导数概念是高二的一个基本点。研究的函数都是正则的，并且适合研究某点处的有限极限。

为研究离散现象，需要掌握用百分比处理数字。能以批判的眼光辨别碰到的各种各样的情形，如经济现象或媒体中出现的大量信息。在许多领域，包括经济、社会科学，如果对变化现象比较感兴趣，可以用数据进行模拟。数列概念的介绍，可以奠定对不同类别的离散现象的研究，算法活动和电子表格能提高对索引(下标)的认识。

表 2-7　高二文科代数和分析内容

内　容	目　标	注　释
二次函数 · 二次多项式函数的标准形式 · 二次方程及其判别式 · 二次三项式函数符号的研究	选择最合适的二次多项式函数形式解决问题：展开形式、分解形式、标准形式	· 与高一学过的图像联系起来 · 标准形式的概念不作要求 ◇ 要求实现算法运算
研究函数 · 函数的推广 ($x\to\sqrt{x}$, $x\to x^3$) · 函数在某点处的导数 · 可导函数 f 对应的曲线的切线 · 导函数 · 常见函数 ($x\to\sqrt{x}$, $x\to\frac{1}{x}$, $x\to x^n$, 其中 n 为正整数) 的导函数 · 函数和、积、商的导数 · 导数的符号和函数单调性的关系 · 函数的极值	· 知道两个函数的变化趋势以及它们的图像 · 画出函数在某点处的切线 · 计算函数的导函数 · 依据导数的符号判断简单函数的性质	· 当 h 趋于 0 时，增长率 $\frac{f(a+h)-f(a)}{h}$ 的极限定义为函数在某点处的导数，但并不给出极限的正式定义 · 利用软件工具介绍导数 · 研究计算技术，但它不是解决问题的障碍，如果有必要，可以用计算机的符号计算系统 · 解决一些优化问题
百分比 · 变化和百分比之间的关系 · 连续变化、反演变化 (reciprocal evolution)	· 计算百分比的变化 · 表达百分比的变化 · 已知两个连续的变化率，确定总体变化率 · 已知变化率，确定反演变化率	· 目标有两方面： ——训练学生掌握计算简单百分比的基本技巧 ——让学生能以批判的态度处理遇到的信息 · 像连续变化和反演变化的情形，让学生用比率乘 $\left(1+\frac{t}{100}\right)$，作为问题的有效解 · 注意，变化也可用项数来表示

续　表

内　容	目　标	注　释
数列 · 生成数列的方法 · 数列的单调性 · 等差数列 · 公比为正的等比数列	· 用数列对某情境建模和研究 ◇ 实施算法计算给定数列的各项 · 用图表表示出数列的各项 · 用首项和公比、公差，写出等差数列或等比数列的通项公式 · 知道等差数列的增减性和等比数列通项公式的意义	· 注意改变逼近的方法和工具 · 利用电子表格并且实施算法来研究有递推关系的通项公式 · 结合图表和数字研究离散问题，介绍概念：等差数列、公差、线性变化，等比数列、公比、指数式变化 · 比较两种类型数列的变化，让学生知道还存在其他类型的变化 · 实施算法或电子表格比较问题的变化趋势、初始值和平均变化率

2. 概率与统计

高二将继续引进数据分析中的新工具，进行统计数据的研究与比较。目标是让学生对于真实且丰富多样的数据进行思考(如根据法国全国统计及经济研究所提出的文件进行思考)。

使用随机变量的概率分布，对随机情形建立模型，进行概率分析，并验证由高中实验观察到的某种事实。加权树用于对独立重复试验建立模型。这些被严格限制在框架中以防相关条件概率引起混乱。在特殊情形——两个事件是相同且独立的试验中，引入二项分布。基于此原则继续对学生的现场抽样进行训练。

表 2-8　高二文科概率与统计内容

内　容	目　标	注　释
统计描述 **数据分析** · 分散性：方差、标准差 · 盒子图	· 恰当使用已知数据，以便总结出统计数据的平均值、标准差和中位数、四分位数 · 使用软件或者计算器对一个统计数据进行分析，或者对两个统计数据进行有意义的比较	· 使用计算器或者软件来确定统计数据的方差和标准差 · 使用软件研究一些例子，指出数据的分布结构对平均值的影响
概率 · 离散随机变量与概率分布 · 期望	· 识别并能使用随机变量的法则 · 在大量重复的情形下，将期望解释为平均值	· 使用大数定律的模拟和试探法，使之与数据的均值联系起来 · 利用计算器或者软件求随机变量的期望

续 表

内 容	目 标	注 释
两个或多个独立重复试验模型 • 伯努利试验 • 伯努利试验，二项分布（成功次数的分布） • 二项式系数 • 二项分布的期望	• 用加权树表示独立重复试验 • 用该表达式确定与该情况相关的随机变量的规律 • 能辨认出二项分布的情形 • 会计算二项分布的概率 • 在各种情形下使用二项分布的期望	• 对于独立重复试验，乘积的概率等于概率的乘积 • 这里对条件概率不作要求 • 优先采用树的表示方式：这是一个有效的心理表征。这使得：对于 n（$n \leqslant 4$）较小的情形，便于二项分布的发现；对于 n 次重复中有 k 次成功的情形，引入二项式系数 $\binom{n}{k}$ 来表示；最后给出二项分布的一般式 • 在编写程序时不建议使用阶乘形式二项式系数计算问题 • 实践中可使用计算器或者软件得到二项式系数的值，直接计算概率，并作出二项分布的图形 • 先猜想出二项分布的期望公式，然后证实 • 用算法模拟二项分布
抽样 使用二项分布求概率	使用二项分布求超过给定值的波动区间，在一定程度上拒绝或不接受假设	• 目标是使得学生对“显著性差异”和期望值的概念进行试验，并注意到对于较大的样本而言，证实了在高一看到的结果 ◇ 可使用电子表格或者算法来确定波动区间 • 词汇测试（假设检验、零假设、显著性水平）不作要求

第三节 高三数学课程标准

一、高三理科数学课程标准

（一）课程标准的安排

课程标准以获得能力为依据来设计，逐步学习概念。教师根据情况来决定教学时间长短。由此，一半的时间分配给分析，另外一半的时间分配给几何、概率与统计。高三课程标准的目标代表学生对该部分知识掌握的最低要求，学生对此的掌握程度因人而异，并没有最高的限度。高中的最后一年里，一方面要掌握算法，另一方面是推理，必须在高三的每个知识范围里执行。

（二）内容

1. 分析

学习活动的动机是解决问题。该课程标准的一个目标是通过加强、丰富数列和函数的概念，让学生研究更多离散和连续现象。数列极限的概念为进一步研究函数的极限作准备。扩充函数的类型，介绍指数函数、对数函数、正弦函数和余弦函数。指数函数涉及了其他科目的内容。最后，增加积分的概念，进行有保留的讨论和研究，仍包括分析的一些基本概念。求解问题时，如果有需要可以使用计算机或代数系统。要求学生知道如何进行推理。

表 2-9　高三理科分析内容

内　容	目　标	注　释
数列 · 数学归纳法 · 数列的极限是有限的或无限的	· 如何实现数学归纳法 ◇ 极限是无限的情况下，给定一个递增的数列 $\{u_n\}$ 和一个实数 A，用排序算法确定有无限多个 u_n 比 A 大	· 数学归纳法在整个高三中都会涉及，而不只是在数列的学习中 · 为表达在区间 I 上，当 n 趋向于 $+\infty$ 时，$u_n \to l$，我们说“任何一个包含 I 的开区间，包含从某一项开始后的所有项”。当 n 趋向于 $+\infty$，我们说“形式为 $[A, +\infty)$ 的每一个区间，包含从某一项开始后的所有项”
· 极限和有序性 · 极限的运算 · 数列 $\{q_n\}$ 在无穷远处的情况，其中 q 是一个实数 · 递增数列、递减数列、有界数列	# 证明：若 $\{u_n\}$ 和 $\{v_n\}$ 是两个数列，从一定的排序来说，u_n 小于或等于 v_n。如果当 n 趋于 $+\infty$ 时，u_n 趋于 $+\infty$，那么当 n 趋于 $+\infty$ 时，v_n 趋于 $+\infty$ · 研究两个数列的和、积、商的极限 # 证明数列 $\{q_n\}$ 的极限是 $+\infty$，其中 $q>1$ · 确定一个等比数列的极限 · 定理：单调有界数列收敛	· 与高一相同，如何描述证明和结果是很重要的。基于推理变换逼近方式以及使用的工具 · 列举极限不存在的数列的例子 # 证明：如果序列递增且极限默认为 l，那么序列的所有项都小于或等于 l · 该定理被认为是有序性 · 用数学归纳法证明，对正实数 a 和所有的正整数 n，有 $(1+a)^n \geqslant 1+na$ 成立 · 探讨等比数列所有项的和的极限情形 · 该定理默认成立，没有证明 # 没有上界的数列极限是 $+\infty$ · 做数学归纳法的练习，特别是形如 $u_{n+1}=au_n+b$ 的题目要出现在练习中 ◇ 在该部分计算中实施算法 ※ 对一些实数进行逼近计算（如 π、e、黄金分割数等）

续 表

内　容	目　标	注　释
函数的极限 • 无穷远处函数的极限是有限的或无限的 • 求两个函数和、积、商及复合的极限 • 极限与比较 • 平行于某个坐标轴的渐近线	• 确定两个函数和、积、商及复合的极限 • 通过计算上界、下界来确定极限 • 极限的几何解释	• 把数列的极限推广到函数极限，不需要过分强调形式。主要目的是让学生理解极限的概念，同时掌握求极限的基本技巧，解决现实生活中遇到的一些例子 • 计算两个函数的复合，并不要求一般的理论
区间的连续性和介值定理	当函数严格单调时，用介值定理求解某一给定的问题	• 用直观的方法理解连续，假设一般函数在区间上连续，列举几个不连续函数的例子，特别是来自具体现实的情况 • 介值定理默认成立 • 向上的箭头、向下的箭头分别表示函数在区间上连续且严格递增、连续且严格递减 • 区间上的可导函数在区间上连续 • 该特殊情况可推广到定义在开区间或半开半闭的区间上的 f，能够求出 f 在有界区间上的极限 ◇ 编写算法来求解方程 $f(x)=k$ 的解也是其中的一个活动
导数的复合函数	• 计算下列函数的导数：$x\to\sqrt{u(x)}$；$x\to(u(x))^n$，其中 n 是非零整数；$x\to e^{u(x)}$；$x\to\ln(u(x))$ • 计算函数 $x\to f(ax+b)$ 的导数，其中 f 是可微函数，a、b 是两个实数	• 这些特殊例子表明函数 $x\to f(ax+b)$ 的导数有统一的表达，但不需要记住该公式 • 研究计算技术，但它不是解决问题的障碍，如果有必要，可以用计算机的符号计算系统 ※ 举出不连续函数或不连续导数的例子
正弦和余弦函数	• 知道正弦、余弦函数的导数 • 知道这些函数的性质，包括奇偶性和周期性 • 知道这些函数的图像	• 把正弦函数在 0 点的导数和 $\frac{\sin x}{x}$ 在 0 点的极限联系起来 • 除了研究的一些例子外，并没有进一步深入研究函数奇偶性和周期性的概念 • 消除了用单位圆和表达式 $x\to\cos(x)$ 和 $x\to\sin(x)$ 得到的结果之间的差异 ◎［SPC］正弦波传播，机械振荡器

续 表

内　容	目　标	注　释
指数函数 **函数：** • $x \to e^x$ • 函数关系式，如 e^x 的概念	♯ 证明 **R** 上满足 $f' = f$ 且 $f'(0) = 1$ 的可微函数是唯一的 ♯ 证明 $\lim\limits_{x \to +\infty} e^x = +\infty$ 和 $\lim\limits_{x \to -\infty} e^x = 0$ • 用函数的关系式变换形式 • 知道指数函数的变量和图像的意义 • 知道且会用 $\lim\limits_{x \to +\infty} \frac{e^x}{x} = +\infty$，$\lim\limits_{x \to -\infty} x e^x = 0$	• 在 **R** 上存在唯一一个可导函数 f，满足：$f' = f$ 和 $f(0) = 1$。不需要证明存在性问题 • 研究形式为 $x \to e^{u(x)}$ 的函数，包括 $u(x) = -kx$ 和 $u(x) = -kx^2$ $(k > 0)$，在很多领域都有应用 • 把指数函数在 0 点的导数和 $\frac{e^x - 1}{x}$ 在 0 点的极限联系起来 ◎［SPC 与 SVT］放射性 ※ 研究演化现象
自然对数函数： • $x \to \ln x$ • 函数关系式及导数	• 知道自然对数函数的单调性和图像的意义 • 对正的实数 a、b，下面的等式等价，$\ln a = b \Leftrightarrow a = e^b$ • 利用函数的关系式变换表达形式 • 知道且会用 $\lim\limits_{x \to +\infty} \frac{\ln x}{x} = 0$	• 从指数函数的性质或函数方程出发，介绍自然对数函数 • 从代数和图像方面来说，自然对数函数和以 e 为底的指数函数互为反函数，并不涉及任何困难反函数的理论 • 把对数函数在 1 处的导数和 $\frac{\ln(1+x)}{x}$ 在 0 点的极限联系起来 • 以 10 为底的对数函数因为在其他学科的用处而被提及 ◎［SI］变换器 ◎［SPC］声音的强度，地震的震级，pH 值的范围 ※ 函数方程
积分 • 若 $f(x)$ 在 $[a, b]$ 上连续且为正，则 $f(x)$ 的积分定义为：函数 $f(x)$ 所对应的曲线和坐标轴围成的面积 • $\int_a^b f(x)\mathrm{d}x$ 的概念	• 逆向读导数表求函数的原函数 • 知道且会求如下函数的原函数：$u'e^u$，$u'u^n$，$\frac{u'}{\sqrt{u}}$，$\frac{u'}{u}$，其中 n 是不等于 -1 的整数且 u 是严格正的	• 基于高二学的面积的直观性概念，积分有可加性、平移不变性和对称性 • 逼近计算面积（抛物线、双曲线等），描述该定义

续 表

内　容	目　标	注　释
• 定理：正函数 $f(x)$ 在区间 $[a, b]$ 上连续，若存在可导函数 $F(x)$，使得区间 $[a, b]$ 上的任意 x，都有 $F'(x)=f(x)$，则 $F(x)=\int_a^x f(t)\mathrm{d}t$，是函数 $f(x)$ 的原函数 • 定理：区间上的连续函数都有原函数 • 把积分推广到任何符号的连续函数 • 积分的性质：线性性、正性、可加性 • 函数的平均值	• 用积分确定面积 • 计算积分 ◇ 对一个正的单调函数，实施算法来确定积分的上界和下界	♯ f 为正且为增函数时，介绍定理的基本证明（原函数存在性证明，并非全部证明） • 已知连续且为正的函数 f 的原函数为 F，我们有：$\int_a^b f(x)\mathrm{d}x = F(b) - F(a)$ ♯ 有界闭集情况下证明该定理 • 但并没有一般情形的证明 • 形如 $x \to \mathrm{e}^{-x^2}$ 的函数没有显式的原函数 • 公式 $\int_a^b f(x)\mathrm{d}x = F(b) - F(a)$ 是对连续且为正的函数成立，可以推广到任何符号的连续函数情形 • 不要求掌握分部积分 • 用几个例子来描述来自其他学科的平均值概念 ◎［SPC］匀加速运动 ◎［SI］能量转移中的平均值、均方根 ※ 计算物体的体积

2. 几何

(1) 复数

高三引入复数。因为复数有自己的运算法则，所以被认为是一个新的数集。

表 2-10　高三理科复数内容

内　容	目　标	注　释
• 代数形式、共轭复数 • 复数的加法、乘法、除法 • 实系数一元二次方程 • 几何表达 • 点、向量所表示的复数 • 三角形式： ——模和辐角，直角坐标系下的几何解释 ——指数式的写法	• 对复数进行代数形式的运算 • 求解 $\mathbf{C}$ 中的实系数二次方程 • 用一个点或向量表示一个复数 • 确定一个点或向量所代表的复数 • 代数形式与几何形式互换 • 知道且会用关系 $z\bar{z} = \|z\|^2$ • 对不同表达的复数进行运算	• 从历史角度介绍该部分内容 • 该平面引入直角坐标系 $(O; \vec{u}, \vec{v})$ • 展示函数 $\theta \to \cos\theta + \mathrm{i}\sin\theta$ 和指数函数有同样函数关系式之后，引入指数式的写法 • 复数有助于加深理解或记忆三角公式中的两角和、二倍角公式，这些公式在高二的时候见过 ※［SI］系统的频率分析

(2) 立体几何

高三一方面要强化高一学过的立体几何内容,另一方面要理解空间中直线、平面等重要概念。知道平面、空间中向量分解;知道线性代数中自由度和线性无关的概念;学会以代数的角度处理几何问题;用直角坐标系中的坐标表示垂直,知道直角坐标系是一个能对平面进行简单描述的工具;依据不同的情况选择用向量方法或坐标方法研究线、面的相交问题。

表 2-11 高三理科立体几何内容

内容	目标	注释
线和平面 线、面的位置关系:相交、平行、垂直	· 探究直线和平面的位置关系 · 建立线和面的正交关系	· 正方体是研究空间直线和平面位置关系的很好的载体,探究正方体中平面相交的一些例子 · 使用动态几何软件更利于该工作的顺利进行
向量几何 · 用一个点和两个不共线的向量刻画平面 · 共面向量 · 空间中向量分解:$\vec{a}=a_1\vec{e_1}+a_2\vec{e_2}$ · 直线的参数表达	· 求解共线或共面问题时,依据不同的情况选择恰当的分解 · 利用坐标: ——解释两向量共线 ——刻画三点共线 ——确定向量的各个分量	· 把平面向量和相关的运算推广到空间向量 · 如果一个平面内有两条相交直线分别与另一个平面内的两条相交直线平行,那么这两个平面平行 ♯ 证明定理:若一直线与两平面平行,则过该直线的任一平面与这两个平面相交所得的直线相互平行 · 了解代数中自由度和线性无关的概念 · 不局限于直角坐标系 · 用一个点和两个不共线向量刻画平面,可得到平面的参数表达 ◎ 动态的和静态的机械系统
内积 · 空间中两个向量的内积:定义、性质 · 平面的法向量 · 平面的笛卡尔方程	· 判断向量是否垂直于平面 ♯ 用关系式 $ax+by+cz+d=0$ 表示空间的平面,其中 a、b、c 是非零实数 · 已知一点和法向量确定平面的笛卡尔方程 · 确定由笛卡尔方程定义的平面的法向量 ♯ 证明直线垂直于一个平面当且仅当垂直于该平面内两条相交的直线 · 选择最合适的笛卡尔方程或参数方程: ——判断线和平面是否相交 ——探究两平面的位置关系	· 把平面向量的内积推广到空间向量的内积 · 刻画两直线垂直,且介绍两平面垂直的概念 ※ 异面垂线,三平面相交

3. 概率与统计

概率与统计部分的内容有所加深。为了解决与连续数据相关的问题引入了概率密度。正态分布能帮助学生通过确定置信度为95%的置信区间进行推理统计。其他学科的一些问题可用这部分内容解决。图形表示和算法模拟是必要的。

表 2-12 高三理科概率与统计内容

内　容	目　标	注　释
条件概率,独立 • 非零概率事件 • 符号: $P_A(B)$ • 两个独立事件	• 根据给定状态建立加权树 • 利用加权树来确定概率 • 在已知整体划分后各部分概率的条件下,计算事件的概率 # 证明:如果两个事件 A 和 B 是独立的,那么 $\bar{A}$ 与 B 也是独立的	• 用图表或加权树表达一个问题情境,给出加权树使用、构造的规则 • 对加权树的构造过程就是证明过程,不排除会使用全概率公式,但要控制该公式的使用 • 这部分内容适用于研究具体情况 ◇ 算法操作在该框架内进行,特别是模拟随机游动 ◎ [SI 与 SPC] 遗传、基因、遗传风险
从例子得到密度函数分布的定义 • 区间上的密度函数分布 • $[a, b]$上的均匀分布 • 服从均匀分布的随机变量的期望 • 指数分布 • 服从指数分布的随机变量的期望	• 知道$[a, b]$上均匀分布的密度函数 • 计算指数分布的概率 # 证明:服从指数分布的随机变量的期望为 $\frac{1}{\lambda}$,其中 λ 为参数	• 研究的例子是基于样本空间 Ω 上的随机试验。在 $\mathbf{R}$ 内 Ω 上定义一个随机变量 X,它将每一个实数都映射到 $\mathbf{R}$ 内区间 I 上,则 X 满足条件:将事件 $\{X \in J\}$ 的概率定义为区域 $\{M(x, y): x \in J, 0 \leqslant y \leqslant f(x)\}$,这里 f 是密度函数,区间 J 包含于 I 内 • 任何密度函数分布以及在无界区间上的积分的一般理论都不包括在内 • 软件或计算器的"随机数"指令,服从$[0, 1]$上的均匀分布。通过 $E(X)=\int_a^b tf(t)\mathrm{d}t$ 得到$[a, b]$上密度为 f 的随机变量的期望,注意到该定义是一个离散随机变量期望的延伸 • 蒙特卡洛(Monte Carlo)算法 # 证明:服从指数分布的随机变量 T 满足无记忆性。对于任意实数 t 和正数 h,有 $P_{T \geqslant t}(T \geqslant t+h)=P(T \geqslant h)$ • 期望公式为 $\int_a^x tf(t)\mathrm{d}t$ 在 x 趋于 $+\infty$ 时的极限,这里 f 为指数分布的密度函数 • 这部分内容有关于放射性或系统不受磨损的运行时间的研究

续　表

内　容	目　标	注　释
• 标准正态分布 $N(0, 1)$ • 棣莫弗-拉普拉斯定理（De Moivre - Laplace）（默认成立的选修内容） • 正态分布 $N(\mu, \sigma^2)$，其中 μ 为期望，σ 为标准差	• 知道标准正态分布 $N(0, 1)$ 的密度函数和图形表示 # 证明：对于 $\alpha \in (0, 1)$，存在唯一的正实数 u_α 使得 $P(-u_\alpha \leqslant X \leqslant u_\alpha) = 1 - \alpha$，其中 X 服从标准正态分布 $N(0, 1)$ • 知道近似值 $u_{0.05} \approx 1.96$，$u_{0.01} \approx 2.58$ • 使用计算器或者电子表格计算正态分布 $N(\mu, \sigma^2)$ 对应的概率 • 知道 $\{X = [\mu - \sigma, \mu + \sigma]\}$，$\{X = [\mu - 2\sigma, \mu + 2\sigma]\}$ 和 $\{X = [\mu - 3\sigma, \mu + 3\sigma]\}$ 的概率的近似值，其中 X 服从正态分布 $N(\mu, \sigma^2)$	• 为了研究标准正态分布 $N(0, 1)$，首先观察随机变量 $Z_n = \dfrac{X_n}{\sqrt{np(1-p)}}$ 的几何图形，其中 X_n 服从二项分布 $B(n, p)$，这里 n 的值比较大，p 的值在 0 和 1 之间 • 棣莫弗-拉普拉斯定理保证了任意 a 和 b，当 n 趋于 $+\infty$ 时，$P(Z_n \in [a, b])$ 趋近于 $\int_a^b \frac{1}{\sqrt{2\pi}} e^{-\frac{x^2}{2}} dx$ 的值 • 服从 $N(0, 1)$ 的随机变量的期望定义为 $\lim\limits_{x \to -\infty} \int_x^0 tf(t)dt + \lim\limits_{x \to +\infty} \int_0^x tf(t)dt$，其中 f 表示密度函数。可以证明结果为 0，由方差的定义式 $E(X - E(X))^2$ 计算得 1 • 若 $\dfrac{X-\mu}{\sigma}$ 服从标准正态分布 $N(0, 1)$，则随机变量 X 服从 $N(\mu, \sigma^2)$ • 搜集标准差的相关信息 • [SVT]根据实际测试系统的物理测量 • 不要求掌握 $N(\mu, \sigma^2)$ 密度函数的代数表达式 • 可以用从其他学科找到的相关例子来描述这些新概念
波动区间	# 证明：若随机变量 X_n 服从二项分布 $B(n, p)$，则任给 $[0, 1]$ 内的 α，有 $\lim\limits_{n \to +\infty} P\left(\frac{X_n}{n} \in I_n\right) = 1 - \alpha$，这里 I_n 为区间 $\left[p - u_\alpha \frac{\sqrt{p(1-p)}}{\sqrt{n}}, p + u_\alpha \frac{\sqrt{p(1-p)}}{\sqrt{n}}\right]$ • 对于足够大的 n，知道 95% 的渐近波动区间为：$\left[p - 1.96 \frac{\sqrt{p(1-p)}}{\sqrt{n}}, p + 1.96 \frac{\sqrt{p(1-p)}}{\sqrt{n}}\right]$，这里 p 为比例	• 这里示范的是随机变量 $F_n = \dfrac{X_n}{n}$ 的频率在给定区间渐近波动（*）的表达式，临界值为 $1 - \alpha$，这里 f 是由大小为任意 n 的样本观测到的频率 • 根据常规准确率要求，当 $n \geqslant 30$，$np \geqslant 5$ 和 $n(1-p) \geqslant 5$ 时，结论近似成立 • 加上 $1.96\sqrt{p(1-p)}$，就得到高一提出的波动区间 • 之前遇到的决策问题，在渐近波动区间问题中再次出现

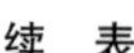
续 表

内 容	目 标	注 释
估计 · 置信区间(＊) · 置信度	· 从样本得到未知量的区间估计 · 确定一个足够大的样本以便于达到给定准确率，得到置信度为0.95的区间估计	· 对该部分要求适度，与其他学科结合使用 # 趣味证明：对于固定值 p，当 n 足够大时，区间 $\left[F_n-\frac{1}{\sqrt{n}}, F_n+\frac{1}{\sqrt{n}}\right]$ 至少有0.95的概率包含比例 p · 指出 p 是置信度为95%的区间 $\left[f-\frac{1}{\sqrt{n}}, f+\frac{1}{\sqrt{n}}\right]$ 的比例，这里 f 表示在大小为 n 的样本内观察到的频率 · 按照常规准确率要求，该区间可用于 $n\geqslant 30$, $np\geqslant 5$ 和 $n(1-p)\geqslant 5$ · 电子表格调查的模拟提高了调查范围 · 重要的是，要注意到在另一个领域，区间 $\left[f-1.96\frac{\sqrt{f(1-f)}}{\sqrt{n}}, f+1.96\frac{\sqrt{f(1-f)}}{\sqrt{n}}\right]$ 是不适用的 · [SVT] 当置信区间提供数据时，进行图表分析 ※(在一个治疗试验中)对两个决策进行比较

表2－12的符号(＊)：随机变量 F_n 的渐近波动区间，是由 p 和 n 确定的置信度为 $1-\alpha$ 的区间，该区间包含了 F_n，当 n 增大时，概率趋近于 $1-\alpha$。置信度为 $1-\alpha$、比例为 p 的置信区间，来自概率大于或等于 $1-\alpha$、比例为 p 的随机区间的抽样。对任意样本大小 n 与频率，随机区间由随机变量 F_n 确定。这里考虑的置信区间集中于观察到的频率 f。

二、高三文科数学课程标准

（一）课程标准的安排

高三文科课程标准的目标是让学生达到一定的能力，掌握一些概念和它们之间的关联。时间的安排只是参考。比如，三分之二的时间分配给分析，剩下的时间分配给概率与统计。目标代表学生在高三掌握知识的最低要求，并不限制要怎么训练。一方面要掌握一定的算法，另一方面还要强调推理，必须在高三的每个知识范围里执行。要求适度，并且必须和他们本专业的理念一致。

（二）内容

1. 分析

该课程标准的一个目标是让学生能够利用数学工具处理连续或离散模型问题。研究等比数列，学习极限的概念，学习指数函数和自然对数函数。指数函数是讨论离散情形到连续情形的转变。研究图像时介绍凸的概念，在经济学中有着广泛的应用，特别是成本问题或单调递增、递减问题。最后，学习积分的概念，有保留地讨论和研究，主要针对分析的基本概念。

表 2－13　高三文科分析内容

内　容	目　标	注　释
数列 • 等比数列 • 数列 $\{q_n\}$ 的极限，q 是严格的正数 • 形如 $u_{n+1}=au_n+b$ 的数列，其中 a、b 是常数	• 在给定情形下，确定一个等比数列 • 知道且会用公式 $1+q+\cdots+q^n$，其中 $q\neq 1$ • 求解公比为严格正的等比数列的极限 • 给定数列 $\{q_n\}$，其中 $0<q<1$，实施一个算法来确定从某项开始的所有项都比某个正实数小 • 用 $u_{n+1}=au_n+b$ 阐释某给定的情形	• 用电子表格、动态几何软件或计算机研究数列，以期对极限的概念有直观的理解 • 求出 $1+q+\cdots+q^n$ 和的极限，其中 $q\neq 1$。举例说明，当 n 趋于 $+\infty$ 时，若某等比数列前 n 项和趋于 $+\infty$，则不存在极限 • 列举一些经典的悖论，探讨该类问题的历史价值和哲学意义 • 研究 $u_{n+1}=au_n+b$ 时，要给出一些提示
区间连续的概念 区间的连续性和介值定理	利用电子表格确定： • 方程 $f(x)=k$ 的解的个数 • 函数的符号	• 用直观的方法理解连续，假设一般函数在区间上连续 • 用图表表示介值定理，其中函数在区间上是连续的和严格单调的 • 区间上的可导函数在区间上连续（无证明）

续　表

内　　容	目　　标	注　　释
指数函数 • $x \to q^x$，$q>0$ • 函数关系式 • 指数函数 $x \to e^x$ • $x \to e^{u(x)}$，u 是可微函数	• 知道 q 变化时函数 $x \to q^x$ 的图像 • 知道指数函数的导数、单调性及图像 • 利用函数关系式变换表达形式 • 计算 $x \to e^{u(x)}$ 的导数	• 这些函数是等比数列的连续推广 • 默认函数在 $\mathbf{R}$ 上可微，并且把和变换成积的形式。用软件工具计算，各种指数函数在 0 点处的导数为 1。函数 e^x 存在且唯一(没有证明)。数 1 在这个映射下的像是 e • 研究形如 $x \to e^{u(x)}$ 的函数，特别地，$u(x)=-kx$，$u(x)=-k^2x$ $(k>0)$，在很多领域都有应用 • 一般的概念不作要求
对数函数 函数关系式	• 知道对数函数的导数、单调性和图像 • 利用函数关系式改变表达形式 • 求解形式如下的方程：$x^n=k$，其中 $k\in(0,+\infty)$，且 $n\in\mathbf{N}$	对任意的 $x>0$，$\ln x$ 是方程 $e^y=x$ 的唯一解，其中 y 是自变量。这就定义了自然对数
凸性 • 区间上的凸函数、凹函数 • 导数的增减性和凸性 • 拐点 • 考察函数 $x\to e^x$，$x\to\ln x$，$x\to x$ 的曲线	• 认识凸函数、凹函数的图像 • 会利用导数的增减性和凸性的关系 • 认识图像的拐点	• 若图像在每个切线上方，则区间上的可微函数是下凸的 • 主要考虑以下相关的函数的凹凸性：$x\to x^2$，$x\to\sqrt{x}$，$x\to e^x$，$x\to\ln x$ • 猜测且默认导数的增减性和凸性之间有一定的联系 • 可以利用二阶导数的符号来判断 • 拐点附近切线的斜率正负发生变化 • 主要研究函数 $x\to x^3$ 的拐点
积分 • 若 $f(x)$在$[a, b]$上连续且为正，则 $f(x)$ 的积分定义为：函数 $f(x)$所对应的曲线和坐标轴围成的面积，记为 $\int_a^b f(x)\mathrm{d}x$ • 定理：正函数 $f(x)$ 在区间$[a, b]$上连续，若存在可导函数 $F(x)$，使得区间$[a, b]$上的任意 x，都有 $F'(x)=f(x)$，则 $F(x)=\int_a^x f(t)\,\mathrm{d}t$ 是函数 $f(x)$ 的原函数	• 逆向读导数表求函数的原函数 • 知道且会求 $x\to u'(x)e^{u(x)}$ 的原函数 • 计算积分 • 计算两个正函数围成的面积	• 积分依赖于面积的概念，面积的性质有可加性、平移不变性和对称性 • 已知连续且为正的函数 f，它的原函数为 F，我们有：$\int_a^b f(x)\mathrm{d}x=F(b)-F(a)$ • 形如 $x\to e^{-x^2}$ 的函数没有显式的原函数 • 公式 $\int_a^b f(x)\mathrm{d}x=F(b)-F(a)$ 对连续且为正的函数成立，可以推广到任何符号的连续函数情形

续　表

内　容	目　标	注　释
• 定理：区间上的连续函数都有原函数 • 把积分推广到任何符号的连续函数 • 积分的性质：线性性、正性、可加性 • 区间上连续函数的平均值		用经济学中的例子描述面积和平均值的概念

2. 概率与统计

概率与统计的内容有所加深。为了处理与连续数据相关的问题引入了概率密度。正态分布可以帮助学生通过求置信度为 95%的置信区间进行统计推断。这部分特别适合用来研究其他学科的问题，如经济学与社会学。图形的表示与模拟的使用是必要的。

表 2-14　高三文科概率与统计内容

内　容	目　标	注　释
条件概率 • 非零概率事件 • 符号：$P_A(B)$	• 根据给定状态建立加权树 • 利用加权树来确定概率 • 在已知整体划分后各部分概率的条件下，计算事件的概率	• 用图表或加权树表达一个问题情境，给出加权树的使用和构造的规则 • 对加权树的构造过程就是证明过程，不排除会使用全概率公式，但要控制该公式的使用 • 该部分内容适用于研究具体情况
从例子得到密度函数分布的定义 • 区间上的密度函数分布 • $[a, b]$上的均匀分布 • 服从均匀分布的随机变量的期望	知道$[a, b]$上均匀分布的密度函数	• 研究的例子是基于样本空间 Ω 上的随机试验；在 $\mathbf{R}$ 内 Ω 上定义一个随机变量 X，它将每一个实数都映射到 $\mathbf{R}$ 内区间 I 上，则 X 满足条件：将事件 $\{X \in J\}$ 的概率定义为区域 $\{M(x, y): x \in J, 0 \leqslant y \leqslant f(x)\}$，这里 f 是密度函数，区间 J 包含于 I 内 • 不要求掌握密度函数的规律以及在无界区间上的积分的一般理论 • 软件或计算器的“随机数”指令，服从$[0, 1]$上的均匀分布。通过计算 $\int_a^b tf(t)\mathrm{d}t$ 得到$[a, b]$上密度为 f 的随机变量的期望，注意到该定义是离散随机变量期望定义的延伸

续 表

内　容	目　标	注　释
• 标准正态分布 $N(0, 1)$ • 正态分布 $N(\mu, \sigma^2)$，其中 μ 为期望，σ 为标准差	• 知道标准正态分布 $N(0, 1)$ 的密度函数和图形表示 • 知道事件 $X \in \{[-1.96, 1.96]\}$ 的概率的近似值，其中 X 服从标准正态分布 • 使用计算器或者电子表格可计算出正态分布 $N(\mu, \sigma^2)$ 对应的概率 • 知道 $\{X = [\mu - \sigma, \mu + \sigma]\}$，$\{X = [\mu - 2\sigma, \mu + 2\sigma]\}$ 和 $\{X = [\mu - 3\sigma, \mu + 3\sigma]\}$ 的概率的近似值，其中 X 服从正态分布 $N(\mu, \sigma^2)$	• 为了研究标准正态分布 $N(0, 1)$，首先观察随机变量 $Z_n = \dfrac{X_n}{\sqrt{np(1-p)}}$ 的几何图形，其中 X_n 服从二项分布 $B(n, p)$，这里 n 的值比较大，p 的值在 0 和 1 之间 • 在这方面，可从历史的角度来看棣莫弗和拉普拉斯的工作 • 若 $\dfrac{X-\mu}{\sigma}$ 服从标准正态分布 $N(0, 1)$，则随机变量 X 服从正态分布 $N(\mu, \sigma^2)$ • 这里仅限于用直观的方法来理解期望的概念 • 可使用软件工具来收集标准差数值所蕴含的信息 • 不要求掌握 $N(\mu, \sigma^2)$ 密度函数的代数表达式 • 可从经济学或者社会学科找到例子来阐述这些概念
波动区间	对于足够大的 n，知道 95% 的渐近波动区间：$\left[p - 1.96\dfrac{\sqrt{p(1-p)}}{\sqrt{n}}, p + 1.96\dfrac{\sqrt{p(1-p)}}{\sqrt{n}}\right]$，这里 p 为比例	• 对于任意大小的样本 n，随机变量 F_n 的频率有 95% 的可能取值于渐近波动区间内，当 n 变大时，在该范围内的概率趋近于 0.95 • 通过模拟确定可接受的结果 • 根据常规准确率要求，当 $n \geqslant 30$，$np \geqslant 5$ 和 $n(1-p) \geqslant 5$ 时，结论近似成立 • 加上 $1.96\sqrt{p(1-p)}$，就得到高一提出的波动区间 • 之前遇到的决策问题，在渐近波动区间问题中再次出现
估计 • 置信度为 95% 的置信区间（*） • 置信度	• 从样本得到未知量的区间估计 • 确定一个足够大的样本以便于达到给定准确率，得到置信度为 0.95 的区间估计	• 对该部分要求适度，与其他学科结合使用 • 指出 p 是置信度为 95% 的区间 $\left[f - \dfrac{1}{\sqrt{n}}, f + \dfrac{1}{\sqrt{n}}\right]$ 的比例，这里 f 表示在大小为 n 的样本内观察到的频率

续　表

内　容	目　标	注　释
		• 按照常规准确率要求，该区间适用于 $n\geqslant 30$，$np\geqslant 5$ 和 $n(1-p)\geqslant 5$ • 电子表格调查的模拟提高了调查范围 • 重要的是，要注意到在另一个领域，区间 $\left[f-1.96\dfrac{\sqrt{f(1-f)}}{\sqrt{n}},\ f+1.96\dfrac{\sqrt{f(1-f)}}{\sqrt{n}}\right]$ 是不适用的

表 2－14 的符号(＊)：随机变量 F_n 的渐近波动区间，是由 p 和 n 确定的置信度为 0.95 的区间，该区间包含了 F_n，当 n 增大时，概率趋近于 0.95。当 p 固定且 n 足够大时，区间 $\left[f-\dfrac{1}{\sqrt{n}},\ f+\dfrac{1}{\sqrt{n}}\right]$ 以至少 0.95 的概率包含了比例 p。置信度为 0.95、比例为 p 的置信区间，来自概率大于或等于 0.95、比例为 p 的随机区间的抽样。对任意样本大小 n 与频率，随机区间由随机变量 F_n 确定。这里考虑的置信区间集中于观察到的频率 f。

三、课程标准后面的说明

(一) 算法要求

使用算法工具是数学活动中必要的一部分。高一出现过算法，如运算算法、差分算法、欧拉(Euler)算法、几何中的结构算法。课程标准中使用的是正规的自然语言，特别对计算器或使用的软件要进行编译。要让学生精通编写算法的基本原理：控制输入和输出、给定初值、编写具体算法。高一的训练会延续到高三。实施算法活动是为了训练学生用自然语言或符号语言来描述一些算法；使用电子表格、计算器或合适的软件；解释更复杂的算法。不限定语言和软件。算法在数学的各个领域都有一席之地，所解决的问题要和课程标准其他部分(函数、几何、概率与统计、逻辑)、其他学科或日常生活相联系。至于算法和小程序的写作，需要让学生有很好的习惯，对验证和控制有很好的练习。

对于基本指令(任务、算法、输入、输出)的要求，为了解决问题，学生应当：写出需要进行计算的公式；写出计算的程序，并给出函数的值；需要处理输入和输出指令。对于循环迭代和条件语句的要求，为了解决问题，学生应当：为实现一个迭代计算，给定迭代次数；设计条件语句，迭代计算，同时要用跳出循环的条件语句。

（二）数学符号和数学推理

该部分致力于学习数学概念和逻辑，不是仅仅依附于特定部分，而是要分布在整个高中阶段。为了研究如下目标，要很自然地提出等价的概念（等价性质、等价推理），并介绍数学归纳法。

数学符号。学生需要知道集合、子集、属于、包含、集合交与并等概念，也要知道如何使用相应的符号（$\in$、$\subset$、$\cup$、$\cap$）以及数集和区间的符号。集合 A 的补集用符号 $\bar{A}$ 表示。

针对逻辑推理，要通过例子训练学生：正确使用逻辑联结词"并""或"，并且用通俗的语言区分"并""或"的含义；正确使用联结词"任意""存在"（并不要求掌握符号 $\forall$ 或 $\exists$）；区分一些命题中隐含的意思，特别是在条件命题中；在条件命题中，辨别直接命题、逆命题、逆否命题；充分利用"必要条件""充分条件"；确切地阐述命题的否定；用反例否定一个一般的问题；知道且会用一些特定的推理，如否命题、逆否命题、反证法。

（三）特长教育

特长教育要基于解决问题，目的是要探讨课程标准里提到的一些概念。有一些问题模型是提示性的，一定要注意中学生具备的知识水平，逐步引导他们进行深入研究。主题是要指导使用软件（计算软件、电子表格），并且要实施算法。对概念的要求水平应根据解决问题时的具体需要来定。

1. 算术

研究的问题包括密码学或数学类问题。比如，关于素数的问题。

表 2-15　算术问题

问题模型	内容
• 编码问题（条形码、ISBN 代码、key Rib、INSEE 代码） • 加密问题（仿射加密（encryption affine）、维热纳尔密码（Vigenère cipher）、希尔（Hill）密码） • 可疑的素数：无穷大、分布、素性测试、素数本身（费马数（Fermat Number）、梅森数（Mersenne Number）、卡迈克尔数（Carmichael Number）） • RSA 密码系统的识别	• **Z** 中的整数 • 欧式算法 • 在 **Z** 中同余 • 两个整数的最大公约数 • 整个素数 • 裴蜀（Bezout）定理 • 高斯（Gauss）定理 • 素数 • 一个整数分解为素因子乘积的存在性和唯一性

2. 矩阵和数列

研究离散变化的模型、确定性或随机性、数列或矩阵，介绍二阶矩阵的计算，三阶或更高阶的矩阵计算，主要用计算器或软件来完成。

表 2-16　矩阵和数列

问题模型	内　容
• 在有两个或三个顶点的图形上随机游动 • 在四面体或有 N 个顶点的图形上的随机游动，可以从一个顶点直接跳到另一个顶点，每一时刻，可以按照图形中边数的概率移动或者到每个顶点都有固定的概率 p • 研究网页中的相关性 • 两个容器中 N 个粒子的埃伦费斯特(Ehrenfest)扩散模型，在某一时刻，随机选择一个粒子研究它在容器中的变化 • 离散捕食猎物模型： ——两个递归数列的演化 ——研究模型在平衡点附近的线性性质	• 方阵、矩阵列运算 • 方阵的逆矩阵 • n 阶方阵，如计算二或三阶方阵 • 写出线性系统的矩阵 • 矩阵的列(U_n)满足类型如下的循环关系式 $U_{n+1} = AU_n + C$： ——找一个较稳定的值来验证该递归关系 ——收敛的研究 • 研究布朗运动

第三章 高中数学课程内容分布的比较与分析

数学课程内容的选定，要充分保证数学教育目的的实现和数学教育目标的达成。随着社会的发展、科学技术的进步和数学本身的发展，数学内容的价值也一直在变化。这就决定了数学教学的内容要不断更新，而每次变化都要重新考察每项内容的价值，然后筛选出最需要、最基础、最核心的部分。因此，如何选定高中数学学习内容？各核心模块知识应如何分配？选定的知识点安排在哪个年级教学？这些问题一直是国际上数学教育的焦点，学者有各种不同的意见，但是比较缺乏量化的数据作为强有力的证据。

列宁曾指出“为了用科学眼光观察问题，最可靠、最必须、最重要的就是不要忘记基本的历史联系，考察每个问题都要看某种现象在历史上怎样产生，在发展中经过了哪些主要阶段，并根据它的这种发展去考察这一事物现在是怎样的”〔1〕。法国在历史上对数学课程的改革一直比较活跃，那么其对分析、几何、代数、概率与统计等核心内容的要求是如何变化的呢？本章主要研究中法高中数学内容选择、内容编排的历史嬗变，并对比较结果进行原因分析。经过比较，希望对我国高中数学课程与教学的改革、发展提供启示和借鉴。

第一节 中法高中数学课程标准内容分布的比较

一、研究对象和研究方法

本节选取法国 1990、法国 2000、法国 2010〔2-3〕，中国 1983、中国 1990、中国

〔1〕 中共中央马克思、恩格斯、列宁、斯大林著作编译局．列宁选集第四卷［M］．北京：人民出版社，1972：43．

〔2〕 陈昌平，黄建弘，邹一心．数学教育比较与研究［M］．上海：华东师范大学出版社，1995．

〔3〕 邓冠铁，高志强．法国数学课程标准简介［J］．数学通报，2009，48(1)：12－16．

1996、中国2000、中国2003〔1-2〕为研究对象，比较研究中法课程标准内容分布的区别与联系〔3〕。

基于数学课程设置，本节定义的核心知识模块主要指分析、代数、几何、概率与统计、组合数学等，具体内容见表3-1。需要说明的是，法国把复数内容放在了几何模块，但为了比较的一致性，统计时把复数内容放在了代数模块。

表3-1　核心知识模块

核心知识模块	主　要　内　容
分析	函数、数列、微积分、计算等
代数	方程、不等式、复数
几何	平面几何、立体几何、变换、向量、平面曲线等
概率与统计	概率、统计、数据处理
组合数学	排列组合

国内对数学课程内容分布的研究，采用的方法有词条编码〔4〕；统计章数、节数以及页码数〔5〕；考察知识领域与知识单元等。鉴于研究内容，本节采用的研究方法是对课程标准中的内容条目数进行编码、统计〔6〕。内容条目，即在课程标准中对每个知识点作出具体要求的语句。统计内容条目数时，按照自然语句来划分。

二、中法高中数学课程标准内容的历史嬗变

（一）法国高中理科课程标准内容的历史嬗变

概率与统计模块，由图3-1可知，法国理科课程标准中概率与统计内容所占

〔1〕 课程教材研究所.20世纪中国中小学课程标准·教学大纲汇编：数学卷[S].北京：人民教育出版社，2000.

〔2〕 中华人民共和国教育部.普通高中数学课程标准(实验)[S].北京：人民教育出版社，2003.

〔3〕 张玉环，杨莹，赵洁.中法高中数学课程内容分布的历史嬗变[J].中国数学教育，2015(3)：58-64.

〔4〕 康玥媛，曹一鸣.中英美小学和初中数学课程标准中内容分布的比较研究[J].课程·教材·教法，2013(4)：118-122.

〔5〕 吴立宝，曹一鸣.初中数学课程内容分布的国际比较研究[J].教育学报，2013,9(2)：29-36.

〔6〕 吕世虎，叶蓓蓓.新中国中学数学课程内容的发展变化历程及其启示[J].课程·教材·教法，2012,32(9)：56-63.

比例持续增加，法国 2000 由之前的 5%增加到了 20%，法国 2010 随之又涨到了 22%，其中统计占 4%，概率占 18%，即概率内容比统计内容多。

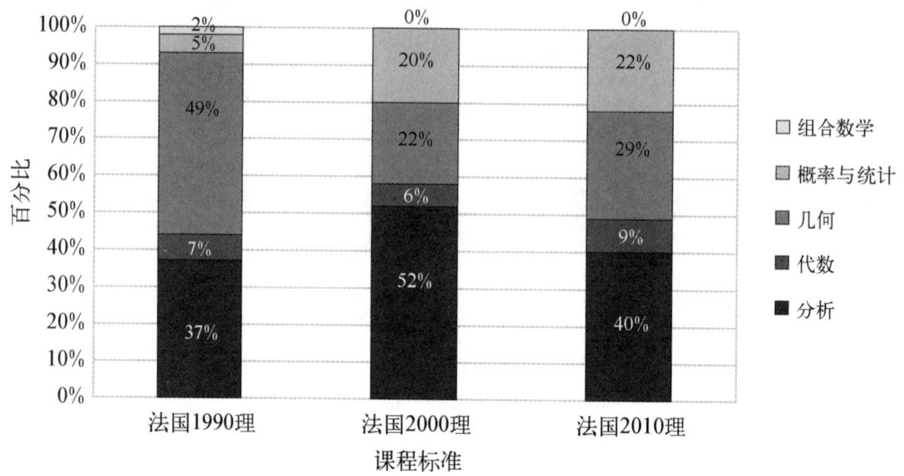

图 3-1　法国理科课程标准内容选择的变化

几何模块整体上来说所占比例在减少。法国 1990 几何模块占了 49%，近乎一半的知识都是几何，其中变换内容占 21%，平面曲线占 3%，可见当时对变换内容的重视，也要求学生学习平面曲线（圆锥曲线）内容。法国 2000 几何模块所占比例下降到了 22%，特别删减了变换内容。法国 2010 几何改变不太明显。

代数与分析模块所占比例相对比较稳定。分析模块具体内容的变化，见图 3-2。函数内容所占比例持续增加，从 4%增加到了 13%后又增加到 15%。法国 2010 中不再含有计算的内容。微积分所占比例有所浮动，法国 2000 占 31%，与法国 1990 相比，法国 2010 微积分比例有所降低。

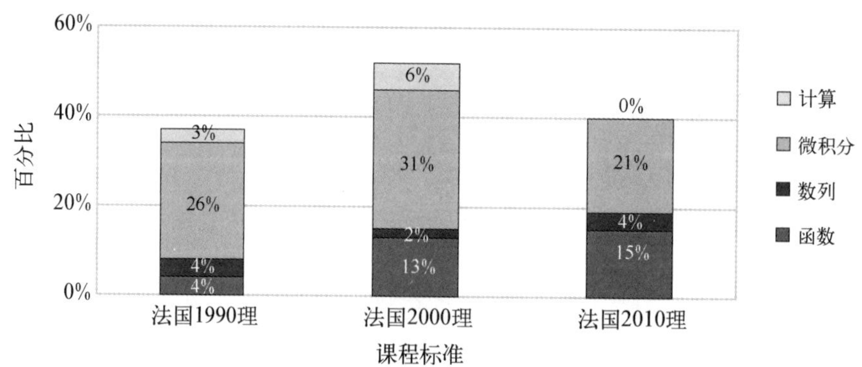

图 3-2　法国理科课程标准分析模块的变化

（二）中国高中课程标准内容的变化

中国1983、中国1990划分了基础要求和较高要求，下面分别用中国1983较低、中国1990较低、中国1983较高、中国1990较高来表示。中国1983和中国1990没有具体分出文科所要求的内容，所以进行文科比较时选择1996年以后的课程标准。其中，统计中国2003时没有考虑选修3、选修4系列。由于中国课程标准的算法单独列出，因此统计时增加算法模块。

1. 必修内容的变化

考察1983年以来的必修课程标准内容。由图3－3可知，概率与统计模块，中国1990开始包含此内容，在中国1990、中国1996、中国2000中所占比例基本没有变化，都是5%左右，中国2003概率与统计模块增加到了16%。

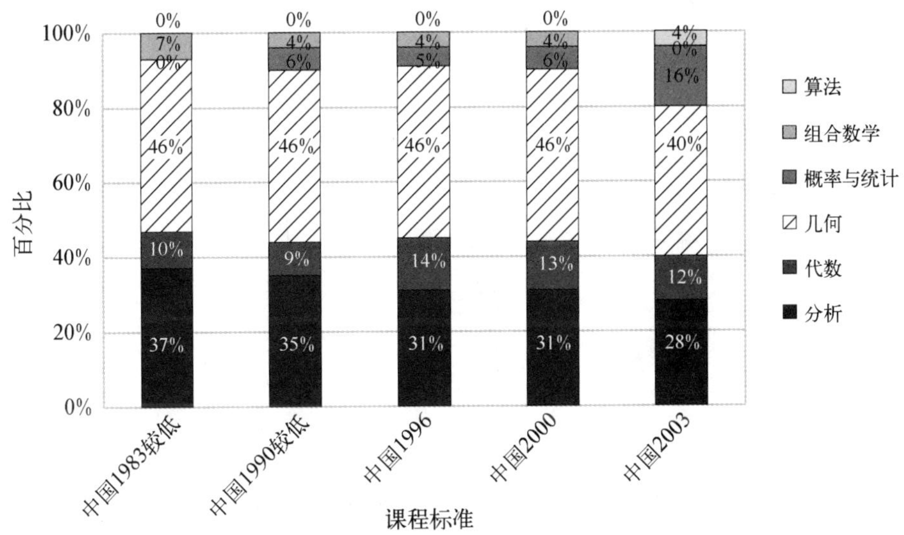

图3－3　中国课程标准必修内容选择的变化

几何模块总体来说变化不大，中国2003所占比例有所下降。代数模块所占比例有所起伏。分析模块所占比例有所降低，中国1983所占比例为37%，中国2003所占比例为28%。

2. 文科内容的变化

考察1996年以来的文科课程标准。由图3－4可知，概率与统计模块在中国2003中有所增加。几何模块所占比例有所起伏，整体上呈下降趋势，中国2003由之前的40%下降到了32%。代数模块在中国1996、中国2000、中国2003中所占比例先降低后上升。分析模块有所降低，中国2003所占比例降低到了28%。

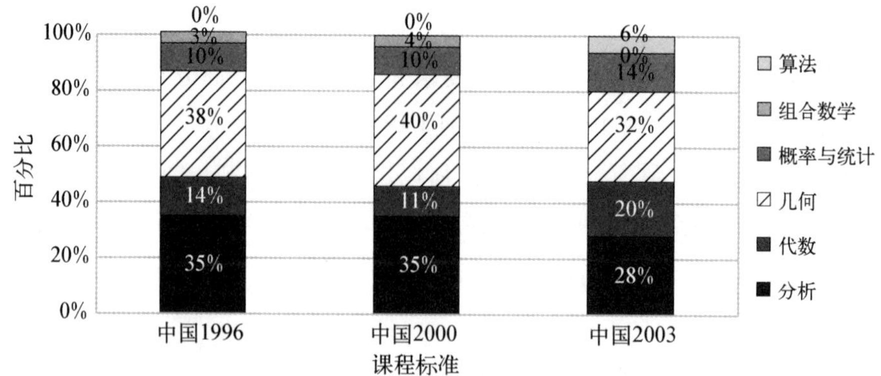

图 3-4　中国文科课程标准内容选择的变化

观察文科分析模块的具体变化。由图 3-5 可知，微积分、数列内容所占比例有所降低，函数内容所占比例略有起伏，但整体上所占比例降低。因为中国课程标准没有单列计算，所以不比较这一内容。

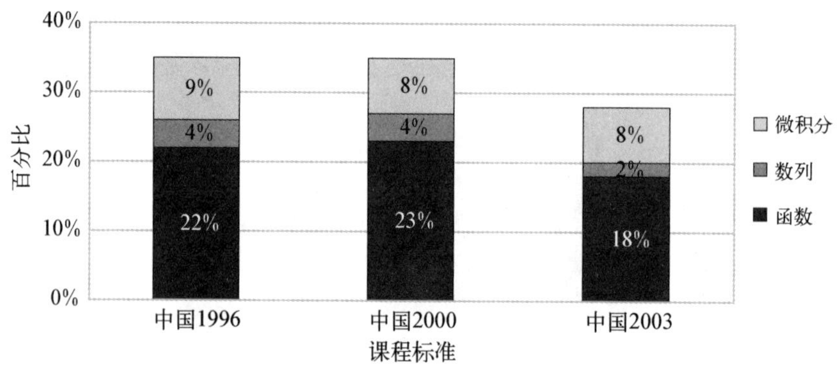

图 3-5　中国文科课程标准分析模块的变化

3. 理科内容的变化

考察 1983 年以来的理科课程标准。由图 3-6 可知，概率与统计模块，中国 1983、中国 1990 中所占比例都是 3%，中国 1996、中国 2000 所占比例为 10%左右，中国 2003 所占比例增加到了 16%。几何模块所占比例基本稳定。中国 1983 所占比例为 37%，中国 1990、中国 1996、中国 2000、中国 2003 中几何模块基本维持在 34%。代数模块所占比例有所起伏，特别是中国 1996 所占比例最低，中国 2003 所占比例比之前的课程标准都有所增加。分析模块所占比例有所起伏，但整体上所占比例降低，最高比例是中国 1990 的 46%，中国 2003 所占比例降低为 27%。

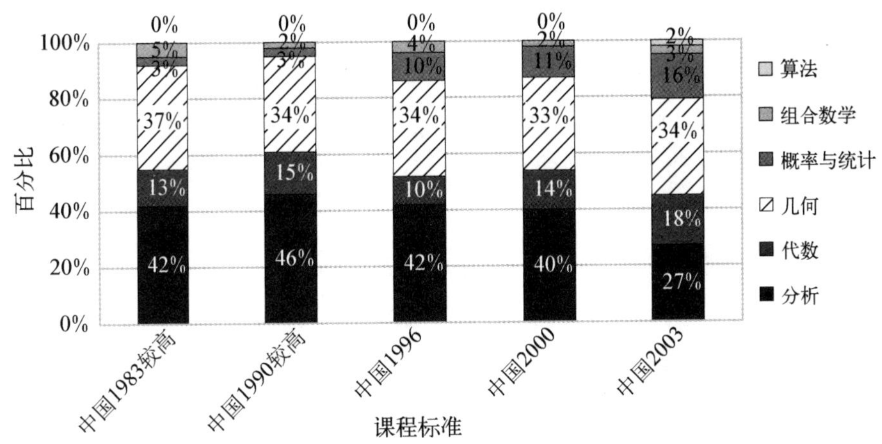

图 3-6　中国理科课程标准内容选择的变化

观察理科分析模块的具体变化。由图 3-7 可知，微积分内容所占比例起伏较大。中国 1983 中微积分内容占 18%，中国 1990 中增加到了 29%，之后微积分内容所占比例持续降低，中国 1996、中国 2000 所占比例均为 18%，特别地，中国 2003 降到了 8%。函数内容所占比例有所起伏，中国 1983 占 21%，中国 1990 中降到了 12%，中国 1996 又增加到了 20%，之后所占比例有所降低。数列内容在中国 1990 中所占比例最高，之后所占比例持续降低。

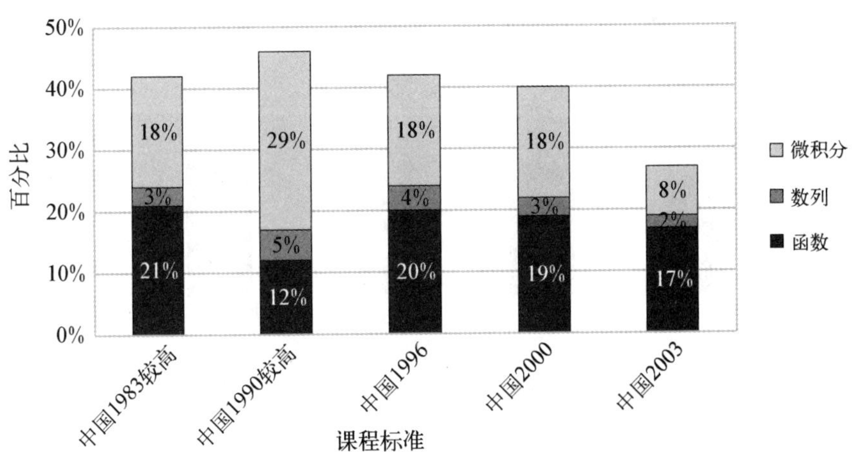

图 3-7　中国理科课程标准分析模块的变化

（三）中法高中理科内容历史嬗变的比较

下面对中法理科模块分布进行比较。考虑比较的对等性，选择中国与法国从 1990 年以来的高中数学理科课程标准，具体结果见表 3-2。

表 3-2　中法理科内容历史嬗变的比较

国　别	概率与统计	几　何	代　数	分　析	组合数学
中国	增 13%	基本不变	有起伏	降 19%	基本不变
法国	增 17%	降 20%	增 2%	有起伏	删减

（四）中法高中课程标准内容分布的比较

考虑比较的对等性，选取中国 2003 和法国 2010 作为比较对象，从多个方面比较中法课程标准的内容分布。

1. 整体上比较

由图 3-8 知，中国文理科比法国文理科的内容分布匀称，特别是概率与统计、几何、代数、分析这四个核心知识模块，中国课程标准没有过于偏重某块内容，几何模块所占比重最大，比例略高于 30%。法国课程标准这四个模块内容所占比重差距偏大，代数模块不到 10%，分析模块不少于 40%。需要说明的是，法国课程标准虽然没有单列算法模块，但是将其渗透在其他模块中。此处按模块统计比较，故法国课程标准算法显示为 0%，但实际上其算法内容要求较高且应用广泛，第九章比较信息技术时，会有体现。

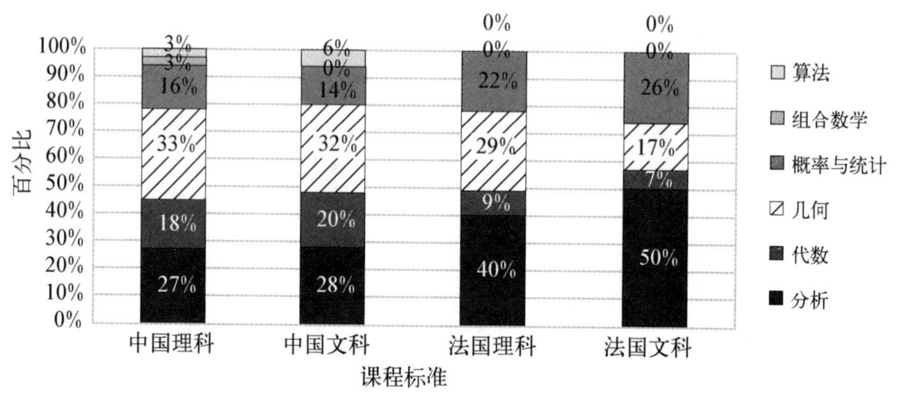

图 3-8　中法课程标准内容分布的对比图

2. 文理科比较

（1）中法文理科差别的比较

法国文理科的差别。法国 2010 文科几何模块占 17%，比理科所占比例少，代数模块所占比例也略低一些，概率与统计和分析模块所占比例都比理科所占比例高。而分析模块中，法国 2010 文科函数部分所占比例高，数列所占比例也略高一些，微积分所占比例相当，但法国 2010 理科微积分内容比文科微积分要求高。

中国文理科的差别。由图 3-8 可知，在内容分布方面，中国文理科差别不是太大。中国文科对算法、代数、分析要求较高，理科对概率与统计、几何要求略高些。

总之，法国文理科的差别比中国文理科的差别大。可能是因为法国的教育更注重个性化教学。

(2) 中法理科比较

中国 2003 理科与法国 2010 理科相比，几何模块和代数模块所占比例较高，特别是代数模块高出一倍。中国 2003 理科中的分析模块和概率与统计模块所占比例少一些，并且法国理科概率内容所占比例偏高，而中国统计内容所占比例偏高。如图 3-9 所示，两国理科分析模块中函数所占比例相差不多，法国 2010 理科数列内容、微积分内容所占比例比中国理科高出两倍多。

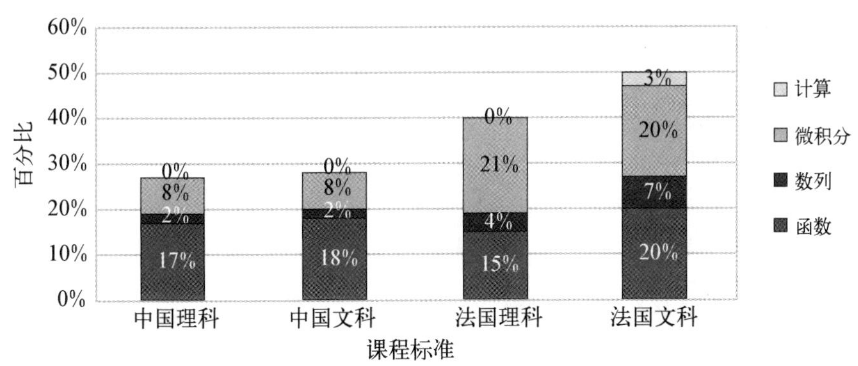

图 3-9　中法课程标准分析模块内容知识分布

(3) 中法文科比较

中国 2003 文科与法国 2010 文科相比，中国 2003 文科中概率与统计模块所占比例近似法国 2010 文科的一半，代数模块所占比例是法国 2010 文科的三倍左右。而法国 2010 文科中分析模块所占比例则比中国 2003 文科高得多。对于分析模块，见图 3-9，两国文科的函数内容所占比例不相上下。法国 2010 文科中微积分内容所占比例几乎是中国 2003 文科的三倍。

(五) 小结

对比两国 1990 年起实施的理科课程标准，中国分析所占比重降低，代数、概率与统计所占比重增加，几何基本保持不变；法国分析、几何、代数所占比重有起伏，概率与统计比重增加。中国 2003 理科中有组合数学内容，即排列组合方面的知识,法国 1990 理科中也包含过此内容。中国 2003 文理科整体分布比法国 2010 文理科分布匀称,没有过于偏重某块内容,中国几何内容占的比重最大,法国代数内容不到 10%,但分析内容多于 40%。

三、中法高中数学内容编排的比较

(一) 法国高中数学内容按年级的分布

由图 3 - 10 可以看出,法国 1990 理科几何模块在高一、高二、高三都占绝对优势,高一年级几何模块所占比例最高,为 61%,而代数、概率与统计模块在三个年级都有分布,所占比例也都比较少,代数模块随年级的升高,比例略有上调。分析模块在高二占的比例最高。

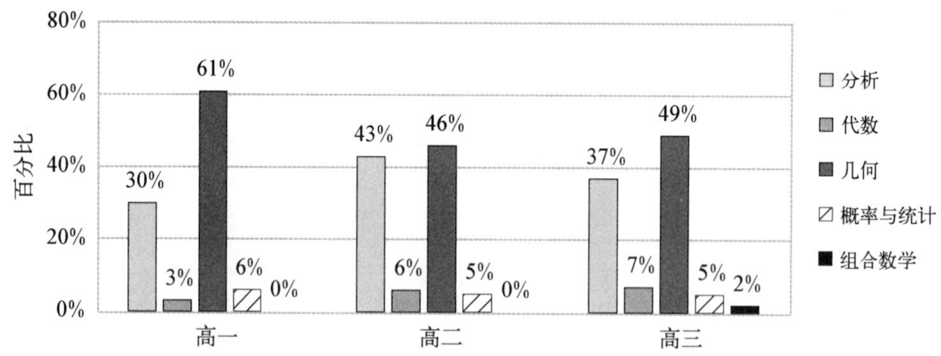

图 3 - 10 法国 1990 理科内容按年级的分布

由图 3 - 11 可以看出,法国 2000 理科的分析模块在三个年级都占绝对优势,并随年级的增长所占比例呈上升趋势,高三所占比例达 60%。高二不再学习代数模块,概率与统计模块在高二有较高的比重。几何模块随着年级的升高,所占比重

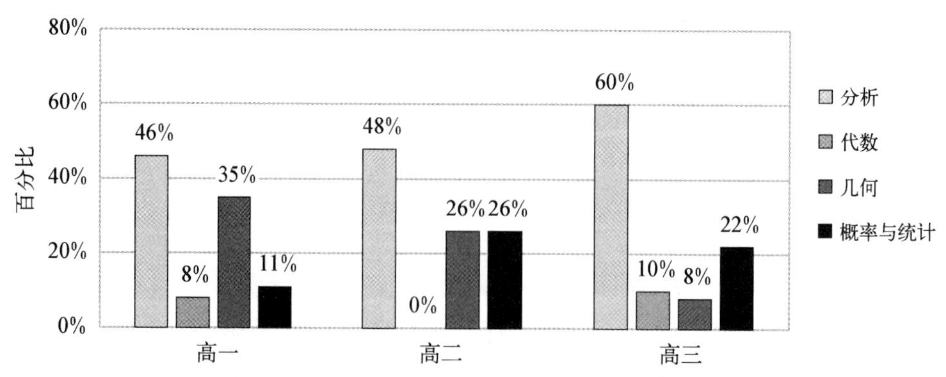

图 3 - 11 法国 2000 理科内容按年级的分布

逐渐减少，到高三的时候只占 8%。相比法国 1990，法国 2000 的整体分布相对均匀些。特别地，自法国 2000 起，删掉了组合数学，因此不再统计。

由图 3－12 可知，相比于法国 1990 理科、法国 2000 理科，法国 2010 理科各模块分布更为平衡。高二分析模块比重有所下降，高三比重又升高到 46%。高二几何和概率与统计所占比重都比其他两个年级高，只是高二不学习代数知识。

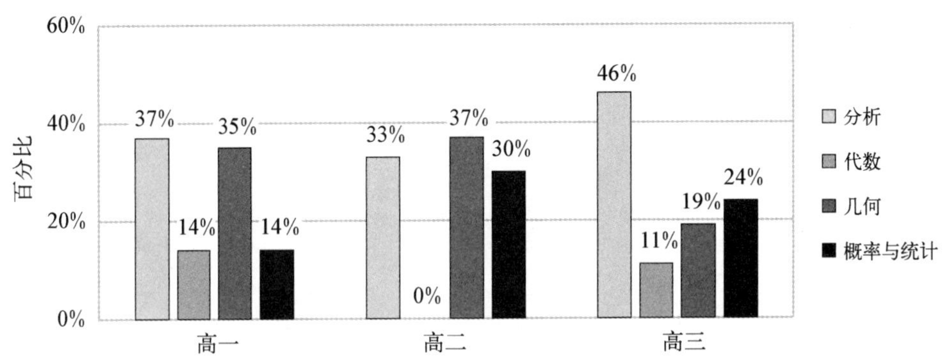

图 3－12　法国 2010 理科内容按年级的分布

由图 3－13 可知，法国 2010 文科中的代数内容、几何内容分布很不均衡，几何、代数在高一分别占了 35%、14%，高二、高三不再继续学习。随着年级的升高，分析比重呈上升趋势，高三比重达到 66%。概率与统计在三个年级都有分布，高二所占比重最高。

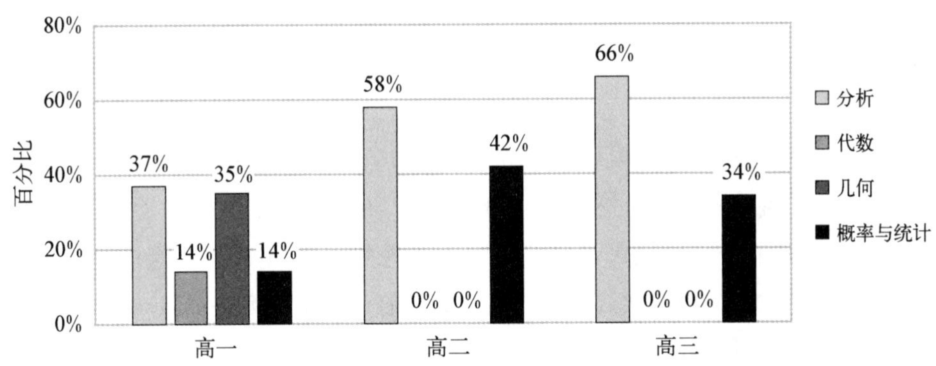

图 3－13　法国 2010 文科内容按年级的分布

（二）中国高中数学内容按年级的分布

中国 2003 分为必修 5 个系列，选修 2 个系列，其中选修一个对应文科，一个对应理科，另外还有选修 3、选修 4 系列。全国各地区选学时，可以按照自己的安排确定教学顺序，并没有固定的模式。

1959年以前，中国高中数学教材全部采用分科编排，之后的教材开始出现混排，但是还会出现分科编排的情况。中国的高中数学必修教材全部采取混合编排方式，但是部分学校与教师并没有按照教材给定的必修1～5册的顺序讲授，而是按照代数、三角、几何等分别讲授〔1〕。比如，高一讲授必修1、3、4、5，高二讲授必修2，选修2－1、2－2、2－3、4－1、4－4、4－5。以此为例进行统计，其中选修4系列只是了解，因此，不统计选修4系列。注意高一、高二的百分比指各知识模块相对于所在年级的比例，具体见图3－14。

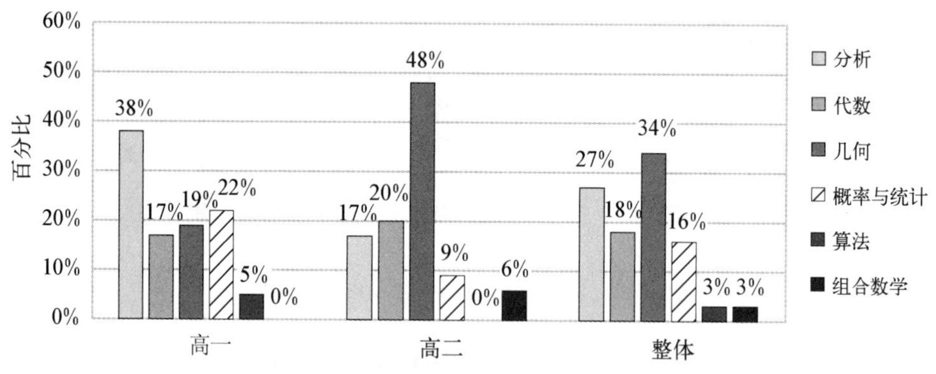

图3－14　中国2003理科内容按年级的分布

由图3－14可知，高一主要学习分析，高二主要学习几何。代数在高一、高二的比重相差不多，高一概率与统计的比重是高二的两倍多。中国文科数学的年级分布也不固定，不同地区有不同的安排，但都是在高一、高二完成新课程讲授。

（三）小结

法国三个课程标准核心模块知识按年级分布越来越趋于平衡。中国课程标准经历了“分科—混合—分科—混合”的循环历程。不同模块的主题是混排，但按年级如何学习并没有统一的模式，各地区有不同的顺序。比如，前文提及的高一主要学习分析，高二主要学习几何，代数在高一、高二的比重相差不多，高一概率与统计的比重是高二的两倍多。有一点特别值得关注，中国只在高一、高二学习新课程，高三是全程复习阶段，这样比较应试化，不利于学生的内化学习。

---

〔1〕 赖弋新，杨慧娟，朱黎生.新中国成立以来高中数学教科书的历史沿革与启示[J].数学教育学报，2013，22(2)：23－26.

四、原因分析

(一) 内容方面

中法两国课程标准内容的历史嬗变各有特色。首要的一个原因是，法国历来更注重精英教育，而中国则越来越趋向于大众教育、普及教育。据统计，2006 年，法国拿到高中毕业会考证书的比例为 64.5%，其中普通高中、技术高中、职业高中分别为 35%、17.2%、12.3%[1]。也就是说，法国学生中就读于普通高中且能拿到毕业证的大概有三分之一。而中国，目前职业高中及中专等学校的学生比例很低，大部分继续读书的学生在普通高中学习。其次，这也是由两国在不同时期的社会现状、学科发展以及学生需求所决定的。中法对几何、概率与统计、分析等核心模块教育政策的变化分析如下。

1. 法国对各模块教育政策的分析

法国对"概率与统计"的教育政策分析。随着社会的发展，概率与统计得到快速发展，且应用非常广泛。法国从"新数学运动"以来，开始教一些数理统计的初步知识。之后，对概率与统计越来越重视。特别是 2000 年，法国高中改革的数学学科专家组的主席是统计学家克劳丁·罗伯特，课程改革的目的之一是在中学课程中加强概率与统计的内容。到 2010 年，概率与统计再次被加强。

法国对"几何"的教育政策分析。法国在布尔巴基学派的领导下于 1960 年左右进行了"新数学运动"，其中一个目的是对控制着传统数学的几何进行改革，删减欧式几何的部分内容，强调对称与变换，更注重向量及其运算，特别是数量积。但是，"新数学运动"的改革严重走样，过于强调论证及复杂的定义，于是之后的改革在逐步纠正"新数学运动"的弯路。对几何的要求仍然逐渐降低，特别是 2000 年，删减了大部分变换几何，更加注重方法的多样性，代数与几何相融合等。以至于法国对几何要求较低，特别是文科生只在高一学习几何。

法国对"分析"的教育政策分析。从 1960 年的"新数学运动"起，开始教数学分析的初等知识，如逼近、变量的阶、极限、微积分等。虽然之后的课程改革对分析的严格化要求降低，但是分析所占比重一直较高，特别是对微积分的要求方面。中国科学院的谢和虎副研究员说"大家都了解，法国的分析一直比较强，在世界上也比较领先"。这可以解释为"良性循环"，首先，高中数学对分析要求较高，则培养出来的人才分析功底比较扎实，数学家在分析方面出成果的机会较大；其次，做分析的

---

[1] 米歇尔·阿蒂格，郭玉峰. 法国高中数学教学[J]. 数学通报，2009，48(12)：1-4.

数学家多了、权威了，在数学课程改革方面对分析比较重视，所以分析可以一直保持一定的地位。

2. 中国对各模块教育政策的分析

相比于其他国家，我国对“概率与统计”还没有足够重视。我国已经把统计设为与数学同等地位的一级学科，预计高中会越来越重视该部分内容。

中国对“几何”要求一直较高，在课程标准中占较大的比重。我们国家的几何水平比较优秀，这是有目共睹的，一些外国学者甚至从汉语的几何结构来解释这一现象，其实，这得益于我国基础教育阶段对几何内容的重视。

中国“分析”的比重逐渐降低，特别是微积分方面，中国 2003 讲逾越极限形式的微积分。原因分析如下：高中一开始引进“微积分”内容时，基本是高等数学的简单下放，在有限的课时内学生掌握起来比较困难，因此，中国 2003 不再涉及极限知识，而是通过平均变化率来引入导数。

（二）内容编排方面

法国各模块知识按年级分布越来越平衡，其中一个原因是法国知识的编排注重螺旋式上升，即一个知识点在不同年级出现多次，认知要求逐步深入。比如导数内容，高二学习导数的直观意义(还没学习极限)，高三学过极限后再学习导数的严格定义。

我国一般比较注重知识的模块化学习。有美国学者曾质疑螺旋式上升的知识编排，他认为“学生不同时间段接触不同要求层次的知识时，经常出现混淆、误解现象”。因此，很多学者认为系统化的学习利于学生更好地整体把握知识的体系。

中国高中新知识的学习集中在前两年，主要是受高考指挥棒的影响。我国高中升大学主要依据高考成绩，这就迫使学生不得不竭尽所能地培养应试化能力。而法国则不同，他们比较注重对学生进行分流。高中毕业会考，也即升大学的凭证，共分为三类：职业高中会考、技术高中会考、普通高中会考。无论学生选择哪一类型的学校，只要一直努力就有机会进入理想的大学。

第二节　中法高中数学教材内容分布的比较

一、研究对象和研究内容

首先，研究中国和法国教材的组成部分和编排特点，中国选取人教 A 版教材，法国选取 SM 教材和 HACHETTE 教材两个版本。

其次，整体把握中法教材的内容结构，针对人教 A 版教材和法国 SM 教材，梳理分析、几何、代数、概率与统计等核心知识模块所占的比例，依据各模块的页码所占比例进行统计，为细化研究，把分析模块细分为函数、微积分和数列等内容分别统计并比较分析。

二、中法高中数学教材的编排特点

章节结构编排是教材的一大特色，是根据教学内容、学生的认知情况以及学科的科学性等来编写的，体现了不同教材的教育理念和编写风格，对于了解教材的结构特点有很大的帮助。下面，以中法两国教材的章节结构特点为例分析两国教材的结构特点。

图 3－15 和图 3－16 为中法两国教材的章节结构示意图。可以看出，两国教材的设计风格完全不同。中国教材由章节名→各小节名→章引言→情境引入→知识点→例题→练习→习题 A 组、B 组→章末小结等几个基本环节组成；每章节名之后都有一个与本章内容相关的引言，作为本章节内容的引入；在练习题之前会穿插思考题与探究题，以此来启发学生，但顺序不固定；基本上每一小节后会有探究与发现、观察与猜想、阅读与思考、信息技术应用中的某一种类型，以此来满足学生更多的求知欲；练习题在各子小节之后出现，习题在一小节结束之后，且分 A 组、B 组，两组难度不同，A 组难度小于 B 组。

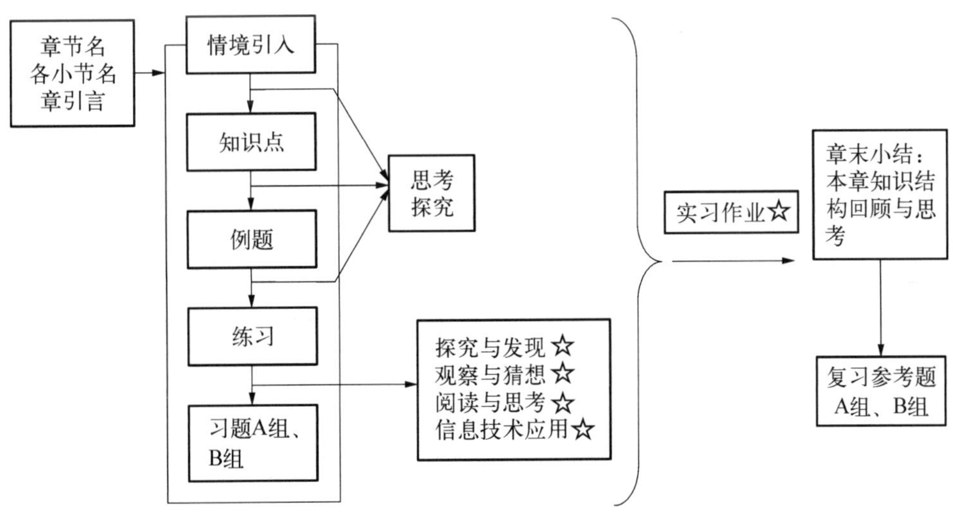

图 3－15　中国人教 A 版教材章节结构

注：带☆的为有的章节包含，有的不包含。

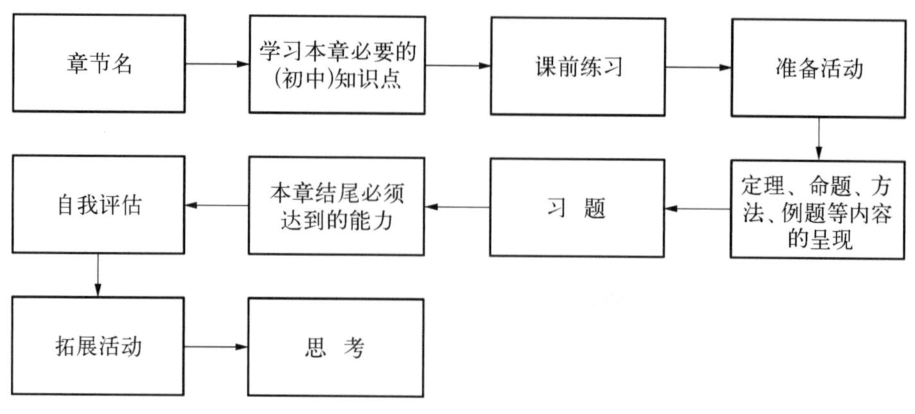

图 3－16　法国 SM 教材章节结构

法国 SM 教材则是由章节名→学习本章必要的(初中)知识点→课前练习→准备活动→定理、命题、方法、例题等内容的呈现→习题→本章结尾必须达到的能力→自我评估→拓展活动→思考等十个基本环节组成。法国教材的模式比较固定,在本节知识点开始之前,先给出学习本章的一些必要的(初中)知识点(高一要求有基本的初中概率与统计知识,高二、高三变成了学习本章的必要知识点),再由几道简单的课前练习开始,然后用一系列的准备活动拉开本节内容的序幕,之后是定理、命题等重要知识点的呈现,习题在内容之后,且数量较多,主要用来巩固、强化新知,习题之后是学习本章必须达到的能力要求,自我评估在能力要求之后,主要是用来测试学生学习本章内容的效果。拓展活动大部分需要学生自己动手并结合计算机等来完成,思考类习题以历史上有名的悖论、游戏或数学文化为背景来激发学生的学习兴趣。

法国 HACHETTE 教材编排如下:章头页→课前练习→准备活动→应用→总结知识要点→跨学科应用、综合活动。课前练习用来检测学生对已学知识的掌握情况,这些知识与本章将要学习的内容联系比较密切,从而利于教师把握好新课程的进度。准备活动模块提供历史的或当代的例子来引入新的概念。应用模块其实是例题,分成两栏,左侧是定义、定理或学生需要了解、掌握的基本知识、基本技巧及其相关方法,右侧是解题的具体步骤,涉及的知识、方法在后面的习题中有相对应的题目,并且指明是哪些题目。汇总本章知识要点:每章节的后面都罗列本章的知识要点。跨学科及综合性较强内容要求如下:对于跨学科以及建立实际模型的情况,教师要根据课程标准的提示加以引导。

三、中法高中数学教材的内容结构

（一）法国高中数学教材内容结构

对于法国 SM 理科教材，结合国际上研究焦点及其教材安排情况，选取函数、微积分、几何、代数、概率与统计等内容统计研究，高中三个年级所包含的具体内容见表 3－3、3－4、3－5、3－6，表中“部分”的意思是包含本章的部分内容。

表 3－3　法国 SM 教材函数内容

	高一		高二		高三	
	章	小节	章	小节	章	小节
函数	F1：一般函数	定义，函数的不同表示，确定像和原像	A1：二次函数（部分）	一元二次函数	A3：导数，正弦函数、余弦函数（部分）	正弦函数和余弦函数
	F3：单调性和极值	从图像角度，从代数角度	A2：函数的推广	函数的单调性，平方函数和$\frac{1}{x}$，平方根函数，绝对值函数，函数$u+k$和ku，函数$\sqrt{u}$，函数$\frac{1}{u}$	A4：指数函数（部分）	指数函数的定义，指数函数的性质
	F4：因式分解和符号研究	一次函数的符号，因式分解，两个一次函数乘积的符号，分式函数的符号			A5：自然对数函数（部分）	自然对数函数，自然对数的代数性质，函数 $\ln u$，常用对数函数
	F5：二次多项式函数	标准形式，三项式函数的研究，图像				

注：F 是 FONCTIONS 的简写，代表函数；A 是 ANALYSE 的简写，代表分析。

由表 3－3 可知，函数内容在高一、高二、高三均有分布，高一所学内容相对较多，高三涉及的正弦函数、余弦函数、指数函数和对数函数均是在导数和极限的基础上引入的，这与我国教材对这几个函数的处理方式大相径庭。

表 3－4 法国 SM 教材微积分和数列内容

		高二		高三	
		章	小节	章	小节
微积分	导数	A3：导数	导数和切线，导函数，导数的运算		
		A4：导数的应用	导数的符号与单调性，函数的极值		
	数列的极限	A6：数列的整体表现	变化趋势，无穷极限	A1：数学归纳法和数列（部分）	数列极限
	函数的极限和连续			A2：极限和连续	函数在无穷处的极限，在一实数处的极限，极限的运算，复合函数的极限，极限与比较，连续函数，介值定理
	导数和极限计算			A3：导数，正弦函数、余弦函数（部分）	复合函数的导数
				A4：指数函数（部分）	指数函数极限，复合指数函数
				A5：自然对数函数（部分）	自然对数函数的导数极限，相关极限计算
	积分			A6：积分	连续且正的函数的积分，连续函数的原函数，任意符号连续函数的积分
数列		A5：数列	生成数列的方法，图像表示，等比数列，等差数列	A1：数学归纳法和数列（部分）	用数学归纳法证明，递增数列、递减数列、有界数列

由表 3－4 可知，法国教材微积分内容范围较广，层次较深，主要集中在高二和高三学习。

由表 3－5 可知，法国教材概率与统计内容要求比较高，均衡分布在三个年级。

由表 3－6 可知，法国教材几何内容中向量所占比例较高，在三个年级均有分布，代数部分包含方程和不等式以及复数内容，特别是方程和不等式主要融合在函数以及三角部分来学习。

表 3 - 5　法国 SM 教材概率与统计内容

<table>
<tr><th colspan="2" rowspan="2"></th><th colspan="2">高一</th><th colspan="2">高二</th><th colspan="2">高三</th></tr>
<tr><th>章</th><th>小节</th><th>章</th><th>小节</th><th>章</th><th>小节</th></tr>
<tr><td rowspan="4">概率与统计</td><td rowspan="2">概率</td><td rowspan="2">SP3：概率</td><td rowspan="2">事件，模型选择，概率计算</td><td rowspan="2">SP2：概率：离散型随机变量</td><td rowspan="2">离散型随机变量及其概率分布，期望、方差和标准差，离散型随机变量的线性变换</td><td>SP1：条件概率和独立</td><td>条件概率和加权树，两个独立事件</td></tr>
<tr><td>SP2：概率密度</td><td>随机变量的概率密度，均匀分布，指数分布（$\lambda>0$），正态分布</td></tr>
<tr><td rowspan="2">统计</td><td>SP1：统计描述</td><td>统计序列、图表、频率，中位数和四分位数，平均数</td><td>SP1：统计</td><td>盒形图和四分位数，方差和标准差，统计数量分析</td><td rowspan="2">SP3：抽样和估计</td><td rowspan="2">波动区间，决策，置信区间</td></tr>
<tr><td>SP2：抽样</td><td>抽样、模拟和波动，决策：波动区间（P 是已知的），置信区间估计（P 是未知的）</td><td>SP3：二项分布和波动区间</td><td>独立重复试验，伯努利分布，伯努利的图解和二项式系数，二项分布，抽样</td></tr>
</table>

注：SP 是 STATISTIQUES-PROBABILITÉS 的简写，代表概率与统计。

表 3 - 6　法国 SM 教材几何和代数内容

<table>
<tr><th colspan="2" rowspan="2"></th><th colspan="2">高一</th><th colspan="2">高二</th><th colspan="2">高三</th></tr>
<tr><th>章</th><th>小节</th><th>章</th><th>小节</th><th>章</th><th>小节</th></tr>
<tr><td rowspan="4">几何</td><td rowspan="3">平面几何</td><td>G2：平面定位</td><td>实数点的坐标，线段中点的坐标，两点距离</td><td></td><td></td><td></td><td></td></tr>
<tr><td>G4：直线的方程</td><td>直线的方程，一次函数的图像，直线平行、相交</td><td></td><td></td><td></td><td></td></tr>
<tr><td>G5：圆的定位和三角学</td><td>单位圆的定位，单位圆上点的坐标</td><td>G2：方向角度和三角学（部分）</td><td>单位圆的定位，方向角的度量，实数的正弦、余弦和有向角</td><td></td><td></td></tr>
<tr><td>立体几何</td><td>G1：立体几何体</td><td>常见的几何体，线和面</td><td></td><td></td><td>G2：立体几何：直线、面和向量（部分）</td><td>平面和直线的位置关系，空间中（线线、线面、面面）的平行，空间中的垂直</td></tr>
</table>

注：G 是 GÉOMÉTRIE 的简写，代表几何。

续　表

		高一		高二		高三	
		章	小节	章	小节	章	小节
几何	向量	G3：向量	向量的运算，坐标，数乘，共线	G1：平面中的向量和直线	两向量共线，直线的笛卡尔方程，向量的分解，法向量	G2：立体几何：直线、面和向量（部分）	空间向量，空间分解，直线和平面的参数表达
				G3：平面中的内积	内积的定义和正交，内积和坐标，代数性质，内积的其他表达，直线的法向量，内积的应用	G3：空间内积及应用	空间内积，平面的法向量，平面的笛卡尔方程
代数	方程和不等式	F2：方程和不等式	解方程（或不等式），求方程（或不等式）的精确解，求近似解	A1：二次函数（部分）	一元二次方程，一元二次不等式		
				G2：方向角度和三角学（部分）	三角学中的方程和不等式		
	复数					G1：复数	复数的代数形式和几何表达，复数的加、数乘及在几何上的应用，复数的逆和除法，一元二次方程，复数的模和辐角，复数的三角形式

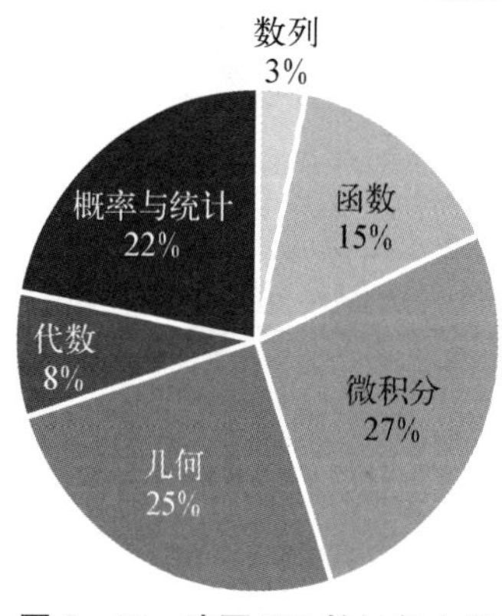

图 3－17　法国 SM 教材各内容所占比例

由图 3－17 可知法国教材函数、微积分、几何、代数、概率与统计等在高中数学教材所占的比例，其中微积分所占比例最多，其次是几何、概率与统计、函数等。

由图 3－18 可知法国教材各内容按年级分布的情况，高一所占比例最多的是几何，其次是函数、概率与统计等；高二包含内容较丰富，各模块相对均衡，所占比例较多的是几何、概率与统计、微积分；高三所占比例最高的是微积分，为 49%。

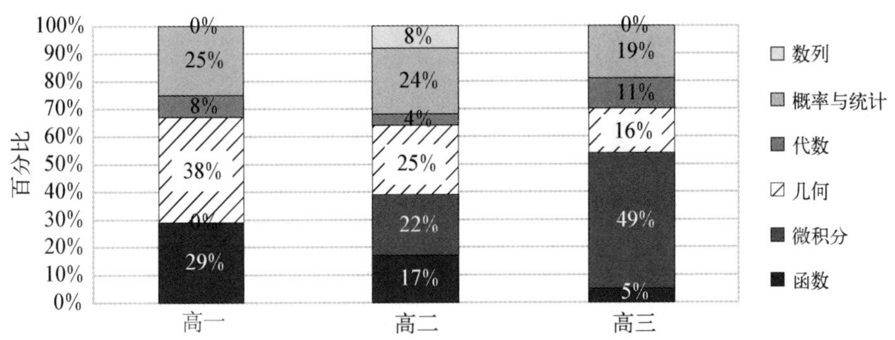

图 3 - 18　法国教材各模块按年级分布

（二）中国高中数学教材内容结构

根据中国教材的章节安排进行统计，中国人教 A 版教材中理科的内容分布见表 3 - 7，本部分研究的内容以理科为主，且涉及选修内容。

表 3 - 7　人教 A 版教材内容分布

	章　名	小　节　名	百分比
函数	集合与函数概念	集合，函数及其表示，函数的基本性质	19.0%
	基本初等函数（Ⅰ）	指数函数，对数函数，幂函数	
	函数的应用	函数与方程，函数模型及其应用	
	三角函数	任意角和弧度制，任意角的三角函数，三角函数的诱导公式，三角函数的图像与性质，函数 $y = A\sin(\omega x + \varphi)$ 的图像，三角函数模型的简单应用	
导数及应用	导数及其应用	变化率与导数，导数的计算，导数在研究函数中的应用，生活中的优化问题举例，定积分的概念，微积分基本定理，定积分的简单应用	6.0%
几何	空间几何体	空间几何体的结构，空间几何体的三视图和直观图，空间几何体的表面积与体积	34.1%
	点、直线、平面之间的位置关系	空间点、直线、平面之间的位置关系，直线、平面平行的判定及其性质，直线、平面垂直的判定及其性质	
	直线与方程	直线的倾斜角与斜率，直线的方程，直线的交点坐标与距离公式	
	圆与方程	圆的方程，直线、圆的位置关系，空间直角坐标系	
	圆锥曲线与方程	曲线与方程，椭圆，双曲线，抛物线	
	解三角形	正弦定理和余弦定理，应用举例，实习作业	
	三角恒等变换	两角和与差的正弦、余弦和正切公式，简单的三角恒等变换	

续 表

	章 名	小 节 名	百分比
几何	坐标系	平面直角坐标系，极坐标系，简单曲线的极坐标方程，柱坐标系与球坐标系简介	34.1%
	参数方程	曲线参数方程，圆锥曲线参数方程，直线的参数方程，渐开线的摆线	
	平面向量	平面向量的实际背景及基本概念，平面向量的线性运算，平面向量的基本定理及坐标表示，平面向量的数量积，平面向量应用举例	
	空间向量与立体几何	空间向量及其运算，立体几何中的向量方法	
概率与统计	统计	随机抽样，用样本估计总体，变量间的相关关系	14.2%
	统计案例	回归分析的基本思想及其初步应用，独立性检验的基本思想及其初步应用	
	概率	随机事件的概率，古典概型，几何概型	
	随机变量及其分布	离散型随机变量及其分布列，二项分布及其应用，离散型随机变量的均值与方差，正态分布	
代数	数系的扩充与复数的引入	数系的扩充和复数的概念，复数代数形式的四则运算	9.5%
	不等式	不等关系与不等式，一元二次不等式及其解法，二元一次不等式(组)与简单的线性规划问题，基本不等式：$\sqrt{ab}\leqslant\frac{a+b}{2}$	
	不等式和绝对值不等式	不等式，绝对值不等式	
	证明不等式的基本方法	比较法，综合法与分析法，反证法与放缩法	
	柯西不等式与排序不等式	二维形式的柯西不等式，一般形式的柯西不等式，排序不等式	
	数学归纳法证明不等式	数学归纳法，用数学归纳法证明不等式	
数列	数列	数列概念与简单表示法，等差数列，等差数列的前 n 项和，等比数列，等比数列的前 n 项和	4.3%
排列组合	计数原理	分类加法计数原理与分步乘法计数原理，排列与组合，二项式定理	3.7%
逻辑用语与推理证明	常用逻辑用语	命题及其关系，充分条件与必要条件，简单的逻辑联结词，全称量词与存在量词	5.6%
	推理与证明	合情推理与演绎推理，直接证明与间接证明，数学归纳法	
算法	算法初步	算法与程序框图，基本算法语句，算法案例	3.6%

由图 3－19 可直观感知人教 A 版数学教材各模块所占比例，其中几何所占比例最大。

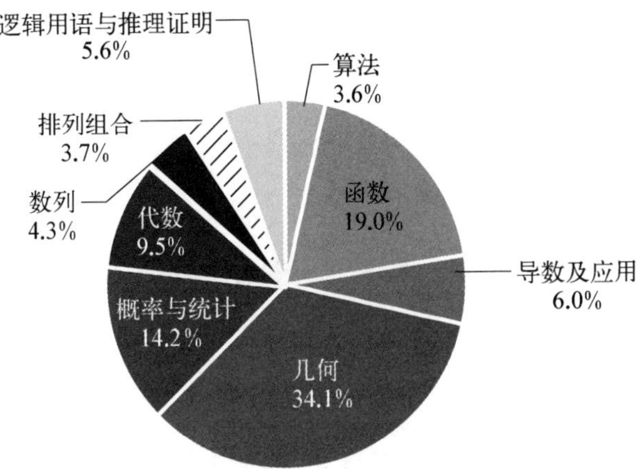

图 3－19　中国人教 A 版教材各内容所占比例

（三）中法高中数学教材的内容比较

由整体分析可知，中法两国教材模块的分布差异较大，下面以几何、概率与统计为例进行具体比较。

因为立体几何、平面解析几何、向量是几何内容的三个重要部分，所以对这三个部分进行比较研究。中法教材几何内容中立体几何、平面解析几何、向量所占的比例如图 3－20 所示，中国教材平面解析几何所占比例最大，法国教材向量所占比例最大。

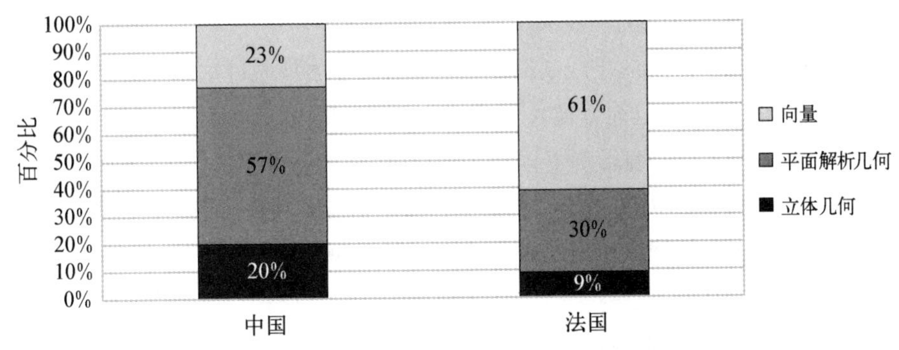

图 3－20　中法几何模块各部分所占比例

因为概率、统计是概率与统计内容的两个支柱，所以对这两部分进行比较研究。中法教材概率与统计内容所占比例见图 3－21，中国教材两部分内容的比例基本一样，法国教材统计内容比例高达 72%。

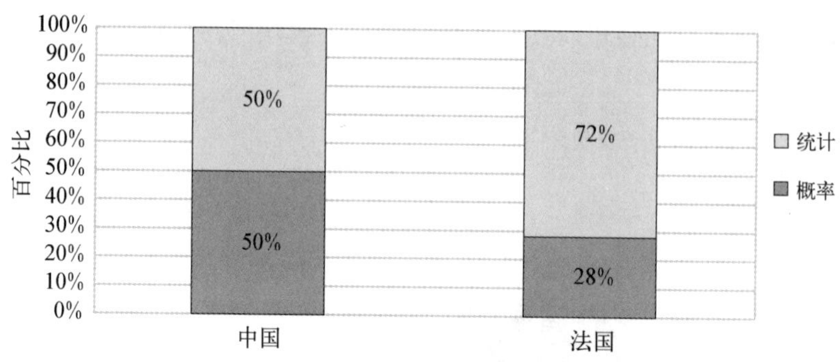

图 3-21　中法概率与统计模块各部分所占比例

四、思考

中法两国高中数学课程内容分布的历史嬗变各有特色，这归结于两国在不同时期有不同的社会现状、学科发展以及学生的需求等。总之，数学课程内容的选定，应从最需要、最基础、可接受性出发，并协调好社会、学生及学科三因素。中国在课程选择上逐步形成了自己的内容选择标准，即“在现代社会生活、生产和科技中有广泛应用的；为进一步学习所必需的；在数学的理论、方法、思想上是最基本的；是学生能够接受的”[1]。章建跃总结了中国内容变革的一些规律，即“传统内容是经典的，具有基本的重要性；新增内容要经过长期实验；中国传统数学的机械化体系应受到高度重视”[2]等。

数学课程的内容编排，也即学习顺序、按年级分布方面，要根据学生的认知特点及知识的特性来考虑，并且要进行大量的实践检验。吕世虎等建议“中学数学课程内容编排方式的综合化要以主线统领，各知识领域内容相对集中，不宜太分散。也即梳理出能贯通不同数学内容的主线(核心概念或思想方法)，通过这条主线将精选出的数学知识编织在一起，进行充分地整合，形成一张网，从而揭示数学的整体性”[3]。

总之，基础教育的内容影响着国民的整体素质，每次课程改革一定要谨慎。随着社会的发展，我国该如何选定高中数学学习内容、各核心知识模块应如何分配、选定的知识应安排在哪个年级等问题，还有待进一步探讨。

---

〔1〕课程教材研究所.20世纪中国中小学课程标准·教学大纲汇编：数学卷[S].北京：人民教育出版社，2000.

〔2〕章建跃.新中国中学数学教材内容变革举要[J].课程·教材·教法，2012(2)：48-54.

〔3〕吕世虎，叶蓓蓓.新中国中学数学课程内容的发展变化历程及其启示[J].课程·教材·教法，2012，32(9)：56-63.

第四章 中法高中课程微积分内容比较研究

恩格斯(Engels)说:“在一切理论的成就中,未必再有什么像17世纪下半叶微积分的发明那样,被看作是人类精神的最高胜利了。”著名数学家克莱因(Kline)指出:“微积分是继欧氏几何之后,全部数学中的一个最大的创造。”[1]微积分有非常广泛的应用,18世纪中叶,许多数学家认为,自然科学上的任何问题,只要做到从数学上来理解,也就是说,找到它正确的数学描述,就可以借助于解析几何与微积分而获得解决。然而,19世纪,基于$\varepsilon-\delta$语言引进极限概念,把微积分严格化以后,微积分就变得比较抽象,且推理烦琐。对大部分学生而言,微积分的学习是相当困难的。美国一套著名的教材告诉学生,如果弄不懂这样的定义,就像背一首诗那样把它背下来!这样做,至少比把它说错来得强[2]。难道学好微积分只能是个别人的专利吗?微积分的普及以及高中微积分的设置,一直是数学教育领域的难题。

本章首先大范围调查国内高中微积分的教与学现状,然后有针对性地进行中法课程标准中微积分历史变迁比较、课程标准中微积分比较、教材中微积分比较,最后对我国高中微积分教学提出一些思考和建议[3]。

第一节 国内高中微积分教与学现状调查研究

微积分的创立是数学发展中的里程碑,为研究变量和函数提供了重要的方法

---

〔1〕 莫里斯·克莱因.古今数学思想(第二册)[M].朱学贤,等译.上海:上海科学技术出版社,2002.

〔2〕 迈克尔·斯皮瓦克.微积分(上册)[M].严敦正,张毓贤,译.北京:人民教育出版社,1980.

〔3〕 张玉环.高中微积分教与学现状的调查研究[J].课程·教材·教法,2012,32(8):83-89.

和手段，在生产实践、实际生活等领域应用十分广泛。然而，微积分却难以掌握。因此，学生是否应在高中学习微积分？学什么？怎么学？一直是国内外教育界研究的热点问题。微积分在国内的高中教学中也经历了几进几出，一直在不断地革新之中。国内一些文献阐述了高中开设微积分的必要性，如胡典顺[1]、徐永琳[2]的研究。2003年国家教育部颁布课程标准，以逾越极限的形式讲解微积分，引起了很大的反响，有很多赞成的声音，如“课程标准中的微积分课程设计有利于促进学生自主探究、反思，关注学生对导数本质的理解和对微积分思想方法的掌握，使传统微积分课程中缺失的价值得以回归”[3]“学生对新的微积分课程设计是接受的，而且表现出了积极的态度”[4]“……这正是当初微积分产生时的朴素思想和基本过程”[5]等。也有一些反对的说法，如“讲导数想避开极限是不可能的……与其若隐若现、马马虎虎，倒不如尊重学生的认知基础，把函数的极限知识提出来”[6]“无极限的导数模式，并不是创新，而是倒退”[7]“结构中必要的极限内容还是应该重视……否则对后续定积分教学的顺利进行会有影响”[8]等。

一、问题提出

课程标准实施多年比较缺乏大范围的调查考证。高中微积分的教与学到底处于什么状态？教师和学生的适应程度及满意程度如何？他们对高中微积分是如何定位的？这些都值得进一步关注和研究。本节研究从对高中一线教师和大学一年

〔1〕 胡典顺.新课程中的微积分及其教育价值[J].数学教育学报，2010，19(1)：13－16.

〔2〕 徐永琳.高中“课程”与“大纲”中微积分课程比较研究及启示[J].数学通报，2007，46(7)：22.

〔3〕 宋宝和，郭兆明，房元霞.变化率思想：高中开设微积分课程的价值[J].课程·教材·教法，2006，26(9)：44－47.

〔4〕 宋宝和，房元霞.逾越形式化极限概念的微积分课程——《普通高中数学课程标准(实验)》实证研究[J].数学教育学报，2004，13(4)：55.

〔5〕 李佳慧.挖掘“微积分概念”中的思想价值[J].中学数学教学参考(上旬)，2011(7)：21－22.

〔6〕 房元霞，宋宝和.没学过极限，学生能学会导数吗——新课程“导数”概念教学的实验研究[J].数学通报，2007，46(9)：10－14.

〔7〕 匡继昌.如何给中学生讲授微积分[J].数学通报，2006，5(45)：2－4.

〔8〕 俞求是.高中新课标函数与微积分有关内容的处理研究[J].课程·教材·教法，2010，30(9)：59－62.

级理科新生(还没学习大学微积分)的四次调查出发,作初步探讨,希望对微积分课程改革和教学有所启示。

二、调查研究概况

(一) 调查研究目的

本调查旨在了解学生、教师观点下的高中微积分的定位,学生的学习状况和教师的教学状况,明晰高中微积分教学中存在的一些问题,以期对课程改革提供有价值的参考性建议,为提高学生学习和教师教学作出进一步的努力。

(二) 调查研究方法

本调查采用问卷调查和个别访谈法,分别对一部分全国骨干教师和大学一年级理科新生(还没学习大学微积分)做调查问卷。问卷包含单选题、多选题、排序题、问答题。

(三) 调查研究样本

本调查有教师和学生两类对象,共进行四次调查。教师问卷 T1: 2011 年 9 月,对象是“国培计划—中小学骨干教师研修项目首都师范大学高中数学班”的 100 名高中数学骨干教师,主要来自河南、河北、安徽、辽宁四个省的 89 所中学、研究所或教研室(后两者特别少),随机发放问卷 35 份,收回有效问卷 27 份;教师问卷 T2: 2011 年 11 月,对象是“国培计划—中小学骨干教师研修项目中国人民大学附属中学高中数学班”的 100 名高中数学骨干教师,来自北京、天津、重庆、吉林、黑龙江、江苏、山东、四川、陕西、新疆、青海、甘肃、宁夏 13 个省、直辖市,涵盖 100 所中学、研究所或教研室(后两者特别少),随机发放问卷 80 份,收回有效问卷 71 份。学生问卷 S1: 2011 年 10 月初,对象是首都师范大学 2011 级数学系实验班的大一新生,发放问卷 75 份,收回有效问卷 63 份。学生问卷 S2: 2011 年 10 月中旬,对象是首都师范大学 2011 级数学系普通班、物理系、化学系的大一新生和中国地质大学(北京)数学系的大一新生,发放问卷 300 份,收回有效问卷 248 份。共收回有效教师问卷 98 份,有效学生问卷 311 份。

教师对象是来自 17 个省、直辖市的 189 所中学、研究所、教研室的全国骨干教师,基本上都是一线教师,有一定的代表性。学生对象是还没有学习大学微积分的一般大学本科的理科生,包括首都师范大学数学系、物理系、化学系以及中国地质大学数学系的大一理科新生，生源来自全国各地，假设他们能代表全国高中理科生的微积分认知水平。两个样本的男女比例相差不大，以排除性别因素。

（四）调查研究内容

依据参考文献[1]、几位教授、学生的建议形成初稿，又听取了参与培训的几位骨干教师的意见，形成教师问卷 T1，开放性题目居多。在 T1 的基础上，依据教师的回答状况进行修改，形成学生问卷 S1。初步统计分析 T1 和 S1 后，最终形成教师问卷 T2 和学生问卷 S2。虽然这四份问卷的部分题目设问方式有些不同，但研究的主要问题基本一致。分别从教师和学生角度来调查，高中是否要开设微积分？为什么要开设？如果开设，需要涉及什么内容？已有微积分课程难易程度如何？学生学得怎么样？教师教得怎么样？高中微积分怎样学合适？

三、调查结果分析

依据上述研究的主要问题，对调查结果进行分析，并对部分教师和学生进行访谈，具体情况如下。

（一）高中开设微积分的必要性

高中是否要开设微积分？教师问卷 T1 中，67%的教师认为只要教师教得好，高中微积分就不会是“夹生饭”。学生问卷 S1 和 S2 中，67%的学生认为高中微积分有些用处，熟悉了一些内容。这说明大部分教师和学生对高中开设微积分予以了肯定。

（二）高中开设微积分的目的

高中开设微积分的主要目的是什么？学生问卷 S2 中第 1 题，62%的学生选择为大学进一步学习奠定基础。教师问卷 T2 中第 1 题，教师的选择（部分教师多选）如图 4－1 所示。

---

〔1〕 胡明涛.人教 A 版、B 版高中数学教材“微积分”部分比较研究[D].济南：山东师范大学，2011.

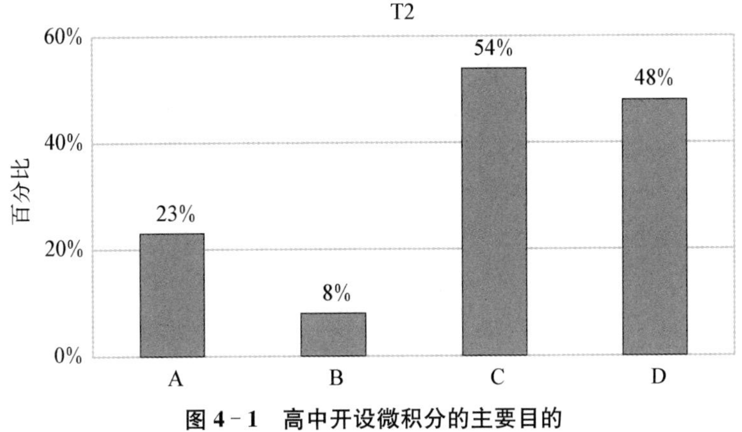

图 4-1　高中开设微积分的主要目的

图 4-1 中,A 表示实际生活和应用的需要,B 表示利于学生以后职业的发展,C 表示为大学进一步学习奠定基础,D 表示锻炼学生的思维能力,拓宽视野。这说明,大部分学生和教师认为学习微积分是为进一步学习打基础。这和课程标准中的核心目标一致,即学习微积分是为了让学生理解导数概念,了解导数在研究函数的单调性、极值等性质中的作用,初步了解定积分的概念,为进一步学习微积分奠定基础。另外,教师也比较重视锻炼学生的思维能力。

(三)高中微积分内容的设置

高中微积分应该学习什么内容?教师问卷 T2 中第 2 题,63%的教师选择初等函数的导数、定积分,30%的教师选择数列极限、导数、积分。即近三分之一的教师并不认同教材的设置,反而选择数列极限、导数、积分。

高中阶段是否要给出求导四则运算的证明?如图 4-2,教师问卷 T2、学生问

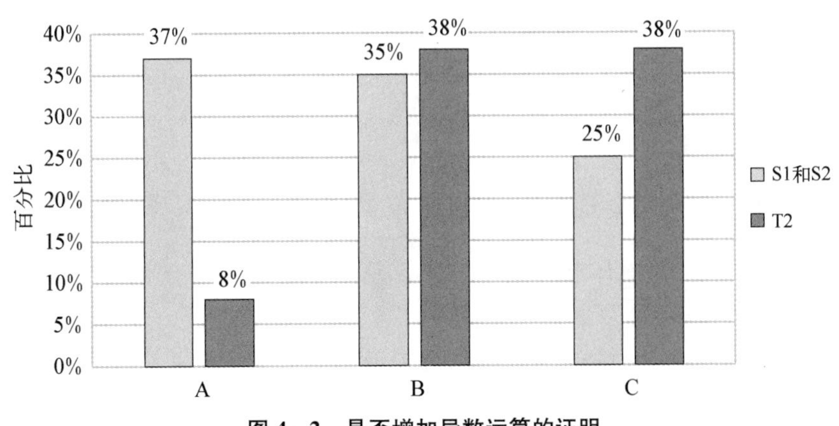

图 4-2　是否增加导数运算的证明

卷 S1 和 S2 情况的对比，A 表示有必要，B 表示只对少数部分基础好的学生有必要，C 表示没有必要，反而增加了负担。

从图 4－2 可以看出，教师和学生的观点略微有些出入，37%的学生对导数运算的证明感兴趣，认为有必要，但只有 8%的教师认为有必要。由此可知，教师并没有真正了解学生的意愿。

学生最感兴趣和感觉最难的知识点。学生问卷 S1 和 S2 中，学生最感兴趣的是导数的应用、导数的四则运算，感觉最难的是积分的应用、微积分基本定理；教师问卷 T1 和 T2 中，教师认为学生最感兴趣的知识点和学生一致，最难的知识点是导数的概念、积分的概念。由此可知，教师和学生的观点略微有一些出入，两者应该多一些交流。

总之，大部分教师认为高中应该学习初等函数的微积分，近三分之一的教师认为教材里应该有数列极限；有不少学生对导数的应用和导数四则运算的证明感兴趣，大部分学生认为积分的概念比较难。学生和教师的某些观点有出入，两者应该加强交流。

（四）高中微积分的难易程度

与高中其他知识相比，微积分的难易程度如何？学生问卷 S2 中第 2 题，具体选择如图 4－3 所示，A 表示很难，B 表示有点难，C 表示一般，D 表示较易。

学生负担如何？学生问卷 S1 中第 10 题，60%的学生认为负担一般，10%的学生认为负担较重。

由此可知，大部分学生认为，和高中其他部分知识相比，微积分有点难，但感觉负担一般，这说明高中对微积分的要求并没有太高。

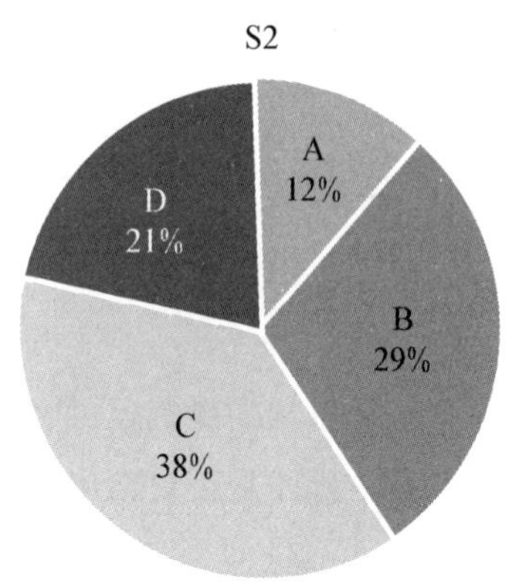

图 4－3　微积分难易程度

（五）学生学习状况

理解微积分基本思想的情况。教师问卷 T1 和 T2 中，问有多少学生能真正理解微积分的基本思想，具体选择见图 4－4。其中，A 表示少于$\frac{1}{3}$的学生，B 表示大概有$\frac{1}{2}$的学生，C 表示大概有$\frac{2}{3}$的学生，D 表示全部学生。从图 4－4 可以看出，只有非常少的学生能真正理解微积分的基本思想。

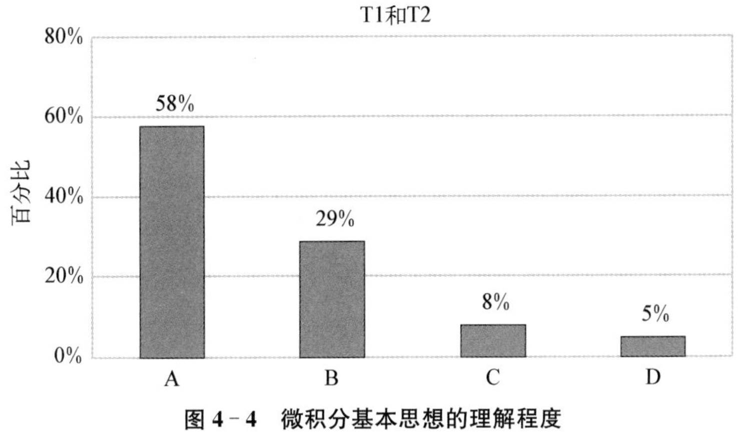

图 4-4 微积分基本思想的理解程度

学生对微积分的理解应用程度如何？教师问卷 T2 中第 7 题，学生问卷 S1 和 S2 中第 9 题、第 11 题，具体情况见图 4-5。

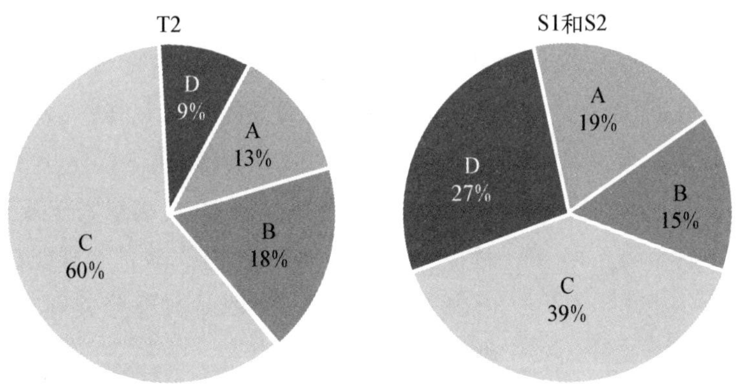

图 4-5 理解应用程度

图 4-5 中 A 表示完全套用公式，基本上不会应用，B 表示死记比较严重，应用起来比较困难，C 表示存在死记现象，会简单的应用，D 表示基本可以理解，应用程度较好。从图 4-5 可以看出，教师和学生观点基本一致，约$\frac{1}{3}$的学生死记硬背现象比较严重，能够基本理解、应用程度较好的学生比较少。2006 年，有调查显示，某高中学习传统微积分的 59 人的班级里，86%的学生认为，过去学习导数的主要任务是“套公式，做题”，对导数概念的理解仅限于对定义的“死记硬背”。对比发现，死记硬背现象好像有些好转，但情况仍然不容乐观。

学生的应用情况如何？S1 和 S2 中最后一道问答题，29%的学生回答了解微积分的某一用处，包括仅回答在物理上有用，而没有具体说什么应用的学生，以及在哲学上有用的说法等。14%的学生回答对考试、做题有用，还有一部分学生说没什么用,或直接回答根本没用。

由此可见,学生对微积分的理解情况不太理想,死记硬背现象严重,且非常缺乏应用意识,甚至有一部分学生认为,微积分没多大用处,只是为了考试。问题如此严重,值得大家深思。

值得注意的是,学生样本是经过选拔,进入大学本科的理科学生,教师样本也基本来自各地区重点高中。由此可以推断,若调查的样本是普通中学的理科生或文科生,上述问题可能会更严重。

(六)教师教学状况

教师是否补充数列极限的概念?学生问卷 S2 中第 7 题,14%的学生选择教师比较仔细地补讲了数列极限知识,46%的学生选择教师比较简单地补讲了数列极限知识,也即 60%的教师会补讲数列极限知识。

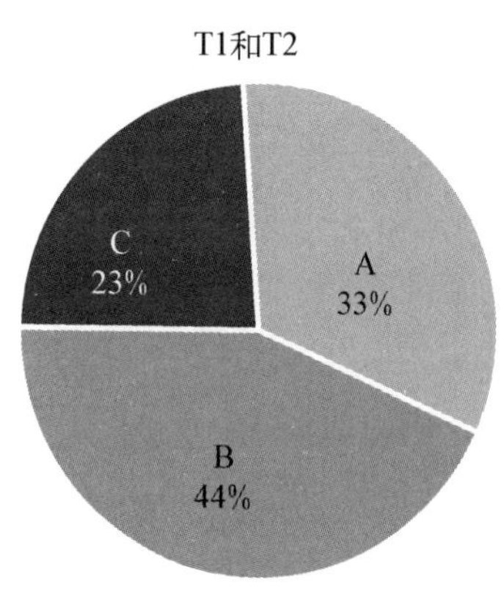

图 4-6 教师所需课时分配

教师教授微积分所需要的课时情况。课程标准中,对理科生要求的课时是 24。T1 和 T2 中,提问教师讲微积分这部分内容时大概需要多少课时,具体情况如图 4-6 所示。其中,A 表示小于或等于 24 课时,B 表示 25～29 课时,C 表示大于或等于 30 课时。由图 4-6 可知,只有 33%的教师能在规定的课时内完成教学任务,即对大部分教师来说课时不够用。

由上可知,大部分教师课时不够用的一个直接原因是补充数列极限知识。之所以会出现这种状况,可能有如下两方面原因:一方面是课程标准的原因,课程标准中不讲极限概念,但讲到导数和定积分定义时又要用到极限的概念,教师需要给学生补充数列极限知识,才能让课程进行下去;另一方面是教师的原因,教师还停留在原有的体系中,没有完全领会课程标准中逾越极限来讲微积分的真正含义。

(七)高中微积分应该怎么学

学好(教好)微积分的关键因素。学生问卷 S1 和 S2、教师问卷 T1 的回答情况,如图 4-7 所示。其中,A 表示教师,B 表示教材,C 表示学生。由图 4-7 可知,教师把关键因素归结为自己和教材,学生把关键因素归结为自己和任课教师。这说明,学生把学习微积分的主要责任放到了自己身上,如果课程设置太难,会降低

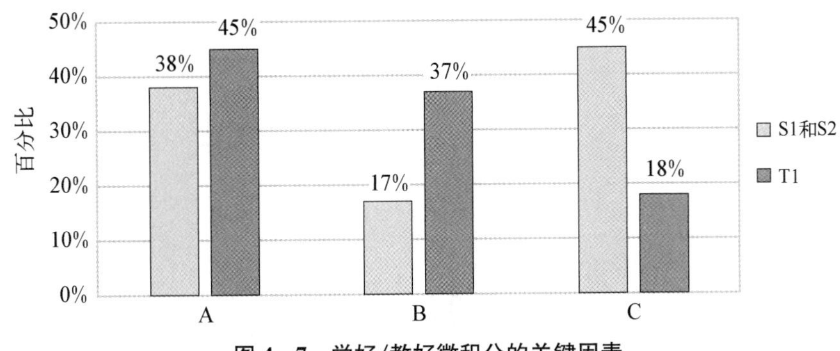

图 4－7　学好/教好微积分的关键因素

学生的自信心，自我认同感下降，从而不利于提高学生学习的积极性；另外，不少学生对教师依赖感比较强。

您认为高中微积分应该怎样教学？您想在高中微积分中学到什么？这是学生问卷 S2 中的一道问答题。问卷答案主要集中在两个方面，一方面是从基础讲起，再讲具体一点，力求做到直观，让高中生能够理解；另一方面是强化理论与实际的联系，明白微积分从哪里来，为什么学习它，有什么用处。

对目前教材中不讲极限，却要用极限的定义来讲导数和定积分的看法，这是教师问卷 T2 中第 3 题，具体情况如图 4－8 所示。

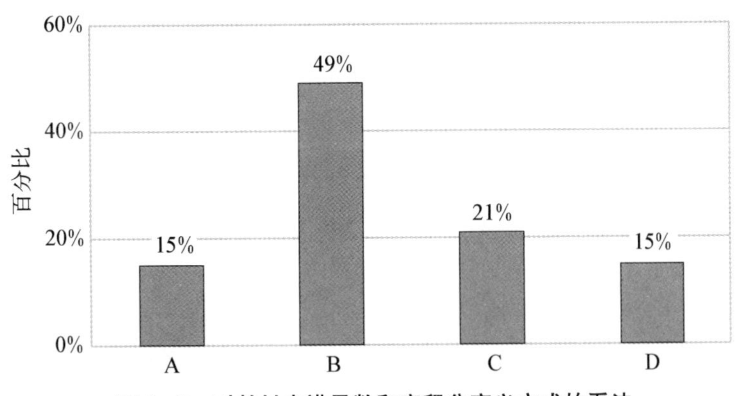

图 4－8　对教材中讲导数和定积分定义方式的看法

图 4－8 中 A 表示不太好，需要给学生补充数列极限；B 表示若能避开极限更好；C 表示还可以，可逾越极限来讲微积分；D 表示很好。由图 4－8 可知，近一半教师认为若能避开极限更好。

对高中教材中微积分部分的建议和意见，这是教师问卷 T2 中第 9 题，具体情况如图 4－9 所示。

图 4－9 中 A 表示进一步加强理论和实际的联系；B 表示避开极限来讲，让微

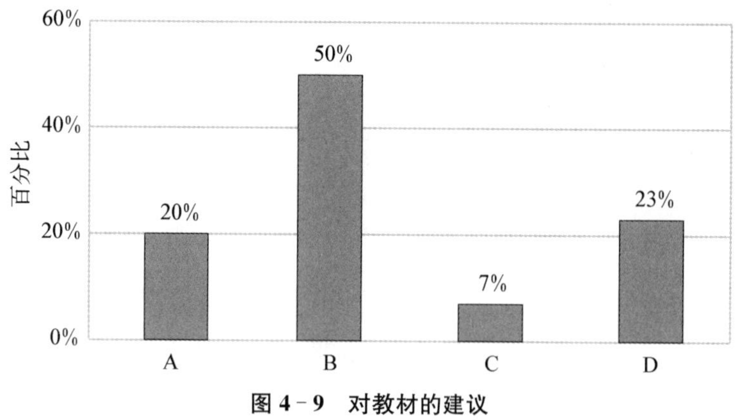

图 4－9　对教材的建议

积分更直观；C 表示增加必要的证明，让微积分更严密；D 表示对当前的教材比较满意。由图 4－9 可知，近一半的教师选择避开极限来讲，让微积分更直观。

显然，大部分学生认为应当降低微积分的难度，从基础讲起，且加强与实际的联系；近一半的教师认为，避开极限来讲微积分更好。

总之，大部分学生和教师对高中开设微积分予以了肯定。和高中其他知识相比，大部分学生感觉该部分知识有难度，但负担不算重；学生对该部分内容理解情况不理想，死记硬背应付考试现象比较严重，并且比较缺乏应用意识；大部分教师会补讲数列极限知识，课程标准要求的课时不够用；学生一致反应内容应该注重基础和概念，再具体一点，知识跨度不要太大；大部分教师也希望微积分能够避开传统的极限，让微积分更直观。并且，访谈部分教师和学生得知，普通中学的学生学习微积分这部分知识时，面临的问题更为严峻，特别是偏远地区的学生和文科生。

第二节　中法高中课程标准微积分内容比较研究

本节主要探讨中法高中课程标准微积分的历史沿革，法国高中数学课程标准中微积分内容的设置、编排和目标要求，并与中国课程标准中的微积分内容进行对比，以期对我国高中微积分课程改革与教学有所启示。

本节也将进行量化分析，主要分析广度、深度、难度的变化。特别地，结合微积分部分两国课程标准对目标要求的描述所用的词语，确定了表 4－1 所示的两国认知要求不同层次的目标赋值。

表4-1　目标赋值

赋值	层　次	中国目标	法国目标
1	记忆性水平	知道、初步学会、模仿、感受	知道、认识、描述、直观感受、查表、直观理解
2	解释性理解水平	理解、学会、完成、认同、体验、经历	刻画、熟悉、确定、判断、计算、阐释、求解、求出、找出、进一步认识、使用、利用、表示、辨认
3	探究性水平	掌握、灵活运用、迁移、探索、形成、发展	应用、探究、证明、构建、总结、会用

注：法国课程标准"知道且计算"认定为"会用"。

一、中法高中课程标准微积分内容的历史变迁〔1〕

许多数学家认为"自然科学上的任何问题，只要做到从数学上理解，也就是说，找到它正确的数学表述，就可以借助于解析几何与微积分而获得解决"。微积分如此重要，世界上许多国家在高中开设微积分，法国就是其中之一。但是，如何控制高中微积分的难度？应该选择哪些内容，结构怎样安排？一直是国际上数学教育的焦点问题。

列宁指出："为了用科学眼光观察问题，最可靠、最必须、最重要的就是不要忘记基本的历史联系……"〔2〕。因此，从历史变迁的视野，对中法高中微积分进行定性与定量、纵向与横向、宏观与微观的比较分析，为我国高中微积分课程的发展和教学改革提供意见和建议，有利于对我国高中微积分课程的合理定位。

本节选择中国1996、中国2000和中国2003，法国1990、法国2000和法国2010为研究对象。研究的知识主题有数列极限、函数极限、函数连续、导数、积分、微分方程、数学文化。主要采用定性分析和定量分析相结合的方法。定性分析包括微积分内容及要求的变化、部分概念命题处理方式的变化等；定量分析包括广度、深度、难度、内容分布。

（一）法国高中课程标准微积分内容的历史变迁

1938年，法国在高中数学内容中增加了微积分，后来为追求更高的教学质量，

〔1〕张玉环，王沛．中法高中微积分课程发展历程的比较研究[J]．中国数学教育，2014(12)：60-64．

〔2〕中共中央马克思、恩格斯、列宁、斯大林著作编译局．列宁选集第四卷[M]．北京：人民出版社，1972：43．

法国一直不断调整分科制度和课程设置[1]。“新数学运动”开始重视高中开设的微积分,在布尔巴基学派领导下,1969年自然科学专业的高中微积分试图建立在逼近思想的分析基础上,介绍实数集合的完备性公理和极限的定义;鼓励基本定理的证明,如中值定理,但不需要形式的证明;在高二(自然科学专业)介绍欧拉方法,但因过分强调数学的抽象性、普遍性,忽视数学的实际应用,1981年宣告失败[2]。后来又几经修改,大约每10年变动一次。

1990年起法国高中数学课程标准中微积分的主要目的如下:高二研究函数的局部性质及全局性质,让学生较好地掌握课程标准中规定的一些常用函数,并用于研究来自横向领域(代数、几何、自然科学、技术、经济、社会生活等)的情景,初步接触数列,目的在于使学生熟悉一些简单的离散现象的描述。高三既讨论数列也讨论函数,研究连续和离散情景,既做定性研究(单调性、收敛性等),又做定量研究(收敛速度等)[3]。

1999年初,教育部部长任命了各学科课程标准起草小组负责人,开始课程标准的拟定工作。分别于2000年在高中一年级实施,于2001年和2002年在高二和结业年级实施。

2008年,萨科齐公布了中学教育改革计划,要调整教学课时、课程内容以及评价方式。“面向2010年的新高中”就是其中一项,2010年从普通高中和技术高中的一年级开始实施。高中学习微积分的目的是研究离散和连续型的问题,学习的动机就是解决问题。

1. 法国课程标准微积分广度、深度、难度的变化

分别对法国1990、法国2000、法国2010的理科中微积分内容的知识广度、深度及难度进行分析。对于定义、定理、法则的呈现方式,用直观描述、类比归纳、演绎三个层次来统计。对定义、定理、法则的认知要求则通过其他方式来呈现,如导数的定义,计算的复杂程度、实际应用都按单独的知识点来统计。若分辨不出它们的呈现方式,则按照认知要求的层次来统计。另外,如果材料比较齐全,要考虑定义、命题引入的复杂程度或者抽象程度,如导数的定义,按照平均变化率、切线的斜率、对函数的线性逼近等方式来定义,难易程度是不相同的。具体的知识点统计见表4-2。

---

[1] 王媛,苏帆.中法两国中学数学教学内容差异之管窥[J].中学教研(数学),2004(5):1-3.

[2] 米歇尔·阿蒂格,郭玉峰.法国高中数学教学[J].数学通报,2009,48(12):1-4.

[3] 陈昌平,黄建弘,邹一心.数学教育比较与研究[M].上海:华东师范大学出版社,1995.

表 4-2　法国理科课程标准微积分知识点汇总

知识主题	知识点	知识主题	知识点
数列极限	数列极限的概念	函数极限	函数极限的概念
	数列极限性质		复合及四则运算
	数列极限四则运算法则		函数极限的计算
	等比数列的极限		渐近线
	无穷等比数列和的极限		函数与数列复合的极限
	数列收敛的定义		函数极限的保序性
	收敛判定定理	函数连续	函数连续性的定义
导数	变化率		连续性的判定
	某点处导数的定义		介值定理
	导数定义的呈现方式		介值定理的应用
	几何意义：切线		含连续性的延拓
	力学意义：速度		区间上严格单调连续函数的像
	函数的线性逼近	积分	不定积分、原函数的概念
	导函数的概念		原函数的性质
	导函数的四则运算		变量代换法求不定积分
	复合函数求导：链式法则		分部积分法求不定积分
	导数的应用 1：求极值		不定积分的计算
	导数的应用 2：判定函数的单调性		定积分定义
	导数的应用 3：判定凸凹性		定积分的几何意义
	导数的计算(复杂程度)		定积分性质
	幂函数的导数及应用		变上限积分
	正弦函数、余弦函数的导数		变上限积分存在定理
	指数函数的导数		微积分基本定理
	对数函数的导数		定积分的计算
	导数的实际应用		定积分的实际应用
	有限增量不等式		不等式的积分
	二阶导数		平均值不等式
	三阶、高阶导数		函数的平均值
微分方程	常系数线性齐次一阶微分方程		
	求解二阶方程：利用特征方程		
	讨论解的存在性和唯一性		

注：数列极限性质：保序性或夹逼定理。收敛判定定理：有界的严格单调增数列收敛。函数极限的计算(增长快慢的比较)。原函数的性质：同一函数的原函数相差一个常数。定积分性质：线性性、可加性、保号性。

对广度、深度和难度量化分析，得到图 4－10。由图 4－10 可知，法国课程标准中微积分的广度和深度逐渐降低，难度也逐渐降低。

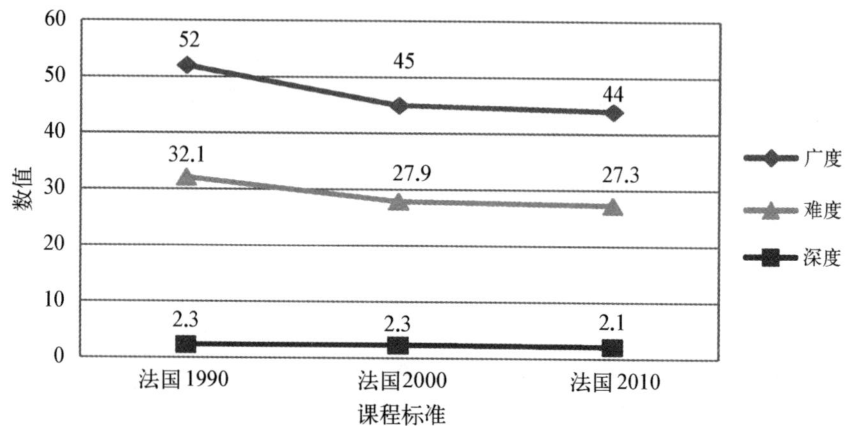

图 4－10　法国理科课程标准微积分内容整体比较

2. 法国课程标准微积分内容及要求的变化

（1）内容要求方面

总体上删减了部分内容，并降低了对一些内容的要求。与法国 1990 相比，法国 2000 高二降低了对正弦函数、余弦函数的要求，高三删去了高阶导数、有限增量不等式、幂函数的导数及其渐近性态、三角函数（正弦、余弦、正切）的导数、二阶微分方程的求解，解的存在性和唯一性。与法国 2000 相比，法国 2010 把高二中收敛数列的定义及其应用，等比数列和的极限，研究有递推关系的通项公式，夹逼定理的证明，收敛数列的和、商、乘积定理等移到了高三。高二删去了水平、垂直、斜渐近线的要求，只在高三涉及水平渐近线。删除的内容有指数函数和对数函数的特征函数方程、渐近性质，指数函数、幂函数及对数函数的增长性比较，n 次根式函数，相伴数列及其定理，分部积分，微分方程。

由图 4－11 可以看出，数列极限的难度升高，函数极限等其他内容的难度降低，其中导数的难度降低幅度较大。

（2）认知水平方面

记忆性水平知识点增多，解释性理解水平和探究性水平的知识点减少。由图 4－12 知，法国课程标准中记忆性水平知识点个数与所占比重基本上呈增长趋势，解释性理解水平和探究性水平知识点个数和所占比重逐渐减少。因此，法国课程标准中微积分的难度降低。

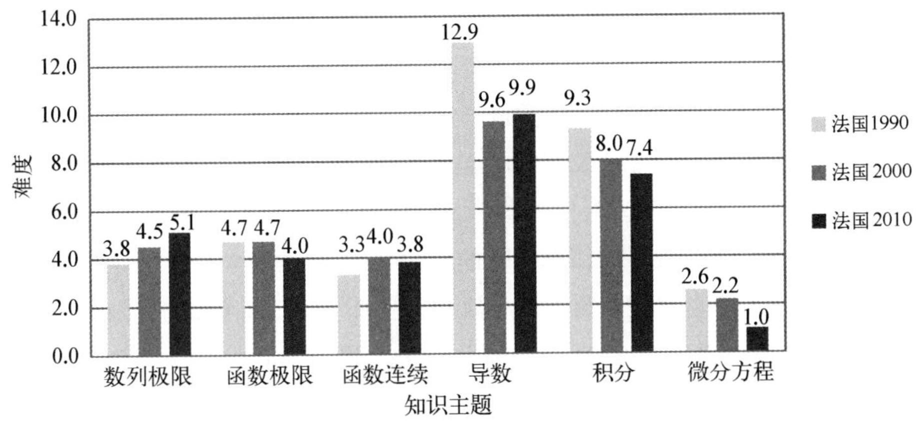

图 4－11　法国理科课程标准微积分各知识主题难度比较

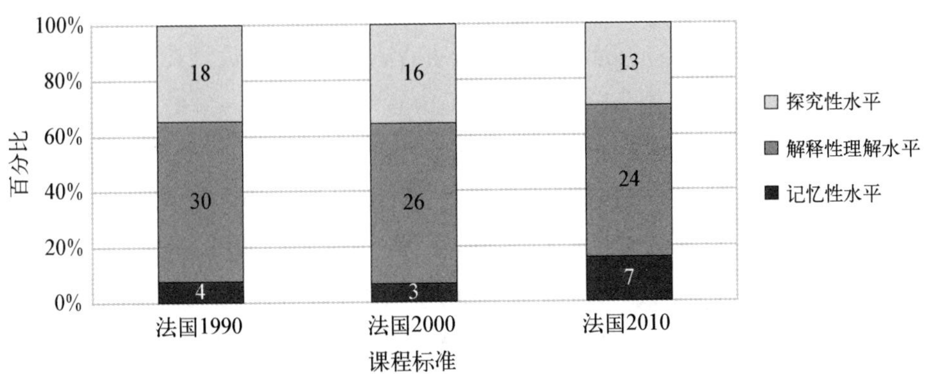

图 4－12　法国课程标准三个层次知识点个数的变迁

3. 法国课程标准微积分部分概念、命题处理方式的变化

(1) 导数定义的方式及铺垫的知识不同

逐渐降低导数定义的严格性，弱化极限的相关知识。法国 1990 通过一次函数逼近引入导数，先举出几个具体例子计算在某点处的一次函数逼近，然后解释其几何意义，于是得到导数的定义：若 $f(a+h)$ 在 $h=0$ 的邻域内可写成 $f(a+h)=f(a)+Ah+h\varphi(h)$，其中 $\lim\limits_{h\to 0}\varphi(h)=0$，则称 A 为 f 在 a 点处的导数。此时，已经系统学习了函数极限。而法国 2000 高二介绍某点处的导数及导函数，但并不给出极限的正式定义。当 h 趋于 0 时，增长率 $\dfrac{f(a+h)-f(a)}{h}$ 的极限定义为函数在某点处的导数。有几种逼近方法可以采用：直线运动中从平均速度过渡到瞬时速度；计算机屏幕上图形表示的连续地带等。涉及极限词汇或概念时，以理解导数为最终目的，通过例子对它们进行图形上、直观上的理解。法国 2010 介绍导数的方

式与法国 2000 相比变化不大。

(2) 数列极限、函数极限、导数的先后顺序不同

法国 1990 高二系统地学习函数极限定义、四则运算、逆函数的极限，渐近线以及极限比较等，然后介绍导数及其应用，再介绍数列的极限。高三继续深化数列极限内容，然后介绍函数连续，深化导数内容。法国 2000 在高二末正式介绍极限之前，先直观理解导数以及计算简单函数的导数，学习导数的一些应用，然后直观了解渐近线，介绍数列的极限和数列的收敛。高三深化数列和函数的极限，正式给出函数极限的定义及其性质，然后介绍函数连续，深化导数内容。法国 2010 高二先介绍导数，然后直观感受数列的极限，高三深入学习数列极限及收敛，介绍函数的极限及渐近线和连续函数，再深入介绍导数运算。

(3) 指数函数、对数函数及其导数的介绍有变化

法国 1990 和法国 2000 通过一般微分方程，介绍指数函数及其导数，然后利用反函数性质介绍对数函数及导数。法国 2010 遵循由特殊到一般的原则，先通过定理引入 e^x，再推广到一般方程 $f'(x)=kf(x)$ 引入指数函数，接着从指数函数性质或函数方程出发，介绍 $\ln x$ 及其导数。

(4) 定积分定义及微积分基本定理引入方式不同

法国 1990 通过原函数引入定积分，同时也承认微积分基本定理；法国 2000 和法国 2010 通过计算面积引入定积分，借助变上限积分引入微积分基本定理。法国 1990 先介绍区间上连续函数的原函数：f 和 F 是区间 I 上的函数，如果函数 F 在区间 I 上的导数为 f，那么 F 是 f 在区间 I 上的原函数。然后是定积分定义：设 f 在区间 $[a, b]$ 上连续，且 F 是 f 的一个原函数，则数值 $F(b)-F(a)$ 对于 f 的任何原函数 F 都相同，这数值称为 f 的由 a 到 b 的积分，记为 $\int_a^b f(x)\mathrm{d}x$。接着对函数符号不变的情况，用面积对积分做几何解释。其实，该引入方式同时也承认了微积分基本定理。法国 2000 中，将区间 $[a, b]$ 上的正连续函数 f 的积分定义为函数曲线与坐标轴围成的面积，用 $\int_a^b f(x)\mathrm{d}x$ 表示，再推广为任意符号函数。然后，介绍原函数的概念，引入变上限积分：如果 f 在区间 I 上连续，a 是 I 中的一点，那么 $F(x)=\int_a^x f(t)\mathrm{d}t$ 为 f 在 I 上满足 $F(a)=0$ 的唯一原函数，再根据变上限积分介绍微积分基本定理。与法国 2000 相比，法国 2010 变化不大，只是对变上限积分定理的描述稍有改动。

(5) 微分方程的介绍有变化

总体上逐渐降低了该内容的要求。法国 1990 介绍一阶方程求解，并讨论满足

初始条件解的存在性和唯一性；二阶方程求解：利用特征方程求解，并讨论满足初始条件的解的存在性问题（述而不证）。法国 2000 介绍 $y' = ax + b$ 形式的方程求解。法国 2010 没有单独列出微分方程，在介绍指数函数时，包含有简单的微分方程求解。

（二）中国高中课程标准微积分内容的历史发展

1866 年，中国在高中（当时称为高等学堂）开设了“微积分”课程，一直持续到 1923 年。随后在相当长的时间内取消了微积分课程，仅在代数中讲解一点极限论初步知识。1960 年至 1963 年编写了“微积分”试用教材。然而，1962 年至 1965 年只讲数列和极限。1978 年首次明确规定，在高中阶段学生要学习微积分初步的内容，当时列为选修（高观点下微积分），遗憾的是，受高考指挥棒的影响，微积分教学实际上被取消。1983 年，教育部制定了两种教学大纲，微积分被放在了较高要求中，基本上照搬大学高等数学编排结构，用 $\varepsilon - N$ 语言定义数列极限，用“无限趋近”方法定义函数的极限。1990 年，随着我国小学、初中实施义务教育，高中数学课程面临进一步的改革。为此，微积分初步作为选学内容列入教学大纲，并规定了具体的选学内容。1996 年的《全日制普通高级中学数学教学大纲（供试验用）》在天津、山西、江西的高中进行试验使用，微积分仍为选修内容，也以选修内容的形式出现在理工农医类高考的数学命题范围内。2000 年，制定了《全日制普通高级中学数学教学大纲（试验修订版）》，扩大到九省一市继续试验，微积分成为高三限定选修内容，也就是高考内容，在理科选修中，微积分部分包括极限、导数和微分、积分；文科则只学习极限和导数。2003 年，我国颁布的《普通高中数学课程标准（实验）》中，对微积分内容进行了较大的调整，以逾越极限的形式讲解微积分，且仍将其列为选修内容，高考会略有涉及。文科 16 课时，只包括导数及其应用。理科为 24 课时，涉及导数及其应用、定积分及微积分基本定理。

焦彬桥列出了我国 1949 年至 2000 年中学数学教学大纲改革中，关于理科微积分课程内容的知识点数量。1952 年、1954 年、1961 年、1964 年、1978 年、1986 年、1990 年、2000 年知识点个数分别为 3、3、13、3、25、3、42、43。可以看出，微积分知识在我国中学数学课程中几进几出，知识点的数量和难度变化较大[1]。

此部分对中国 1996、中国 2000、中国 2003 理科中的微积分进行量化分析，知识点统计见表 4－3。

---

〔1〕 焦彬桥. 高中微积分课程内容选择的探索[D]. 桂林：广西师范大学，2004.

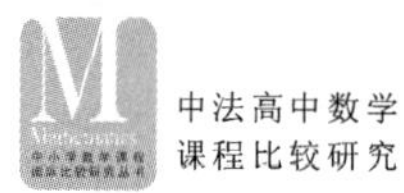

表 4－3　中国理科课程标准微积分知识点汇总

知识主题	知识点	知识主题	知识点
数列极限	数列极限概念	导数	导数背景：瞬时速度、加速度、斜率
	数列四则运算法则		导数定义
	数列极限的计算		几何意义
函数极限	函数极限概念		导函数概念
	函数极限四则运算		四则运算法则
	两个重要的极限		链式法则
	函数极限计算		计算导数
函数连续	函数连续		常用导数公式
	性质：闭区间连续有最值		二阶导数
积分	定积分实际背景		二阶导数的物理意义
	定积分定义		微分定义
	几何意义		微分意义：增量的线性逼近
	定积分存在的充分条件：连续		微分的计算
	定积分性质		单调
	微积分基本定理		极值
	定理成立条件		最值
	定积分应用		导数方法
	极坐标下的定积分		优化问题
	原函数	数学文化	数学文化
	不定积分线性性质		
	变量代换		
	常见不定积分的基本公式		
	不定积分的计算		

1. 中国课程标准微积分广度、深度、难度的变化

从图 4－13 可知，自 1996 年开始，中国课程标准微积分的广度、深度、难度明显降低。中国 1996、中国 2000 和中国 2003 微积分的课时分别是 48、42、24，其相对难度分别为 0.504、0.519、0.458。

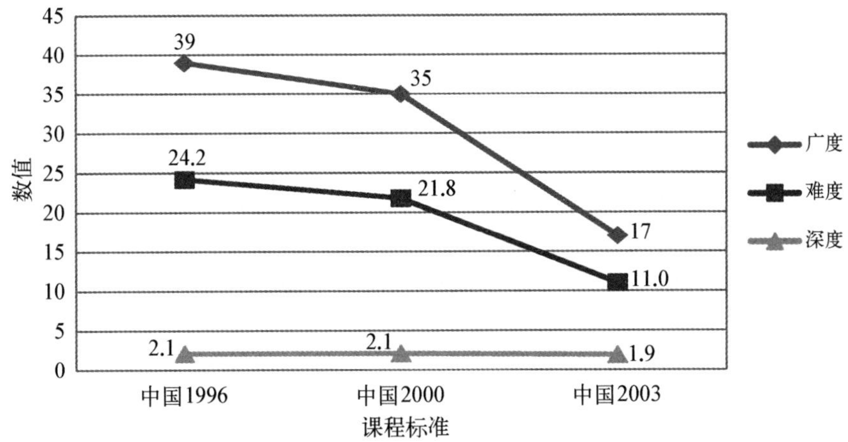

图 4-13 中国理科课程标准微积分内容整体比较

2. 中国课程标准微积分内容及要求的变化

(1) 内容要求方面

中国 2000 比中国 1996 少了二阶微积分和极坐标知识点,并且对许多知识点的要求降低;中国 2003 不再讲数列极限、函数极限、不定积分,降低了对导数、定积分的要求,增加了许多实例,越来越偏重于实际应用。从 1996 年开始,增强了数学文化的内容,强调了数学文化的重要性。由图 4-14 知,导数、积分难度值明显降低。

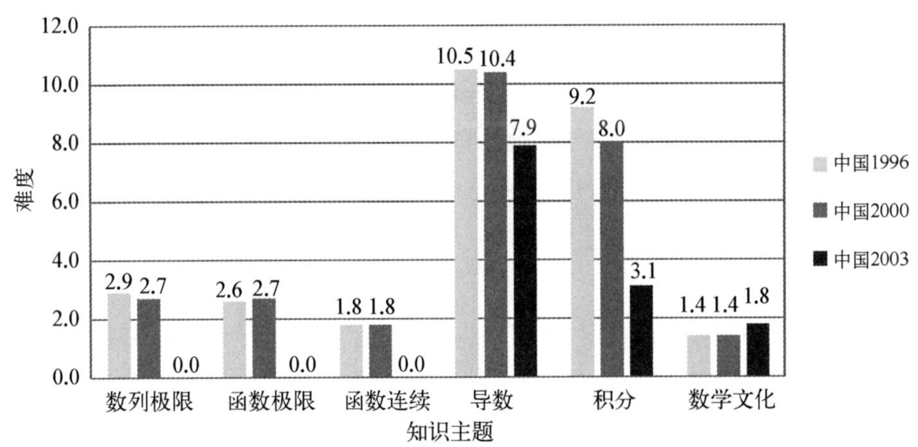

图 4-14 中国理科课程标准微积分各知识主题难度比较

(2) 认知水平方面

由图 4-15 可知,记忆性水平知识点所占比重有所起伏;解释性理解水平知识点所占比重有起伏,中国 2000 解释性理解水平知识点所占比重最大,中国 2003 比中国 1990 的比重有所升高;探究性水平知识点所占比重逐渐降低。

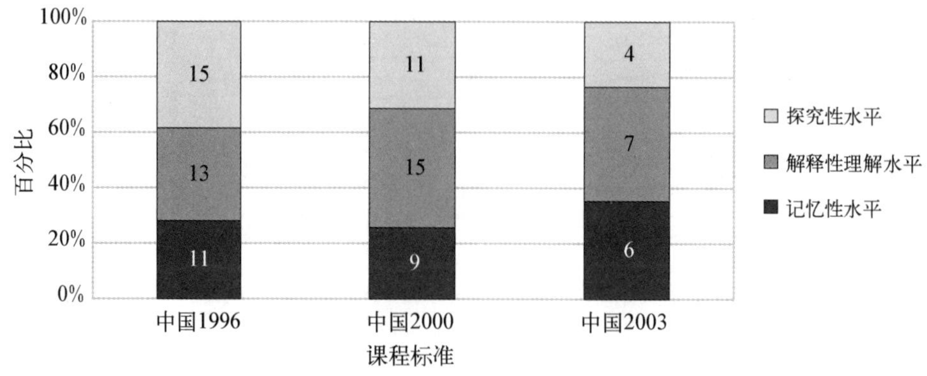

图 4-15　中国课程标准三个层次知识点个数的变迁

3. 中国课程标准微积分部分概念、命题处理方式的变化

(1) 极限的概念

中国 1996 理科除了要求从数列和函数的变化趋势理解数列极限和函数极限的概念外，还要求了解极限的 $\varepsilon-N$ 定义；了解函数在一点处连续性的意义和初等函数在定义域内每一点处都连续等。中国 2000 理科则要求通过数列和函数的变化趋势理解数列极限和函数极限的概念。中国 2003 则没有提及函数极限和数列极限的概念。

(2) 导数的概念

中国 1996 和中国 2000 理科在学习过数列极限和函数极限概念后，了解导数概念的实际背景，如瞬时速度、加速度、光滑曲线切线的斜率等，掌握函数在一点处的导数的定义、几何意义，理解导函数的概念。中国 2003 理科通过对大量实例的分析，经历由平均变化率过渡到瞬时变化率的过程，了解导数概念的实际背景，知道瞬时变化率就是导数，体会导数的思想及其内涵。

(3) 微积分基本定理

中国 1996 和中国 2000 理科都用直线运动的速度与路程间的关系引出微积分基本定理，并会用它来求一些函数的定积分。中国 2003 理科通过实例(如变速运动物体在某段时间内的速度与路程的关系)直观了解微积分基本定理的含义。

(三) 中法高中课程标准微积分内容发展历程比较

中国高中开设微积分虽然比法国早，但是历经波折，几度取消，在没有取消的时期，属于选修课程，不受重视。法国高中微积分一开始就要求很高，特别是“新数学运动”时期，后来又几经修改，但要求仍然比较高。纵观中法高中课程标准微积分课程发展的历程,不难发现有如下相同点。

1. 降低微积分的难度

中法两国课程标准对微积分要求逐渐降低,不仅减少了知识点数量,也降低了对知识点的具体要求。两国课程标准都趋向于把知识点集中在导数、积分内容上,整体上法国课程标准对微积分的要求远高于中国课程标准。

2. 增加微积分的应用

中法两国课程标准对微积分的应用要求逐渐增加,而且重视学科之间的交叉、渗透。法国课程标准中学习微积分的目标之一是学生能够利用数学工具,如运用函数、数列、导数以及积分等知识处理连续、离散的现实问题。比如,法国 2010 理科中讲指数函数时有放射性的题目,讲对数函数时涉及变换器、声音的强度、地震的震级以及 pH 值的范围等内容。中国课程标准也强调数学知识和实际的联系,发展学生的应用意识和能力。比如,微积分内容会涉及优化问题、变力做功等综合方面的实际问题。

3. 强调定义的直观性

中法两国课程标准的微积分越来越强调定义的直观性,逐渐放弃其严谨性。比如,都是在未正式介绍极限定义之前,通过背景知识引入导数的直观定义,所不同的是法国理科课程标准介绍极限定义后,给出略微严格的导数定义。

4. 重视信息技术和数学文化

两国课程标准都比较重视信息技术的使用,法国课程标准对算法实施和软件使用有比较具体的说明,且真正落到了实处;而中国课程标准在这方面说明得还不够具体。

两国课程标准都越来越重视数学文化。虽然法国课程标准没有在微积分部分提到数学文化,但十分强调在实施过程中糅合数学思想和历史等。中国 2003 对微积分这部分内容的数学文化提出了具体建议：介绍微积分创立的时代背景及人物资料,如牛顿(I. Newton)、莱布尼茨(G. W. Leibniz),以及微积分在文艺复兴后对科学、社会、人类思想进步的推动作用。

(四) 中法高中课程标准微积分内容发展历程的启示

历史存在反复性,微积分内容在两国的命运都是跌宕起伏的,人们只有不断地对历史进行反思,才能不断地对内容进行修改完善,使之更具有针对性,更适合学习对象的需求。总的来说,有如下启示。

1. 中学生需要直观化的微积分

严谨完善的证明固然是数学一直提倡的,但针对教育对象的不同,要求也应有相应的调整，中学生的能力还不足以掌握复杂的证明，所以将知识点进行直观化地体现更适合这一层次的需求。

2. 中学生需要应用化的微积分

知识点的应用体现的是知识与现实生活的联系以及知识的作用。应用部分有利于学生对知识产生兴趣，也有利于学生学以致用。因此，知识点的实际背景与应用化都是必不可少的。

3. 中学生需要衔接化的微积分

完善的教育必然是衔接自然的，中学生对微积分能否顺利接受，重要的是知识点的呈现是否衔接化。这要求考虑到学生已有的知识储备，在其基础上衔接性地呈现出新的知识。

二、中法高中课程标准微积分内容比较〔1〕

（一）中法高中课程标准微积分内容的相同点

1. 以学生为本

法国课程标准中，学习微积分不仅要培养益于学生一生的学习技巧和能力，更好地了解社会，而且要训练学生坚实的数学基础，为日后学习、科研作准备。

中国课程标准中，让学生体会导数的思想及其丰富的内涵，感受导数在解决实际问题中的作用，了解微积分的文化价值，而且为大学的进一步学习打基础。

2. 有部分相同的知识点

就法国理科课程标准和中国理科课程标准而言，两者都包括的知识点有：导数概念和几何意义，能进行简单函数的导数运算$\left(\text{如 } y=\frac{1}{x},\ y=\sqrt{x},\ y=x^n\text{，其中 } n\leqslant 3 \text{ 且为正整数}\right)$，导数在函数中的应用，如函数单调性与导数符号的关系，函数极值问题，生活中的一些优化问题，定积分与基本定理等。

3. 演绎证明要求较低

法国理科课程标准中，要求的证明比较少，如数列$\{q_n\}$（其中 $q>1$）的极限是无穷大；如果某一数列递增，且极限为 l，那么从某一项开始的所有项都小于或等于 l；证明 $\mathbf{R}$ 上满足 $f'=f$，$f(0)=1$ 的可微函数是唯一的，存在性不需要证明。数列

〔1〕 张玉环，Leger A. 中法高中数学课标微积分内容比较研究［J］. 数学教育学报，2014，23(2)：19－25.

夹逼定理，单调有界收敛定理，介值定理，区间上的可微函数连续，积分定理等则明确标注不要求证明。定理：区间上连续且为正的函数存在原函数，只要求部分证明，即证明区间为有界闭集的情况，文科课程标准的证明更少。

中国课程标准中几乎没有要求任何有关微积分的证明。

4. 重视数学文化

法国课程标准要求在实施的过程中糅合数学思想和历史，知道一些著名数学家的名字，他们生活的年代以及他们的贡献是整个数学文化和技术的一部分，了解概念的形成和演变的历史，有助于学生对概念的理解。该部分知识内容较多，很大一部分内容需要学生在课外学习，要考虑到每个学生的特点来设计该部分，特别要和目标相一致，考核形式也要多样化。

中国课程标准要求数学文化尽可能有机结合高中课程内容，有选择地介绍对数学发展起重大作用的历史事件和人物，让学生认识数学发生、发展的必然规律，了解数学真理的相对性，提高学生兴趣。对微积分这部分内容提出了具体的建议：介绍微积分创立的时代背景及人物资料，如牛顿、莱布尼茨，以及微积分在文艺复兴后对科学、社会、人类思想进步的推动作用，这部分知识建议采取多样化的教学。

5. 重视理论与实际相结合

法国课程标准一直强调让知识运转起来，且在解决实际问题中学习知识，再加以应用。微积分内容的其中一个目标是学生最终能够利用数学工具，如函数、数列、导数以及积分等，处理连续、离散的现实问题。法国国家教学课程标准委员会在关于“教学课程标准的框架信”中指出，应该为学生提供各种各样的背景（如地理、经济、生物、时事等）中的事例，以使学生获得的能力不局限于单纯的“数学课”。

中国课程标准注重数学知识和实际的联系，发展学生的应用意识和能力。通过丰富的实例引入数学知识，引导学生应用数学知识解决实际问题，经历探索、解决问题的过程，描述数学的应用价值，帮助学生认识到：数学与我有关，与实际生活有关，数学是有用的，我要用数学，我能用数学。

（二）中法高中课程标准微积分内容的不同点

1. 教学目标

法国两个课程标准的动机都是解决纯数学或其他学科的问题，特别是利用这些数学工具（数列、函数、导数以及积分）解决现实生活中的离散、连续问题。理科课程标准要求学生掌握一些简单的证明，一些算法活动，设置了一些开放性的交叉学科题目，而且专门为有特殊需要的学生设置了难度较大的内容。文科课程标准要求的算法活动较少，特别要求学生学习函数的凸凹性及拐点等概念，便于研究图形，且在经济学中有着广泛的应用。

中国课程标准要求理解导数的含义，体会导数的思想和内涵；利用导数在探索函数单调性、极值等性质并注重在实际中的应用。对理科生要求初步了解定积分的概念。

2. 知识点深度、广度

法国课程标准中的微积分是必修内容。知识点范围广，包括数列极限、函数极限、函数连续、导数、积分，要求的程度较高；内容选择和设计基本按大学微积分的框架进行，只是没有详细的推导，证明也比较少。

中国课程标准把微积分放在选修中，以逾越极限的形式讲解微积分，完全从直观理解出发，整体要求比较浅。

3. 编排方式

法国课程标准中把微积分放在高二、高三两个年级学习，且从高二到高三，知识点逐步加深。某些难度较大的知识点或概念不会一次性呈现给学生，如数列极限、函数极限等概念，让学生见过几次后，才逐步固定下来。

中国课程标准把微积分基本内容放在了一个模块中。

4. 层次教育

法国课程标准中的微积分内容，突出了不同层次学生的要求，对有特殊需要的学生标注了一些较难的知识点。比如，理科课程标准中，讲数列时对 π、e、黄金分割率进行逼近计算，研究演化现象，列出不连续函数或不连续导数的例子，计算物体的体积等。

中国课程标准中的微积分内容则没有如此的设计。

5. 学科之间的交叉、渗透

法国课程标准中有一些交叉性学科的开放性课题，可以让学生自主讨论或咨询其他学科的教师，如理科课程标准讲正弦函数、余弦函数时涉及传播的波，讲指数函数时有放射性的题目，讲对数函数时涉及变换器、声音的强度、地震的震级及 pH 值的范围等内容，讲平均值时有匀加速运动、能量转移知识等。

中国课程标准中，虽然也有优化、变力做功等综合方面的实际问题，但基本上都以相对简单的例子或习题呈现，并不是开放性的探索性题目，学生一般不会或不习惯于去咨询其他学科的教师。

6. 算法实施和软件使用

法国课程标准中要求算法和推理并重，且贯穿在整个课程标准中。强调让学生掌握一定的算法，会用电子表格、动态几何软件、计算机、计算器或符号计算系统。例如，理科课程标准中要求用电子表格、动态几何软件或计算器研究极限，对极限有直观的理解；观察数列的增减速度；编写算法求解方程 $f(x)=k$。两个课程标准有多处都强调：求解问题的过程中，如果问题比较复杂，没必要把时间浪费在计算技巧上，可以借助软件或计算器来计算，让学生专注于逻辑推理、概念理解、知识应用等其他方面。法国课程标准中列出了三种使用软件工具的方式：教师在课堂上集中演示器具；学生在数学的实践中使用；学生课外作业的一部分。

中国课程标准也注重信息技术与数学课程的整合，提倡利用信息技术来呈现以往教学中难以使用的内容，在保证笔算训练的前提下，尽可能使用科学型计算器、各种数学教育技术平台，加强数学教学与信息技术的整合，鼓励学生运用计算机、计算器等进行探索和发现。

总之，法国课程标准对算法实施和软件使用有比较具体的说明，且真正落到了实处；而中国课程标准在这方面还不够具体。

7. 文理科的差别

法国普通高中三个专业的数学教育各有侧重：文学专业的数学教育注重让学生掌握数字信息和图表信息；经济与社会专业的学生需要具备良好的数据信息分析能力和一定的逻辑推理能力；自然科学专业注重数学文化功底的同时，更加注重数学的服务功能。于是两个数学课程标准的微积分内容有明显差别。首先，内容设置方面，文科课程标准与理科课程标准相比，少了正弦函数、余弦函数的导数，以及渐近线，但增加了百分比和变化之间的联系，函数的凸凹性及拐点，结合学科特点对图形有了更高的要求。其次，教学要求方面，知识点相同部分，文科比理科要求整体偏低，如文科从等比数列引入指数函数，理科则通过微分方程引入。并且文科基本上不要求证明，具备一些算法活动，而理科有一些范例式的证明，其中一些是学习的目标，需要理解和掌握，算法活动比较多，有一些交叉学科的开放性题目，且有一些专门为有特殊需要学生设置的难度较大的内容。再次，课时安排方面，高三文科课程标准中三分之二的时间分配给分析（基本上都是微积分的内容），剩下的时间分配给概率与统计。高三理科课程标准要求一半时间分配给分析，另一半时间分配给几何和概率与统计，并且都强调教师可根据特定的情况作适当的调整。

中国课程标准中，文科微积分内容总体上来说比理科微积分要求低，如少了根式函数的求导，不介绍定积分与微积分的基本定理。课时安排方面，文科微积分内容要求 16 课时，理科要求 24 课时。

总之，法国数学课程标准针对不同学科的特点，在微积分的内容设置、目标要求、课时安排方面都有很大的区分度；而中国文理科之间的差别没有那么明显。

第三节　中法高中教材微积分内容及高考要求比较研究

我国高中课程中微积分经历了几进几出[1]，一直是争论的焦点，并且国际上对高中微积分内容设置的讨论也如火如荼。因此，有必要研究国外高中数学教材对微积分的处理，来审视我国高中微积分的教与学。

中法两国教材微积分内容整体差别比较大，法国教材微积分要求内容广且深，因此如果比较中法教材中微积分内容的难度水平，没有多大意义。但是法国教材高二对导数部分的处理与中国教材导数的处理有不少共同之处。比如，不系统讲极限就直接引入导数，并且导数计算的要求差别也不大。因此，本节比较法国 HACHETTE 教材的经济与社会专业高二的“导数与导函数”一章和中国人教 A 版选修 2－2[2]“导数及其应用”一章。主要从教材编排、内容呈现、例习题设置方面进行比较研究。

一、中法高中教材内容编排比较

（一）章头页比较

法国教材本章第一页包含有本章标题、共有几个小节及各小节的名称，还包含引入本章内容的小问题。本章标题：导数与导函数，本章四个小节。第一节：0 点处的极限与平均变化率(直观理解函数的极限，课程标准要求不给出正式的定义)；第二节：导数与某点处的切线；第三节：导函数及函数的单调性；第四节：计算导数。

中国教材章头页包含有标题、共有几个小节及各小节的名称，还包含本章所学内容的地位、实际作用，本章内容的主要学习目标等。“导数及其应用”一章，有关

[1] 杨慧娟，孟梦．微积分初步在新中国高中数学课程中的历史变迁[J]．数学教育学报，2016，25(1)：25－27.

[2] 人民教育出版社课程教材研究所中学数学课程教材研究开发中心．普通高中课程标准实验教材·数学 A 版(选修 2－2)[M]．北京：人民教育出版社，2007.

导数的部分共有四个小节，第一节：变化率与导数；第二节：导数的计算；第三节：导数在研究函数中的应用；第四节：生活中的优化问题举例。

总之，两国教材在章头这部分设计差不多，略微不同的是法国教材在前面列出教学标准，中国教材在每一章前面会有本章的主要学习目标。

（二）课前练习题比较

为充分了解学生是否已经准备好学习本章内容，法国教材正文前安排课前练习题，涉及与学习本章内容相关的知识。导数这一章的课前练习主要有如下几类。

1. 求直线的斜率

求图 4－16 中在直角坐标系中所示的 6 条直线的斜率。

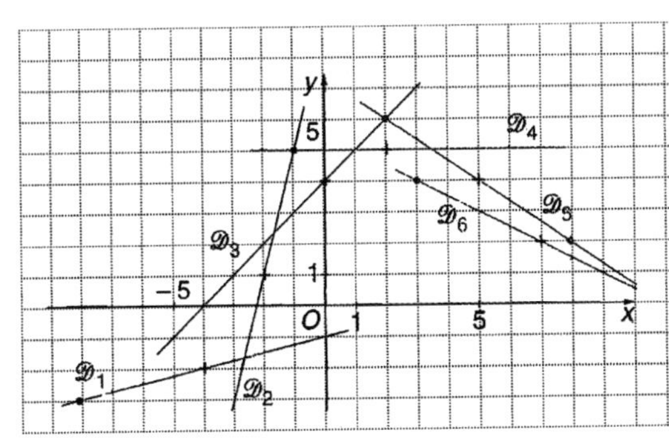

图 4－16　求直线的斜率

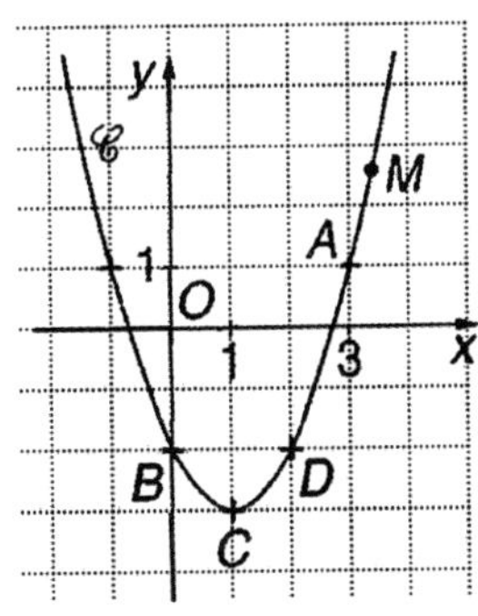

图 4－17　求割线的方程

2. 求割线的方程

定义在 **R** 上的函数 $f(x) = x^2 - 2x - 2$。（1）求图 4－17 中直线 AB、直线 AC、直线 AD 的方程。（2）已知曲线上的点 M，点 M 处 $x = 3 + h$，$h \in [-1, 1]$，确定直线 AM 的斜率 m 的表达式。（3）若 $h = 0.0001$，观察 m 的变化情况，并求直线 AM 的方程。

3. 计算代数式

已知函数 $f(x) = x^2 - 3x + 4$，$h \neq 0$，计算代数式 $f(1 + h)$，$f(1)$ 以及 $\dfrac{f(1 + h) - f(1)}{h}$。

4. 判断函数在定义域上的单调性

判断函数 $f(x) = x^2 - 4 - \dfrac{1}{x}$ 的单调性，其中定义域 $I = (0, +\infty)$。

5. 描绘图形

考虑定义在 $(-\infty, 2) \cup (2, 5)$ 上的函数 $f(x)$，如图 4－18 所示。(1) 用表格描绘该图形的单调性。(2) 计算 $f(4)$，$f(1)$，$f(0)$ 的值。(3) 计算直线 T 的斜率，并写出该直线的方程表达，单调性描述见图 4－19。

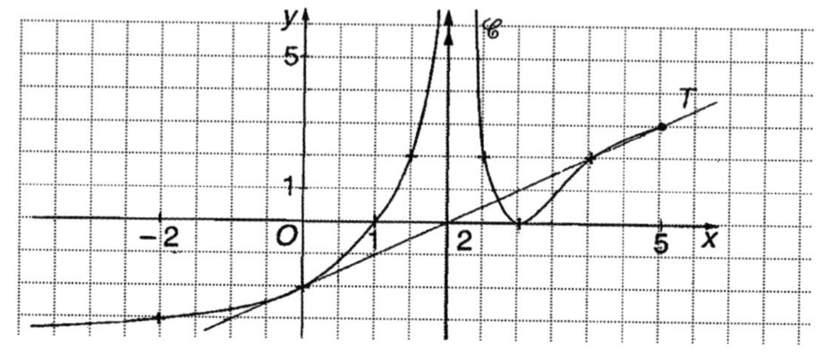

图 4－18　描绘图形

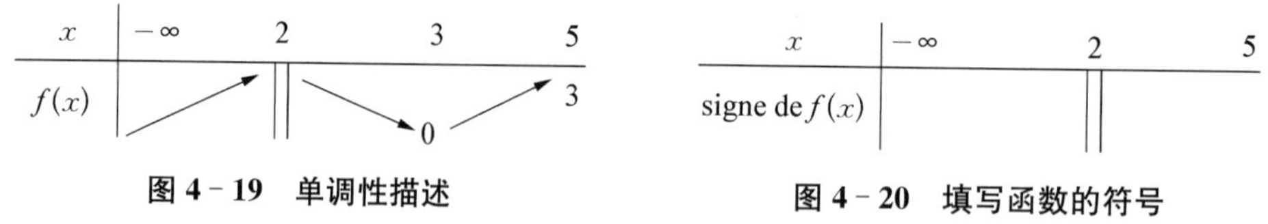

图 4－19　单调性描述

图 4－20　填写函数的符号

6. 函数的符号

完成形式如图 4－20 中的表格，填写 $f(x)$ 的符号是正的还是负的，如 $f(x) = -x^2 + 4$。

中国教材中没有课前预备练习，可以借鉴法国教材的设置。

(三) 准备活动比较

法国教材的准备活动是研究过一点的曲线的割线的斜率，具体内容见图 4－21。题目为：考虑定义在 **R** 上的函数 $f(x) = -x^2 + 4$，该函数在平面直角坐标系中的曲线如图所示，研究曲线上过点 $A(1, 3)$ 的割线的斜率。(1) 计算图中直线 AB、直线 AC 的斜率。(2) 已知曲线上的点 M，点 M 处 $x = 1 + h$，$h \neq 0$，证明割线 AM 的斜率是 $m = \dfrac{f(1+h) - f(1)}{h}$。如果 h 趋于 0，那么 m 是否趋向于一个确定的值?

Activités préparatoires

1. Sécantes à une courbe passant par un point

On considère la fonction f définie sur $\mathbb{R}$ par $f(x) = -x^2 + 4$ et $\mathscr{P}$ sa courbe représentative dans un repère orthonormal $(O ; \vec{i}, \vec{j})$.

On se propose d'étudier le coefficient directeur des sécantes à $\mathscr{P}$ au point $A(1 ; 3)$.

1° Calculer les coefficients directeurs des droites (AC) et (AB) du graphique.

2° On considère le point M de la parabole $\mathscr{P}$ ayant pour abscisse $1 + h$, h est un petit nombre non nul.

a) Montrer que le coefficient directeur de la sécante (AM) est $m = \dfrac{f(1+h) - f(1)}{h}$.

b) Que devient m lorsque **h tend vers 0**, c'est-à-dire lorsqu'il devient pratiquement nul ?

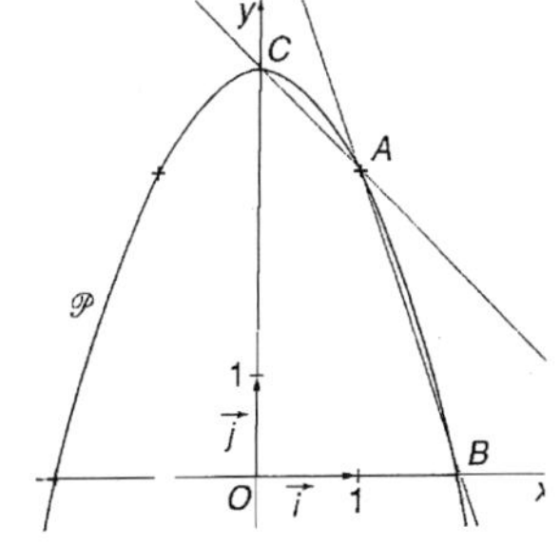

Remarque : une autre approche est vue à l'aide d'un logiciel, page 151.

图 4－21　准备活动

中国教材中有引例，导数定义介绍的引例为气球膨胀率和高台跳水。

(四) 应用举例(例题)比较

举例(1)，利用定义计算导数，见图 4－22。

Calculer un nombre dérivé par la définition

Pour calculer le nombre dérivé de f en a :
- on calcule $f(a+h)$ et $f(a)$;
- on divise $f(a+h) - f(a)$ par h ;
- on **simplifie par h** ;
- on cherche la limite de l'expression quand **h tend vers 0** (en général, on remplace h par 0).

[Voir exercices 26 et 27]

Soit $f(x) = \dfrac{4x}{x-1}$ définie sur $]1 ; +\infty[$. Calculer $f'(3)$.

$f(3+h) = \dfrac{4(3+h)}{(3+h)-1} = \dfrac{12+4h}{2+h}$ et $f(3) = \dfrac{4 \times 3}{3-1} = 6$.

$f(3+h) - f(3) = \dfrac{12+4h}{2+h} - 6 = \dfrac{12+4h-12-6h}{2+h} = \dfrac{-2h}{2+h}$.

D'où $\dfrac{f(3+h)-f(3)}{h} = \dfrac{-2\cancel{h}}{2+h} \times \dfrac{1}{\cancel{h}} = \dfrac{-2}{2+h}$.

$\lim\limits_{h \to 0} \dfrac{-2}{2+h} = \dfrac{-2}{2+0} = -1$. D'où $f'(3) = -1$.

译文：

<table>
<tr><th colspan="2">利用定义计算函数在某点处的导数</th></tr>
<tr><td>方法
计算 f 在 a 点处的导数：
——计算 $f(a+h)$ 和 $f(a)$；
——计算 $\dfrac{f(a+h)-f(a)}{h}$；
——化简上述关于 h 的式子；
——当 h 趋于 0 时，计算除式的极限(一般用 0 代替 h)
[对应练习 26 和 27]</td><td>解题过程
已知函数 $f(x) = \dfrac{4x}{x-1}$，$x \in (1, +\infty)$，求 $f'(3)$。
$f(3+h) = \dfrac{4(3+h)}{(3+h)-1} = \dfrac{12+4h}{2+h}$，$f(3) = \dfrac{4 \times 3}{3-1} = 6$。
$f(3+h) - f(3) = \dfrac{12+4h}{2+h} - 6 = \dfrac{12+4h-12-6h}{2+h} = \dfrac{-2h}{2+h}$，
则 $\dfrac{f(3+h)-f(3)}{h} = \dfrac{-2h}{2+h} \cdot \dfrac{1}{h} = \dfrac{-2}{2+h}$。
$\lim\limits_{h \to 0} \dfrac{-2}{2+h} = \dfrac{-2}{2+0} = -1$，所以 $f'(3) = -1$。</td></tr>
</table>

图 4－22　用定义计算导数

举例(2)，有些应用的例子会增加注意要点，见图 4－23。

Étudier les variations d'une fonction polynôme

Pour étudier les variations d'une fonction polynôme à l'aide de la dérivée :

① on précise l'ensemble de dérivabilité ;

② on calcule la dérivée ;

③ on étudie le signe de la dérivée, souvent dans un tableau de signe sur ℝ ;

④ on applique le théorème fondamental.

⚠ Si on demande d'étudier les variations, on conclut par des phrases.

Penser à dresser le tableau des variations sur l'ensemble de définition donné.

[Voir exercices 51 à 54]

Soit $f(x) = -x^3 - 15x^2 + 6\,000x - 50\,000$ définie sur $[0 ; +\infty[$.

Étudier les variations de f . Préciser son maximum.

① f est une fonction polynôme, dérivable sur son ensemble de définition $[0 ; +\infty[$.

② Dérivée : $f'(x) = -3x^2 - 30x + 6\,000$, du 2e degré.

③ Signe de $-3x^2 - 30x + 6\,000$. $\Delta = b^2 - 4ac = 72\,900$.

Deux solutions $x_1 = 40$ et $x_2 = -50$.

$a = -3$ négatif, la parabole est tournée vers le bas.

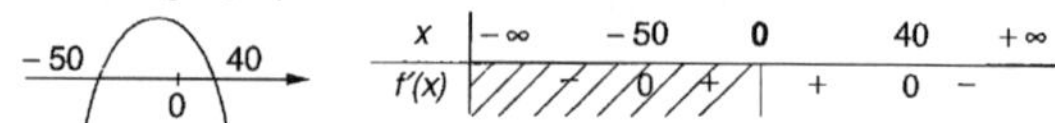

④ Sur $[0 ; 40]$, la dérivée est positive, donc la fonction est croissante ; sur $[40 ; +\infty[$, la dérivée est négative, donc la fonction est décroissante.

Tableau des variations **sur $[0 ; +\infty[$** :

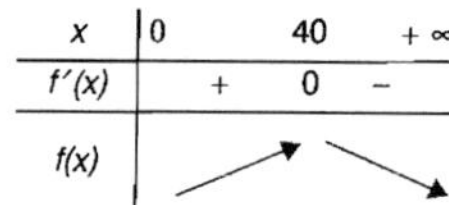

En 40, la dérivée s'annule en changeant de signe (positive, puis négative), donc la fonction admet un maximum :

$f(40) = 102\,000$.

Remarque : si la fonction f représente un bénéfice en €, ce bénéfice est maximal pour une quantité $x = 40$; il vaut 102 000 €.

译文：

研究多项式函数的单调性	
方法 研究多项式函数的单调性： (1) 具体判断函数的可导情况； (2) 计算导数； (3) 在定义域 **R** 上研究导数的符号； (4) 使用基本定理(其中基本定理为导数正函数递增，导数负函数递减，导数为零时函数为常数) 注意：要分区间考查函数的单调性 说明：根据所整理的数据，尝试画出函数图像 [对应练习 51～54]	解题过程 已知函数 $f(x) = -x^3 - 15x^2 + 6\,000x - 50\,000$，定义域为$[0, +\infty)$，研究函数 $f(x)$ 的单调性，并求出其最大值。 (1) $f(x)$是多项式函数，在其定义域$[0, +\infty)$上是可导的。 (2) $f(x)$的一阶导数为 $f'(x) = -3x^2 - 30x + 6\,000$。 (3) 研究 $-3x^2 - 30x + 6\,000$ 的符号，$\Delta = b^2 - 4ac = 72\,900$，两个解 $x_1 = 40$，$x_2 = -50$，又 $a = -3$，所以该抛物线开口向下，结果见下图。 (图：-50　0　40；x: -∞, -50, 0, 40, +∞；f'(x): 0, +, +, 0, -) (4) 区间$[0, 40]$上导数为正，则函数单调递增，区间$[40, +\infty)$上导数为负，则函数单调递减。在$[0, +\infty)$上的整个变化表格见右图。 (图：x: 0, 40, +∞；f'(x): +, 0, -；f(x)) 当 $x = 40$ 时，导数为零，且导数的符号在该点处正发生着变化(先为正，后变为负)，函数在该点处有最大值 $f(40) = 102\,000$。 注释：若函数 $f(x)$表示收益，则当 $x = 40$ 时收益达到最大值，即是 102 000。

图 4－23　研究多项式函数的单调性

中国教材中的例题没有这么详细，没有法国教材例题中的方法这一项。

（五）本章知识要点总结比较

法国教材在章节最后会总结本章所学内容的知识要点。比如，导数与导函数这一章的要点：(1) f 在点 a 处的导数与切线。(2) 导函数：计算导数及其定义；导数的四则运算法则；确定某点处的切线方程；研究函数的单调性；研究函数的极值问题。

中国教材在每一章后面也会有小结。先给出本章的知识结构，即各个知识点之间的脉络关系，然后回顾、思考本章所学过的主要内容。

（六）信息技术比较

如图 4－24，法国教材利用软件研究函数的图像。

C : Construction point par point de la courbe de la dérivée

a) Créer m , coefficient directeur de la sécante (AA') :

Créer / Numérique / Calcul géométrique / Coefficient directeur

et valider l'écran ci-contre.

Coefficient directeur

Nom de la droite: AA'

Nom du coefficient directeur: m

b) Créer le point $M(x\ ;\ m)$ dans le repère du plan.

Pour suivre la trace du point M : Afficher / Sélection Trace ,

et sélectionner le point M . Appuyer de la barre d'outils.

On obtient la figure ci-contre.

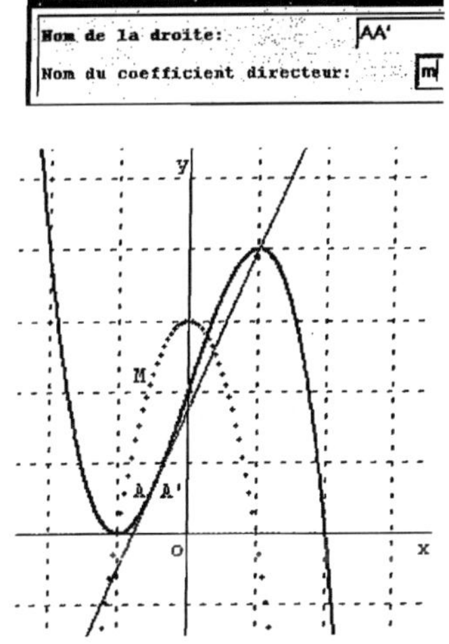

c) Questions

• Quelle semble être la nature de la courbe décrite par le point M ?

• Lorsque la droite (AA') est horizontale, où se situe le point M ?

• Faire le lien entre le sens de variation de la fonction f et le signe du coefficient directeur de la droite (AA') .
Où se situe alors le point M ?

• Modifier la fonction f par et reprendre les questions précédentes.

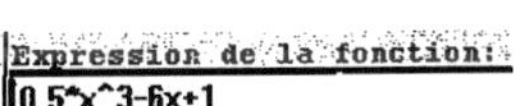

图 4－24　利用软件研究函数的图像

中国教材中也有信息技术的应用，并配有一个练习题。但只是介绍图形计算器和计算机软件提供的函数作图和分析功能，描述对学生学习“导数及其应用”这一章的主要帮助，并没有具体指导如何操作。

（七）习题比较

法国教材每一章的习题都放在一起，按小节及综合练习分开，每个小节的练习再按考查的知识内容分开。“导数与导函数”一章习题共有 102 道，层次比较明显，模仿例题的题目共有 63 道，即 1～63 题。稍难的题目有 22 道，即 64～85 题。综合练习题目有 12 道，即 86～97 题，分别对应函数性质、图像的研究及经济应用方面。信息技术方面的练习有 5 道，98～99 题对应计算器的使用，100～101 题对应软件工具的使用，102 题是利用软件工具进行建模。教材后面列出了大部分习题的答案。说明：法国高三教材中还会深入学习导数与单调性、极值、边际成本、复合函数求导等内容，相对应的还有不少习题，此次研究暂不统计。

中国教材中的习题比较分散，有课后练习、课后习题以及复习参考题。课后习题分为 A 组和 B 组，其中 B 组习题稍难一些。在“导数及其应用”一章中，导数及其应用知识所对应的习题共有 66 道。其中有 1 道是信息技术的使用，即关于三次函数 $f(x)=ax^3+bx^2+cx+d$ 图像的研究，画出它的图像，并改变 a、b、c、d 的值，观察图像的形状。

综合比较，法国教材配套习题比较多，且层次阶梯比较明显，综合练习中有不少题目，需要学生下不少工夫，特别是利用软件工具进行实际建模部分，并且配有大部分习题的答案。中国教材配套习题相对于法国教材较少，有稍难的习题，但再难一个层次的习题少见。因为两国教材的这两章内容偏向不同，中国教材专门多出了一节优化问题的应用，所以实际应用题目相对来说多一些。法国教材则比较重视信息技术的使用。

法国教材信息技术举例(1)，见图 4 - 25。

Comment vérifier le calcul d'une dérivée à la calculatrice ?

Exemple : Soit $f(x)=\frac{4}{x}-\frac{1}{x-10}$ sur] 0 ; 10 [.

Vérifier à la main que $f'(x)=\frac{x^2-4(x-10)^2}{x^2(x-10)^2}$.

Entrer $f(x)$ en Y1 et entrer $f'(x)$ en Y2 .

T.I. :

```
Plot1 Plot2 Plot3
\Y1=4/X-1/(X-10)
\Y2■(X²-4(X-10)²
)/(X²*(X-10)²)
\Y3■nDeriv(Y1,X,
X)
\Y4=
```

Casio (*) :

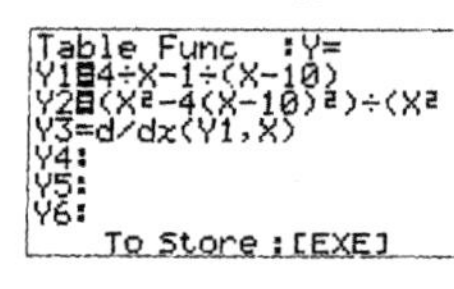

(*) On ne peut pas voir la formule complète pour $f'(x)$.

Vérifier dans le tableau de valeurs que Y2 et Y3 donnent les mêmes valeurs, sauf en 0 et 10 éventuellement.

Applications : Calculer à la main la dérivée de chacune des fonctions, et vérifier le calcul obtenu avec la calculatrice.

a) $f(x)=-3x^5+40x^3+135x-6$ sur ℝ ;

b) $f(x)=-0{,}1x+12-\frac{40}{x+1}$ sur [0 ; 30] ;

c) $f(x)=(x-2)\sqrt{x}$ sur [0 ; +∞ [;

d) $f(x)=\frac{(x+2)(x-1)}{x+3}$ sur] -3 ; +∞ [.

图 4 - 25　验证导数

图 4 - 25 中，题目为用计算器验证导数是否正确。已知函数 $f(x)=\frac{4}{x}-\frac{1}{x-10}$，定义域为(0, 10)，验证导数为 $f'(x)=\frac{x^2-4(x-10)^2}{x^2(x-10)^2}$，并说明在计算器中把 $f(x)$输入 Y1，把 $f'(x)$ 输入 Y2，计算器屏幕会有相应显示。然后在 0 到 10 之间取值，验证 Y2 和 Y3 之间的差。最后给出配套练习，计算图 4 - 25 中 4 个小

题的导数并用计算器验证。

法国教材信息技术举例(2)，见图 4 - 26。

Comment calculer une dérivée à la calculatrice formelle ?

Exemple : On reprend la fonction f de l'exercice 98.

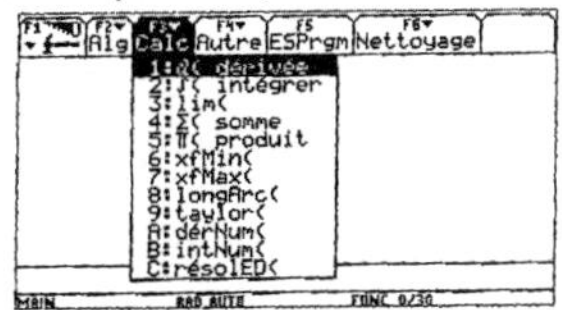

Dans l'écran de Calcul sur **Voyage 200** :
choisir (F3) **1:d(dérivée** (ENTER) et taper l'expression $f(x)$, puis indiquer la variable (x) .

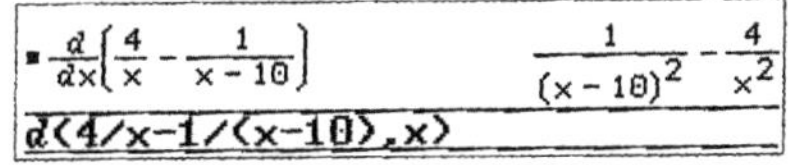

On peut donner la forme factorisée :

(CLEAR) sur la ligne de calcul, puis (F2) **2:factor(** (ENTER) ; se déplacer avec le curseur sur la dérivée calculée et (ENTER) ( )) (ENTER) .

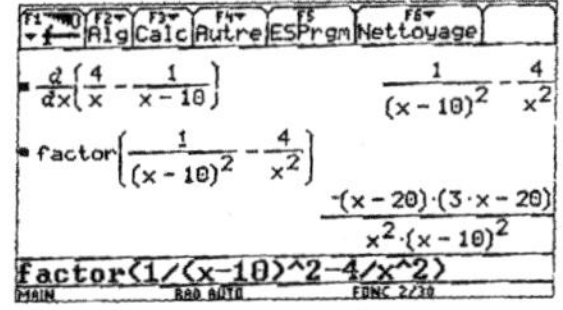

Applications : Reprendre les fonctions de l'exercice 98, calculer leurs dérivées et en donner une forme factorisée.

图 4 - 26　计算导数

图 4 - 26 中的题目为计算导数，得到最后化简的形式，并给出了具体的操作过程。

法国教材信息技术举例(3)：应用性较强的探究性题目(利用软件)，见图 4 - 27。

Toboggan : le bon raccordement

Un toboggan gonflable doit être construit au bord d'un plan d'eau.
Par mesure de sécurité, ni creux ni aucune bosse ne doivent perturber la glissade des enfants qui l'utilisent.

La figure ci-contre représente une vue en coupe de ce toboggan.

La hauteur est de 5 m, la longueur de 7 m.

La courbe représentant le toboggan admet une tangente horizontale au sommet ainsi qu'à l'arrivée sur le sol.

On modélise le toboggan à l'aide de deux arcs de paraboles :

sur $[0;2]$,　$f(x) = -0{,}25x^2 + 5$,

sur $[5;7]$,　$g(x) = 0{,}25(x-7)^2$,

et un segment de droite $[AB]$ qui raccorde les deux arcs de parabole.

Le but est de déterminer l'équation de la droite (AB) qui assurera le meilleur raccordement.

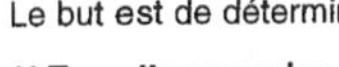

1° Travail sur papier

a) Construire les arcs de paraboles représentant les fonctions f et g .

Les fonctions f et g satisfont-elles aux conditions imposées par l'énoncé ?

b) Déterminer l'équation réduite de la droite passant par le point $A(2;4)$ et de coefficient directeur a .

c) Déterminer l'équation réduite de la tangente à la courbe $\mathscr{C}_f$ de la fonction f en A .

2° Recherche sur GEOPLAN du meilleur raccordement au point A

Créer les objets ci-contre sous Geoplan.

À l'aide des flèches du clavier, modifier le coefficient directeur de la droite $\mathscr{D}$.

Pour quelle valeur de a le raccordement en A semble-t-il convenable ?

3° Raccordement avec le second arc

Utiliser les flèches du clavier pour modifier le coefficient directeur de la droite afin d'obtenir un parfait raccordement de la droite avec les deux courbes.

Quelle est alors la valeur du coefficient directeur a ?

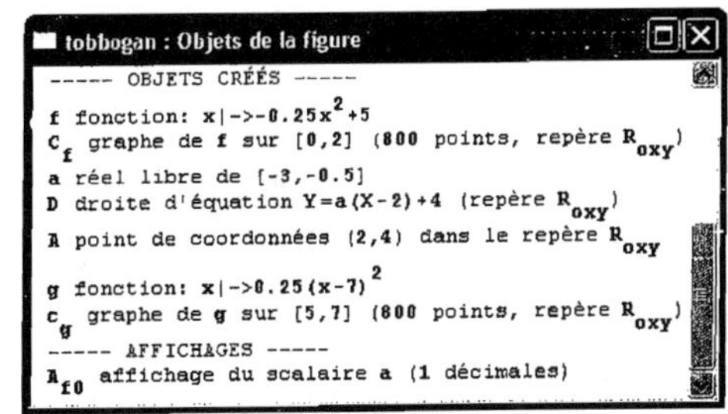
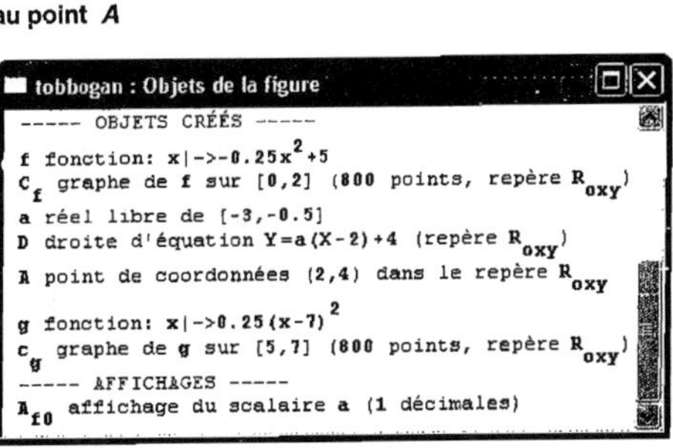

图 4 - 27　滑梯：光滑的连接

图 4－27 中，题目为法国教材的第 102 题，此题探究性较强，标题为“滑梯：光滑的连接”。

建立在水平面上的滑梯，为安全考虑，设计时要没有裂缝或不光滑的尖点。图 4－27 中的曲线代表滑梯的形状，高 5 m，长 7 m，它是由两个抛物线及一条直线拼成的，两个曲线方程分别为：$f(x)=-0.25x^2+5$，定义域为$[0,2]$，$g(x)=0.25(x-7)^2$，定义域为$[5,7]$。线段 AB 连接两曲线，目的是确定连接的充分光滑。(1) 在纸上：① 建构函数 f、g 的图像，求图中 A、B 两点的坐标；② 求过点 $A(2,4)$且斜率为 a 的直线的方程；③ 确定过点 A 的函数 f 曲线的切线方程。(2) 用软件：逐步修正直线的斜率 a 的大小，探究斜率为多少时，过点 A 的直线连接第一个曲线最合适。(3) 连接第二个曲线：继续改变斜率 a，观察哪个斜率最合适。

（八）内容处理

中法两国教材介绍导数的出发点不一样。法国教材直接从平均变化率出发，研究过某一点的割线的斜率，逐渐变化为过该点的切线，从而引入导数。中国教材先引入两个实际应用例子，即气球膨胀率问题与高台跳水问题，来介绍平均变化率，然后通过数值变化，观察平均变化率如何转变为瞬时变化率，接着把某一点处的瞬时变化率定义为函数在某一点处的导数。

二、中法高考对微积分的要求

我国高考理科卷的考题大多是导数的应用，如单调性、求极值、求函数的最大值和最小值等，导数的工具作用得到充分的发挥，分值为 12～17 分左右。积分的内容比较少，如在填空或选择中利用牛顿-莱布尼茨公式计算定积分等，分值在 5 分左右。一般情况下，微积分内容不超过 20 分，而中国高考数学卷总分为 150 分，即一般而言，微积分内容所占比例小于 13%。

法国理科会考（高考）试卷总分为 20 分，2006 年的微积分内容是 5 分，占 25%，法国会考的微积分内容基本稳定在这个比例。

2006 年，法国理科会考微积分题目〔1〕：

1. 已知函数 $f(x)=x^2e^{1-x}$，定义域 $\mathbf{R}$。在平面直角坐标系$(O;\ i,\ j)$中(取坐

〔1〕 戴桂生. 2006 年法国中学毕业会考数学试卷(理科)[J]. 中学数学月刊, 2007(7): 43－44.

标轴的单位长度为 2 cm)，Γ 为 $f(x)$的图像。(1) 求 x 分别趋于 $+\infty$ 与 $-\infty$ 时，$f(x)$的极限。据此，可以得到图像 Γ 的什么性质？(2) 说明 $f(x)$在 $\mathbf{R}$ 上可导，并求 $f(x)$的导数。(3) 列表表示 $f(x)$的单调性，画出 $f(x)$的图像 Γ。

2. 设 n 是正整数。考虑积分 $I_n=\int_0^1 x^n e^{1-x}dx$。(1) 建立 I_{n+1} 与 I_n 之间的关系。(2) 计算 I_1，再计算 I_2。(3) 在第 1 题的图像 Γ 中，I_2 的几何意义是什么？

3. (1) 证明：对$[0, 1]$中任意的 x 和任意正整数 n，都有 $x^n \leqslant x^n e^{1-x} \leqslant x^n e$。(2) 由此可以得到 I_n 大于什么数，而小于什么数？求当 n 趋于 $+\infty$ 时，I_n 的极限。

由此可见，法国会考中的微积分内容比较全面，包括极限、导数、积分以及积分数列等，且综合性比较强，难度较大，微积分内容(包括极限、微分和积分)占四分之一的比例；而中国高考中的微积分内容主要集中在导数的应用上，分值的比例一般少于 13%。

三、对我国高中微积分的思考与建议

通过中法高中教材微积分课程对比，对我国高中微积分课程设置和教学提出一些思考和建议，具体如下。

(一) 教材方面

1. 关于教材编排

我国高中学生对微积分的理解不理想，他们感觉知识跨度比较大，不便于理解。经过中法微积分课程比较分析，建议在教材的设置方面进行如下尝试。

(1) 课前设置预备练习

可以尝试借鉴法国教材经验，在学习新内容之前，巩固、练习与新内容相关的旧知识。特别是微积分知识，相对来说牵涉的内容较多，如果前面的铺垫没有打牢固，会在很大程度上影响学生对新学内容的理解和掌握。例如，导数这一部分的章头练习，可以涉及计算直线的斜率；计算割线的方程；计算函数值以及形如 $\dfrac{f(a+h)-f(a)}{h}$ 的代数式，其中 a 是一个固定点值，$h\neq 0$；判断函数的单调性；描绘图形；判断函数的符号等。

(2) 例题设置详细、具体

法国教材中的例题一般分成两栏，左边一栏标注所用到的知识、方法和步骤，右边一栏是具体的解题过程，并且有的例题会有注释。这也是值得借鉴的地方，利于学生自学，特别是对新知识的把握有很大的益处。

(3) 加强习题层次化

法国教材中专门设有对应例题的习题，并且明确标记出来，再设综合练习，还有自主探究类的题目，供学有余力的学生练习。我国教材习题分为课堂练习、课后习题以及复习参考题，虽然有一定的层次，但是并没有那么分明，并且自主探究类的题目很难见到。因此，可以考虑进一步加强习题的层次化。

2. 关于教材内容，注重学科交叉与实际应用

针对学生缺乏微积分的应用意识。张荣等建议，特别要增加微积分的相关知识背景来源，多设置不太复杂的实际应用例子、习题，打破物理、几何的传统应用，注重广博性和时代性，如美国教材中的例子广泛，大多数数据来源于生活，真实感强，还有不少数据来源于当代科技的最新成果，学生感受到身边就有许多数学问题〔1〕。最终让学生在理解概念的基础上，加强解决实际问题的能力。

（二）教师教学方面

1. 注重把握学情

读懂学生是教学的起点。即使教师有了一桶水，要给学生一杯水，也要先找到杯口。而读懂学生的现实起点是展开新课非常重要的一步，特别是微积分这一比较难的内容，不仅需要学生有一定的抽象能力，而且要具有很多知识储备。即使现有教材没有设置课前练习，教师在一线教学时，要关注学生对相关知识点的把握程度，如计算直线的斜率，计算割线的方程，计算函数值，判断函数的单调性，描绘图形，判断函数的符号等。如果学生掌握不牢固，那么需要教师补充，加强学生的练习，为新课的展开打下坚实的基础。还要注意对学生学习的基本习惯以及潜在能力进行分析。

2. 注重对微积分的多元表征

数学知识往往有多种表征方式，如实物、模型、图像或图画的形象表征，利用口语或书写符号进行的符号标志。不同的表征将导致不同的思维方式，多元表征可以促进学生多角度理解微积分。当前美国微积分，强调用多种方法来理解，如用图示、数值、公式及文字描述四种方法来描述概念、结论和问题，

〔1〕 张荣，过榴晓，徐振源.从对比中更好地把握微积分的教学改革[J].高等数学研究，2011，14(1)：110－113.

值得借鉴[1]。法国教材在信息技术方面要求比较详细、具体，且出现的频率较高。

很多学生觉得高中微积分遥不可及，可能因为目前高中微积分仍以公式和推理为主，并且高度抽象。首先，可尝试借用信息技术直观呈现微积分。例如，用信息技术模拟由平均变化率到瞬时变化率的变化过程，形象理解导数。其次，可借鉴国内外知名数学专家对微积分教学的改革建议。比如，林群院士的降低门槛的微积分；张景中院士以不等式来引入微积分的思想，帮助学生形成对微积分的深入理解。

（三）学生学习方面，尝试研究性学习

研究性学习是当今许多国家在基础教育阶段广泛提倡的一种学习方式，这种方式就是让学生积极参加实践活动，在实践活动中学会学习并获得各种能力。法国在 1998 年 4 月的里昂“全国高中改革会议”上第一次正式宣布在全国高中实验“有指导的学生个人实践活动”（Travaux Personnels Encadres，简称 TPE）。法国教育部会制定一些主题供各学校师生选择，规定每两年调换其中的三分之一。例如，2000～2001 学年涉及微积分的主题有人口、增长率等[2]。另外，法国高中数学教材中有专门模块涉及跨学科知识、建立实际模型的内容。

我国近几年在中小学大力推行综合实践活动。比如，河南省中小学教师评职称要求必须参与项目或主持一项综合实践活动，这在一定程度上推动了综合实践活动的实施。这些活动一般偏重于易操作的、容易实施的一些参与性、体验性活动，对跨学科的研究性学习展开得不多。微积分应用非常广泛，且与物理、化学等学科关系紧密，如果能鼓励学生跨学科研究微积分的相关内容，并配备教师进行指导，也许会有不一样的效果。

（四）考核方面

加强考纲与课程标准的一致性。文献[3]调查显示，高中微积分的学习情况很不理想，死记硬背现象严重，这与课程标准的指导思想有悖。反观我国高考对导

---

〔1〕 柴俊.我国微积分教学改革方向的思考——兼论美国 AP 微积分计划给我们的启示[J].大学数学，2006，22(3)：17－20.

〔2〕 邢克超.法国高中“有指导的个人研究活动”[J].比较教育研究，2002(7)：43－46.

〔3〕 张玉环.高中微积分教与学现状的调查研究[J].课程·教材·教法，2012，32(8)：83－89.

数的考查基本是放在函数的应用上，把微积分作为一个计算的工具，题型为填空或选择，这可能导致某些学生为考高分，强制记忆公式。因此，要加强考纲与课程标准的一致性。

尝试微积分考核形式多样化。例如，学生以文字的形式描述微积分的概念、思想，讨论其在生产实践及生活中的应用，并分小组进行数学建模等[1]。

第四节　微积分教学改革的思考与建议

一、国际上微积分的教学改革

克莱因在20世纪初提出数学教育应“不过分强调形式的训练，应当强调实用方面，以便充分发展学生对自然界和人类社会诸多现象能够进行数学观察的能力”。布朗·福德(Brown Mumford)也说“讲授微积分，是为了希望学生中的一部分能追随我们对严谨性的热爱，也是为了使大多数学生将来在他们的专业中有应用微积分的能力”[2]。于是，有不少数学家开始致力于避开极限讲解微分和积分，让微积分的入门教学变得容易。比较有代表性的是林群[3-4]、张景中[5]、迈克尔·润吉(Michael Range)[6]、迈克尔·列夫谢茨(Michael Livshits)[7]、项武义[8]、赫尔曼·凯驰(Hermann Karcher)[9]等。特别是在国内，林群于2002年提出的“一致性不等式”思想，掀开了国内避开极限讲解微积分的新篇章。张景中说林群院士在报告中明确提出了作为函数导数初等定义的“一致性不等式”，为微

---

[1] 张玉环，Leger A. 中法高中数学课标微积分内容比较研究[J]. 数学教育学报，2014，23(2)：19－25.

[2] David M. 改革微积分——为了数百万人[J]. 数学译林，1997，16(4)：347.

[3] 林群. 写给高中生的微积分——从曲线求高谈起[M]. 北京：人民教育出版社，2010.

[4] 林群. 微积分快餐(第二版)[M]. 北京：科学出版社，2011.

[5] 张景中. 不用极限的微积分[M]. 北京：中国少年儿童出版社，2012.

[6] Range M. Where Are Limits Needed in Calculus? [J]. The American Mathematical Monthly，2011，118(5)：404－417.

[7] Livshits M. Simplifying Calculus by Using Uniform Estimate [EB/OL]. (2004)[2013－02－01]. http://www.mathfoolery.org.

[8] 项武义. 基础分析学之一——单元微积分学[M]. 北京：人民教育出版社，2004.

[9] Karcher H. Analysis mit gleichmäßigen Fehlerschranken [EB/OL]. (2002)[2012－12－16]. http://www.math.uni-bonn.de/people.karcher.

积分的初等化指出了一条新路。下面简要介绍张景中、项武义、迈克尔·润吉、林群对微积分改革的主要思路。

(一) 不等式引入

张景中用不等式讲解微积分,巧妙地避开了极限[1]。

(二) 算子引入

项武义先引入形式算子 D,再解释 D 是多项式的微分,实质内涵是 $f(x)$在 a 处的变率,即 $Df(a)$,在微积分术语中,$Df(x)$称为 $f(x)$的导函数,它记录着 $f(x)$在各点的变率,由 $f(x)$求其导函数 $Df(x)$的运算叫做微分[2]。

而算子 D 的定义如下:设 $f(x)$是任意给定的多项式 $f(x)=a_0+a_1x+\cdots+a_nx^n=\sum_{i=0}^{n}a_ix^i$,定义算子 D 为把$f(x)$变成下述多项式 $Df(x)$的形式运算(此时单纯在符号上运算,实质意义有待确定),

$$Df(x)=a_1+2a_2x+\cdots+na_nx^{n-1}=\sum_{i=1}^{n}ia_ix^{i-1},$$

D^k 为上述形式运算 D 重复 k 次。

(三) 代数式引入

美国的迈克尔·润吉利用了 17 世纪笛卡尔和斯霍臻(Schooten)的用点斜式方程求解经典曲线的切线时所用的方法来介绍微积分。该方法只用了简单的代数运算技巧来求函数的导数和积分,避开无穷大、无限小等其他模糊的概念,不需要极限,并能与现代的微积分概念联系起来。

迈克尔·润吉对导数的定义:多项式函数 $p(x)$在点$(a, p(a))$的切线(唯一)是过点$(a, p(a))$并与图像至少有 2 个交点的直线。该切线记为 $q(a)$,其中 q 满足多项式因式 $p(x)-p(a)=q(x)(x-a)$。该切线的斜率称为 $p(x)$的导数,并记为 $p'(a)$ 或 $Dp(a)$。注意,该方法适用于所有有理函数 $R(x)$,并且因式也是有理函数 $q(x)$,用因式分解引理证明链式法则。他的基本理念是既然不能有小除数,那么就应该避开小除数,比如用因式分解、乘式来表示。

---

〔1〕 张景中.不用极限的微积分[M].北京:中国少年儿童出版社,2012.

〔2〕 项武义.基础分析学之一——单元微积分学[M].北京:人民教育出版社,2004.

（四）等式的微积分

林群认为“微积分的真相被代数方法（即符号、方程、运算）所掩盖”。他的书[1]中指出：“先聚焦一个简单的事例，使得只用一张示意图与一个循环小数，无需代数，便能凸显真相；然后将简单事例用代数方法进行化妆，再扩充到一般事物。所以简单事例是酵母，发酵则靠代数工具。”“传统微积分课本，积分求面积，微分求切线，前者一团，后者一条，它们是不同的测量单位。它们的统一不容易（需要众多准备知识与人工技巧），积分作为全高，微分改写成小高，两者都是一条（长或短），相同的测量单位，自动统一。”

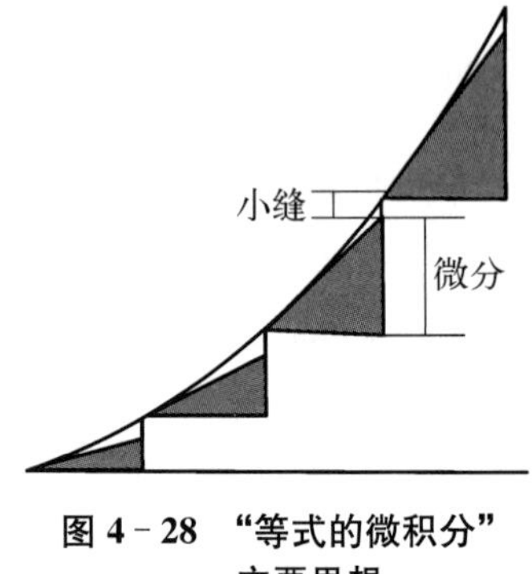

图 4－28 “等式的微积分”主要思想

下面简要说明他的“等式的微积分”的主要思想，如图 4－28，有

$$小高 = 微分 + 小缝,$$

而

$$全高 = 微分的和 + 小缝的和, \quad ①$$

$$微分的和 = 全高 - 小缝的和, \quad ②$$

那么，能不能计算小缝以及它们的和呢？如图 4－29，当研究的曲线是在区间[0，1]的抛物线，全高等于 1，若底取为 0.1、0.01、0.001、…，则小缝的和（等于底）也就相继取为 0.1、0.01、0.001、…。因为全高等于 1，所以②式的右边变成 $0.\dot{9}$，左边是无限和，按传统的记号记为积分，即

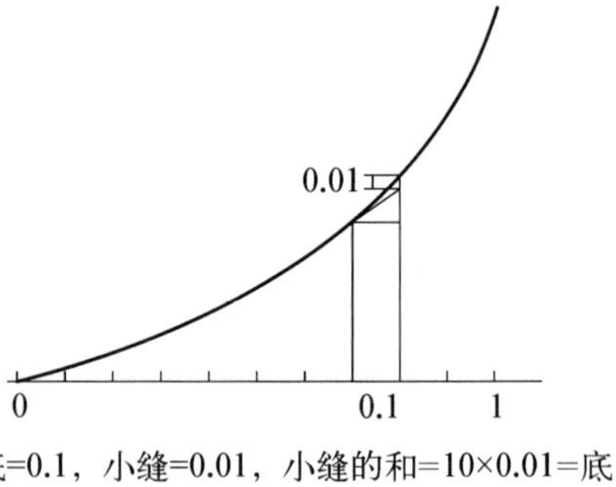

$$积分 = 0.\dot{9}。$$

底=0.1，小缝=0.01，小缝的和=10×0.01=底

图 4－29 求高

如果承认 $0.\dot{9}=1$，我们便说

$$积分 = 全高。$$

小缝的和消失了，曲直合一，称为微积分的基本公式。

〔1〕 林群.微积分快餐（第二版）[M].北京：科学出版社，2011.

“等式的微积分”虽然从求高出发，但与从求面积出发的传统微积分不谋而合，见图 4－30。传统的微积分，其实是“等式的微积分”的一个推广，见表 4－4。

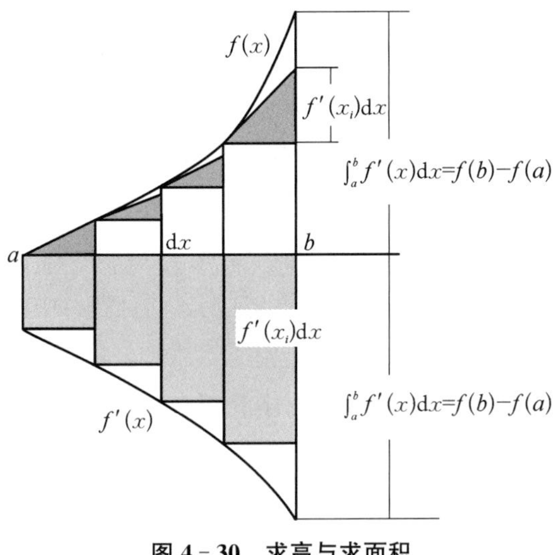

图 4－30　求高与求面积

表 4－4　“等式的微积分”的推广

$f(x)$	$f'(x)$	$\int_a^b f'(x)\mathrm{d}x$
x^2	$\dfrac{(x+h)^2-x^2}{h}-2x=h$	$b^2-a^2-\sum_{i=0}^{m-1} nx_i^{n-1}h=Ch$
多项式	$\dfrac{(x+h)^n-x^n}{h}-nx^{n-1}=C(x)h$	$b^n-a^n-\sum_{i=0}^{m-1}2x_i h=Ch$
显式初等函数	$\left\lvert\dfrac{f(x+h)-f(x)}{h}-f'(x)\right\rvert\leqslant C\lvert h\rvert$	$\left\lvert f(b)-f(a)-\sum_{i=0}^{m-1}f'(x_i)h\right\rvert\leqslant Ch$
一般函数	$\left\lvert\dfrac{f(x+h)-f(x)}{h}-f'(x)\right\rvert\ll 1$	$\left\lvert f(b)-f(a)-\sum_{i=0}^{m-1}f'(x_i)h\right\rvert\ll 1$

其中$\ll 1$是 $\varepsilon-\delta$ 语言。

日本的畑村洋太郎（Yotaro Hatamura）在他的书中，对传统微积分书中定义原函数的一段话作出评论，“忽然提出‘原函数 $F(x)$’，一下子打断了现在的思路（求 $f(x)$的导数 $f'(x)$），变成求另一个问题（求 $f(x)$的祖先，这个未知函数）了。而且被突如其来的话打断，学生不能理解为什么要这样，所以读不懂定义原函数的这段话，跟不上突然的思路转变”[1]。因此，传统微积分从积分出发讲原函数，不仅

〔1〕 畑村洋太郎. 图解数学学习法：让抽象的数学直观起来[M]. 刘玮，译. 海口：南海出版公司，2008.

让学生在思路上很难转变，而且微积分基本定理的应用也让学生无从下手。因为只有知道了原函数，才能利用基本公式，但一般很难求原函数，或者原函数不存在。“等式的微积分”的思路：已知一个函数，求该函数的导数，然后利用基本公式由导数计算积分，貌似适用范围更窄了，其实两者的适用范围一样。而且让微积分基本定理走下了神坛，变得更容易理解和应用。

相比于传统方式，用等式讲解多项式微积分，难度有所降低。中国台湾的教材借鉴日本教材，也从多项式函数的微积分讲起，但与“等式的微积分”相比，中国台湾教材中多项式微积分则比较复杂。先从数列极限讲起，然后用阿基米德(Archimedes)方法直接计算积分，并没有给出微积分基本定理的证明。而且教材中的每个积分都需要大费周折地计算，不仅计算量大，学生还需要记住数列求和公式，掌握起来比较困难〔1〕。

图 4－31 是人教 A 版选修 2－2 教材中介绍微积分基本定理的图形，其基本思想与“等式的微积分”是一致的。

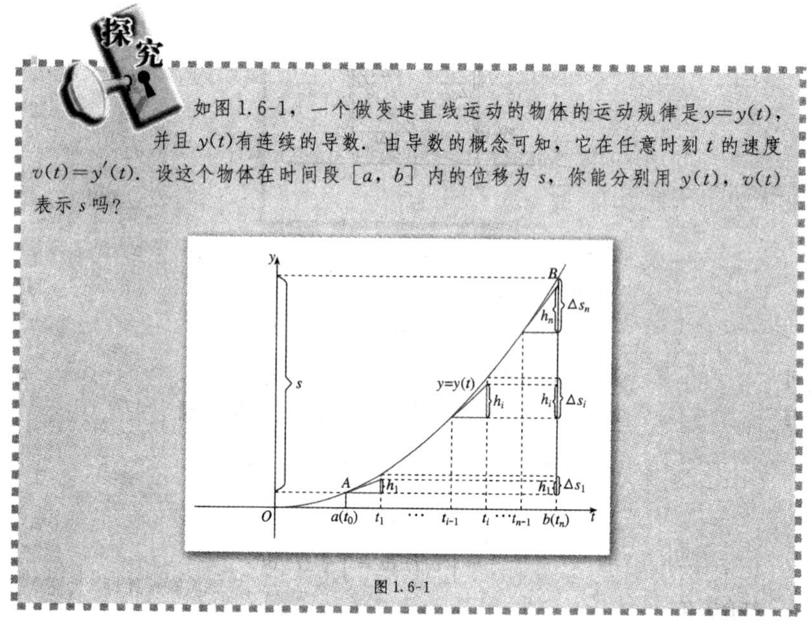

图 4－31　人教 A 版教材中介绍微积分基本定理的图形

迈克尔·润吉指出“世界各地都在进行微积分课程改革，但并没有真正改变微积分课程，基本上都是让书中多些图片、表格以及数值例子，变得越来越不严格而已”〔2〕。

---

〔1〕 张玉环.解读“微积分算术”[J].数学的实践与认识，2012，42(11)：246－254.

〔2〕 Range M. Calculus：Have We Been Teaching it Wrong[R].Beijing，2011.

张奠宙在张景中的书中也指出："……《普通高中数学课程标准(实验)》采用的叙述办法，则是最不严密的那种第一代微积分，主要凭直觉进行计算。这种'难得糊涂'的办法，可以说是不得已而为之。"而匡继昌指出："丢掉了数学证明，就等于丢掉了数学的核心，所造成的后果是教学质量的下滑。"[1]

因此，"等式的微积分"可以避开传统的极限讲解微积分；能够和高中数学课程标准较好吻合，是中学教材的一个可取选择[2]。在"等式的微积分"的基础上适当地增或减一些内容，对数学基础比较薄弱的高职高专或文科学生而言也是一个不错的尝试[3]。

二、对我国高中微积分的思考与建议

通过中法高中微积分课程的对比，对我国高中微积分课程设置和教学提出一些思考和建议，具体如下。

(一) 课程标准方面

1. 注意各知识点之间的衔接性、逻辑推理性

微积分内容设置方面，要注意各知识点之间的衔接性、逻辑推理性。无论是中国的高中生还是法国的高中生，在学习微积分时，死记硬背均占了很大的比重。在法国马赛大学任教很多年的伊莲·普拉特(Elaine Pratt)教授曾说："在学习了有很少证明的高中数学教材后，很多大学生甚至不知道什么是证明。"她强调数学课程要特别注意知识点之间的衔接，跨度不能太大。例如，学生学习"点和直线关系"时，碰到"点属于直线或不属于直线"的说法，如果他们不明白什么是"属于"，教学该如何进行下去呢？学生只能生搬硬套，死记硬背了。因此，如何让学生在高中从常量的、有限的、直观的数学顺利过渡到变化的、无限的、抽象的微积分，并且学过高中微积分后，又如何能无缝衔接到大学微积分？这值得每一个课程改革者和教

---

〔1〕 匡继昌．数学课程改革的实践与认识[J]．数学通报，2004(7)：3－6．

〔2〕 Zhang Yuhuan. Calculus of Elementary Functions — A Prefer Option for Textbooks of high school[C]//2011 International Conference on Computer Application and Education Technology, December 3－4, 2011, Beijing. HongKong: Science Technology Press, c2011: 29－31.

〔3〕 李红玲．现有大学文科数学教材中存在不足的思考[J]．数学教育学报，2012，21(1)：92－94．

学工作者深思。其中一个基本原则是注重缩小知识跨度，让学生能够吃透，而不是死记硬背应付考试。

要注意一些概念、命题的处理方式。例如，新加坡、俄罗斯和中国都要求会使用正弦函数、余弦函数、指数函数、对数函数的导数公式，并不要求会计算、证明，这样的做法也许会滋生学生“死记硬背”的潜意识。微积分内容的选择不能只讲究大、全，而应当要符合学生认知的要求，因此，该部分知识的处理有待于进一步探讨。可以借鉴中国台湾的方法，讲解多项式的微积分，该部分知识要求的基本知识不多，而且难度也不大。张奠宙也认为：“一般中学生学习微积分的目的在于体验和欣赏一种变量数学的文化，重点放在常量与变量，曲与直，平均速度与瞬时速度，整体与局部等数学思想方法上，展现牛顿那个时代的数学创新风貌，学生获得的是微积分所带来的一种心灵震撼，体会到初等数学到高等数学的一种思想观念上的升华。这里不追求完整的系统阐述，只用常识来理解极限求导、求积分的论证可以只限于多项式函数……教学时数不会太多，20～30 学时也许就够了……”〔1〕

2. 同时兼顾大众教育和精英教育

国内自义务教育阶段开始，普及化教育和大众化教育被提上日程，似乎把精英教育放到了某个角落。如何能顺应时代潮流，在普及化教育的同时，又能兼顾到精英教育，值得深思和关注。

而对微积分的学习，学生死记硬背现象严重，一方面微积分本来就比较难，突然从常量问题变化到变量问题，知识结构跨度比较大，符号比较抽象，学生在有限的时间内很难把握；另一方面，课程标准虽然逾越极限形式，但仍要用到极限概念讲解微积分，似乎有些矛盾，不仅让教师迷惑，也让学生更畏惧这个陌生的符号。因而，微积分课程设置要体现时代性、基础性、选择性、多样性的基本理念，兼顾不同层次学生对微积分的求知需求，针对喜欢钻研数学且学习进度比较快的学生，专门设置一些难度较深的知识点和开放性题目。

（二）教材方面

1. 注重学科交叉与实际应用

针对学生缺乏微积分的应用意识，微积分教学过程中，一方面要注重学科之间的联系，另一方面要注重理论与实际的联系。法国国家教学课程标准委员会在“教

---

〔1〕 张奠宙，赵小平．也谈中学里为什么要学微积分？［J］．数学教学，2012(7)：50.

学课程标准框架信”中指出，现在进入高中的学生越来越多，学科技术小组应该充分考虑到从教育质量和数量两个方面选定数学教学的内容，要寻找可以让学生进行深入数学思考并可以为所有人带来丰富知识的领域，尤其是要向当代世界开放而使数学课的界限不再封闭，要和其他学科建立联系。

中国教材中，注意数学与其他学科及现实世界的联系，特别是导数与现实世界中存在的变化率的联系，通过速度的变化率，体积的膨胀率以及效率、密度等大量丰富的现实背景引入导数的概念。在实际教学中，由于高考指挥棒的影响以及时间的限制，这些联系并没有完全走进高中微积分的课堂。

2. 多方面呈现微积分

针对学生学习微积分缺乏积极性的问题，教材中应尝试多方面呈现微积分。布鲁姆等人认为，理解是指学生能把信息从一种形式转化为另一种不同的形式，或能够认识用不同形式表示同一种信息。实现知识的多重表示及联系可以帮助学生理解知识并形成良好的认识〔1〕。目前高中微积分仍以公式和推理为主，这对于认知方面还不成熟的高中生而言，比较难以理解和掌握，要尝试借助直观图形和数值例子，让抽象的微积分走进学生的心田。可以借鉴美国微积分改革中的四原则，强调用多种方法理解微积分，如用图示、数值、公式及文字描述四种方法描述概念、结论和问题〔2〕。

特别地，要进一步加强国内微积分教学与信息技术的整合。随着计算机信息技术的迅猛发展，信息技术与数学教学、数学学习的整合势在必行，且有诸多益处。对学生而言，一方面，可以进行实验、探索的数学发现活动，从多个侧面研究同一个概念或性质，将数字和图形有机地结合在一起，促进理解和掌握；另一方面，计算器或软件可以机械地计算比较复杂的问题，从而可以专注于逻辑推理等其他方面的学习。对教师而言，合理地使用信息技术能提高他们的教学水平。

法国在信息技术方面要求比较详细、具体，我国在这方面有所欠缺。特别地，我国高中微积分并不包含极限概念，为了让学生更容易理解相关概念，可以借助信息技术。例如，通过实例分析经历由平均变化率过渡到瞬时变化率的过程来学习导数。如果学生能利用软件计算，并结合图形直观地感受到随着时间段的缩小，平均变化率逐渐趋向于一个固定的值，那么对导数的理解就会更上一个台阶。教学与信息整合的原则是利于对数学本质的认识，而我国信息技术和微积分课程内容

〔1〕 袁立新. 计算机在微积分教学中的作用例谈[J]. 四川教育学院学报，2007，23(9)：108－110.

〔2〕 柴俊. 我国微积分教学改革方向的思考——兼论美国AP微积分计划给我们的启示[J]. 大学数学，2006，22(3)：17－20.

的整合还有比较大的开发空间。建议学校配备齐全的信息技术设备，课程标准要列出具体可行的实施细则，教育部门加大教师在信息技术方面的培训等。

（三）教师方面

教师在中学教育中承担着非常重要的角色，因此，教师在教与学的环节中非常关键。首先，教师需要拥有完善的知识结构和新的教学理念；其次，教学过程中要让学生了解微积分的重要性和趣味性，让学生有学习的动力和源泉。

1. 加强师资培训和教师间的交流与合作

调查显示，教师习惯于已经成熟的微积分课程设计的实施，存在着固守自己教学模式的心理倾向，没有认识到课程的深层次价值。教师先前所学与所教的导数概念是追求严格形式化的，导数应用也局限于考查函数的性质，对边际成本等应用问题在涉及微积分的思想本质时显得“力不从心”。因此，需要通过加强师资培训和教师之间的交流，转变教师的新课程观念，完善专业知识结构，这样才能让教师在微积分的教学中运筹帷幄，决胜于千里之外。

2. 注重微积分的重要性和趣味性

首先，让学生了解微积分的重要性，感受微积分的丰富内涵和强大功能，体会微积分的建立在人类文化发展中的意义和价值，认识微积分对实际生活的深刻影响。要让学生明白，早在18世纪中叶，很多数学家就认识到“自然科学上的任何问题，只要做到从数学上来理解，也就是说，找到它正确的数学描述，就可以借助于解析几何与微积分而获得解决”〔1〕，到了今天，微积分应用更广泛，其重要性更是不言而喻。教师可根据不同的学科，列举一些相关例子，如托尔斯泰（Толстой）的《战争与和平》就用到了微积分知识，还可以列举人口问题、银行存款问题、放射性问题、地震预测问题等。其次，教师可以利用发达的信息技术，让学生切身感受到微积分的趣味性，这样学生学习时才有原动力，而不是被动地接受。最后，加强教师，学生，教材、课程标准制定者，考纲编制小组之间的互相交流，能让学生较为轻松地应对高中微积分，并且有所收获。

（四）学生评价方面

在微积分考核方面，针对死记硬背应付考试的现象，应加强考纲与课程标准的

〔1〕 亚历山大洛夫，等. 数学：它的内容，方法和意义（第一卷）[M]. 孙小礼，赵孟养，裘光明，等译. 北京：科学出版社，2012.

一致性,尝试微积分考核形式多样化。高中微积分的学习情况很不理想,死记硬背现象严重。究其原因,一方面,与微积分高考题的设置有相关性。我国高考对导数的考查基本放在函数的应用上,对定积分的考查基本用牛顿-莱布尼茨公式计算定积分的值,形式是选择题或填空题,即把微积分作为一个计算的工具。这就让一些学生有机可乘,他们认为既然理解微积分比较困难,干脆就直接记住公式、计算的方法,也能在高考中拿分。因此,应慎重设置高考题目,加强考纲与课程标准的一致性。另一方面,我国高中的教学基本上以高考为指挥棒,一锤定音。若某些知识理解不了,学生也只能通过死记硬背来应付考试。想让学生从应试教育中完全走出来,缓解当前的这些问题,让考核的形式多样化是一种解决办法。例如,学生以文字的形式描述微积分的概念、思想,讨论生产实践及生活中的应用,并分小组进行数学建模等。

(五) 学生学习方面

针对国内大多数高中教师反应微积分教学进度比较慢、课时不够用、学生学习效率低等情况,教学这部分内容时,首先尝试刨根问底,明白为什么学、有什么用,了解微积分发明、发展的历史等,慢慢培养兴趣;其次尝试研究性学习、自主学习的新型学习模式。

研究性学习是当今许多国家在基础教育阶段广泛提倡的一种学习方式,这种方式就是让学生积极参加实践活动,在实践活动中学会学习并获得各种能力。TPE 于 2000～2001 学年在法国正式启动。法国普通中学开展的 TPE 学习模式就是有指导的研究性学习,这种教学模式的开展能够充分发挥学生的自主性,让学生自主选择和确立研究课题、自主策划和开展研究活动,自主评价、调控和反思研究过程,自主表达和交流研究成果,从而使学生适应知识经济、信息社会的需要,并用一种开放、多元、主动的思维方式应对飞速发展的社会[1]。

法国教育部为 2000～2001 学年活动的普及制定了选题参考,供各学校师生作为确定题目的框架,并且规定每两年调换其中的三分之一。下面列举有代表性的主要领域。自然科学专业:人口,增长率,相似性,函数表,持续增长和非持续增长,变差,光学影像和数学影像,编码,传染病,概率,估算,预防,可行性,微生物的繁殖,同步,振荡器,波,老化,谐波等;经济与社会专业:需求,经济与社会政策,税

〔1〕 金家新. 法国高中 TPE 活动课程对我国高中课改的启示[J]. 教育科学论坛,2009(2):17 - 20.

收，成本，统计规则，指标的建立，图表显示，假设的选定，涉及各种参数（如指数，百分比，样本，误差等）。可见，涉及微积分内容的主题比较多，活动分为2～4人一组，学生共同讨论、实践，可共同完成，也可每人完成整个计划的一部分。TPE每周两小时，为必修课。活动形式灵活，可以是讲座、小组活动、查阅资料、组际交流、教师答疑等，也可以在确保安全的前提下安排相关的校外活动，活动的评估在学年结束时进行〔1〕。

由此，联想到我国大多数高中教师反应微积分教学进度比较慢、课时不够用等情况，可以适当调整传统的教学模式，尝试让学生课下分小组自主探究微积分的发现过程以及微积分的实际应用等问题，并进行交流展示，教师点评。只要教师把握好探究问题的方向、尺度和进程，不但能提高学生的学习兴趣，而且利于概念的理解和掌握。因为学生只有经过讨论、探索、碰撞的过程，才能把抽象、复杂的微积分内化为自己的知识。

---

〔1〕 邢克超.法国高中“有指导的个人研究活动”[J].比较教育研究，2002(7)：43－46.

第五章 中法高中课程函数内容比较研究

函数是反映客观世界变量间对应关系的一种数学模型，是高中数学课程的重要内容。在整个高中数学教学中，函数都至关重要。函数是中学数学的核心内容，是代数的“纽带”，与代数式、方程、不等式、数列、微积分等都有密切的联系〔1〕。函数的概念难理解，学生在学习函数知识时普遍感到吃力。因此，控制函数的难度、合理编排函数内容就显得尤其重要。

本章首先介绍了中法高中课程标准中函数内容的历史发展，然后比较分析了中法高中数学教材中函数的内容设置、内容分布、广度、深度、难度以及核心知识点的处理，最后鉴于例习题编排对巩固新知的重要性，比较研究了教材中的例习题〔2〕。

第一节 中法高中课程标准函数内容比较研究

本节以中国1996、中国2000、中国2003、法国1990、法国2000、法国2010为研究对象，主要研究中法课程标准中函数内容的知识广度、深度和难度，各知识点的内容分布及认知水平，通过对比发现中法课程标准中函数的异同，并从函数的概念和性质、指数函数、对数函数、幂函数、三角函数等几个部分具体分析。

---

〔1〕 李海东.从各版课标教材的比较谈初中函数教学[J].数学通报，2010(12)：1-5.

〔2〕 李晓云.中法高中数学函数内容的比较研究[D].开封：河南大学，2017.

一、中法高中课程标准函数课程发展历程比较

（一）中国高中课程标准函数课程发展历程

1. 函数内容广度、深度、难度的变化

中国课程标准中函数内容广度、深度、难度的变化情况具体见图 5－1。

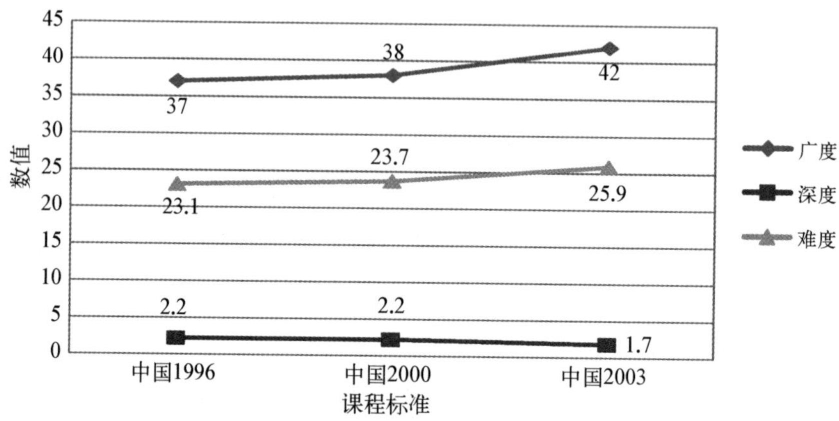

图 5－1　中国课程标准中函数内容的比较

中国课程标准中函数内容在广度上呈平缓上升趋势，最高达到 42；在难度上呈上升趋势；深度上呈下降趋势。综合来看，知识广度增加，这与我国推行的扩大学生知识面的政策相吻合。

三角函数是变化最大的部分，在广度、深度和难度方面的变化趋势基本一致，中国 2000 比中国 1996 略有上升，到中国 2003 又下降，具体见图 5－2。

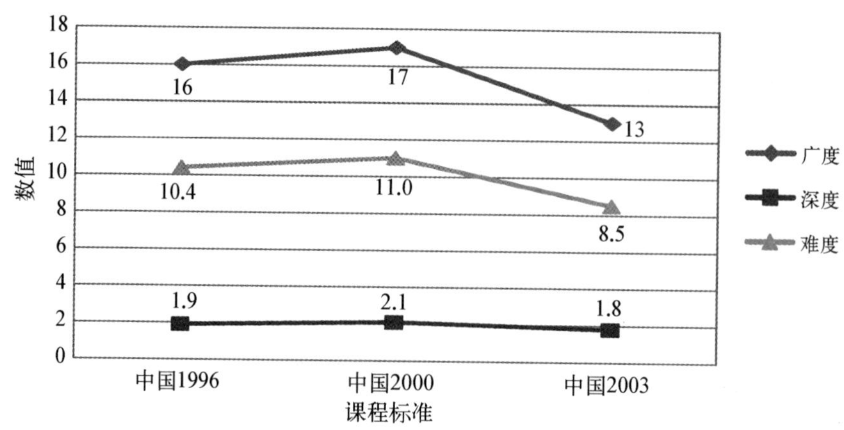

图 5－2　中国课程标准中三角函数部分的比较

2. 内容要求的变化

由图 5－3 可知，函数概念和性质的难度略有增加，中国 2003 降低了对反函数的要求，增加了求定义域和值域内容，简单介绍了分段函数。指数函数、对数函数变化不大，幂函数在中国 1996、中国 2000 中没有明确提出，只是选修课导数部分要求掌握 $y=x^n$ 的求导公式，也没有明确给出幂函数的概念，在中国 2003 中简单介绍了幂函数，要求水平为记忆性，因这部分内容较复杂，学生接受起来难度较大，故将其弱化。三角函数部分的难度先略微上升，而后大幅下降，三角函数涉及的内容比较多，前两个课程标准知识点基本相同，只是在要求水平上略有变化，而中国 2003 中删去了余切、余割、正割、已知三角函数值求角和反三角符号等内容，在一定程度上降低了对学生的要求。

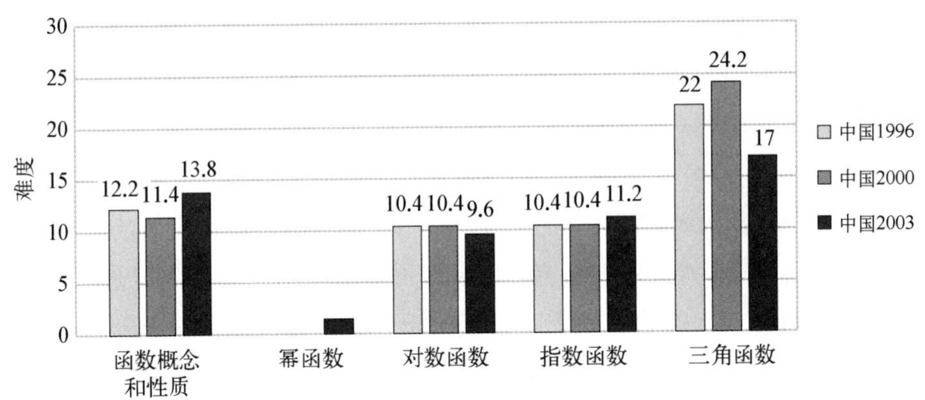

图 5－3　中国课程标准中函数各部分难度的变化

3. 认知水平的变化

中国 1996 和中国 2000 中记忆性水平知识点的个数相同，中国 2003 中记忆性水平知识点个数为 17，所占的比重明显增加。探究性水平知识点个数由之前的 16 降低为 4，所占的比重明显降低。所以从整体上看，中国课程标准函数内容总体要求是逐渐降低的，具体见图 5－4。

4. 函数概念、命题处理方式的变化

（1）函数和映射先后顺序的变化

中国 1996 和中国 2000 都是先介绍映射的概念，在映射概念的基础上引出函数概念，从而加深对函数概念的理解，是由一般到特殊的过程。而中国 2003 是先通过一系列的生活实例让学生体会、感受现实中的函数模型，列出一系列的函数关系式，用集合和对应的语言来刻画函数，给出了函数的一般性定义，然后由定义在数集上的函数引出定义在集合上的映射，是由特殊到一般的过程。这样处理增强

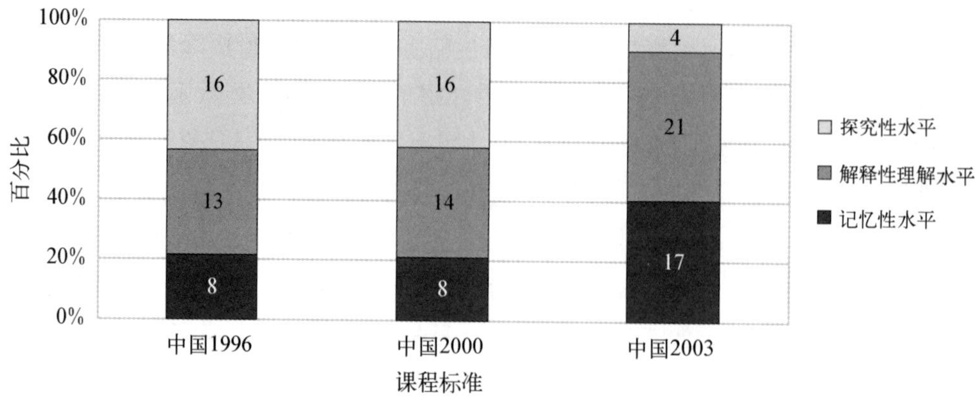

图 5－4　中国课程标准中三个水平知识点的变化

了学生对函数模型的感性认识，使学生对函数是描述变量之间对应关系的这种数学模型有更深刻的认识，便于学生理解函数的概念。

（2）降低了对反函数的要求

中国 1996 和中国 2000 在函数概念和性质部分明确给出了反函数的概念，要求了解互为反函数的函数图像间的关系，并要求学生会求一些函数的反函数，在三角函数部分还要求学生根据已知函数值计算角度，会使用反函数符号表示反三角函数，对反函数要求比较高。而中国 2003 没有明确给出反函数的概念，只要求在学习了指数函数和对数函数之后，知道指数函数与对数函数互为反函数，即针对具体的函数能了解对应的反函数即可，不要求掌握反函数的一般性定义，也不要求求已知函数的反函数，降低了反函数的难度。

（3）函数概念引入方式的变化

中国 1996 和中国 2000 中函数、指数函数和对数函数等概念是直接让学生理解或掌握的，没有通过具体实例增强学生的感性认识，难度较大。中国 2003 通过大量的具体实例，让学生直观了解函数、指数函数、对数函数产生的背景和意义，体会函数模型在生活生产中的具体应用，有助于学生加深对函数概念的本质理解。各函数性质也是结合具体函数得到，使学生在感性认识的基础上透彻理解函数的相关性质。

（4）函数图像画法的变化

中国 1996 和中国 2000 中函数 $y = A\sin(\omega x + \varphi)$ 的图像是用五点法画出，并要求理解 A、ω、φ 的物理意义，还要求用五点法画出正弦函数、余弦函数的图像，这种方法虽能画出函数的图像，但不是很精确。中国 2003 中要求用计算器或者是计算机画出此函数的图像，观察参数对函数图像的影响，删除了五点法。计算机画函数图像清晰规范，更利于观察函数图像的性质。

（二）法国高中课程标准函数课程发展历程

1. 函数内容广度、深度、难度的变化

对法国 1990、法国 2000、法国 2010 中函数内容进行广度、深度、难度三方面对比。研究发现，函数内容的广度、深度、难度都一直在降低，具体见图 5－5。

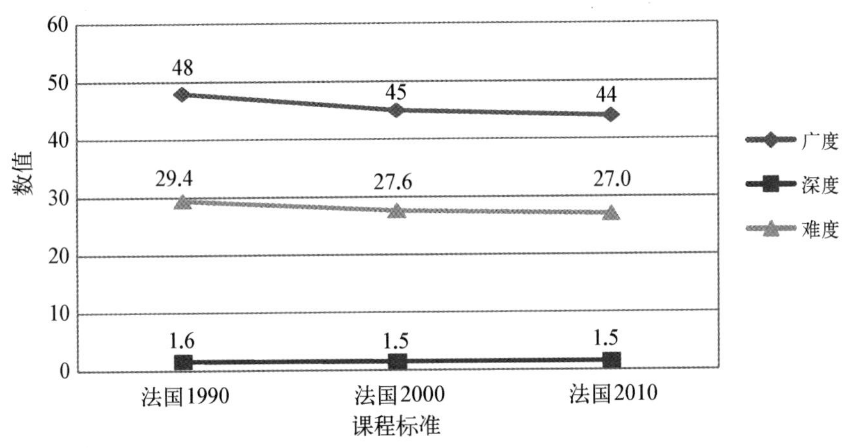

图 5－5 法国课程标准中函数内容的比较

2. 内容要求的变化

法国 1990 在导数部分提到了幂函数的导数，而法国 2000 和法国 2010 都没有直接指明幂函数的概念，其中，法国 2010 是以平方根函数为载体引入幂函数的形式，属于知识水平中的记忆性水平，但是所要求的幂函数类型减少了。三角函数部分，法国 1990 讲解了正弦函数和余弦函数，在导数部分提到了正切函数，而法国 2000 和法国 2010 只提到了正弦函数和余弦函数，并且在法国 2010 中，正弦函数和余弦函数是结合导数来介绍的。与前两个课程标准相比，法国 2010 删去了有理函数、函数的运算、复合函数、$\frac{ax+b}{cx+d}$ 型函数，降低了多项式函数的要求水平，并且详细阐述了二次函数及其反函数的变化和图像。

函数各部分难度的变化具体见图 5－6，纵观这三个课程标准，函数的概念和性质部分的难度呈下降趋势，这一部分内容较多。幂函数、对数函数和指数函数难度变化不大，三角函数难度法国 2010 和法国 2000 明显比法国 1990 低。

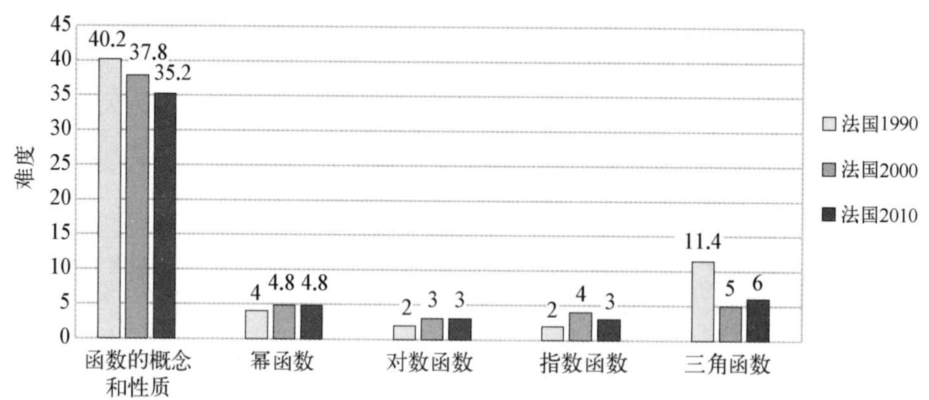

图 5－6　法国课程标准中函数各部分难度的变化

3. 认知水平的变化

纵观法国这三个课程标准，函数内容记忆性水平的知识点数量逐渐增多，解释性理解水平的知识点数量逐渐减少，探究性水平的知识点数量也一直减少。说明法国课程标准对函数内容的要求是逐渐降低的，具体见图 5－7。

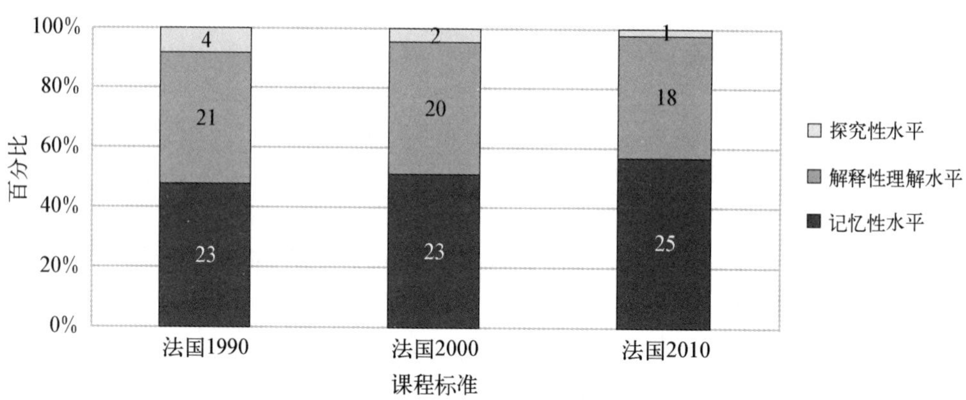

图 5－7　法国课程标准中三个层次知识点个数的变化

4. 函数概念、命题处理方式的变化

(1) 函数概念和性质安排的变化

法国 1996 和法国 2000 中，高一内容包括了函数的定义域、值域和相关性质，如增减性、最值；高二研究了函数的推广，如函数的运算、多项式函数、复合函数等。法国 2010 把函数的性质和推广都放到了高一，并且删去了函数的运算、复合函数等内容，降低了难度要求。法国 2000 和法国 2010 中谈到函数的性质时没有提及函数的周期性。

(2) 正弦函数和余弦函数的变化

法国 1990 和法国 2000 中，正弦函数和余弦函数的概念是在高一基本初等函数部分直接介绍的，没有以导数为工具，在高三学习了导数之后，从导数的角度研究了正弦函数和余弦函数的性质。法国 2010 是在高三介绍了导数的定义和性质之后，在导数的基础上要求了解正弦函数和余弦函数的图像和性质。可见，借助导数这个工具，能使正弦函数和余弦函数的性质研究更透彻。

(3) 指数函数和对数函数的变化

指数函数和对数函数都是结合导数知识来介绍的，法国 2000 中先介绍了指数函数引论，提出了特征函数，引入了符号 e，然后介绍了指数函数和对数函数及它们的特征函数方程、渐近性质、导数，因避免和微积分部分重复研究，故没有把指数函数引论计算在内。法国 2010 没有提到特征函数，而是结合极限和导数研究指数函数，在指数函数和导数基础上研究自然对数函数。

(三) 中法高中课程标准函数内容发展历程比较

无论是中国还是法国，函数在整个高中数学课程中都占据着举足轻重的地位。无论课程怎么改革，这部分始终是高中数学的核心内容。纵观中法的课程改革，两个国家函数课程的异同如下。

1. 共同点

(1) 降低了函数的难度要求

法国课程标准函数内容的广度、深度和难度要求呈下降趋势，不仅删去了学生不易理解的知识点，而且降低了部分知识点的难度要求。中国课程标准函数内容除了广度略有增加外，难度和深度都是逐渐降低的。中国课程标准和法国课程标准函数内容知识点的认知水平总体上是降低的，都是记忆性水平知识点数量增加，法国的解释性理解水平知识点数量略微下降，中国的解释性理解水平知识点数量略微上升，两个国家探究性水平知识点数量都是下降的。

(2) 重视信息技术在函数学习中的运用

随着信息技术的发展，中国和法国都逐渐注重计算机在函数学习中的应用。中国 1996 和中国 2000 对于函数图像的要求是掌握函数的定义、图像和性质，并没有强调函数图像是如何画出来的，中国 2003 明确指出能借助计算器和计算机画出指数函数、对数函数和三角函数的图像，鼓励学生应用现代信息技术学习、解决实际问题。法国课程标准也要求运用绘图工具得到由代数式定义的函数，对于分段函数，还要求学生编写算法画图，法国对学生的计算机要求比中国高。

（3）注重函数和现实生活的联系

函数知识来源于生活，并在生活中有广泛的应用。中国2003介绍函数概念时要求“通过丰富的实例，进一步体会函数是描述变量之间的依赖关系的重要数学模型”，学习分段函数时要求“通过具体实例，了解简单的分段函数”，介绍指数函数时，先通过具体实例了解指数函数模型的实际背景，讲解对数函数时也是由具体实例出发的，先让学生通过具体实例感受函数模型，再引出函数概念和性质。法国2010同样注重具体实例在理解函数中的作用，结合具体实例讲解函数的性质、图像，学生容易理解和掌握。并且注重函数在实际生活中的应用，用函数模型解决生活中的具体问题。

（4）分散安排函数各部分内容

法国1990和法国2000大体类似，高一有函数定义和性质、初等函数，高二有函数的推广，高三有指数函数、对数函数。法国2010高一介绍函数定义和性质、函数推广，高二学习平方根函数、绝对值函数，高三有指数函数、对数函数和正弦函数、余弦函数。而中国2003数学必修1安排了函数的概念和性质、指数函数、对数函数、幂函数，数学必修4安排了三角函数。两个国家课程标准都没有把函数内容集中安排在一起，函数本身知识点较多、内容难度较大，分散安排函数各部分知识，有助于降低难度，减少学生学习函数时的困难。

（5）注重和其他学科的联系

数学是基础学科，与物理、化学等学科关系密切，中国课程标准函数内容在引入函数概念、指数函数、对数函数时注重结合实例。例如，引入指数函数概念时借助细胞的分裂、考古中所用的^{14}C的衰减、药物在人体内残留量的变化等实例，这与生物、考古及化学建立了联系。研究三角函数时，通过单摆、弹簧振子、圆上一点的运动以及音乐、波浪、潮汐、四季变化等实例，使学生感受周期现象的广泛存在[1]。法国课程标准中，也提出教材的背景知识来自生物、经济、物理、新闻等领域，注重函数和其他学科的联系。

2. 不同点

（1）中法课程标准函数内容广度、深度、难度的比较

中国和法国课程标准函数内容的知识点大部分相同，但由于国情、教育传统和数学教育工作者对函数知识定位不同，在个别知识点的编排上存在差异。从

---

〔1〕 中华人民共和国教育部．普通高中数学课程标准（实验）[S]．北京：人民教育出版社，2003：9－20．

图 5－8 可知，在广度上，中国三个课程标准都比法国的低；在难度上，法国课程标准比中国课程标准高；在深度上，中国课程标准比法国课程标准高。

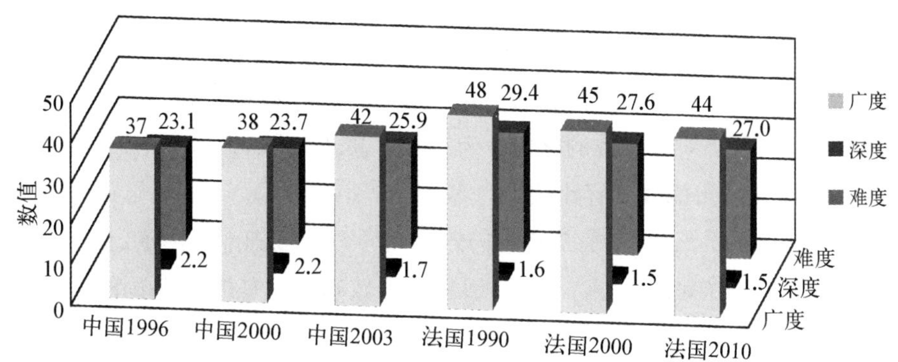

图 5－8　中法课程标准函数整体比较

(2) 中国课程标准注重构建函数的一般概念

中国 1996 和中国 2000 函数概念和性质部分是先学习映射，在映射概念的基础上给出函数的严格概念，中国 2003 是通过大量的实例，让学生体会函数这一模型，用集合和对应的关系刻画函数，给出函数的一般性概念，并在学习指数函数、对数函数等函数的过程中进一步加深对函数概念的理解。而法国课程标准在学生初始接触函数时，避免了函数概念的一般性阐述，而是用公式、图形、数据定义函数，让学生对函数有感性认识，随着函数学习的深入，逐渐让学生理解函数定义。

(3) 法国课程标准没有明确给出幂函数的概念

以中国 2003 和法国 2010 为例，法国课程标准在高二分析模块介绍了平方根函数，要求知道平方根函数的变化趋势及它的图像，平方根函数只是幂函数的一种特殊情况，相当于中国课程标准中指数为$\frac{1}{2}$的幂函数，并没有介绍幂函数的概念，也没有涉及其他几种类型的幂函数。中国课程标准则不同，明确提出了幂函数的概念，并介绍了几种常见的幂函数，指数分别为 1、－1、2、3、$\frac{1}{2}$，在同一平面直角坐标系中画出幂函数的图像，要求结合图像了解幂函数的变化情况，并通过观察得出幂函数的定义域、值域、奇偶性等性质。

(4) 法国课程标准以导数为工具研究指数函数和对数函数

法国课程标准的指数函数和对数函数是以导数为基础介绍的，并且指数函数的底数为 e，研究的对数为自然对数，中国课程标准的这部分内容是在函数概念和性质之后的基本初等函数中介绍的，研究的是一般性的指数函数和对数函数。仅仅从这个角度来看，法国课程标准这部分内容没有中国课程标准研究的范围广，法国课程标准研究的指数函数和对数函数只是中国课程标准研究的特殊情况，但因为法国课程标准的这部分内容是以导数为工具介绍的，研究的深度比中国的大，知识研究得比较透彻，其题目的综合性也比中国的高。法国课程标准以导数为工具研究指数函数和对数函数，中国课程标准是先学习了指数函数、对数函数，在导数部分把求指数函数、对数函数的导数作为一类习题，用于巩固导数知识。

（5）中国的三角函数内容比法国内容多

法国 2010 中正弦函数、余弦函数仍然是在导数的基础上介绍的，以导数为工具开展研究，但剔除导数内容，法国 2010 三角函数知识其实是很简单的，包括三角函数的定义、性质和图像，且只包含正弦函数、余弦函数，不涉及三角函数的其他类型。中国 2003 中正弦函数、余弦函数内容独立成模块，没有结合导数，知识点包括弧度角度关系、同角三角函数的基本关系式、诱导公式、三角函数定义、图像、性质和应用等，并且中国 2003 还包括正切函数的定义、性质和图像。

二、中法高中课程标准函数内容发展历程的启示

纵观中法课程标准中函数内容的发展历程，如何使学生更好地掌握函数，建议可以从以下几个方面着手。

（一）注重函数概念的透彻理解

函数概念的学习，对提高学生的数学素质，培养学生的创新精神和数学应用意识，都具有无可替代的指导作用[1]。许多一线教师也意识到了这个问题。但是函数概念的复杂性导致了教学的困难[2]。函数的概念比较抽象，通过访谈高中一线教师以及部分大学生，得知部分学生直到高中毕业，对于函数概念仍心存疑惑，不能透彻理解其本质，不能用自己的语言表述出完整概念。在学生刚接触函数概念时，应注重具体实例在理解函数概念中的作用，通过大量的函数模型，让学生感知函数，体会函数和实际生活的密切联系。可以通过一些具体函数的解析式、函

---

〔1〕 任明俊，汪晓勤．中学生对函数概念的理解——历史相似性初探[J]．数学教育学报，2007，16(4)：84－87.

〔2〕 Dreyfus T, Eisenberg T. Intuitive Functional Concepts: a Baseline Saseline Study on Intuitions [J]. Journal for Research in Mathematics Education, 1982, 13(5): 360－380.

数图像、变量与变量的依赖关系来理解函数的概念[1]。依托生活实例，采用逐步加深的方法，让学生循序渐进地理解函数的本质含义。

（二）注重学生数学核心素养的提高

张奠宙认为，数学素质就是数学思维能力，亦即数学运算能力、逻辑思维能力和空间想象力，其核心则是逻辑思维能力[2]。可见，学生的数学思维是其数学核心素养的重要组成部分，良好的数学思维有助于学生数学知识的学习、数学能力的提高。函数知识蕴含着丰富的数学思想方法，如数形结合、化归和分类探讨等，教师要在日常的教学中逐步渗透。例如，借助函数图像求解方程和不等式，就利用了数形结合的思想；在对数函数中求解底数为 a 的对数不等式，底数 a 分为大于 1 和小于 1 两种情况，就运用了分类讨论。灵活的思维有助于学生对数学知识的学习和掌握，有助于提高学生的核心素养，一线教师要在日常教学中注重学生数学思维的开发与训练。

（三）加强函数模型和生产生活中的联系

构造函数模型有助于加深学生对函数的理解，加强学生提出问题、分析问题、解决问题的能力[3]。与之前相比，中国的课程标准比较注重应用，但因高考指挥棒的影响，应用性并没有得到重视，仍需进一步加强[4]。加深函数和实际生活的密切联系，用函数模型解决生产生活中的实际问题，不仅可以提高学生对函数知识的认识，也可以大大增强学生学习函数的兴趣。

（四）强化信息技术在学习函数时的运用

中国和法国课程标准函数内容都注重信息技术的使用，借助计算机不仅可以精准地画出函数图像，而且可以使学生透彻研究函数的性质及应用。但法国课程标准对信息技术的要求远高于中国课程标准，要求编写算法画出函数图像和处理问题，法国教材在“一般函数”一章安排的十个能力达标例题中，有五个需要使用信息技术[5]。

---

〔1〕 王尚志．高中数学课程中的函数[J]．中学数学教学参考，2007(10)：7－11．

〔2〕 张奠宙，李士锜，李俊．数学教育学导论[M]．北京：高等教育出版社，2004．

〔3〕 张立红，代钦．高中函数模型及其应用的教学策略[J]．内蒙古师范大学学报(教育科学版)，2011，24(12)：116－118．

〔4〕 张玉环．高中微积分教与学现状的调查研究[J]．课程·教材·教法，2012，32(8)：83－89．

〔5〕 王嵘，章建跃，宋莉莉，周丹．高中数学核心概念教材编写的国际比较——以函数为例[J]．课程·教材·教法，2013，33(6)：51－56．

中国教材应该加强信息技术在函数学习时的运用，使学生对信息技术的使用成为常态。

第二节　中法高中教材函数内容比较研究

在教材中，如何编排函数各部分内容，使学生更容易掌握函数的知识体系，尤为重要。本节选择中国人教A版教材和法国SM教材，以高中函数内容为研究对象，从内容设置、体例栏目与活动设计、内容分布、内容广度和深度、核心知识点的处理等几个方面比较研究，采用定性描述与定量分析相结合的方法，定性描述内容设置、体例栏目与活动设计和核心知识点的处理，定量分析内容分布、内容广度和深度等，得出中国和法国教材中函数内容的各自特点。

一、研究过程与分析

（一）内容设置

中国高中教材的函数内容均匀分布在必修课程中（表5－1），按照函数的图像和性质、基本初等函数、函数的应用和三角函数展开，因一元二次不等式的解法与初中学过的二次函数联系紧密，并且法国教材有这部分内容，故本节研究将其归为函数内容。因此，中国教材中函数内容共有五章、14小节，还包括5个阅读与思考、5个信息技术应用、3个探究与发现和2个实习作业，中国函数教材新知识的学习与数学史、信息技术应用、探究与发现等交替出现，表征方式的多样化有利于引起学生兴趣，不容易产生学习疲劳。

表5－1　中国高中教材函数内容的设置

教材	章　节		
必修1	第一章　集合与函数概念 1.2　函数及其表示 阅读与思考　函数概念的发展历程 1.3　函数的基本性质 信息技术应用　用计算机绘制函数图像 实习作业 小结 复习参考题	第二章　基本初等函数(1) 2.1　指数函数 信息技术应用　借助信息技术探究指数函数的性质 2.2　对数函数 阅读与思考　对数的发明 探究与发现　互为反函数的两个函数图像之间的关系 2.3　幂函数 小结 复习参考题	第三章　函数的应用 3.1　函数与方程 阅读与思考　中外历史上的方程求解 信息技术的应用　借助信息技术求方程的近似解 3.2　函数模型及其应用 信息技术应用　收集数据并建立函数模型 实习作业 小结 复习参考题

续　表

教材	章　节
必修4	第一章　三角函数 1.1　任意角和弧度制 1.2　任意角的三角函数 阅读与思考　三角学与天文学 1.3　三角函数诱导公式 1.4　三角函数的图像和性质 探究与发现　函数 $y = A\sin(\omega x + \varphi)$ 与函数 $y = A\cos(\omega x + \varphi)$ 的周期 探究与发现　利用单位圆中的三角函数线研究正弦函数、余弦函数的性质 信息技术应用　利用正切线画 $y = \tan x, x \in \left(-\frac{\pi}{2}, \frac{\pi}{2}\right)$ 的图像 1.5　函数 $y = A\sin(\omega x + \varphi)$ 的图像 阅读与思考　振幅、周期、频率、相位 1.6　三角函数模型的简单应用 小结 复习参考题
必修5	第三章　不等式 3.2　一元二次不等式及其解法

法国教材的函数内容高中三个年级都有，高一包含函数概述、单调性和极值、因式分解和符号研究、二次多项式函数、三角函数和圆的定位，高二有二次函数与一元二次方程、一元二次不等式、函数的推广等内容，高三主要有正弦函数和余弦函数、指数函数和对数函数。法国教材每章的知识点集中在“课程—方法”中学习，新知识的编排与其他部分分开设置，包括概念的定义、命题的证明及新知识的简单应用，需要教师结合课前活动讲授，并在课后习题与探究活动中进一步巩固，具体见表 5－2。

表 5－2　法国高中数学教材函数部分的内容设置

年级	教材章节				
高一	F1　一般函数 1　定义 2　函数的不同表示 3　确定像和原像	F3　单调性和极值 1　从图像角度 2　从代数角度	F4　因式分解和符号研究 1　一次函数的符号 2　因式分解 3　两个一次函数乘积的符号 4　分式函数的符号	F5　二次多项式函数 1　标准形式 2　三项式函数的研究 3　图像	G5　圆的定位和三角函数 1　单位圆的定位 2　单位圆上点的坐标

续 表

<table>
<tr><th>年级</th><th colspan="3">教 材 章 节</th></tr>
<tr><td>高二</td><td colspan="2">A1 二次函数与一元二次方程、一元二次不等式
1 一元二次函数
2 方程
3 一元二次不等式</td><td>A2 函数的推广
1 函数的单调性
2 平方函数和$\frac{1}{x}$
3 平方根函数
4 绝对值函数
5 函数 $u+k$ 和 ku
6 函数$\sqrt{u}$
7 函数$\frac{1}{u}$</td></tr>
<tr><td>高三</td><td>A3 导数，正弦函数和余弦函数
3 正弦函数和余弦函数</td><td>A4 指数函数
1 指数函数的定义
2 指数函数的性质
3 指数函数的研究</td><td>A5 自然对数函数
1 自然对数函数
2 自然对数的代数性质
6 常用对数函数</td></tr>
</table>

（二）体例栏目与活动设计

1. 体例栏目的相同之处

从表 5－3 可以看出，中国教材和法国教材章头内容都有章名称和章引言，每章节栏目中国教材以问题引入，法国教材以课前活动引入，两国教材中都有例题和习题。

表 5－3 中国和法国高中数学函数内容体例栏目与活动设计

	中国函数教材	法国函数教材
章头内容	章名称、章引言	章名称、章引言、学前自我评估
每章节栏目	问题、探究、思考、观察、例题、习题	课前活动、例子、方法、例题、习题、课后自我评估、课后探究活动、章末趣味题
章内其他栏目	阅读与思考、信息技术应用、探究与发现、实习作业、小结、复习参考题	注意、注释、名词解释

中国教材和法国教材都比较注重函数和信息技术的联系，在课程标准里要求学生利用信息技术解决函数问题，在教材部分逐步渗透信息技术。例如，中国教材中专门有“信息技术应用”这一栏目，法国教材在习题中多次出现利用信息技术的题目。案例 5－1 是法国高二 A1 习题中的一个题目，就是用计算机或者计算器编写程序求方程的解，在其他章节的习题中还有很多这种类似的有关信息技术的题目。

【案例5-1】

36 ALGO

1) On souhaite écrire un algorithme qui détermine si le nombre z est solution de l' équation du second degré $ax^2+bx+c=0$.

```
Algorithme: Second degré
Liste des variables utilisées
a, b, c, z, t : nombre réels
Traitements
Demander a
Demander b
Demander c
Demander z
Donner à t la valeur ...
Si ...
   Afficher ...
   sinon
   Afficher ...
FinSi
Fin de l'Algorithme
```

2) Programmer cet algorithme avec un logiciel ou une calculatrice.
On souhaite trouver les solutions de l'équation : $2x^2-80x+399=0$.
Tester les trois nombres suivants :
a) 19
b) 20
c) 21

3) Modifier l'algorithme précédent pour qu'il permette de vérifier si le nombre 2 est solution de l'équation de degré 3 :

$$x^3+8x^2-16x-8=0.$$

（译文）(1) 用计算机编写算法程序，求解关于 x 的一元二次方程 $ax^2+bx+c=0$。

(2) 利用以上程序验证下列三个数是否为 $2x^2-80x+399=0$ 的解：① 19，② 20，③ 21。

(3) 改进求解一元二次方程的算法，使它能够求解三次方程 $x^3+8x^2-16x-8=0$。

2. 体例栏目的不同之处

在章头内容中，法国教材有学前自我评估，内容是以前学习过的与本章有联系的内容，以达到复习旧知的目的。中国的高中函数教材一章分几小节，每节都有问题引入、探究思考、例题和习题四部分，个别小节还包括阅读与思考、信息技术应用、探究与发现和实习作业，在每章的最后都有小结和复习参考题，是对整章内容的总结与练习。法国教材的一章基本就是一大节内容，除了章头内容外，每章都有课前活动、方法和例题、整章的习题、课后自我评估、课后探究活动和章末趣味题，其中习题是从简单模仿到综合应用，课后自我评估基本是简单应用知识点的模仿题，课后活动一般都是和实际生活联系紧密的探究题，可以供学有余力的学生钻研，活动习题的分层设计可以满足不同学生的需要。另外，在每章的正文内容穿插注意、注释和名词解释。中国教材中信息技术应用单独提出，集中在利用信息技术画出函数图像和研究函数性质的问题上，作为阅读内容，主要是利用 excel 软件和几何画板;法国教材信息技术应用穿插在习题中,编制相应的程序,几乎每章都有,信息技术的要求水平比中国高。

3. 问题引入与课前活动的比较

中国教材中学习新内容之前的问题引入与法国教材的课前活动的作用异曲同工,都是为学习新内容作准备,引出将要学习的知识点。但又不完全相同,中国教材的问题引入分布在各个小节中,用于引出本小节学习的内容。例如,指数函数内容的问题引入有两个,一个是我国国内生产总值(GDP)的增长问题,一个是^{14}C 含量与生物死亡年数之间的关系问题,它们所构建的模型都是指数函数,从而引出研究的主要对象指数函数,和这章的其他内容联系不紧密。中国教材的问题仅限于引出本小节所要学习的新内容,并不对新内容作进一步探究。而法国教材的课前活动是为学习整章内容服务的,一章内所有新的主要知识在课前活动中都可以找到相对应的活动。例如,A2 中函数的推广部分有六个活动,分别涉及函数 $u+k$ 和函数 ku、数轴上的距离、绝对值和距离的关系、反函数、平方根函数等,课前活动中会对本节要学习的内容从不同的角度去探究,如果课前活动分析透彻,对学生接受新知识会有很大帮助。案例 5-2 是法国高二教材 A2 课前活动中的一个,本活动通过两个具体的函数细致研究了函数 $u(x)$和$\sqrt{u(x)}$的性质的相同点,为新内容研究一般情况的平方根函数的性质打下了良好的基础。

【案例 5-2】

ACTIVITÉ 6 Racine carrée d'une fonction

CALC

Partie 1 : Conjectures

1) À l'aide de la calculatrice, afficher comme ci-contre, la courbe représentative de la fonction u définie sur $[-2 ; 2]$ par $u(x) = 4 - x^2$, puis celle de la fonction f définie sur $[-2 ; 2]$ par $f(x) = \sqrt{u(x)}$.
2) Quelle conjecture peut-on faire sur le sens de variation des fonctions u et f ?

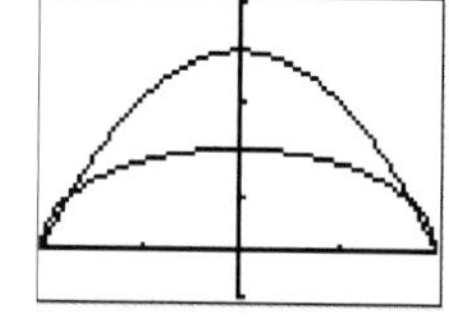

Partie 2 : Étude sur $[0 ; 2]$

Soit a et b deux réels tels que $0 \leq a < b \leq 2$.
1) Montrer que $u(a) > u(b) \geq 0$.
2) En utilisant le sens de variation de la fonction racine carrée, comparer $f(a)$ et $f(b)$.
3) En déduire le sens de variation de f sur $[0 ; +\infty[$.
4) Quelle remarque peut-on faire sur le sens de variation de u et f sur $[0 ; 2]$?

Partie 3 : Étude sur $[-2 ; 0]$

Par un raisonnement analogue, comparer le sens de variation de u et f sur $[-2 ; 0]$.

(译文)平方根函数

第一部分：猜想

(1) 使用计算器，画出定义在$[-2, 2]$区间上的函数$u(x)=4-x^2$的图像，再画出定义在$[-2, 2]$区间上的函数$f(x)=\sqrt{u(x)}$的图像。

(2) 根据图像，猜想函数u和f的单调性。

第二部分：在区间$[0, 2]$上研究

令a、b分别为两个实数，满足$0\leqslant a\leqslant b\leqslant 2$。

(1) 证明$u(a)>u(b)\geqslant 0$。

(2) 用平方根函数的单调性来判断$f(a)$和$f(b)$的大小。

(3) 判断函数f在区间$[0, +\infty]$上的单调性。

(4) 从u和f的单调性，可以得到什么结论？

第三部分：在区间$[-2, 0]$上研究

通过类似的推理，比较在区间$[-2, 0]$上函数u和f的单调性。

4. 例题的比较

法国教材的例题分两种，一种是例题(exemple)，一种是“方法”之后的练习应用(exercice d'application)，题目一般都很简单，是刚学习的知识点的直接运用，不涉及背景。中国教材的例题有模仿、理解、运用及探究。比如，必修1中1.2.1的例1求定义域、函数值，就是知识点的直接利用；例4是某校高一三名学生六次数学测验的成绩及班级平均分，属于解释性理解水平，并且题目有背景；必修1中1.3的例2要求利用函数的单调性证明，属于探究性水平。中国教材的例题各个难度水平的都有，并且个别例题有背景；法国教材的例题主要是基础题型，知识点的综合运用在习题中进行，有些例题会给出方法性的指导，让学生知道做题的方法。案例5-3是法国高一F1一般函数第二部分内容“函数的不同表示”中的一个例题，是在给出函数代数表达式的定义之后提供的配套例题，比较简单，也容易理解。

【案例 5－3】

Exemple

Une fonction est déterminée par le programme de calcul suivant :

- choisir un nombre ;
- lui ôter 6 ;
- prendre le carré du résultat.

Trouver l'expression définissant cette fonction.

（译文）例题

某个函数是由下面的程序来确定的：

- 选择一个数。
- 减去 6。
- 把结果平方。

得到定义函数的表达式。

（三）内容分布

中国教材的函数内容全部在必修部分，必修 1 包含函数的图像和性质、指数函数、对数函数和幂函数，必修 1 中函数内容页码占 88.06%。三角函数分布在必修 4 中，页码占 49.70%。必修 5 中的不等式内容较少，页码占 6.03%。因为比较的是理科教材，所以中国的教材总页码数需囊括选修部分，函数内容的页码数占整个理科高中教材的 18.01%。具体见表 5－4。

表 5－4　中国高中教材函数内容分布

教　　材	百 分 比
必修 1	88.06%
必修 4	49.70%
必修 5	6.03%
总体	18.01%

法国教材的函数内容分布在三个年级，高一有一般函数、单调性和极值、因式分解和符号研究、二次多项式函数、圆的定位和三角函数，函数所占页码占高一教材的 30.22%。高二有二次函数与一元二次方程、一元二次不等式，函数的推广，函数所占页码占高二教材的 14.94%。高三有对数函数、指数函数和三角函数（正弦函数和余弦函数），这三类函数都是在导数背景下研究的，和导数、极限知识混在一起，这三类函数所占页码大致占高三教材的 8.05%。总体上看，法国函数内容占整个高中教材的 16.02%，比中国的稍低，具体见表 5－5。中国和法国的函数内容在整个高中的地位都是相当重要的，比重都超过了 10%。

表 5-5 法国高中教材函数内容分布

教　　材	百 分 比
高一	30.22%
高二	14.94%
高三	8.05%
总体	16.02%

(四) 内容广度和深度

1. 内容广度

法国 SM 教材没有专门提出幂函数的概念,涉及的幂函数分布在 F3 单调性和极值与 A2 函数的推广章节,因为不易抽离出来,所以法国的函数内容分为函数图像和性质、指数函数、对数函数和三角函数四部分。中国的幂函数部分归为函数图像和性质中,中国必修 5 中的一元二次不等式也归为函数图像和性质部分。

中国和法国的高中函数教材知识点广度分别为 96 和 97,总体差别不大,不过中国教材函数图像和性质部分的知识点没有法国教材多,主要因为法国教材的这部分内容包含了二次多项式函数、绝对值函数、函数 $u+k$ 与 ku、分式函数等,而中国初中开始学习二次函数,中国的三角函数部分的知识点广度远大于法国的三角函数,原因是中国教材有诱导公式和角度制弧度制,而法国教材的三角函数部分除了基本知识点,主要是导数在三角函数中的应用,把导数内容剔除掉,函数知识点相对就少,具体见图 5-9。

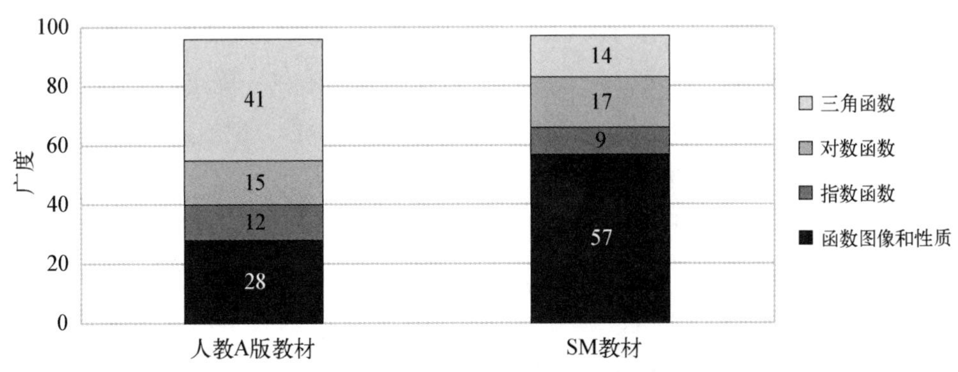

图 5-9 函数知识点广度比较

2. 内容深度

法国和中国高中教材函数内容直观描述类知识点数量相差不多,分别是 34 和

38,中国教材的类比归纳知识点为33,大于法国教材的23,法国教材的演绎类知识点远多于中国教材,由计算公式得,中国教材和法国教材知识点的深度分别为1.86、2.06,在知识点的内容深度方面,法国大于中国,具体见图5-10。

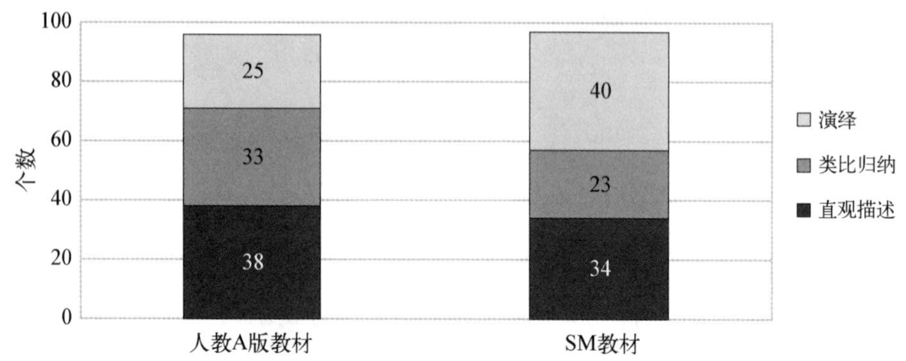

图5-10　函数知识点的呈现方式比较

(五)核心知识点的处理

1. 函数概念的比较

函数的概念是学生比较难理解的,在整个函数教学中也很重要。中国初中教材中已经出现过函数的概念,高中的概念进一步加深,且侧重点不同,初中侧重于变量之间的对应关系,高中侧重集合之间的对应关系。中国高中教材在介绍函数的概念之前首先举出几个实例:(1)炮弹发射时炮弹的高度和时间的关系 $h=130t-5t^2$,(2)大气层中臭氧问题随年份不同严重程度有区别,(3)恩格尔系数和人民生活质量的关系问题,归纳三个实例的共性,都是两个变量之间的关系问题,提炼出函数的一般性定义,即设 A、B 为非空的数集,如果按照某种确定的对应关系 f,使对于集合 A 中的任意一个数 x,在集合 B 中都有唯一确定的数 $f(x)$ 和它对应,那么就称 $f: A\rightarrow B$ 为从集合 A 到集合 B 的一个函数。中国教材注重揭示函数概念的本质,构建函数的一般性抽象定义。

法国教材学习新知识前一般有课前活动。比如,学习函数定义之前,活动1介绍了潮水的涨落高度和时间的关系,出示了相应表格,一个时刻对应一个潮水的高度,根据表格提出了三个问题。引出函数定义有两个活动,其中,活动2是一个工人想知道容器中水的体积和水的高度之间的关系,他得到了一些数据,并在平面直角坐标系中画出了函数的图像,然后在正文部分给出了函数的描述性定义:设 D 为一个实数集,定义域为 D 的函数 f 满足 D 中的每个 x 都有唯一的实数和它对应,这个实数叫做 x 的像。

中法两国教材在引出函数定义时都注重情景问题的设置，中国教材以问题引入，法国教材以活动引入，法国教材的活动更贴近生活实际，中国教材的问题离大众生活比较远。大气臭氧问题是一个科学问题，只有相关专家才了解得比较详细，恩格尔系数更是一个比较专业的术语。法国教材中函数的定义是描述性概念，易于理解，虽然不像中国教材中的函数概念那么深刻、准确，但可以在后续的内容中让学生逐步理解函数的概念。

2. 单调性和最值

无论在中国教材还是法国教材中，单调性和最值都是函数很重要的性质，中国教材是以一次函数和二次函数为例，通过讨论一次函数和二次函数的变化引出单调性，接着给出增函数和减函数的严格定义：如果对于定义域 I 内某个区间 D 上的任意两个自变量的值 x_1、x_2，当 $x_1 < x_2$ 时，都有 $f(x_1) < f(x_2)$（或 $f(x_1) > f(x_2)$），那么就说函数 $f(x)$ 在区间 D 上是增函数（或减函数）。最大（小）值的定义也是以一次函数和二次函数为例引出的。

法国教材 F3 以两个活动引入，分别是一天的气温变化和寻找宝藏游戏，非常贴近生活。单调性和最值是从图像和解析式两个角度介绍的，先是从图像上直观给出定义，以单调性为例，案例 5 - 4 从图像上直观定义了增函数、减函数。

【案例 5 - 4】

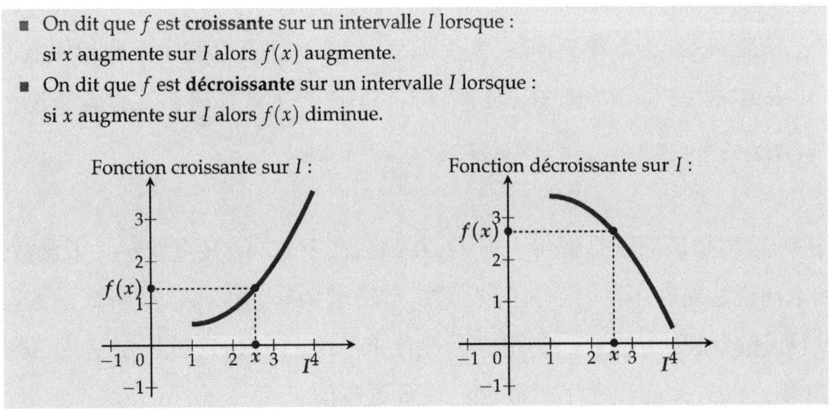

（译文）直观定义

- 如果 x 增加，那么 $f(x)$ 增加，我们说 f 是区间 I 上的增函数。
- 如果 x 增加，那么 $f(x)$ 减少，我们说 f 是区间 I 上的减函数。

注：案例 5 - 4 中左图为增函数，右图为减函数。

学生对单调性和最值有了直观的了解后，教材又从解析式上给出了严格定义，以单调性为例，案例 5－5 从解析式上给出了单调性的定义。从不同角度定义同一个概念，学生在刚开始学习时容易接受，在后续的学习中也容易理解，能够对函数单调性的定义有透彻、全面的掌握。

【案例 5－5】

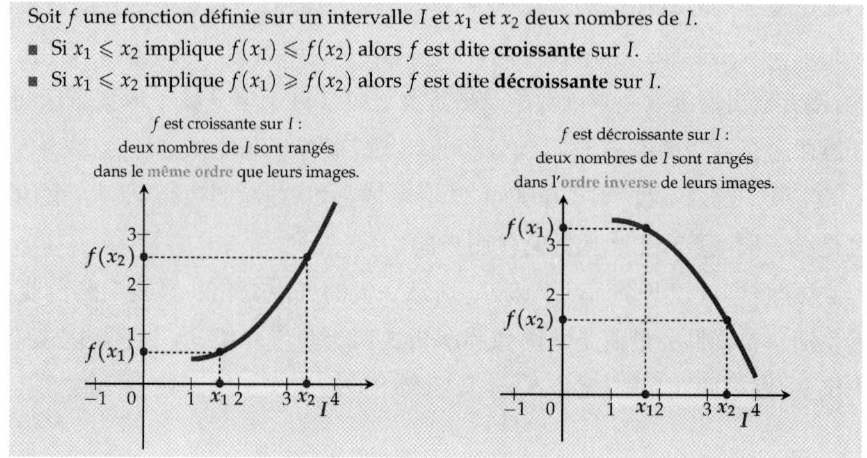
■ DÉFINITION : **Croissance, décroissance sur un intervalle**

Soit f une fonction définie sur un intervalle I et x_1 et x_2 deux nombres de I.

- Si $x_1 \leqslant x_2$ implique $f(x_1) \leqslant f(x_2)$ alors f est dite **croissante** sur I.
- Si $x_1 \leqslant x_2$ implique $f(x_1) \geqslant f(x_2)$ alors f est dite **décroissante** sur I.

（译文）定义：区间上的增函数和减函数

令 f 是定义在区间 I 上的一个函数，x_1 和 x_2 是 I 中的任意两个实数。

- 如果 $x_1 \leqslant x_2$，得到 $f(x_1) \leqslant f(x_2)$，那么 f 是区间 I 上的增函数。
- 如果 $x_1 \leqslant x_2$，得到 $f(x_1) \geqslant f(x_2)$，那么 f 是区间 I 上的减函数。

注：案例 5－5 中左图为增函数的图像，右图为减函数的图像。

法国教材知识深度是螺旋上升的，在高二教材 A2 中又重新定义了函数的单调性，和之前说法略有不同，区分了增函数、严格增函数、减函数、严格减函数，并指明了递增和递减统称为单调。应用方面也比 F3 中更深入，这种层层递进、螺旋上升介绍知识点的方式能让学生对概念的理解更透彻。

二、结论与启示

通过以上的分析对比研究，中国和法国教材函数内容的编写在理念和具体细节上还是有很大的差别，主要体现在以下几个方面。

（一）中国注重知识的系统完整性，法国前后章节相互联系、深度螺旋上升

中国教材函数内容有函数的图像和性质、指数函数、对数函数、幂函数和三角函数，各章节自成一体，知识比较系统化，各部分内容在一章内研究比较透彻，其他章节基本不再涉及，这样有利于学生对各部分知识内容的系统掌握，但对学生而言学习难度可能稍大。

法国教材函数各章知识点相互联系、深度螺旋上升。例如，高一 G5 是高三 A3 的基础，高一 F5 和高二 A1 紧密相连，函数的单调性在高一 F3 学习，在高二 A2 再次加深，直观上知识较为零散，但符合学生的认知特点，由浅入深，逐步提高，易于学生掌握。中国教材可以在保持系统性的基础上，加强各部分知识的联系与综合应用。

（二）中国教材命题注重例证，法国注重证明

从内容深度来看，中国教材类比归纳的知识点比法国教材多，但演绎类知识点少于法国教材，这和法国教材注重性质命题的证明、中国教材注重从生活实例中总结出结论有关，中国教材的处理方式易于学生接受。例如，对于法国教材中自然对数函数的变化方向，命题给出之后就是严格的证明，中国教材中对数函数是一般的对数函数，性质的得出过程是先画出不同类型的对数函数的图像，再从图像中得到对数函数的增减性，结论的得出直观性强，易于学生接受。

（三）中国教材设置注重数学史，法国注重活动

中国函数教材每一章都有数学史方面的内容，例如，必修 1 第一章阅读与思考中“函数概念的发展历程”，第二章阅读与思考中“对数的发明”，第三章阅读与思考中“中外历史上的方程求解”，必修 4 第一章阅读与思考中“三角学与天文学”，在新知识学习中渗透数学史的相关内容符合课程标准的要求，也能增加学生的学习兴趣。法国教材在一些习题和活动中也会涉及数学史的内容，但不像中国教材有专门的栏目。法国教材的活动较多，学习新课之前由课前活动引出本章内容，在整章习题结束之后有课后活动，是比较综合性的探究活动，能进一步提高学生能力，且在上新课之前有课前自我评估。中国教材中学习新课之前

的问题相当于法国教材的课前活动，目的是引出将要学习的对象，而法国教材的课前活动和整章的知识点都有联系。中国教材的探究与发现基本上都是知识点的加强或者拓展，与法国教材课后活动的基于生活实例知识点的运用还是有区别的。数学的学习主要是一个自发探究的过程〔1〕，中国教材可以在注重数学史的基础上增添与生活紧密相关的探究性实例活动，在增强学生学习兴趣的同时锻炼其探究能力。

（四）法国的信息技术更具有可操作性

法国教材对信息技术的要求比中国教材高，并且可操作性更强。中国教材虽然在部分章节中有专门的体例栏目介绍信息技术的应用，但基本是前面知识的重复。比如，必修1第二章信息技术应用，即借助信息技术探究指数函数的性质，教材已经研究过指数函数的性质，信息技术应用栏目又重新研究。法国教材在讲授知识点时一般不涉及信息技术，但在习题中出现编制程序解决问题的题目，使信息技术应用真正落到实处，更有可操作性。现代社会是一个信息社会，要求每一个人都具有一定水平的信息技术应用能力，中国教材可以参考法国教材，增加信息技术的题目，增强信息技术的可操作性。

第三节　中法高中教材函数内容例习题比较研究

教材由正文、例题和习题三部分组成〔2〕。作为数学教材的一个重要组成部分，习题有着巩固和深化新知、补充与延伸新知、综合运用新知、领悟数学思想方法、诊断反馈补救与育人等功能〔3〕。余元庆先生指出："习题是中学数学课本的重要组成部分，习题配备得好不好，直接影响到学生学习质量的高低，例题具有示范引领、揭示方法、介绍新知、巩固新知、思维训练、文化育人的功能。"〔4〕一个国

---

〔1〕 宁连华.数学探究学习研究的特点及其思考[J].数学教育学报，2005，14(4)：28－30.

〔2〕 课程教材研究所.课程教材研究十年[M].北京：人民教育出版社，1993：5.

〔3〕 吴立宝.中澳数学教科书习题比较研究——以人教版和HMZ8年级教科书为例[J].数学教育学报，2013，22(2)：58－61.

〔4〕 于元庆.谈谈习题的配备与处理：介绍几本外国中学数学课程中的习题配备[J].数学通报，1980(3).

家的习题编制水平和侧重方向，代表着这个国家的数学教育水平和民族文化积淀。

本节对中国人教A版教材和法国SM教材中函数内容的例习题进行研究，主要从例习题数量、类型和例习题难度三个方面来比较研究中法高中函数内容的例习题设置与难易情况。其中，例习题数量方面，法国的例题包括正文中出现的“例题”和“方法”之后的“练习应用”，中国教材就是正文中出现的例题。中国教材习题包括练习、习题A组和B组以及章末复习参考题，法国教材习题包括课后习题和课后自我评估。因函数内容题目较多，例习题数量以大题计算。例习题类型分为填空、选择、判断、计算、证明和解答，不能明确判定为前五种的一律归为解答题。

一、研究结果与分析

通过数据对比分析发现，中国和法国教材的例习题在数量、类型和难度方面都存在明显差异，具体见表5-6和表5-7。

表5-6　中国和法国高中函数内容例习题难度量化数据

		例题				习题			
		题量		百分比		题量		百分比	
		中国	法国	中国	法国	中国	法国	中国	法国
		73	47			348	638		
类型	填空	0	0	0%	0%	10	6	2.9%	1.0%
	选择	0	0	0%	0%	12	128	3.4%	20.1%
	计算	12	4	16.4%	8.5%	27	20	7.8%	3.1%
	判断	0	0	0%	0%	0	12	0%	1.9%
	证明	6	0	8.2%	0%	18	13	5.2%	2.0%
	解答	55	43	75.4%	91.5%	281	459	80.7%	71.9%
知识点个数	1	19	21	26.0%	44.7%	97	209	27.9%	32.8%
	2	36	16	49.3%	34.0%	155	267	44.5%	41.8%
	3	16	9	21.9%	19.2%	76	124	21.8%	19.4%
	多于3	2	1	2.8%	2.1%	20	38	5.8%	6.0%
背景	无背景	53	47	72.6%	100%	274	603	78.7%	94.5%
	个人生活	7	0	9.6%	0%	23	18	6.6%	2.8%

续 表

		例题				习题			
		题量		百分比		题量		百分比	
		中国	法国	中国	法国	中国	法国	中国	法国
		73	47			348	638		
背景	公共常识	9	0	12.3%	0%	35	7	10.1%	1.1%
	科学背景	4	0	5.5%	0%	16	10	4.6%	1.6%
要求水平	模仿	19	27	26.0%	57.4%	97	256	27.9%	40.1%
	理解	32	20	43.8%	42.6%	156	289	44.8%	45.3%
	运用	9	0	12.4%	0%	45	37	12.9%	5.8%
	探究	13	0	17.8%	0%	50	56	14.4%	8.8%

表 5－7　中国和法国例习题难度

	例　题		习　题	
	中　国	法　国	中　国	法　国
知识点个数	2.01	1.79	2.05	1.99
背景	1.51	1.00	1.41	1.10
要求水平	2.22	1.43	2.14	1.83
总难度值	1.96	1.45	1.92	1.70

（一）例题的比较

1. 例题的数量和类型

中国教材高中函数内容的例题是73道，法国教材只有47道，数量上中国教材远远多于法国教材。从类型上来看，法国教材和中国教材的例题都以解答题为主，数量上中国教材多于法国教材，但在百分比上法国教材是91.5%，比中国教材高。中国教材中计算12道，证明6道，法国教材计算4道，没有证明题，法国教材和中国教材的例题都没有填空、选择和判断题。具体见图5－11。

法国和中国教材的例题都和正文新知识内容交替出现。中国教材直接以例题的形式出现，如例1、例2等。法国教材例题有两种形式，一种是某个概念或命题之后紧跟的例题，即简单的示例，如A1二次函数和一元二次方程、一元二次不等式中，第一部分“一元二次函数”中介绍了二次函数的概念之后，紧跟着的例题：$f_1 = 2x^2 - 3x + 1$ 是 $a = 2$、$b = -3$、$c = 1$ 的二次多项式函数；另一种是“方法”之后的“练

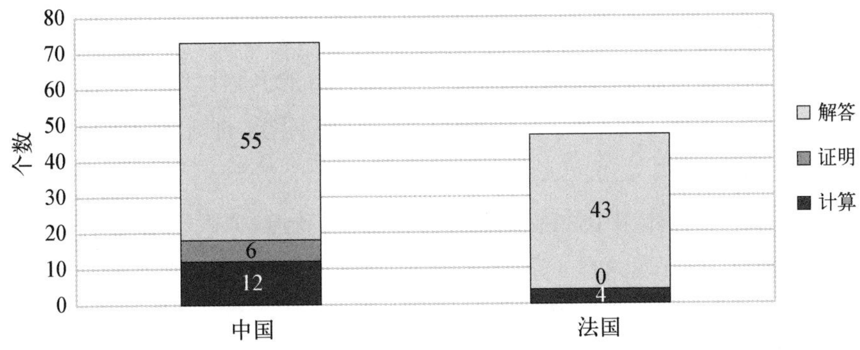

图 5－11　中国和法国函数例题数量及类型

习应用”。法国教材中的“方法”是介绍怎么解答一类题目，一般给出若干具体的步骤，接下来是“方法”直接运用的练习题。这样层层分解的设置方便学生学习，降低了难度，要解决练习只需按照“方法”里的步骤就可以了。比如，F4 因式分解和符号研究，第三小节“两个一次函数乘积的符号”研究“方法 3”中，要确定两个一次函数乘积的符号需要构造一个四行的表格，分成三步：第一步是在表格的第一行确定两个一次函数与 x 轴交点的横坐标；第二步是在表格的第二、三行分别确定两个一次函数的符号；第三步是在表格的第四行判定两个一次函数乘积的符号，同正或同负为正，一负一正为负。下面紧跟的“练习应用”只要按照这三步进行，就可以轻松解决。

2. 例题难度的比较

根据表 5－7 的数据得到中国教材和法国教材的例题难度，并绘制雷达图，具体见图 5－12。

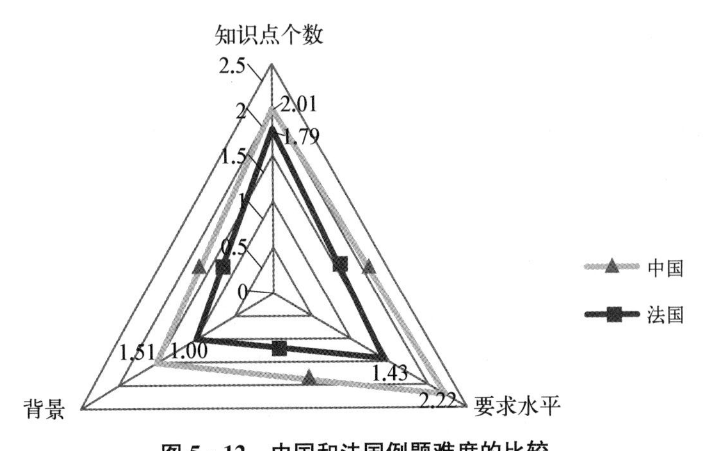

图 5－12　中国和法国例题难度的比较

从例题的知识点个数看，中国教材例题平均知识点个数是 2.01，法国教材是 1.79，中国教材大于法国教材。法国教材和中国教材例题中含有三个或三个以上知识点的题目比例基本相同，法国教材含一个知识点的例题比例大于中国教材，百分比分别为 44.7%和 26.0%，中国教材含有两个知识点的例题比例大于法国教材，百分比分别为 49.3%和 34.0%。

从例题的背景上看，中国教材例题无背景的有 53 道，个人生活的有 7 道，公共常识的有 9 道，科学背景的有 4 道，平均值为 1.51，法国教材的全部例题都是无背景，基本是新知识点的直接运用。

从例题的要求水平上看，中国教材四个水平的例题都有，其中，模仿 19 道，理解 32 道，运用 9 道，探究 13 道，理解题目比例最大，比例为 43.8%，法国教材的例题只有模仿和理解，且模仿较多，分别是 27 道和 20 道。中国教材例题要求水平平均值为 2.22，法国教材例题平均值为 1.43。

从总体上看，由表 5－7 知中国教材的例题总难度比法国教材大，中国教材是 1.96，法国教材是 1.45。中国教材的例题在背景和要求水平上的数量都比法国教材多，中国教材例题有背景的占到了总数的 27.4%，法国教材都是无背景；要求水平中运用和探究的比例中法两国教材分别为 30.2%和 0%。另外，法国教材的“方法”之后的例题，给出了详细的步骤，也降低了难度。

（二）习题的比较

1. 习题的数量和类型

从习题的编排和数量上看，中国教材的习题分为一小节之后的“练习”，一大节之后的“习题”和一章结束时的“复习参考题”三大模块。第一模块的练习基本是模仿，是新知识点的直接运用。第二模块的习题一般分为 A 组和 B 组，A 组相对简单，多是模仿和理解，个别是运用和探究；B 组题目相对较难，多以运用、探究为主。第三模块的复习参考题是对整章知识的巩固，也分为 A 组和 B 组，要求水平分布和习题类似。法国教材的习题主要分为两大模块，第一模块是紧跟新知识的习题，要求水平由简到难，由模仿到探究，逐步加深；第二模块是课后自我评估，多是模仿题，类型基本是选择题，难度较小。习题数量上，中国教材是 348，法国教材是 638，法国教材习题数量远大于中国教材。具体见图 5－13。

从习题类型上看，法国教材六个类型都有，中国教材没有判断题。中法两国教材的习题都以解答题为主，比例分别为 80.7%和 71.9%。法国教材的选择题比例是 20.1%，远大于中国的 3.4%，这是因为法国教材的习题第二模块的课后自我评

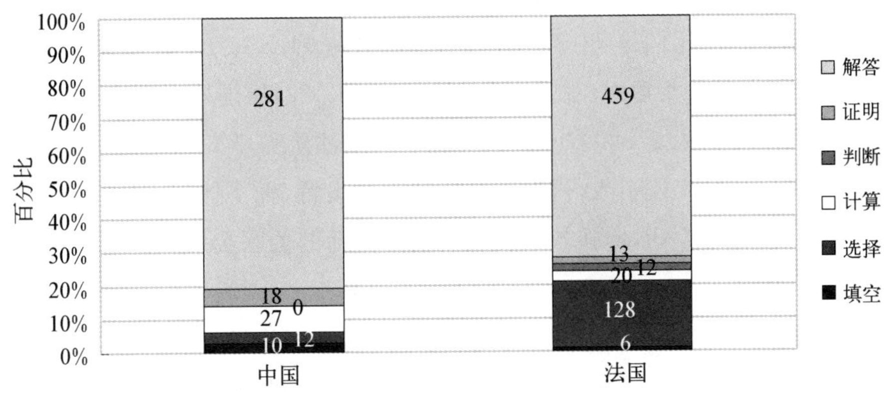

图 5 - 13　中国和法国函数习题类型和数量

估基本都是选择题。中国教材的计算和证明题所占的比例都比法国教材大，说明中国比较注重学生计算能力和逻辑推理能力的培养。

2. 习题难度的比较

根据表 5 - 7 的数据得到中国教材和法国教材的习题难度，并绘制雷达图，具体见图 5 - 14。

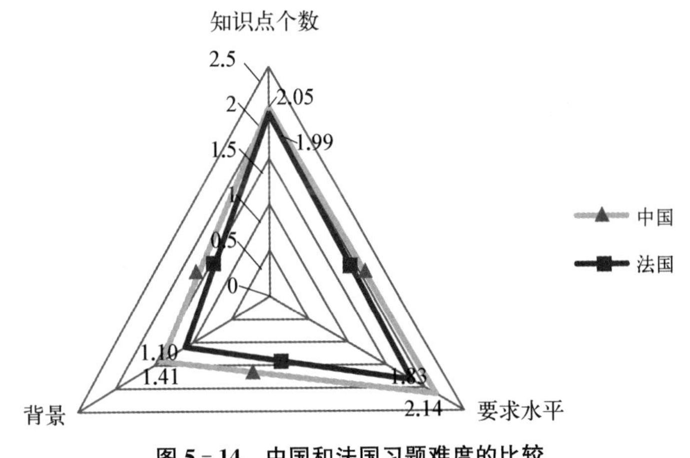

图 5 - 14　中国和法国习题难度的比较

从习题的知识点个数上看，中国教材和法国教材都是含有两个知识点的习题数量最多，比例分别是 44.5% 和 41.8%，中国教材比法国教材的比例高；中国教材含有一个知识点的习题数量的比例是 27.9%，法国教材的是 32.8%，法国教材的比例大于中国教材；含有三个及以上知识点的习题数量两国比例差别不大。中国教材和法国教材知识点个数的平均值分别是 2.05、1.99，相差不大。

从习题的背景上看，中国教材和法国教材的背景平均值分别为 1.41 和 1.10，中国教材比法国教材更重视习题背景。中国教材和法国教材都是无背景的习题数量最多,中国教材的比例是78.7%,法国教材的高达94.5%。在有背景的习题中,中国教材比较注重公共常识,有35道题,比例为10.1%,法国教材比较注重个人生活,有18道题,比例为2.8%。中国教材逐步开始注重数学知识和实际生活的联系,学习新知识前的实例引入,例题和习题背景的设置,无不体现了这一点。数学来源于生活,应用于生活,增强数学知识和实际生活的关联会引起学生兴趣、增强学生学习的动力。

中法两国教材函数部分都有科学背景的习题,中国教材共有16道题目,背景涉及物理、医药、生物、天文和计算机等,以物理、生物背景居多;法国教材函数习题有科学背景的有10道题,主要涉及物理、生物和化学领域,同样以物理、生物背景居多。中国教材习题总量虽比法国教材少,但是科学背景的习题比法国教材多。

从习题的要求水平上看,中国教材的要求水平均值是2.14,法国教材的是1.83,中国教材的大于法国教材的。中国教材模仿的习题有97道,占总习题的比例为27.9%,远远小于法国教材40.1%的比例;中国教材和法国教材理解题目的比例相差不多;中国教材运用的习题比例为12.9%,大于法国教材的5.8%;中国教材探究的习题比例为14.4%,大于法国教材的8.8%。中国教材运用和探究习题的比例均大于法国教材。

通过对中法高中教材函数习题知识点个数、背景和要求水平的分析,可以发现中国教材习题的各个平均水平都比法国教材高,这就导致中国教材习题的总难度大于法国教材,中国教材和法国教材的习题总难度分别为1.92和1.70。中国教材和法国教材的知识点个数含有一个或两个的比例分别占72.4%、74.6%,无背景的习题比例分别为78.7%、94.5%,要求水平中模仿和理解的比例分别为72.7%、85.4%。由此可以看出,中国教材和法国教材都比较注重基础,注重学生基本技能的形成。

二、对中国教材建设的启示

(一)注重例习题的设计低起点、难度层次性

法国教材的例习题总体数量虽然多,但是综合难度不大。法国教材习题的设计起点低,层层递进,难点各个击破,逐步引导学生解决问题,易于学生掌握。例如,在法国F3单调性和极值章节习题32反函数的变化情况中,为了研究反函数的

单调性，题目给出两问，分别为：(1) 设 a、b 是正数，且 $a<b$，① 证明 $\frac{1}{a}-\frac{1}{b}=\frac{a-b}{ab}$，② $b-a$ 的符号是什么，③ ab 的符号是什么，④ 在正实数范围内判断反函数的单调性；(2) 设 a、b 是负数，且 $a<b$，① $b-a$ 的符号是什么，② ab 的符号是什么，③ 在负实数范围内判断反函数的单调性。像这样把一个难度比较大的问题拆分开来，学生很容易就能解决。中国教材函数例习题比较注重学生逻辑推理能力的训练，讲解函数的基本性质中的例 2 时，引入物理学中的玻意耳(Boyle)定律 $p=\frac{k}{V}$（k 为正整数），告诉我们对于一定量的气体，当其体积减小时，压强 p 将增大。试用函数的单调性证明，在之后的练习中也有类似的证明题。相比于法国教材习题设计的层层深入，中国教材更注重推理的严谨性。如何在注重学生逻辑推理能力培养的同时，设计更符合学生认知特点的习题类型，这是中国教材编写者要深入思考的问题。

(二) 创设合理的例习题背景，加强背景与数学知识的融合

丰富的生活情景可以激发学生的学习热情，合理的教学情景能够促进学生数学知识的建构[1]。所以在例习题的设计中要注重背景设置，增加与生活有紧密联系的内容。中国 2003 提出要求“针对问题情景，学生综合所学的知识和生活经验，独立思考或与他人合作，经历发现问题和提出问题、分析问题和解决问题的全过程，感悟数学各部分内容之间、数学与生活实际之间、数学与其他学科之间的联系，加深对所学教学内容的理解”。相比于法国教材有背景习题占全部习题的 5.5%，中国教材有背景习题比例为 21.3%。虽然中国教材比法国教材有背景的习题比例大，但是中国教材例习题中的物理、化学背景多数是给出相应的公式。例如，对数函数例 9 关于溶液酸碱度的测量，溶液酸碱度是通过 pH 刻画的，pH 的计算公式为 $pH=-\lg[H^+]$，其中 $[H^+]$ 表示溶液中氢离子的浓度，单位是摩尔/升。之后是利用公式解决问题，这种背景设置稍显僵硬。因而不仅要重视背景设置，而且要加强背景与数学知识间的无缝衔接，发掘生活中与数学有关的生活情景，真正起到激发学生学习兴趣、启迪学生思考的作用。

---

〔1〕 杨凡，吴立宝. 中美初中数学教科书习题比较研究——以中国人教版和美国 IM 版为例[J]. 数学教育学报，2014，23(5)：56－59.

（三）进一步加强信息技术在函数中的应用

我国近些年逐步重视信息技术在函数知识中的应用，教材中也加入了专门的信息技术应用栏目，利用计算机画出函数图像、研究函数的性质，但在习题中几乎没有利用计算机的题目，信息技术应用停留在简单层次。法国教材对学生使用计算机的要求层次比较高，法国教材的习题中有多道编制程序或利用计算机解决的题目。

进一步加强信息技术在函数学习中的应用，可以从以下几个方面着手：一是提高数学教师的信息技术水平，加强各级各类信息技术培训，高中学校努力营造使用信息技术的良好风气，开展信息技术进课堂的讲课大赛。二是教师在日常授课时渗透信息技术应用，对学生手把手指导。三是教材编写方面，除了教材中利用信息技术画出函数图像从而研究函数性质的阅读内容，适当增加编制简单程序解决函数问题的题目，提高信息技术在函数学习中的应用深度。

第六章 中法高中课程概率与统计内容比较研究

拉普拉斯曾说："生活中最重要的问题，其中绝大多数在实质上只是概率的问题。"杰文斯（W. S. Jevons）也说："概率论是生活真正的领路人，如果没有对概率的某种估计，那么我们将寸步难移，无所作为。"中国数学课程标准中指出"概率与统计的基础知识已经成为一个未来公民的必备常识"。由此可见概率与统计的重要性。因此，概率与统计的教育越来越受到世界各国的重视。

概率与统计的基础知识是信息化社会公民的必备常识，它能指导人们合理地收集、整理、分析数据，以便从中提取出有价值的信息，由此做出合理的决策。基于此，中国颁布的课程标准[1]对概率与统计内容给予了重视。无独有偶，法国于2010年开始实施的课程标准也进一步加深了概率与统计内容。

本章首先介绍法国高中课程标准概率与统计课程的历史发展，并对比中国高中课程标准概率与统计课程的发展，进而详细比较两国课程标准中的概率与统计内容，最后比较中法高中教材中概率与统计的内容设置以及例习题设置。

第一节 中法高中课程标准概率与统计内容比较研究

本节主要探讨中法高中课程标准概率与统计内容在历史上的发展。

〔1〕 中华人民共和国教育部.普通高中数学课程标准（实验）[S].北京：人民教育出版社，2003.

一、中法高中课程标准概率与统计的历史变迁

（一）法国高中课程标准概率与统计的历史演变

20世纪初，培利（Perry）和克莱因倡导的数学教育改革孕育了数学教育现代化的种子。1956年国际数学教育会议上，研究中等学校数学教育，强调必须提高教材内容水平，有必要引进解析几何、向量、微积分、概率与统计等内容。1958年7月，法国邀请欧洲共同市场各国代表讨论新的中小学教学课程标准，在布尔巴基学派提出的结构思想影响下，制订出更严格的数学课程标准，内容要求更高，其中包含概率与统计内容。1959年11月末，在法国巴黎罗瓦奥蒙召开了欧洲共同市场国家的数学教育改革会议，法国布尔巴基学派提出“欧几里得（Euclid）滚蛋”的口号，引起轩然大波，最终会议主张对数学进行全面的改革[1]。

第一次重要改革是在1960年左右进行的，即所谓的“新数学运动”。由于传统数学基本被几何课程统治着，大多数学生不感兴趣，因此改革时增加了现代数学，传授一些数理统计的初步知识。1969年颁布的课程标准中，现代化程度更上升一步，1980年左右又做了一次调整。可惜这些改革在实际执行中严重走了样，改革力度过大，超出了大部分中学生所具备的修养，“新数学运动”于1981年宣告失败。1978年的资料显示，高一没有概率与统计，高二有概率与统计，高三是有限总体的概率与统计。

1990年，颁布新一轮数学课程标准。其中，高一的统计内容有三个目标：阅读统计数表，这是理解社会与经济的某些现象所必需的。开展跨学科活动，培养学生的创造精神和良好的工作方法。学会数据处理，对原始数据进行整理和表示；并让学生了解把客观实际问题归结为数学问题处理的重要性及局限性，这是科学态度培养中至关重要的因素之一，有关的资料最好是正式的、真实的、令人感兴趣的；计算数据时要使用计算机或计算器。高二学习概率的目的是使学生在描述简单随机现象上得到训练。要注意使学生有充分的时间去熟悉概率思想，而不要在学年末把这部分内容压缩。

2000年，法国高中改革由国民教育部下属的国家教学课程标准委员会发起，该委员会由教育部根据法国数学会、法国数学和数学教育协会的需要授权。在国家教学课程标准委员会和教育部资金支持下，由多科专家群体设计。数学学科专

[1] 马忠林，等.数学教育史[M].南宁：广西教育出版社，2001.

家组包括数学家、中学教师、数学教育工作者以及教育部的一些人员，主席是统计学家克劳丁·罗伯特。这一次改革包括：加强概率与统计的内容；根据不同专业选择，增加课程的差异；考虑数学在社会、经济职业需要上的多样性，考虑数学在文学、哲学、语言中的用途，加强同其他学科的联系，加强技术的运用等[1]。此阶段，高二最重要的变化是统计，统计是高二教学中的三个主要领域之一，占据了$\frac{1}{8}$的时间。具体内容见表6－1。

表6－1　法国高中理科概率与统计内容变革

课程标准	高　一	高　二	高　三
法国1990	统计数据的组织和整理：单变量统计序列，数据分组，频数，频率，频数累计，频率累计，平均数，标准差	事件，基本事件，事件的概率用基本事件概率的和来定义，互不相容事件，对立事件，两事件之和与积，等可能概型	取有限个值的随机变量及相应的概率分布，分布函数，数学期望，方差，标准差，非零概率事件的条件概率，两事件的独立性，全概率公式
法国2000	统计：通过中心趋势（平均值、中位数、众数、截尾均值）和离散程度的一个或几个指标来概括数据，利用分组求平均，利用数据的分布计算平均值，数据频率的分布定义和事件发生的频率定义，随机模拟	统计：方差和标准差，盒子图，四分位极差，有关数据中的线性变换对标准差、四分位极差的影响，了解数据中的异常值对标准差的影响，两个类型、大小不同数据的标准差不同的含义，利用电子表格或计算器实时、动态地观察数据修改时方差、标准差等的变化 概率：有限集合上概率分布的定义、数学期望、方差、标准差，事件的概率，事件的并、交的概率，等可能事件，随机变量，随机变量分布、数学期望、方差、标准差，典型随机实验模型，通过大数定律解释概率分布与频率分布的联系，通过独立同分布的随机变量列所得数据的直方图来模拟某些简单概率分布	条件概率和独立性，非零概率事件的条件概率，两个事件的独立性，两个随机变量的独立性，全概率公式，统计和模型，独立试验，独立重复试验，概率分布，离散分布的例子，组合数介绍，二项式定律，伯努利分布，二项分布，这些分布的数学期望，连续分布的例子，密度的连续分布，均匀分布，指数分布

法国2010中，高一的内容包括数据分析，并解决实际问题，使学生能够认识

[1] 米歇尔·阿蒂格，郭玉峰．法国高中数学教学[J]．数学通报，2009，48(12)：1－4．

并解释数据；比较两个数列的位置指示符、离散性或者累积频率曲线；抽样部分要求思考模型的设计和实施，掌握抽样波动、区间波动和置信区间的概念并能使用。概率部分要求对等可能情形进行研究并作实验模拟，在观测频率的基础上提出概率模型，能解释事件，计算概率，根据算法实施重复随机试验。具体见第二章。

（二）中国高中课程标准概率与统计的历史演变

20世纪30年代，我国有一本适用范围很广的高中教材《范式大代数》，列有“概率”一章。20世纪50年代，我国开始学习苏联，颁布的大纲均没有概率与统计内容。1960年，中学数学教学大纲第一次出现了概率与统计内容，但基本是大学教学内容的下放，在理论上要求过高、过深、偏难，脱离学生的生活实际和认识水平，在一些学校实验后不久就退出了教育的舞台[1]。1963年，我国颁布的大纲特别提到高中阶段“还是应该讲授一些概率的初步知识”，当时教材中概率有10课时，内容包括简单事件的概率、独立事件同时发生的概率、互斥事件至少有一个发生的概率、简单事件重复试验 n 次恰好发生 r 次的概率。

1978年，高中概率与统计内容再次兴起，高中数学大纲涵盖了概率内容，且初三开始学习统计，内容包括总体和样本、频率和分布，样本均值、方差和标准差。1980年，又增加了累积频数分布和累积频率分布，概率与统计逐步受到了重视。但此阶段概率与统计教材偏难，同时受到高考的影响，教学中落实不够到位。1986年，本着“适当降低难度，减轻学生负担，教学要求尽量明确具体”三原则，概率与统计内容被列为选修，包括随机事件的概率、等可能事件的概率、互斥事件有一个发生的概率、互相独立事件同时发生的概率、独立重复试验[2]。

1988年后，随着时代的发展和社会的需要，概率与统计内容进一步受到重视[1]。1992年，重申了1978年大纲所规定的内容。1996年，修订了教学大纲。

2003年5月，颁布的课程标准中将概率与统计作为高中数学课程的必修内容，并给出明确的要求、说明与建议。总体目标是从事数据收集、整理与描述的过

---

〔1〕罗海.《大纲》和《标准》下的高中概率统计教材比较研究[D].兰州：西北师范大学，2006.

〔2〕课程教材研究所.20世纪中国中小学课程标准·教学大纲汇编：数学卷[S].北京：人民教育出版社，1999.

程，体会抽象的必要性以及用样本估计总体的思想，进一步学习描述数据的方法，进一步体会概率的意义，能计算简单事件发生的概率，具体见表 6－2。

表 6－2　中国高中理科概率与统计内容变革

时间	概率与统计内容
1963	简单事件的概率，独立事件同时发生的概率，互斥事件至少有一个发生的概率，简单事件重复试验 n 次恰好发生 r 次的概率
1978	总体和样本，频率和分布，样本均值、方差和标准差(初三)
1980	总体和样本，频率和分布，样本均值、方差和标准差，累积频数分布和累积频率分布
1986	随机事件的概率，等可能事件的概率，互斥事件有一个发生的概率，互相独立事件同时发生的概率，独立重复试验
1988	古典概型，引入概率的统计型概念，互不相容事件和独立事件的概率计算，概率的加法公式和条件概率的计算，正态分布和二项分布，估计总体平均值等，更加重视随机方法和随机应用
1992	重申 1978 年内容
1996	必修：了解随机事件的统计规律性和随机事件概率的意义；了解互斥事件的意义，会用互斥事件的概率加法公式计算一些事件的概率；了解互相独立事件的意义，会用相互独立事件的概率乘法公式计算一些事件的概率；会计算事件在 n 次独立重复试验中恰好发生 k 次的概率；结合概率的教学，进行偶然性和必然性对立统一观点的教育 选修：离散型随机变量的分布列，期望和方差，概率密度，抽样方法，用样本方差估计总体方差，用频率分布估计总体分布，累积频率分布
2003	必修：统计(16 课时)。随机抽样：学会用简单随机抽样方法从总体中抽取样本，了解分层抽样和系统抽样；用样本估计总体：会画频率分布直方图、频率折线图、茎叶图，理解并计算标准差，会用样本的频率、数字特征估计总体，解决一些简单的实际问题；变量的相关性：知道最小二乘法的思想。概率(8 课时)：了解随机事件发生的不确定性，频率的稳定性，概率的意义以及频率与频数的区别；了解两个互斥事件的概率加法公式；理解古典概型及其概率计算公式，会用列举法计算一些随机事件所含的基本事件数及事件发生的概率；了解随机数的意义，能运用模拟方法估计概率，初步体会几何概型的意义；了解人类认识随机现象的过程 选修：了解独立性检验、实际推断原理、假设检验、聚类分析、回归的基本思想、方法和应用，了解离散随机变量、分布列、超几何分布、条件概率和两个互斥事件，能计算均值和方差，认识正态分布曲线的特点和意义，风险决策、损益函数和损益矩阵，会用决策树、反决策树，会进行决策的灵敏度分析，了解马尔可夫型决策及其方法

(三) 中法两国概率与统计发展对比

1. 共同点

两国越来越重视概率与统计课程。从 21 世纪开始，法国课程标准大量增加概率与统计内容，2010 年的改革再次加深了这方面内容。从 20 世纪 90 年代开始，中国课程比较重视概率与统计，2003 年的课程标准更凸显了这一点。

2. 不同点

中国高中概率与统计虽然起点比较早，在20世纪30年代就出现过，但发展比较曲折，中间有几次中断。法国概率与统计内容自从1958年进入高中课程后，就一直受到重视。

另外，中法两国课程标准都逐步提升对概率与统计内容的要求。法国从2000年开始把概率与统计、微积分及几何认定为高中三大内容，所学内容比较深，且知识面广。法国2010进一步加深了概率与统计内容的要求，特别是概率内容。中国2003也开始对概率与统计内容加以重视，但相比法国来说，重视程度远远不够。中国课程标准比较重视统计内容。

（四）思考与建议

通过以上对比，对概率与统计课程发展及教学有如下的思考和建议。协调好社会、学生及学科三个因素。数学课程内容的选定要充分保证数学教育目标的实现和达成，内容的选定应从最需要、最基础、可接受性出发。随着社会的发展、科学技术的进步和数学本身的发展，数学内容的价值也在发生变化。从总体上看，内容的改革不断进行，每次改革都要重新考查每项内容的价值，通过比较筛选出最需要、最基础的部分，在新知识不断增长的情况下，出现需要增加的内容多，可以删减的内容少等现象，学生负担过重就成为难题。因此，我国概率与统计内容的设置需要综合考虑各方面因素。

二、中法高中课程标准概率与统计内容比较分析

下面对中国2003、法国2010中概率与统计内容作比较分析[1]。

（一）必修与选修内容比较

中国2003概率与统计内容分为必修与选修，并且选修又分为文科选修与理科选修。法国2010概率与统计内容虽然不区分必修与选修，但结合具体内容要求并参考中国对必修与选修的划分，作出如下界定：法国高一年级文理科所学内容相同，是基础课、必学课，因此记高一概率与统计为法国必修；高二与高三年级的文理

〔1〕 李红玲，张玉环. 中法课标中概率统计内容的比较分析[J]. 数学教育学报，2014，23(5)：60－64.

科分别有相应的概率与统计课程标准，可以认为它们分别是法国文理科的选修内容。下面分别比较中法必修与选修内容。

1. 中法必修部分内容的比较

中法课程标准的必修内容都将概率与统计分成两个部分。首先，概率部分内容基本相同，都是研究等可能情形下随机事件的概率问题；其次，统计部分则有异同，都有对样本数据的统计分析，但中国 2003 独有线性回归方程，而法国 2010 独有区间估计。

2. 中法选修部分内容的比较

文科比较。中法课程标准选修部分文科内容相差很大，中国 2003 仅有统计内容，而法国 2010 除了统计还有大量的概率内容。首先共有的统计部分，中国 2003 包括独立性检验与回归分析两大部分，而法国 2010 包括区间估计；其次法国 2010 独有的概率部分中，含有条件概率、离散型随机变量与连续型随机变量及其分布，其中离散型随机变量内容放在高二，条件概率与连续型随机变量内容放在高三。

理科比较。这部分内容中法依然相差很大。首先统计部分，中法课程标准都与各自相应的文科内容相同，但都在文科基础上有所加深。其次概率部分有异同，中法课程标准都含有条件概率、离散型随机变量与连续型随机变量及其分布，且都重视二项分布与正态分布；中国 2003 多介绍了超几何分布，而法国 2010 多介绍了均匀分布与指数分布。

（二）共同点

1. 中法课程标准拥有很多共同的基础知识点

基础知识点是整个认知大厦的基石，只有基石牢固，大厦才能坚挺。两国课程标准都对基础知识点作出要求。例如，概率部分都要求掌握古典概型及其概率计算，即列举出随机事件所含的基本事件数来求该事件的概率；统计部分都要求通过对数据的分析为合理的决策提供依据；理科部分都要求掌握取有限值的离散型随机变量及其分布列、独立重复试验的模型及二项分布、随机变量的数字特征即均值与方差、正态分布曲线的特点及曲线所表示的意义等。这些基础知识点有助于学生打下良好的认知基础，利于更多高深知识的学习。

2. 中法课程标准都具有使用现代化设备的倾向性

概率与统计是与现实生活有着密切联系的一门学科，从生活中收集的大量数据需要计算与分析。现在电脑已经成为大部分人生活与工作中不可或缺的一部分。如果还将学生置于大量枯燥重复的计算中是不合理的，对此中法拥有共识。

为了适应时代发展的脚步，两国课程标准都倾向于学生使用计算器、计算机或者相关软件来处理数据，避免了学生在重复的繁杂运算中浪费宝贵时间。

3. 中法课程标准都体现了对分层教学的重视

不同专业的学生将来使用的知识点是不同的，对相同知识点的使用程度也是不同的，所以不能一概而论，应该分层教学。中法课程标准体现出必修内容为后续学习打基础，分文理科并使用不同的课程标准，且对文科的要求弱于理科。

（三）不同点

1. 含有一些不同的知识点

中国 2003 独有的知识点：利用数据和散点图认识变量之间的关系、根据所给的线性回归方程系数公式建立线性回归方程、独立性检验与回归分析。法国 2010 独有的知识点：分析所采集的数据时考虑中位数与四分位数、独立同分布、密度函数、大数定律、概率密度、均匀分布、指数分布、区间估计等。

将概率部分与统计部分分开考虑发现差异很大。概率部分：中国 2003 文科只有统计案例，不含概率；而法国 2010 文科对概率要求高，要求使用随机变量的概率分布对随机情形建立模型，进行概率分析。统计部分：中国 2003 文科要求学生了解几种统计方法的基本思想及其初步应用，对于其理论基础不作要求；而法国 2010 文科则更加严格，要求掌握估计，并能计算置信度为 0.95 的置信区间。

2. 对某些相同知识点的要求程度不同

对于相同知识点，中国 2003 倾向于实际运用中的操作，法国 2010 倾向于计算能力的把握。以“数据分析”为例，中国 2003 对数据的收集要求较多：会用简单随机抽样方法从总体中抽取样本，了解分层抽样和系统抽样方法，并能通过试验、查阅资料、设计调查问卷等方法收集数据；而法国 2010 对数据的收集基本没有提及，将重心放在了对所给数据思考、综合并给出相应的陈述上。

3. 结构编排不同

中国课程内容呈“模块式”，如必修 3 中，统计和概率各占一章。法国课程内容呈“渐进式”，以统计内容为例，高一学习中位数，高二开始学习方差、标准差。

4. 与其他学科的联系方式与程度不同

中国 2003 统计中案例部分与现实生活联系较多，是在对典型案例探究的基础上了解常用的统计方法与思想。例如，“肺癌与吸烟的关系”“新药是否有效”“昆虫分类”“人的体重与身高的关系”等。而法国 2010 则体现出与其他学科的相应联系，如高三理科部分，在“两个独立事件”处标注出有关于生物课中的遗传、基因与遗传风险内容，在“正态分布”处标注出有关于信息系统与统计过程控制科目等。

5. 对计算器及软件的要求程度不同

中国 2003 只鼓励学生尽可能运用计算器、计算机来处理数据、模拟活动等，并没有给出具体的实施知识点与实施的办法及要求。而法国 2010 则标注得十分具体到位，如可用计算器统计数据的计算、可用软件完成统计数据的分析与比较、用算法模拟各种随机变量的分布。

经过对比分析，可以发现中国 2003 概率与统计偏重思想的理解与实践，而法国 2010 偏重于理论与计算。中国 2003 概率部分更强调对随机现象的认识；统计部分要求从提取信息的角度比较各种方法的优劣，了解它们的适用范围[1]。法国 2010 概率部分更强调在各种情形下对事件概率的计算；统计部分要求对已有的信息数据进行分析研究，包括分析随机变量的类型、提取数字特征、对比进行区间估计、根据对样本的分析作出决策。法国 2010 的知识点明显多于中国 2003 的知识点，而中国 2003 的内容中与现实相联系的应用多于法国 2010，对实践的环节要求较高。

三、对我国高中概率与统计的思考与建议

经过上述的比较分析，可以发现中法课程标准都比较重视概率与统计，拥有众多共同的基础知识点，也都体现了对分层教学的重视。在内容要求方面，中国课程标准的知识点偏少而对实际应用的要求偏多，法国课程标准的知识点更广而对具体计算能力的要求更深；在实际应用方面，中国课程标准更倾向于与现实生活的联系，而法国课程标准更注重学科之间的联系；在信息技术使用方面，中国课程标准的要求显得比较笼统，而法国课程标准的要求则相对具体很多。这也体现了中法两国数学观的区别[2-3]。

他山之石，可以攻玉。基于此，建议中国概率与统计课程应注意以下几个方面。

---

〔1〕 张饴慈.“新课标”理念下高中概率和统计内容的定位和教学[J].数学通报，2005，44(6)：1－6.

〔2〕 张艳霞，龙开奋，张奠宙. 数学教学原则研究[J].数学教育学报，2007，16(2)：25－27.

〔3〕 林夏水. 数学观对数学及其教育的影响[J].数学教育学报，2007，16(4)：1－4.

（一）加强概率与统计同其他学科的联系

法国国家教学课程标准委员会在“教学课程标准框架信”中指出，现在进入高中的学生越来越多，学科技术小组应该充分考虑从教育质量和数量两个方面选定数学教学的内容，要寻找那些可以让学生深入数学思考并可以为所有人带来丰富知识的领域，尤其是要通过向当代世界开放而使数学课界限不再那么密不透气，要和其他学科建立联系[1]。加强学科之间的交叉性有助于学生对所学知识的全面把握、整体理解与融会贯通，也有助于激发学生的兴趣与创造性。

（二）概率与统计教学中合理应用实际问题

“实际问题既是概率论与统计学的来源，又是它们的归宿”[2]。因此，概率与统计同实际问题有着千丝万缕的联系，在教学中要加以重视。但是，过于强调实际问题在一定程度上又会冲散理论知识的学习，所以在教学中要处理好理论教学与实际问题之间的联系。

（三）加强对计算机及软件的详细要求

课程标准中尽量避免使用模棱两可的语句，因为具体的要求将直接指导教学过程，有助于教师在实际操作时掌握分寸、把握尺度，使得教学更加完美[3-5]。课程标准或教材中可以给出编制计算程序或试验程序的例子，让学生参考，设置相关计算和试验，让学生尝试使用软件进行模拟等，总之借助信息技术让学生的学习更加生动有趣。当然，由于我国经济发展的不均衡，导致不同地区、不同学校的教学资源也是不均衡的。因此，经济不发达地区的一些学校可能达不到计算机、计算器的普及使用，对此，应该在课程标准中有相应的体现。例如，对于可以达到辅助工具普及的学校，给出工具使用对应的具体知识点与具体使用方式，即给出具体的可操作

---

〔1〕 汪凌. 法国普通教育高中的数学教育课程[J]. 全球教育展望，2002，31(10)：28－30.

〔2〕 徐传胜. 运用实际问题改进《概率统计》教学[J]. 数学教育学报，2000，9(4)：91－94.

〔3〕 昌国良. 新课程实施中数学教师面临的现实性挑战[J]. 数学教育学报，2005，14(2)：41－43.

〔4〕 张永超. 关于《普通高中数学课程标准(实验)》适用性和科学性的几点思考[J]. 数学教育学报，2008，17(2)：61－64.

〔5〕 黄梅，龙武安. 数学教师新课程适应问题与对策[J]. 数学教育学报，2008，17(3)：95－97.

性的指导；而对于未达到辅助工具普及的学校，可采用教师演示或手工计算的方式。差异性是具体存在的且不可回避的现实，在制定课程标准时应该考虑进去。

第二节　中法高中教材概率与统计内容比较研究

本节对中国人教A版教材和法国SM教材中的概率与统计内容进行了研究，主要从结构编排和内容角度分析〔1〕。

一、中法高中教材章节结构编排分析

章节结构编排是教材的一大特色，是根据学科知识的自身特点、学生的认知结构以及一定的逻辑顺序等来编写的，体现了不同教材的教育理念和编写风格，通过对两国教材的章节结构特点进行分析，得出两国教材各自的结构特点，从侧面反映出两国教材的编写特点、教育教学理念和指导思想。

1. 章头的呈现方式

荷兰数学教育家弗赖登塔尔(Freudenthal)说过："学习数学唯一正确的方法是实行再创造，就是由学生本人把要学习的东西自己去发现或创造出来，教师的任务是引导和帮助学生去进行这种再创造性的工作，而不是把知识灌输给学生。"〔2〕中法两国教材的章头各具特色，分别体现了两国不同的教育理念。中国人教A版教材的章头由章节名、各小节名、章引言三个部分组成，章节名和各小节名像目录一样给出了本章所要学习的内容，使人一目了然，引言在右下角，由几段话组成，该内容新颖、丰富，作为一章新课的引入，不仅可以使学生了解到本章所要学习的主要内容以及所学内容的数学背景，让学生进行有目的的预习，还可以使学生了解到所学内容的实用价值、历史价值、文化价值，体现数学与社会、生活的联系。法国SM教材的章头由章节名、学习本章必要的(初中)知识点和课前练习三个部分组成，重要的是后两者，在学习本章知识前，要求有一定的关于本章内容必要的知识点，这个必要的知识点可以理解为基础知识，学生看完要求之后，有不了解的可以

〔1〕 张留芳.中法高中教材概率与统计内容的比较研究[D].开封：河南大学，2018.

〔2〕 赵翠.高中数学新旧教材概率与统计内容的比较研究[D].长春：东北师范大学，2013.

翻阅之前学过的知识进行复习和预习，在具备了基础知识之后，做与本章知识相关的课前练习题来复习和巩固，课前练习题是对之前学习过的知识的巩固和即将学习内容的铺垫，可以唤醒学生的知识体系，有承上启下的作用。

2. 小栏目的呈现

(1) 中国教材小栏目的呈现

法国著名数学家笛卡尔曾说“我思故我在”。爱因斯坦(Einstein)曾说“学习知识要善于思考，思考，再思考”。华罗庚曾说“独立思考能力，对于从事科学研究或其他任何工作，都是十分必要的。在历史上，任何科学上的重大发明创造，都是由于发明者充分发挥了这种独创精神”。中法两国教材正是充分发挥了这种思想，中国教材的每一节都会设置相应的思考题和探究题，但位置和数量不固定，有的小节还有观察题。通过有目的地引导和启发学生进行数学活动，在解决问题的过程中培养学生的问题意识、数学思维品质和自我学习数学的能力。

中国人教A版教材概率与统计内容的探究题是设置一个生活情景，对一些问题进行探究。比如，怎样设计并抽检部分食品卫生是否达标；在大部分居民的日常生活不受影响的条件下，确定一个居民月用水量的标准；全班学生掷硬币并统计各事件发生的频率；等等。高中数学课程应倡导自主探索、动手实践、合作交流、阅读自学等学习数学的方式。高中数学课程应力求通过各种不同形式的自主学习、探究活动，让学生体验数学发现和创造的历程，发展他们的创新意识〔1〕，而探究题可以促进学生的自主学习和创新。同时，教材中的观察题能培养学生的洞察力，要求学生善于观察，并从图形中得出重要结论。

中国教材中小提示较多，对边框的利用也较多，边框包括“注释”“问号”“钥匙”。“注释”会对一些问题概念、符号或方法作出解释说明，拓展知识；“问号”是进一步思考问题，让学生更加深刻地认识和了解知识，理解知识之间的区别与联系；“钥匙”是呈现一些容易被忽略但同时又很重要的结论〔2〕。这几个栏目综合利用，相得益彰。

另外，中国教材几乎每一章都有阅读与思考、探究与发现、观察与思考的一种或几种，这种阅读性的栏目可以开拓学生的视野和空间〔3〕，认识到数学不仅是运

〔1〕 中华人民共和国教育部. 普通高中数学课程标准(实验)[S]. 北京：人民教育出版社，2003.

〔2〕 林丹. 中美高中数学教材比较及启示——以PEP教材与CPM教材中统计与概率章节为例[D]. 武汉：华中师范大学，2015.

〔3〕 赵翠. 高中数学新旧教材概率与统计内容的比较研究[D]. 长春：东北师范大学，2013.

算和推理的工具,还是表达和交流的语言,承载着思想和文化、科学价值、应用价值和人文价值,体会、欣赏数学的美,发展数学应用能力及创新意识,养成良好的数学学习习惯。

中国教材各章后还有实习作业和小结。概率与统计部分要求结合具体实例,进一步感悟和理解统计与随机的思想,体会确定性思维与随机性思维的差异。为了学好概率与统计,必须经历问题的全过程,其中包括:收集数据提取信息、利用图表展示数据、构建模型分析数据、解释数据获取知识,鼓励学生动手试验,重视概率模型思想的渗透。实习作业正好可以满足问题解决的全过程,同时培养学生小组合作学习的好习惯,并将所学知识应用于实际生活,体现了数学的应用性。章末的小结包括本章知识结构和回顾与思考两部分,为学生复习与总结提供参考。知识结构部分对本章内容作了全面系统的总结,并用知识结构图的形式表示,图形形象、生动,比文字更有说服力,便于学生归纳和整体把握本章知识,同时也便于学生记忆。回顾与思考对重点知识进行了详细的解释并设计了相关问题,问题涉及本章重点知识、知识的实际应用,非常具有启发性,激发了学生的学习兴趣,调动了学习主动性,提高了数学思维的参与度,鼓励学生自主探索,合作交流。〔1〕

(2) 法国教材小栏目的呈现

法国教材小栏目以“问题”或者“注意”的形式出现在正文部分,主要针对性质和定理等作出解释,其作用各不相同。

法国 SM 教材中问题很少,大部分是以“注意”“注释”等形式出现的。例如,高一抽样这一章节中提出:“我们可以观察频率 f_0,验证对 p 的猜想? 观察频率 f_0,它是接近还是远离理论值 p?”以问题的方式让学生研究和思考频率 f_0 和概率 p 之间的关系。学生掌握知识的重要途径就是学生自己探索和发现,经历知识获得的全过程,通过观察和思考频率 f_0 和概率 p 间的联系,更好地理解和掌握所学知识。然后给出符合条件下的频率 f_0 和概率 p 之间的关系。有效地培养了学生善于发现问题,并通过思考解决问题的能力〔2〕。

教材中“注意”和“注释”较多,一般位于定义、性质或者例题的后面,用来解释定义或性质中容易出错和需要特别注意的地方。例如,位于例题“总统选举”后面的“注意”。

---

〔1〕 孙彬.普通高中数学新旧教材的比较研究——以人教版为例[D].大连:辽宁师范大学,2010.

〔2〕 娄满想.中国、美国和新加坡高中数学教科书中概率统计内容的比较研究[D].上海:华东师范大学,2012.

注意：

民意调查往往是从现实生活中选取大约1 000人进行，因为这能了解候选人的比例在3%左右。

用来解释说明为什么习题里对992人进行民意调查，因为这能了解候选人的比例在3%左右。

又如，在定义后面的“注意”。

注意：

(1) 不可能事件是一定不会发生的事件，其概率为0。

(2) 必然事件是肯定会发生的事件，其概率为1。

先给出事件概率的定义，然后补充说明两类特殊事件的概率，即不可能事件和必然事件。

再如，位于例题之后的“注释”。

注释：

- 符号$[a, b)$表示a和b之间的所有数字，a包含在内，b不包含在内。
- 原始数据等于a_2、a_3、…、a_p，不应该计数两次。

这里，等于a_2数据被记录在$[a_2, a_3)$内，而不是$[a_1, a_2)$内。

用来解释区间包含的范围，因为前面定义虽然有相同的符号出现，但并没有解释，紧接着就是例题，容易让学生混淆区间符号的具体含义，所以在例题之后就给出解释。说明了这个区间包含的范围，每个数据只能记录一次。因而根据区间形式可以判断两端数据是否包含在区间内，利用例题跟知识点相结合的形式，更容易让人印象深刻，学生也可以根据注释进行外推，如可以推出，$(a, b]$表示a和b之间的所有数字，且a不包含在内，b包含在内。

法国SM教材的小栏目一般都是按顺序在定义、性质、例题等的后面出现，并用特殊字体标出，和性质同等重要，这样不容易被忽视，可以和性质等内容一起学习。

另外，法国SM教材每一章内容开始之前都会明确指出学习本章必要的知识点，每章结束之后有学生必须达到的能力要求(图6-1)，学生可以自主复习和预习，遇到不懂的可以主动翻阅之前相关的书籍，这可以明确每一章知识的重点，每学习一章便增加一章相应的能力。每章结束之后的能力要求都不一样，之后是自我评估且有相应的练习题，教材最后有相对应的答案，学生可以通过习题来测试学习本章之后的效果，检验是否达到本章的能力要求，这是法国教材的一大特色，值得我们借鉴。中国虽然也有能力要求，但具体的只是在课程标准中呈现，教材中并没有呈现，不容易把握重点。

学习这一章必要的初中知识：
- 看懂条形图
- 看懂表格
- 计算频率
- 计算有效的累积频率

在本章结尾我必须达到的能力：

一系列的数据分析：
- 性质
- 类型
- 方法

确定和解释：
- 中位数
- 四分位数
- 频率

一系列数据的排序：
- 对表格中有效数据排序
- 确定分类（排列）

作图并会解释图：
- 在图上标线
- 直方图（频率分布图）
- 累积频数曲线

图 6－1　法国 SM 教材高一 sp1 统计描述章头章末能力要求

二、中法高中教材内容的比较

内容是教材的灵魂，是教材的精华所在，教师要把隐藏在冰冷外表下形式化的数学知识转化为适合学生自己建构的非形式化形态[1]，揭示数学的本质，培养学生的逻辑思维能力、数学创新能力、探究与合作能力等。下面从章节内容安排、知识内容、呈现方式与严格性水平、知识内容教学方面的处理等方面进行比较，以期得出两国教材各自的优缺点，对我国的数学教育工作者在教学方面和课程改革方面提供有价值的参考建议。

（一）章节内容安排的比较

两国教材概率与统计的编排方式不同，中国教材是模块式，法国教材是分散交叉式，差异很大。中国教材先学统计后学概率，呈模块状。把随机抽样、用样本估计总体、变量间的相关关系放在一起作为统计部分，把随机事件的概率、古典概型、几何概型作为概率的一章，这两章作为必修部分放在必修 3，随机变量及其分布和统计案例作为理科选修内容放在选修 2－3。法国教材高一统计部分包括中位数、四分位数、平均数、波动区间、置信区间估计。高二包括箱线图、方差、标准差等，呈螺旋上升状。法国教材概率部分所占比重较大，高一、高二、高三均有涉及，在高一学习过事件、概率计算的基础上，高二研究随机变量的概率、期望、方差、标准差、独立重复的随机试验、伯努利分布、二项式系数等知识，高三研究条件概率和事件的

〔1〕 张奠宙，宋乃庆．数学教育概论(第三版)[M]．北京：高等教育出版社，2016：88.

独立、均匀分布、指数分布、正态分布的概率密度等知识，可见法国教材对概率内容的重视。

表 6-3　两国教材章节内容安排比较

中　国	法　国
必修 3 第二章　统计 2.1　随机抽样 2.1.1　简单随机抽样 2.1.2　系统抽样 2.1.3　分层抽样 2.2　用样本估计总体 2.2.1　用样本的频率分布估计总体分布 2.2.2　用样本的数字特征估计总体的数字特征 2.3　变量间的相关关系 2.3.1　变量之间的相关关系 2.3.2　两个变量的线性相关 第三章　概率 3.1　随机事件的概率 3.1.1　随机事件的概率 3.1.2　概率的意义 3.1.3　概率的基本性质 3.2　古典概型 3.2.1　古典概型 3.2.2　(整数值)随机数的产生 3.3　几何概型 3.3.1　几何概型 3.3.2　均值随机数的产生 选修 2-3 第二章　随机变量及其分布 2.1　离散型随机变量及其分布列 2.1.1　离散型随机变量 2.1.2　离散型随机变量的分布列 2.2　二项分布及其应用 2.2.1　条件概率 2.2.2　事件的相互独立性 2.2.3　独立重复试验与二项分布 2.3　离散型随机变量的均值与方差 2.3.1　离散型随机变量的均值 2.3.2　离散型随机变量的方差 2.4　正态分布 第三章　统计案例 3.1　回归分析的基本思想及其初步应用 3.1.1　线性回归方程 3.1.2　回归分析的应用 3.2　独立性检验的基本思想及其初步应用	高一 sp1 统计描述 1. 统计序列、图表、频率 2. 中位数和四分位数 3. 平均数 sp2 抽样 1. 抽样、模拟和波动 2. 决策：波动区间(P 是已知的) 3. 置信区间估计(P 是未知的) sp3 概率 1. 事件 2. 模型选择 3. 概率计算 高二 sp1 统计 1. 盒形图和四分位数 2. 方差和标准差 3. 统计数量分析 sp2 概率：离散型随机变量 1. 离散型随机变量及其概率分布 2. 期望、方差和标准差 3. 离散型随机变量的线性变换 sp3 二项分布和波动区间 1. 独立重复试验 2. 伯努利分布 3. 伯努利的图解和二项式系数 4. 二项分布 5. 抽样 高三 sp1 条件概率和独立 1. 条件概率和加权树 2. 两个独立事件 sp2 概率密度 1. 随机变量的概率密度 2. 均匀分布 3. 指数分布 ($\lambda > 0$) 4. 正态分布 sp3 抽样和估计 1. 波动区间 2. 决策 3. 置信区间

(二) 知识内容的比较

法国教材中,概率与统计内容采用了分散编排的方式,在高一、高二、高三均有涉及,且呈渐进式。中国教材是“模块式”的编排模式,概率与统计分布在必修3和选修2-3,只有四章内容。基于此,以中国教材章节的分布为准,把法国教材中与之相对应的知识点分到对应的部分,中国教材中没有而法国教材中包含的内容就加上。

从所占的篇幅来看,中国教材是161页,法国教材是214页。从内容上看,两国教材相差甚远,法国教材比我国教材内容丰富,所包含的知识点多,而且难度大。我国教材包含法国教材没有的内容,如三种简单的随机抽样、几何概型、统计案例等,法国教材也有我国教材所没有的内容,如四分位数、置信区间估计、随机变量的密度、均匀分布、指数分布($\lambda > 0$)、波动区间等[1]。具体见表6-4。

表6-4　两国教材知识内容的比较

主　题	中　国	法　国
统计	简单随机抽样,系统抽样,分层抽样,用样本估计总体(包括用样本的频率分布、众数、中位数、平均数、标准差、方差等来估计总体),变量之间的相关关系,两个变量的线性相关	统计序列,中位数和四分位数,平均数,抽样、模拟和波动,决策:波动区间(P是已知的),置信区间估计(P是未知的),箱线图和标准四分位数,方差和标准差,统计事件摘要
概率基础	随机事件的概率(概率的意义、基本性质),古典概型,几何概型,(整数值)随机数的产生,均匀随机数的产生	事件,模型选择,概率计算,条件概率和加权树
随机变量及其分布	离散型随机变量及其分布列(伯努利分布、超几何分布),离散型随机变量的均值与方差,二项分布及其应用,正态分布	独立重复的随机试验,伯努利分布,伯努利图解和二项式系数,两个独立事件,随机变量的概率分布,期望、方差和标准差,随机变量的线性变换
统计案例	回归分析的基本思想及其初步应用,独立性检验的基本思想及其初步应用	
概率密度		随机变量密度,均匀分布,指数分布($\lambda > 0$),正态分布
抽样和估计		波动区间,决策,置信区间

〔1〕 高雪芬.中国与新加坡高中数学教材微积分内容比较研究[J].数学通报,2012,51(12):4-5.

1. 统计

中国教材主要介绍了三种简单的随机抽样、用样本估计总体以及变量间的相关关系，涉及茎叶图、频率分布直方图、用画散点图的方式确定两个变量之间的关系以及用最小二乘法求回归直线方程等知识，这些内容是法国教材中未提及的。法国教材除了中位数、平均数、方差和标准差与中国教材的内容相同外，其他均不相同，法国教材还包括抽样、模拟和波动，频率 f_0 在 P 是已知的条件下的波动区间以及在 P 是未知的条件下的 P 的置信区间估计，使用软件或计算器对一个统计数列进行分析，或对两个统计数列进行有意义的比较。很明显法国教材比中国教材的难度大，如置信区间估计中国的高中教材并没有涉及，只有在大学时才有详细介绍。

2. 概率基础

这部分的相同点是都包括随机事件以及事件的交、并以及逆事件。不同的是，中国教材有几何概型以及随机数的产生，且古典概型与几何概型均单独作为一小节，详细介绍了两种模型的特点与性质，可见它们在中国教材中的地位，随机数的产生则结合计算机的使用，告诉学生可以利用计算机代替大量的重复试验，在提高效率的同时锻炼学生的动手能力和计算机的实际操作能力。法国教材包括模型选择、概率计算、条件概率和加权树。模型选择有两种，一种是用频率来估算概率，另一种是均匀分布模型，等同于中国教材中的古典概型。概率计算顾名思义即计算事件发生的概率，中国教材把这部分知识分散地融入各知识点，并没有单列，而将条件概率放到了离散型随机变量部分，加权树已出现在中国初中教材中。

3. 随机变量

这部分内容两国教材基本保持一致，都包括独立重复试验，事件的独立，伯努利分布，离散型随机变量的期望、方差、标准差，二项分布以及随机变量的线性变换的期望、方差等。不同的是，中国教材出现了超几何分布，而法国教材没有涉及；中国教材把正态分布放在离散型随机变量一章中，但实际上它是连续型随机变量，法国教材则把正态分布放到了概率密度一章中，与均匀分布和指数分布放在一起。在教学中，中国教材鼓励学生使用计算器、计算机等现代技术手段来处理数据，有条件的学校还可运用一些常见的统计软件解决实际问题〔1〕，法国教材则直接要求用算法模拟二项分布，可使用计算器或软件得到二项式系数的值，直接代入公式计算概率，并作出二项分布的图形，可操作性强。

---

〔1〕 中华人民共和国教育部.普通高中数学课程标准(实验)[S].北京：人民教育出版社，2003.

4. 统计案例

这部分知识是中国教材独有的，主要介绍了回归分析和独立性检验的思想，让学生了解什么是回归分析和独立性检验，学会利用所得数据并运用一元线性回归分析的方法估计预报变量，理解两组数据间的统计相关性；通过二维列联表对两个分类变量进行独立性检验，进一步理解、归纳推理在处理统计问题中的应用，提升数据分析能力和逻辑推理素养。

5. 概率密度

概率密度是法国教材独有的内容，先介绍随机变量的概率密度的定义及简单性质，然后给出均匀分布、指数分布、正态分布这三种分布的定义、性质，还给出了均匀分布和指数分布的严格证明过程。该密度定义是离散型随机变量期望定义的延拓，虽然不要求掌握密度函数的代数表达式，但可以从经济学或社会学中找到例子来阐述〔1〕。

6. 抽样和估计

这部分内容也是法国教材独有的，共有三部分内容，即波动区间、决策、置信区间，且与高一的内容相呼应，高一虽然给出了 P 已知条件下的概率的波动区间，但没有证明，到了高三才给出完整的证明。

（三）呈现方式与严格性水平的比较

呈现方式和严格性水平的比较借鉴我国学者高雪芬的研究〔2〕和哈佛大学提出的“4 规则”方法，“4 规则”指每个概念都要通过图像、数值、符号、语言描述四种方式呈现。具体从以下两个方面比较。

1. 概念的引入与呈现方式

对数学来说，基本概念是非常重要的，是解决问题的基础，只有基本概念理解清楚了，才能正确地分析判断，达到灵活运用的目的，概率与统计内容的知识点多，概念也多，为方便比较，本部分分别统计中法两国教材中共有的概念的引入与呈现方式，法国教材对于一些概念、定义等是通过准备活动中的数学问题和现实问题引入的，也有直接给出的，但在正文中都有明确的定义，如期望、方差、离散型随机变量等的定义。中国教材基本上都是由相关的数学问题和现实问题引入的，有的概

〔1〕 李红玲，张玉环. 中法课标中概率统计内容的比较分析[J]. 数学教育学报，2014，23(5)：61.

〔2〕 高雪芬. 中国与新加坡高中数学教材微积分内容比较研究[J]. 数学通报，2012，51(12)：5－6.

念并没有明确的定义，如两点分布。两国教材中平均数和期望在呈现方式上是一样的，法国教材中语言描述的呈现方式最多，数值和符号呈现方式的次之，图像呈现方式的最少；中国教材中数值和符号呈现方式的最多，图像和语言描述方式呈现的相同，具体的情况见表 6－5。

表 6－5　教材中概念的比较

概　念	引入方式				呈现方式			
	直接给出	数学史	数学问题	现实问题	图像	数值	符号	语言描述
中位数			√	△	√	√		△
平均数			√	△	√	√△	√△	
标准差或方差			√△	√	√△	√△	√△	
期望			√△	√		√△	√△	
概率		√	△				√	√△
离散型随机变量	△		√	√				√△
二项分布			√	△		√	√	√△
伯努利分布（两点分布）			√△		√	√	√	△

注：“√”表示中国教材出现，“△”表示法国教材出现。

2. 性质定理的呈现方式与严格性水平

性质定理是教材的重要组成部分，其呈现方式和严格性水平直接影响教师对教学内容的处理，进一步影响学生对知识的理解与掌握。对两国教材中共有的性质作比较，可以发现在严格性水平方面，法国教材九个性质中有六个是直接给出的，有一个是较严格的说理，有两个是经过严格证明的；在引入方式上，法国教材全部是直接给出的；在呈现方式上，有两个是采用语言描述说明的，其他的都是用符号的方式。同样地，在严格性水平方面，中国教材中有两个是经过严格证明的，条件概率以及独立事件的和的概率是通过举例来验证的，剩下的三个都是直接给出的；在引入方式上，所有事件和的概率和伯努利分布的期望是通过数学问题和现实问题（如掷骰子）引入的，条件概率与独立事件的和的概率是通过数学问题引入的，其他都是直接给出的；在呈现方式上，所有的性质定理均是通过符号的形式来呈现的。具体情况见表 6－6。

法国教材常直接给出性质定理，中国教材强调例证与说理，在性质定理的引入方式上更加多样化，数学问题与实际问题相结合。法国教材在呈现方式上更加多样化，图像、符号、数值、语言描述相结合。

表 6-6　教材中性质定理的比较

性质定理	严格性水平				引入方式				呈现方式			
	直接给出	举例验证	较严格的说理	严格证明	直接给出	数学史	数学问题	现实问题	符号	图像	数值	语言描述
$0 \leqslant P(A \leqslant 1)$			√△		√△				√			△
所有事件和的概率	√△				△		√	√	√			△
$E(ax+b)=aE(x)+b$				√△	√△				√△			
$V(ax)=a^2V(x)$	√			△	√△				√△			
伯努利分布的期望	△			√	△		√	√	√△			
伯努利分布的方差	√△				√△				△			
伯努利分布的标准差	△				△				√△			
条件概率	△	√			△		√		√△			
独立事件的和的概率	△	√			△		√		√△			

注："√"表示中国教材出现，"△"表示法国教材出现。

(四) 知识内容教学方面的处理的比较

1. 课前练习

以高二"概率：离散型随机变量"一章为例，展示法国教材的课前练习(案例 6-1)。这章主要包括离散型随机变量，离散型随机变量的分布列、期望、方差、标准差以及线性变换的随机变量。先回顾有关的事件，事件的概率，事件的交、并等知识，从简单题目开始。其中，第 1、2 题是已知 A、B 两个事件的概率，且知 $A \cap B$ 或 $A \cup B$ 的概率，求 $A \cup B$ 或 $A \cap B$ 的概率，通过事件之间的关系以及概率的运算，最后求得答案；第 3 道题由题意可以求得事件 A、B、C 的概率，然后计算交事件、并事件和互斥事件的概率；第 4 道由生活常识密码题构成，由四位数组成，并说明四个数均在 0 到 4 之间且都是不同的，求解开密码的概率，这道题需要经过复杂的思考，并考虑题中的条件，最终确定答案。继而题目难度增加，第 5 题和第 3 题类型差不多，根据题意算出事件 D、Y 的成员人数，然后计算题中所给事件的概率；第 6 题与第 4 题相似，同是密码题，不同的是这道题是数字与字母的组合，情况更为复杂，所以有 3 个小问题，且难度依次上升，经过复杂的推理计算，最终确定答案。课前练习的呈现方式，使学生可以根据自己的做题情况重点复习和巩固自己薄弱的地方，这比我国课堂上简单回顾旧知识更有针对性，也使教师更容易把握学情。

【案例 6－1】法国教材的课前练习

1. A 和 B 是两个事件，已知 $P(A)=0.2$，$P(B)=0.5$，且 $P(A\cap B)=0.1$，计算 $P(A\cup B)$。

2. A 和 B 是两个事件，已知 $P(A)=\frac{1}{3}$，$P(B)=\frac{1}{4}$，且 $P(A\cup B)=\frac{1}{2}$，计算 $P(A\cap B)$。

3. 在 32 张扑克牌中随机抽取。考虑以下几点：

A：获得扑克牌 A 一次。

B：获得扑克牌黑桃一次。

C：获得红色的扑克牌一次。

计算下列事件的概率：

A；B；C；$B\cap C$；$\bar{B}$；$A\cup C$。

4. 一个人忘记了密码，该密码由四位数组成。她只记得每一位上的数字在 0 到 4 之间，且都是不同的。求解开密码的概率。

5. 一个俱乐部有 250 位成员，每位成员参加一个或多个活动。

- 60 人只练习瑜伽。
- 90 人只练习舞蹈。
- 35 人同时练习瑜伽和舞蹈。

随机选择一位成员。考虑事件：

D：实际练习舞蹈的成员。

Y：实际练习瑜伽的成员。

(1) 计算 $P(D)$，$P(Y)$ 和 $P(D\cap Y)$。

(2) 计算 $P(D\cup Y)$ 和 $P(\overline{D\cup Y})$。

6. 进入大楼最安全的密码由三个数字和一个字母组成。

(1) 可能的组合数目是多少？

(2) ① 客人忘记字母的代码，有多少种可能的组合？

② 计算客人第一次就打开门的概率。

2. 准备活动

以高二“概率：离散型随机变量”一章为例，展示法国教材的准备活动，具体见案例 6－2、案例 6－3、案例 6－4。课前练习部分已经复习了学过的有关概率的知识，法国教材准备活动的作用就是引入新知，案例 6－2 是第 1 个准备活动，引入了离散型随机变量的分布列，前两问是常规的求概率的题，第三问的②小问是把每一个可能的收益值和对应的概率写在同一个表格里，这就是离散型随机变量的分布列，然后由表格中的数据可以直接得出后面两小问的答案。在正文部分是先给出随机变量的定义，紧接着给出离散型随机变量的定义。中国教材以掷骰子为例引出离散型随机变量的分布列，抛掷一枚质地均匀的骰子，用 X 表示骰子向上一面的点数，虽然在抛掷之前，不能确定 X 会取什么值，但根据古典概型计算概率的公式可知，它取各个不同值的概率都等于$\frac{1}{6}$。然后用表格列出随机变量可能的取值以及 X 取这些值的概率。最后给出了离散型随机变量的概率分布列的一般形式及定义，即“一般地，若离散型随机变量 X 可能取的不同值为x_1、x_2、…、x_i、…、x_n，X 取每一个值x_i（$i=1$、…、n）的概率 $P(X=x_i)=p_i$，把每一个取值 x_i 和对应的概率 p_i 以表格的形式给出，称这个表格的形式为离散型随机变量 X 的概率分布列，简称为 X 的分布列”。

【案例 6－2】法国教材的准备活动 1

活动 1　无放回地取球

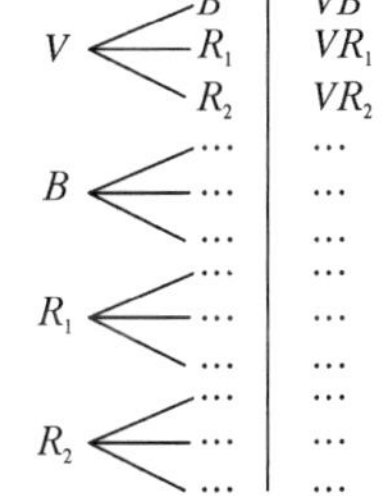

箱子里装着一个绿色的球（V），一个蓝色的球（B）和两个红色的球（R_1 和 R_2），随机取出一个球，而后无放回地取出第二个球。

（1）复制和完成旁边的树状图，以确定所有可能的结果。

（2）每一种情况的概率是多少？

（3）一个蓝色的球表示不输不赢，一个绿色的球表示赢 2 个点，一个红色的球表示输 1 个点。我们用 X 表示所得点数（可以是赢也可以是输，每个点数表示 1 欧元）。

① 收益值可能是多少？

② 复制并完成表格。

事　件	$(X=-2)$	$(X=-1)$	$(X=1)$	$(X=2)$
概　率				

③ 计算 $P(X=-2)$ 的概率，即游戏者输掉 2 欧元的概率。

④ 计算 $P(X=-1)$、$P(X=1)$ 和 $P(X=2)$ 的概率。

法国教材第 2 个准备活动是掷骰子的游戏（案例 6－3），根据规则定输赢，先用计算机模拟给出的算法，观察并分析，然后完成表格，根据表格可以计算输掉 1 欧元和赢得 5 欧元的概率 p 和 q，再引出实际得分即数学期望这个新知识，最后讨论游戏的公平性，在正文部分直接给出离散型随机变量期望的定义。中国教材是以思考题的形式引入的，即某商场要将价格分别为 18 元/千克、24 元/千克、36 元/千克的 3 种糖果按 3∶2∶1 的比例混合销售，如何对混合糖果定价才合理？后面给出答案：由于平均在每 1 千克的混合糖果中，3 种糖果的质量分别是$\frac{1}{2}$千克、$\frac{1}{3}$千克和$\frac{1}{6}$千克，所以混合糖果的合理价格应该是 $18\times\frac{1}{2}+24\times\frac{1}{3}+36\times\frac{1}{6}=23$(元/千克)，它是三种糖果价格的一种加权平均，这里的权数分别是$\frac{1}{2}$、$\frac{1}{3}$和$\frac{1}{6}$。根据古典概型计算概率的公式可知，在混合糖果中任取一颗糖果，取出的这颗糖果的价格为 18 元/千克、24 元/千克、36 元/千克的概率分别为$\frac{1}{2}$、$\frac{1}{3}$和$\frac{1}{6}$。用 X 表示这颗糖果的价格，则它是一个离散型随机变量，可以列出分布列，从而看出权数恰好是随机变量 X 取每种价格的概率。这样，每千克混合糖果的合理价格可以表示为 $18\times P(X=18)+24\times P(X=24)+36\times P(X=36)$。然后，在此基础上给出离散型随机变量的数学期望的定义。法国教材以题目为依托，让学生自己一步步进行探索，使学生在探索的过程中掌握新知识，中国教材以语言分析为主，步步深入，最终引出新知识。

【案例 6-3】法国教材的准备活动 2

活动 2　掷两个骰子

一场游戏由投掷 n 次两个均匀的骰子组成。两个骰子点数一样时赢得 5 欧元，否则输掉 1 欧元。

1. 算法：模拟
2. 变量：n、i、R、S、G；整数
3. 处理
4. 给定 n 的初始值
5. G 取 0
6. i 从 1 取到 n
7. R 的取值范围是(1；6)
8. S 的取值范围是(1；6)
9. 如果 $R=S=0$ 时
10. $G=G+5$
11. 否则
12. $G=G-1$
13. 结束
14. 结束循环
15. 显示
16. 显示 $\frac{G}{n}$
17. 结束算法

(1) 观察上面的算法。

① 这个算法是什么?

② 在计算器或软件上设置此算法。依次模拟 $n=10$，$n=50$，$n=100$ 时的情形，看到什么结果?

(2) 复制并完成表格。

	1	2	3	4	5	6
1	+5	−1				
2						
3						
4						
5						
6						

(3) 计算这个游戏输掉 1 欧元的概率 p 和赢得 5 欧元的概率 q。

(4) 计算实际得分 $E=p(x=-1)+q(x=5)$。这个数字被称为获胜的数学期望。

(5) 你认为大量的玩家能达到平均值吗? 这个游戏有利于玩家还是有利于组织者?

法国教材第 3 个准备活动也是以游戏为背景，先确定随机变量 X 的概率分布和期望，然后为了游戏的公平性，讨论到底什么成本可以设为短信的预期期望值。这个活动是对活动 1 和活动 2 的复习和巩固。而中国教材，一般只由一个准备活动引入本节的知识点。

【案例 6－4】法国教材的准备活动 3

活动 3　比赛

在一个电视音乐节目中，比赛题目出现在电视屏幕上。

短信游戏

哪位音乐人属于“甲壳虫乐队”?

1. 博诺　　2. 约翰·列侬

通过短信发送 1 或 2 到 71028，如果你赢了，立即得到以下其中一个奖品:

- 去利物浦旅行(单价: 2 000 欧元)，共 3 次
- “佩伯军士”专辑(单价: 20 欧元)，共 10 张
- T 恤衫(单价 10 欧元)，共 100 件

短信费用为0.25欧元。在回答正确的参与者中随机抽取一人。

考虑到有10万参与者都给出了正确的答案。用随机变量X表示参与者的收益值。

(1) 确定X的概率分布并计算其期望。

(2) 解释游戏公平性。

3. 拓展活动

法国教材的拓展活动位于每章自我评估之后，题目数量不固定，视情况而定，供学有余力的学生研究。第一个以大家耳熟能详的龟兔赛跑为例，设定一个比赛规则，问乌龟和兔子谁赢的概率大，并编写一个算法模拟兔子赢得比赛的概率，最后要求建立树形图，计算乌龟赢得比赛的概率；第二个是蒙特卡洛算法，用来近似计算π值，可以直接在计算机上模拟这种方法；最后一个是蒙蒂霍尔(Monty Hall)问题，即根据规则看玩家是改变选择还是坚持选择不变赢得游戏的概率大，最后用一个算法来模拟这种情况。这一系列问题以及算法非常考验学生的能力，使学生在掌握基本知识和基本技能的基础上能有条理地思考问题，清晰地表达自己的看法，使学生学会用数学的思考方式解决问题、认识世界，同时发展学生的智力，提高学生的创新意识，有助于学生形成科学的世界观、价值观。学生只有亲身经历数学化活动，获得理解性掌握，才能真正形成数学核心素养。中国教材的拓展活动位于阅读与思考部分，这种阅读性的栏目可以开拓学生的视野，使学生认识到数学不仅是运算和推理的工具，还是表达和交流的语言，承载着思想和文化。鼓励学生体会、欣赏数学的美，发展数学的应用能力及创新意识，让学生养成良好的数学学习习惯。

【案例6-5】法国教材的拓展活动1

拓展活动1　兔子和乌龟

兔子和乌龟以下列方式比赛：

走完全程6个格子

- 掷骰子。
- 如果得到6，让兔子前进6个格子。
- 如果不是，让乌龟前进1个格子。

(1) 原则上，谁有可能赢？

(2) 用电子表格模拟一个算法，算出兔子赢得比赛概率的近似值。

(3) 建立一个树形图，计算乌龟赢得比赛的概率，推论兔子赢的概率。

【案例 6-6】法国教材的拓展活动 2

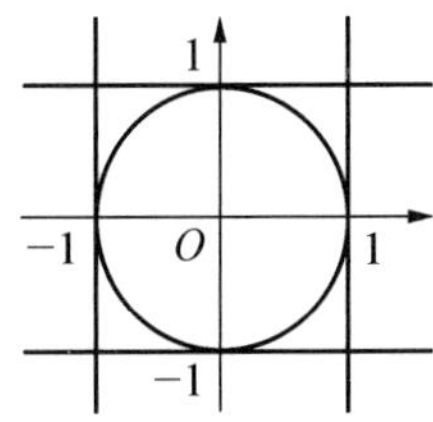

拓展活动 2　蒙特卡洛算法

(1) 在平面直角坐标系$(O;\ I,\ J)$中，我们考虑如图所示的圆心为 O、半径为 1 的圆以及中心为 O、边长为 2 的正方形。

① 确定圆形的面积和正方形的面积。

② 验证点 M 的坐标满足什么条件时，可以使其在正方形的内部。

③ 验证点 M 的坐标满足什么条件时，使得 $OM \leqslant 1$。在这种情况下，我们可以推断出点 M 的什么结论？

(2) 用蒙特卡洛算法计算 π 的近似值，创建许多正方形中的随机点，观察有多少在圆中。圆中的点数与总点数的比值应该接近圆的面积与正方形面积的比，我们以此表示 π。

① 完成以下算法。

1. 算法：神秘算法
2. 使用变量列表
3. x、y、pi 是实数
4. k、n；整数
5. 处理
6. 输入 n
7. 赋初始值为 0
8. 对于 k，从 1 取到 n
9. 产生一个随机数，并将值赋给 x
10. 产生一个随机数，并将值赋给 y
11. 如果 $OM \leqslant 1$，否则结束内循环
12. $k = k + 1$
13. 结束循环
14. 结束
15. 令 $pi = \dfrac{k}{n}$
16. 计算 pi 的值 x
17. 显示
18. 显示 π 的值
19. 显示 pi 的值
20. 结束算法

② 在计算机或计算器上实现此算法，并测试不同值的 n。

③ 是否可以发现 pi 的值总是接近 π 的值。

(3) 保罗说可以知道 π 近似值的准确性，他说得对吗？

【案例 6－7】法国教材中的拓展活动 3

拓展活动 3　蒙蒂霍尔问题

在一个游戏中，有三扇门，一扇门后面隐藏一辆汽车，另外两扇门后面藏有山羊，参与者随机选择一扇门，门后面有什么就赢得什么。

游戏需 3 个步骤：

- 玩家选择了一扇门，但没有打开。
- 知道汽车在哪扇门后面的主持人，打开另一扇隐藏山羊的门。
- 主持人允许玩家改变他的初始选择。

（1）下面的算法可以模拟这个问题，实践并进行模拟。

（2）我们能得出什么结论？

（3）如果现在四扇门，只有一个参与者，会发生什么情况？

```
算法：蒙蒂霍尔问题
使用变量列表
实验次数 n：整数
变量 i：实数
变量 m：实数
获胜的门号：实整数
选择获胜：整数
k 取整数
处理
给定 n 的初始值
令变量 i 的初始值为 0
令变量 m 的初始值为 0
k 从 1 取到 n
令获胜的门号为 1 到 3 之间的随机数
令选择获胜的数字为 1 到 3 之间的随机数
如果选择获胜的数字 = 获胜的门号
i = i + 1
否则
m = m + 1
结束循环
结束
令变量 i = i/n
令变量 m = m/n
显示
显示改变选择门号获胜的概率
显示改变选择的次数
显示不改变选择门号获胜的概率
显示不改变选择的次数
结束算法
```

4. 与现代信息技术的融合

数据分析是从数据中获得有用信息，形成知识。伴随着大数据时代的到来，数据分析已经深入到现代社会生活的各个方面，开拓了数学研究与应用的领域。数据分析能力已经成为公民应当具备的基本素养。注重培养学生数据分析与获取知识的核心素养，有利于学生养成基于数据探究事物本质和变化的习惯，有利于学生提高基于数据表达现实问题的能力，有利于学生学会基于数据提取有用信息、获取知识的能力。如果在教学过程中注重与现代信息技术的融合，不仅可以提高教学效率，使学生有更多的时间和精力去探索有价值的问题，还提高了学生的实际动手操作能力。虽然两国教材都很注重与现代信息技术相融合，但纵观概率与统计内容，很明显可以看到法国教材在这方面更胜一筹。

郭衎、曹一鸣在《高中数学课程中信息技术使用的国际比较——基于中国等十四国高中数学课程标准的研究》一文中发现：虽然提及信息技术的使用次数是中国课程标准高于法国课程标准，但高中数学课程标准中信息技术的“提及率”(提及次数比该国课程标准篇幅)却是法国课程标准远远高于中国课程标准，以9.15%的比例位居榜首，中国课程标准则以5.98%的比例居第四位，且法国课程标准中信息技术使用的种类最丰富，表述也最具体，不仅提到“计算机”“计算器”等常见的电子设备，还提到了具体的软件(动态几何软件、空间几何软件、电子表格、计算软件)〔1〕，而中国课程标准大部分是计算机、计算器等常见的电子设备。课程标准是为教材服务的，教材又是课程标准具体实施的对象，为了使教材更好地实现它的价值，使学生更好地适应社会发展的需求，需要对教材进行深刻地挖掘和研究，概率与统计内容更能体现信息技术的重要性。中国教材信息技术体现在计算标准差的过程中，给出了用计算器计算运动员甲的成绩的标准差的过程，还给出了用计算器或计算机画散点图、求回归方程、随机数的产生等过程，在某一节或一章的末尾还有信息技术应用，这几乎是教材中关于信息技术的全部内容；而法国教材中计算器则几乎贯穿整个内容，在每一章的准备活动、例题的解题过程、拓展活动等模块中都有计算器的使用，而且都有详细的算法步骤，法国教材注重训练学生对计算机的熟练程度和动手实践能力。具体见案例6-8、案例6-9和案例6-10。

计算机拥有强大的计算功能，可以帮助处理复杂的计算过程，避免学生因粗心而算错答案，同时也可以利用计算机技术精准地画出图形、表格，使学生可以从图上清楚地看出变量之间的关系。可以将学生的学习重点放在理解概率与统计的思想而不是计算上面。

法国教材更重视对电子表格、计算软件等的应用，教材中各种模块均有所体现，起到了很好的示范作用，而且是多次应用，均有详细的操作步骤，学生操作起来简单方便。

---

〔1〕 郭衎，曹一鸣.高中数学课程中信息技术使用的国际比较——基于中国等十四国高中数学课程标准的研究[J].中国电化教育，2016(352)：120-121.

【案例 6－8】法国教材准备活动信息技术使用展示

活动 1　立方体的骰子

投掷一个质地均匀的骰子，并记录朝上的数字。

(1) ① 投掷 20 次，记录每个点数出现的次数。

点　数	1	2	3	4	5	6
次　数						

② 有几种可能的结果？

③ 你认为这几种结果怎么样？并选择你认为对的：

- 可能　• 不可能　• 很难说

(2) 要重现此实验，请在电子表格中使用工作表。

ALEA 函数是随机选取区间 [0, 1)上的一个数，INT 是取整函数。

① 解释为什么 INT(1 + 6 * RAND( ))可以模拟出投掷骰子的点数。

② 在 A1 框中输入此函数，复制(Ctrl + C)，选择范围 A2 : A100(A2 : A100，在主平面的左边)，然后粘贴(Ctrl + V)公式。

③ 公式 NB. SI(A1: A100;1)，从 A1 至 A100 距离为 1 的数有多少个。给出每个面朝上的点数。

④ 构建条形图。

⑤ 按 F9 键。你观察到了什么？

活动 2　投掷十边形的骰子

投掷一个质地均匀的有 10 个面的骰子，每个面上标有数字。

(1) ① 使用电子表格，制作 10 个面的 100 个骰子模具。

② 在单元格 A102 中显示大于或等于 4 的频率。使用 COUNT 函数。NB. SI(A1: A100;“> = 4”)。

③ 重新计算几次并记录结果。

④ 大于或等于 4 的概率是多少？

(2) 现在进行 100 面的 1 000 次模拟。

① 选择范围 A1: A102，将其复制并粘贴到 B1: ALL102。

② 选择频率范围并画出线形图(只有分数)。

③ 大多数频率在什么范围？

(3) ① 确定在(2)题③中发现的两个值之间的频率比例。使用两次公式 NB。

② 1 000 次模拟，至少 95%的频率是在这个区间。这是合理的吗？

【案例 6－9】法国教材例题信息技术使用展示

MÉTHODE 4　Déterminer l'écart-type avec la calculatrice : série de valeurs　► Ex. 23 p. 257

Exercice d'application

Déterminer l'écart-type σ de la série de valeurs 2 ; 3 ; 4 ; 8 ; 9 ; 12 ; 13 et 41.

Correction

Calculatrice TI

- On appuie sur la touche stats ;
- on choisit le menu **1:Edite...** ;
- on saisit les valeurs 2 ; 3 ; etc. dans L1 ;
- on appuie sur la touche stats puis on appuie sur la flèche de droite pour se déplacer sur **CALC** ;
- on choisit **1:Stats 1-Var** puis on écrit L1 avec 2nde puis 1 afin d'obtenir Stats 1-Var L1 et on valide avec entrer ;
- l'écart-type est la valeur σx=11.77921899 donc $\sigma \approx 11,8$ (et la moyenne est $\overline{x} = 11,5$).

Calculatrice CASIO

- On appuie sur la touche MENU et on choisit le menu **2 : STAT** ;
- on saisit les valeurs 2 ; 3 ; etc. dans List 1 ;
- on choisit le menu **CALC** puis **SET** ;
- on règle 1Var XLIST sur List 1 et 1Var Freq sur 1 puis on appuie sur la touche EXIT ;
- on choisit le menu 1VAR ;
- l'écart-type est σx =11.7792189 donc $\sigma \approx 11,8$ (et la moyenne est $\overline{x} = 11,5$).

注：只展示使用的方法，体会思想即可，故不翻译。

法国还有一些专门的网站供学生下载数据资料，不仅锻炼了学生的实际动手能力，而且锻炼了学生上网搜集数据、描述数据，并从数据中提取有用信息的能力，从而培养学生运用知识解决问题的能力，具体见案例 6－10。

【案例 6－10】法国教材中网站的使用

两个法律部门的 2009 年人口

LTNSEE 定期提供关于法国人口的统计数据。我们感兴趣的是 2009 年的数据。

打开数字地图工作的文件。

(1) 以升序排列数据。有多少城市的人口超过一万人？

(2) 超过 10 000 居民的城市超过 25%吗？

欧洲的可持续发展

欧盟统计局提供了欧盟 27 个国家的发展数据，这些文件数据可在他们的网站上下载。我们提取三大统计系列：

- 可再生能源在能源消耗中的份额(以%计)。
- 温室气体的气体排放量(万吨)。
- 欧盟国家的居民人数。

计算机处理

根据在线指南，下载相关数据集后，回答下列问题：

(1) 计算每个系列的平均数 $\overline{X}$，中位数 M 和四分位数 $Q1$ 和 $Q3$。

(2) 用统计图表表示每个系列的数据。

5. 数学史与数学文化

"数学文化"简单地说是指数学的思想、精神、方法、观点、语言以及它们的形成和发展；广泛地说除上述内涵以外，还包含数学家、数学史、数学教育、数学发展中的人文成分、数学与社会的联系、数学与各种文化的关系，等等〔1〕。从定义可以看出数学史包含在数学文化中。近年来，教育家已经注意到数学史和数学文化的重要性，张坤珑在《HPM 视角下的概率教学研究》中把教育家对数学史感兴趣的原因分为三类：(1) 数学史使数学人性化；(2) 它使数学更有趣，更容易理解，更平易近人；(3) 它帮助洞察数学概念、问题和解决方法〔2〕。法国著名数学家庞加莱曾说过："如果我们要想预见数学的未来，适当的途径就是研究这门科学的历史和现状。"可见数学史和数学文化在数学教育中的重要性。因为数学本身高度的抽象性、体系的严谨性(推理的严格性、结论的确定性)、应用的广泛性，使得数学晦涩难懂，很多人对数学有畏惧心理。在高中数学教学的过程中加入数学文化，可以消除学生的畏惧心理，使学生初步了解数学产生与发展的过程，体会数学家严谨的科学精神，知道数学对推动社会进步与发展的作用，形成正确的数学观，提高学生的学习兴趣。下面以两国数学史融入数学教育的方式为例比较数学文化。

汪晓勤等人认为数学史融入数学教育的方式有四种〔3〕：点缀式、附加式、复制式和顺应式。点缀式是介绍历史上有名的数学家的生平事迹、相关的奇闻趣事及展示有关图片等；附加式是介绍历史上的重大数学问题、思想方法及一些概念符号的由来；复制式是直接采用历史上的数学问题、问题的解法、定理的证法等；顺应式是改编历史数学问题，使之适应当今课堂的教学情境。

通过研究中法两国教材概率与统计内容可以发现，两国教材都有点缀式和复制式，没有附加式，法国教材有顺应式而中国教材没有。中国教材中数学史大部分是以点缀式的形式呈现的，如伯努利介绍、孟德尔(Mendel)简介、冯·诺依曼(John

〔1〕 顾沛. 数学文化[M]. 北京：高等教育出版社，2008：2.

〔2〕 张坤珑. HPM 视角下的概率教学研究[D]. 曲阜：曲阜师范大学，2015.

〔3〕 王建磐，汪晓勤，洪燕君. 中、法、美高中数学教科书中的数学文化比较研究[J]. 教育发展研究，2015(20)：30－31.

von Neumann)简介、阅读与思考中的概率与密码；复制式的形式呈现的有以高尔顿(Galton)板为背景引入正态分布的知识、蒙特卡洛算法计算 π 的近似值。法国教材中有点缀式、复制式和顺应式三种，点缀式包括二项分布的历史介绍、孟德尔豌豆实验；复制式有蒙特卡洛算法、美国的三门游戏；顺应式包括辛普森悖论和孔多塞(Condorcet)悖论。通过对数学史上著名数学家的介绍，插入数学家的肖像以及一些事件发生的背景等，可以让学生逐渐喜欢数学，认为数学并不是高不可攀的，感受到数学的人文价值。中国教材对数学家的生平及一些数学概念的历史背景和数学方法比较重视，法国教材比较重视问题的解法、数学思想方法，但相对来说比较均衡，几种方式分布较为平均。

三、结论及启示

(一) 章节结构比较结论

1. 法国教材章节结构较为复杂。从章节结构编排来看，中法两国教材都按照“章头→正文→习题”的主要路线来写，从两国教材的结构图来看，中国教材结构较复杂，这是一些思考题和探究题等以边框的形式呈现所导致的；法国教材结构呈直线式，看似简单，但中间有很多复杂的小环节，环环相扣，层层递进。在章头部分，法国教材特色鲜明，除了本章的标题外，还把要学习每一章知识之前的必要的能力要求写在章头，然后是课前练习题部分，有承前启后的作用，除了唤醒学生沉睡的知识体系，复习和巩固之前学习过的内容，还可以让学生提前预习将要学习的内容，遇到相对较难且自己不懂的可以翻看相关的内容加以理解。

2. 在小栏目设置方面我国教材运用较为灵活。以“探究题”“思考题”“观察”“注释栏”“问号栏”“钥匙栏”等多种形式呈现。这些栏目的综合运用对学生的独立思考能力、探究合作与交流以及创新能力的培养具有重要作用。法国教材则是以“注释”“注意”等形式在定理、性质之后出现，对定理、性质等加以说明。

3. 两国教材章末各有特色。在结尾部分，中国教材有阅读性的栏目、实习作业与小结，阅读栏目拓宽了学生的视野，并体会了数学的美以及人文价值，实习作业培养了学生小组合作学习的能力，并锻炼了动手操作能力，小结总结了本章的知识重点，各栏目目的不同，均有侧重。法国教材结尾部分有一个特点，即在章末指出必须达到的能力要求，与章头的能力要求相呼应；除了习题之外，自我评估也是法国教材的一大特色，根据本章知识设有针对性的习题，在课本的末尾有对应的答案，可以测评自我学习的效果。

（二）内容的比较结论

1. 两国教材内容差异较大。中国教材比较重视统计观念与随机思想，注重培养学生的创新意识，法国教材则比较重视实际应用，运用所学知识解决实际问题。

2. 两国对教材的处理方式不同。中国教材采用模块式教学，将所有与统计有关的内容安排在一章，所有与概率有关的内容放在另一章；法国教材则采用交叉分散式的教学方式，概率与统计混合安排，呈现螺旋上升状，注重概率与统计的联系。

3. 主要概念的导入方式不同。法国教材主要采用概念同化的形式呈现，几乎每一个概念、定理等都有明确的定义，学生可以与自己已有的认知相结合来领会其意义。在准备活动部分，法国教材对本章要讲的主要内容都有一个引入，然后从正文开始，在讲授新概念时都会明确给出概念的定义、性质等。中国教材这方面大多采用概念形成的方式呈现，很多概念都没有明确的定义，只是引用情境引入时的形式，比较笼统，对新知识没有明确的把握，可能导致学生对新概念认识不清。

4. 法国课程更加注重对信息技术的运用。虽然我国课程也对计算机等做出了要求，但内容较少，具体不明确，实行起来比较困难。法国教材信息技术几乎贯穿全书，每一个章节、每一个部分都有涉及，而且都有详细的实施步骤，不仅有用不同的算法计算各种随机变量的分布，还有各种网址提供数据，供学生分析数据使用，可以让学生自己根据题意设计算法步骤，计算答案等。

5. 在数学史融入数学文化方面，两国教材均没有附加式，但法国教材有顺应式而中国教材没有。顺应式比较符合当今社会对培养人才的需要，将历史上的数学问题改编，并运用恰当的教学方式进行呈现，可以让学生以现代的视角去解决问题，激发学生的创造力和创新能力，中国应加强这方面的培养。

（三）思考和启示

1. 教材设置考虑增加课前练习、章头章末要求模块

在保持中国教材优点的前提下，借鉴法国教材的特色。例如，在新知识开始前增加课前练习，以便在复习旧知识的时候更好地把握学情；增加章头章末的能力要求，明确提出学习新知识前所需要的以及学习之后必须达到的能力要求，使教师更好地把握教材，使学生更加明确自己的学习目标。

2. 明确概念的定义

法国教材几乎每一个概念、定理都有明确的定义，由学生与自己已有的认知相

结合，从而领会其意义。因为高中生已经具备一定的观察力、记忆力、思维能力和想象力，可以结合之前学习的内容对新概念进行重构，所以为了避免学生对概念认识不清，我国教材可以借鉴法国教材的优点，明确概念的定义。

3. 增大信息技术的渗透力度，增加与信息技术的融合

在大数据时代，信息技术的应用越来越广泛，既在工作、生活中，也在科学领域扮演非常重要的角色。在数学教学中使用信息技术，不仅可以进行复杂的运算、数据模拟、绘制图像，还可以实现一些动态图形的展示，对一些用手画图不易解决的问题有很好的教学效果，显著提高教与学的效率。虽然我国课程标准里对信息技术有一定的要求，但是缺乏具体详细的指导，导致实际操作起来困难。法国教材信息技术与内容整合较好，学生可以根据步骤实际操作，还有让学生自己动手编写程序的习题，除此之外，法国教材还提供了一些网站，供学生上网搜集数据、分析数据使用。所以可以借鉴法国教材，加强对信息技术的渗透力度，增加具体可操作性的例习题，使信息技术不再是纸上谈兵，而是成为具有可实际操作的应用。

4. 挖掘数学史，渗透数学文化

同其他学科一样，概率与统计也有其发展和完善的历史，有众多为其发展作出贡献的著名数学家。可以向学生穿插地展示一些数学史实，引导学生了解概率与统计的发展历程，并传递数学家锲而不舍的精神，有助于学生深刻理解相关概念、定理、公式的意义及起源〔1〕，有利于激发学生的数学学习兴趣，开拓学生的视野，提升学生的数学学科素养。

第三节　中法高中教材概率与统计内容例习题比较研究

高中数学课程是基础教育阶段的核心课程，具有基础性、选择性和发展性。高中教育阶段的育人目标是：人人都能获得良好的数学教育，不同的人在数学上得到不同的发展。数学教材拥有很高的地位与作用，具有落实课程标准、传递数学知识、引导教师课堂教学、引导学生数学学习、促进学科与生活衔接的功能。例习题作为教材的重要组成部分，对学生能力的培养有不可忽略的作用。吴立宝曾分别分析和研究了教材例习题的功能，认为教材的例题功能包括示范引领、揭示方法、

〔1〕 罗海.《大纲》和《标准》下的高中概率统计教材比较研究[D]. 兰州：西北师范大学，2006.

介绍新知、巩固新知、思维训练、文化育人等[1]。习题功能包括巩固强化新知、拓展延伸新知、综合运用新知、思维能力的训练、思维方法的渗透、诊断反馈补救、数学文化育人等[2]。本节从例习题的数量、例题的功能、习题的背景水平等方面比较中国人教A版教材和法国SM教材中的概率与统计内容的例习题。

一、例习题数量的比较

中国教材例习题包括例题、小节练习题、习题A组和B组,复习参考题A组和B组、思考题;法国教材例习题包括课前练习、准备活动、课中例题、课后习题、自我评估、拓展活动、思考题。两国教材在习题上的编号都是阿拉伯数字1、2、3……,中国教材用(1)(2)(3)……表示大题下的小题编号,法国教材用1)、2)、3)……表示小题号,用a)、b)、c)……表示小题下更小的题号,本节研究以大题为准计数。

表6-7 中国教材概率与统计例习题数

章节		例题	练习	习题		思考题	总计
				A组	B组		
必修3	2.1 随机抽样	0	10	7	2	4	23
	2.2 用样本估计总体	2	7	7	2	4	22
	2.3 变量间的相关关系	1	4	4	2	4	15
	复习参考题	0	0	8	2	0	10
	3.1 随机事件的概率	1	11	6	2	7	27
	3.2 古典概型	6	7	6	3	10	32
	3.3 几何概型	3	2	3	2	2	12
	复习参考题	0	0	6	4	0	10
选修2-3	2.1 离散型随机变量及其分布列	3	6	6	2	4	21
	2.2 二项分布及其应用	4	12	4	3	6	29
	2.3 离散型随机变量的均值与方差	5	8	5	2	8	28
	2.4 正态分布	0	3	2	2	1	8
	复习参考题	0	0	4	3	0	7

[1] 吴立宝,王富英,秦华.数学教科书例题功能的分析[J].数学通报,2013,52(3):18-20.

[2] 吴立宝,王富英.数学教材习题"七功能"[J].教学与管理,2014:66-68.

续　表

章　节		例题	练习	习题		思考题	总计
				A组	B组		
选修2-3	3.1　回归分析的基本思想及其初步应用	2	3	3	0	2	10
	3.2　独立性检验的基本思想及其初步应用	1	1	4	0	3	9
	复习参考题	0	0	3	2	0	5
总　计		28	74	78	33	55	268

表6-8　法国教材概率与统计例习题数

章　节		课前练习	准备活动	例题	练习		拓展活动	思考题	总计
					习题	自我评估			
高一	sp1 统计描述	4	3	7	47	14	4	1	80
	sp2 抽样	2	2	2	54	11	5	5	81
	sp3 概率	5	4	4	57	12	4	5	91
高二	sp1 统计	3	2	8	42	12	4	3	74
	sp2 概率：离散型随机变量	6	3	5	74	15	2	1	106
	sp3 二项分布和波动区间	5	5	13	50	7	5	3	88
高三	sp1 条件概率和独立	3	3	5	49	12	3	2	77
	sp2 概率密度	6	5	9	88	18	2	1	129
	sp3 抽样和估计	4	1	2	47	13	4	2	73
总　计		38	28	55	508	114	33	23	799

由表6-7和表6-8可知，两国教材在例习题数量上存在较大差异，法国教材例习题数量较大，在总习题数量上约是中国的三倍。中国教材分为四章12节，总习题数量是268道，平均每章67道题，法国教材分为九章，没有小节，平均每章约89道，每章习题量上，法国教材是中国教材的1.3倍多；中国教材例题共有28道，法国例题共有55道，法国教材约是中国教材的两倍；中国教材思考题有55道，法国教材有23道，中国教材是法国教材的两倍多〔1〕。因为中国教材比较重视学生

〔1〕 林丹.中美高中数学教材比较及启示——以PEP教材与CPM教材中统计与概率章节为例[J].武汉：华中师范大学，2015.

的自我思考能力，习题数量少，学生有更多的时间思考问题。无论是例题还是习题，在数量上法国教材都比中国教材多很多，究其原因可能有三个：第一，中国教材对概率与统计的选修部分要求不是太高，尤其是第三章，主要是使学生理解线性回归和独立性检验的思想，能结合具体实例判断数据间的相关性和理解独立性检验的问题，所以习题较少；第二，法国教材特别重视习题训练对学生的巩固强化新知、拓展延伸新知、思维能力训练、思维方法渗透等作用；第三，法国教材包含更多的概率与统计知识，所以需要更多的习题巩固知识。

中国教材中每节"练习"部分的习题要求在课堂中完成，思考题也是在课堂中讲解知识的同时完成的，两者约占习题总量的48%，习题A组数量大于B组，分别为78道和33道，所占的比例分别为29%和12%，说明我国教材比较重视基础；法国教材习题数量较多的是习题和自我评估，约占总题数的78%，题量最少的是思考题，准备活动次之，具体见图6－2和图6－3。

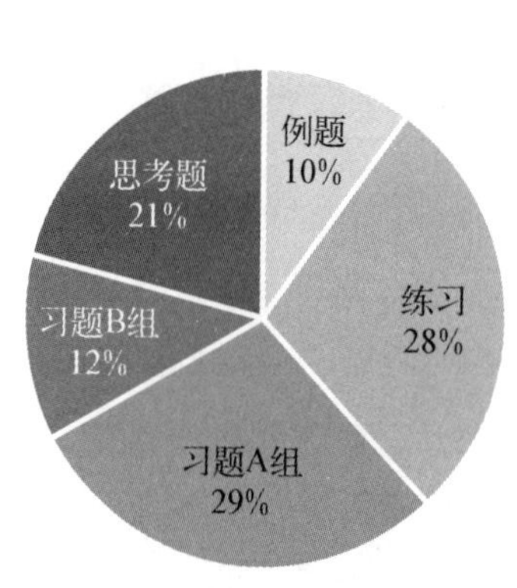

图6－2　中国教材概率与统计习题数分布

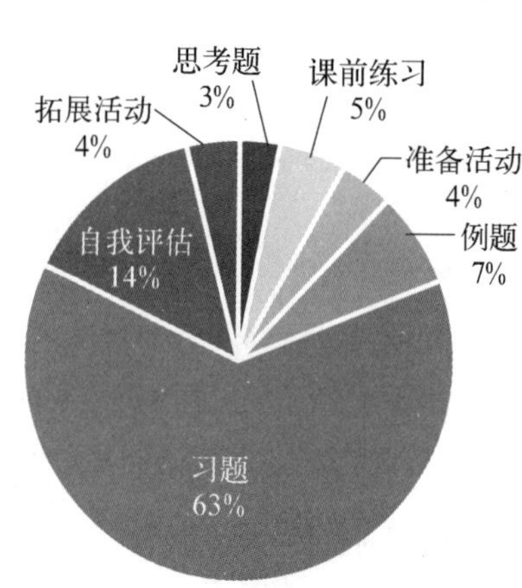

图6－3　法国教材概率与统计习题数分布

习题数量并不是越多越好，苏联玛什比茨（Маршбиц）的研究表明：在对一个典型问题的运算形成解法之前，无论在什么学科中，不同的学生需要1～22次练习不等。也就是说想让学生完全掌握一个知识点，一般需要练习该类练习题20道左右，如果题量太少，则不容易掌握，太多又会导致学生做无用功，加重学习负担。所以，合理配置每节每章的练习题是一个值得深入研究的问题〔1〕。

〔1〕 杨胜奎.高中数学新旧教材"概率统计"比较研究[D].贵阳：贵州师范大学，2014.

二、例题的功能比较

作为教材重要的组成部分，例题是教材概念、命题等与习题产生关系的桥梁，是实现教学目标、实施数学教学的重要资源[1]。教材例题在数量、水平、风格和侧重点上的差异反映了一个国家的教材的整体水平、风格和倾向，对教学实践产生着很大的作用[2]。

例题选取对教材有很大的影响。吴立宝曾研究过中学数学教材例题的功能，认为教材例题有四大功能：巩固新知、解题示范、揭示思想方法和育人[1]，还分析过数学教材中例题的功能，认为数学教材例题有六大功能，分别是示范引领、揭示方法、介绍新知、巩固新知、思维训练和文化育人[2]。

为了比较中法两国教材的例题，以教材中带有“例”字样的为计量单位分别统计，得到表 6－9。

表 6－9　中法两国教材例题功能的比较

	中　国		法　国	
	个　数	百分比	个　数	百分比
示范引领	13	46.4%	25	45.4%
揭示方法	1	3.6%	13	23.6%
介绍新知	3	10.7%	4	7.3%
巩固新知	7	25.0%	9	16.4%
思维训练	3	10.7%	4	7.3%
文化育人	1	3.6%	0	0.0%
总　计	28	100.0%	55	100.0%

中国教材共有 28 道例题，其中起示范引领作用的有 13 道，占总例题的 46.4%，位居第一，其次是巩固新知，有 7 道，占 25%，介绍新知和思维训练的个数相同，各占 10.7%，最少的是揭示方法和文化育人，都只有一道，均占 3.6%；法国教材起示范引领作用的位居第一，有 25 道，占总例题的 45.4%，排在第二位的是揭示方法，共有 13 道，占 23.6%，排第三位的是巩固新知，介绍新知和思维训练个数

〔1〕 吴立宝，秦华．例谈中学数学教材例题的功能[J]．教学与管理，2013：53.

〔2〕 吴立宝，王富英，秦华．数学教科书例题功能的分析[J]．数学通报，2013，52(3)：18.

相同，以 7.3%的比例排名第四，法国教材中没有文化育人功能的例题，原因可能是在准备活动或者课后练习题里已有所体现。两国教材都是起示范引领作用的排名第一，说明都比较重视基础知识和基本技能，在介绍新知、巩固新知、思维训练中比例差异不大，基本持平，不同的是法国教材揭示方法的较多，占总例题的 23.6%，其原因可能是法国教材几乎每一个概念、定理都有明确的表述，例题中就有新方法来解决关于此类型的题目。

三、习题的背景水平比较

根据鲍建生在《中英两国初中数学课程综合难度的比较研究》中建立的五因素综合难度模型分析比较中法两国教材中的习题。其中，五因素分别为探究、背景、运算、推理、知识点含量，结合本节研究，习题的背景仍划分为 4 类：无背景、个人生活、公共常识、科学背景。

根据上面四个水平的划分，将习题的数学背景进行分类，为了比较的对等性，中国教材统计练习和习题，法国教材统计练习，包括习题和自我评估，具体如表 6－10 所示。

表 6－10　中法教材习题背景水平的分类表

	中　国		法　国	
	个　数	百分比	个　数	百分比
无背景	111	60.0%	425	68.3%
个人生活	43	23.2%	62	10.0%
公共常识	23	12.5%	71	11.4%
科学背景	8	4.3%	64	10.3%
总　计	185	100.0%	622	100.0%

中法两国教材概率与统计部分习题的背景水平差异明显，从图 6－4 可以看出，两国教材习题背景既有相同点又有差异。相同点是代表两国教材习题背景的折线走势相同，都是无背景的最多，这是由数学本身的特点所决定的，数学本身复杂且具有高度的抽象性、体系的严谨性（推理的严格性、结论的确定性）、应用的广泛性的特点，比较难理解，所以，学生需要借助大量无背景的纯数学习题的训练，达到对数学知识的熟练掌握和灵活应用。只有熟练掌握了基础知识，才能用基础知识解决生活中和其他学科中的问题。

两国教材的差异表现在中国教材习题背景按由多到少所占的比例依次是无背景、个人生活、公共常识、科学背景，法国教材习题背景按比例排序则是无背景、公共常识、科学背景、个人生活。中国教材中个人生活背景类的题有43道，占总习题数的23.2%，法国教材中个人生活背景类的题目虽然有62道，但只占总习题数的10.0%；两国教材在公共常识上所占的比例差别不大，分别是12.5%和11.4%；科学背景类差异明显，中国教材只有8道，所占的比例是4.3%，法国有64道，所占的比例是10.3%，法国教材更重视科学情境类的习题，但大多是信息技术类的，说明法国比较重视信息技术。

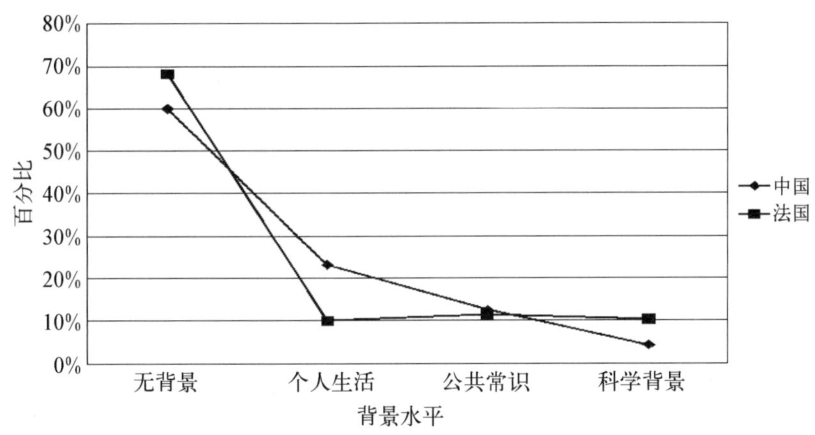

图6-4　中法教材概率与统计习题中各背景水平所占比例的分布图

四、思考题的比较

笛卡尔曾说过“我思故我在”，洛克(Locke)说“思考才使我们阅读的东西成为自己的”，孔子也曾说过“学而不思则罔”。思考在学习的道路上发挥着不可磨灭的作用。要启发人类这种独有的、高贵的创新能力，没有哪一门学科能像数学这样集中、加速和强化人们的注意力。数学本身晦涩难懂，学生反复练习的同时也要抽出时间来思考，多想、多问为什么。为了更好地研究两国教材，对两国教材中的思考题进行比较。

中国教材的思考题穿插在文中，如在正文前引起思考或在正文中辅助说明，一般经过学生的思考或在教师的引导下可以当堂解决，难度不是很大，是对所学知识的巩固。例如，在介绍了必然事件、不可能事件等相关概念后，让学生举一些现实生活中随机事件、必然事件、不可能事件的例子。

法国教材的思考题非常注重对学生能力的培养，如案例 6－11。二项分布和波动区间主要包括伯努利分布、伯努利的图解、二项式系数以及二项分布，学习知识的目的不只在于掌握知识本身，更重要的是在学习的过程中对学生能力的培养。第一个是法语拼字游戏，研究法语中不同字母出现的频率，运用法语拼字的规则拼写一个文档，这是可行的。2015 年法语拼字游戏世界冠军的获奖者是一位不会说法语的新西兰人，你怎么也不会想到一个只会说法语“你好”的新西兰人赢得了法语拼字游戏的世界冠军，对他来说，虽然他不会法语，但那些单词只不过是字母的组合，其中也是有规律可循的，这是不是很神奇呢？第二个是有名的“帕斯卡三角”，帕斯卡的著作《论算术三角形》介绍了它。帕斯卡搜集了几个关于它的结果，并以此解决一些概率论上的问题，影响面广泛，所以称之为帕斯卡三角。而在中国我们称之为“杨辉三角”，该图形首次出现在杨辉 1261 年所写的《详解九章算法》一书中。该题让学生利用学过的知识解释为什么帕斯卡三角中会有一行中相邻两个系数的和等于下一行相对应中间位置的系数。最后是一个关于二项分布的游戏题，给出规则，让学生考虑游戏的公平性，并讨论输赢的概率，将学习的知识学以致用。

【案例 6－11】教材中的思考题(高二　sp3　二项分布和波动区间)

法语拼字游戏

研究法语中不同字母出现的频率。根据法语拼字游戏规则，拼写一个文档。

奇怪，奇怪……

在帕斯卡三角中，约翰注意到一个奇怪的现象，就是一行中相邻两个系数的和等于下一行相对应中间位置的系数。解释为什么。

如何赢得游戏

马努根据下面的规则进行游戏：他有一笔钱，然后掷骰子。

- 如果骰子的点数超过 5，他赢得比赛并拿到所有赌金。
- 否则他会输掉他的赌金。

将采取以下策略：首先，他的赌金是 1 欧元。

- 如果他赢了，他将获利。
- 如果他输了，他会继续比赛，直到胜利。

(1) 当马努赢了 n 次，他赚了多少钱(考虑到已经下注)？

(2) 马努说“用这种方法，虽然我赚的钱不多，但至少我在赢”。

① 为什么他会这么说？

② 在他的银行账户里约 1 000 欧元是他可支配的。玩一局后他失败的概率是多少？

在抽样这一节内容之后，法国教材思考题给出了历史上有名的两个悖论，辛普森悖论（案例 6－12）和孔多塞悖论。辛普森悖论即在某个条件下的两组数据，分别讨论时都会满足某种性质，合并考虑却可能导致相反的结论。案例 6－12 中，两个高中的及格率均是男生高于女生，是否可以判断男生比女生学习好？可以发现，如果将两个学校的男女生一起考虑，那么会出现相反的结论。所以，为了避免辛普森悖论出现，就需要斟酌个别分组的权重，同时必须考虑该情境是否存在其他潜在要素而综合考虑。孔多塞悖论（投票悖论）是公共选择理论中的概念，又称为循环的大多数，是指在集体投票时容易出现投票结果随投票次序的不同而变化，大部分甚至全部备选方案在比较过程中都有机会轮流当选，呈周而复始现象。18 世纪法国思想家孔多塞就提出了著名的“投票悖论”，也称“孔多塞悖论”，即假设甲、乙、丙三人，面对 A、B、C 三个备选方案，有如下偏好排序：甲偏好 A＞B＞C，乙偏好 B＞C＞A，丙偏好 C＞A＞B。由于甲、乙都认为 B 好于 C，根据少数服从多数原则，社会也应认为 B 好于 C。同样乙、丙都认为 C 好于 A，社会也应认为 C 好于 A，所以社会认为 B 好于 A。但是，甲、丙都认为 A 好于 B，所以出现矛盾。事实上，不存在一种能保证效率、尊重个人偏好并且不依赖程序的多数规则的投票方案。1998 年诺贝尔经济学奖获得者阿马蒂亚·森（Amartya Sen）在 20 世纪 70 年代提出对“投票悖论”的解决方法：改变甲、乙、丙其中一个人的偏好次序。例如，将甲的偏好次序从 A＞B＞C 改变为 A＞C＞B，新的偏好次序排列如下：甲偏好 A＞C＞B，乙偏好 B＞C＞A，丙偏好 C＞A＞B，于是得到三个社会偏好次序：A＞B、C＞B、C＞A。这样就能避开投票悖论，当然它改变了甲的偏好次序。这两个悖论考验了学生的逻辑思维能力，让学生了解到数学的魅力所在。

【案例 6－12】教材中的思考题——辛普森悖论

在某个城市，有两个公立高中，分别是 A 中学和 B 中学。这两个高中毕业会考的结果如下图所示：

A		
	实际人数	及格人数
男生	203	161
女生	842	592

B		
	实际人数	及格人数
男生	423	258
女生	131	77

(1) 计算这两个学校男生和女生的及格率，推断该学校男生是否比女生学习好。

(2) 对于这个震惊的命题，市长要求重新计算。请问，可以得到什么结论？

总之，中国教材中思考题的数量和位置不固定，可以出现在正文的前面，也可以出现在正文的中间，以思考题加问号的形式穿插在文中，大部分情况是在一个知识点之后设置一道思考题，是对该知识点或该类型题的提问，有的还要求举例说明。法国教材中的思考题数量也不固定，但位置相对固定，位于一章内容的末尾，即拓展活动的后面，形式不固定，可以以游戏题、阅读、编程等形式出现，主要针对本章所学习的知识点，让学生了解历史的同时巩固新学习的知识，锻炼学生的思维能力，与本章所学的知识联系紧密，形式更加丰富和多样化，但难度较大。

五、结论及建议

(一) 例习题的比较结论

1. 两国教材例习题存在较大差异

法国教材习题量较大，在总习题数量上约是中国教材的 3 倍；在例题数量上是中国教材的两倍；但在思考题数量上，中国教材是法国教材的两倍多。另外，也可以看出法国教材例习题更多样，中国教材分每小节和每章节两部分题目，法国教材只有章节题，但包括课前练习、准备活动、例题、习题、自我评估、拓展活动、思考题，而且在教材的末尾有自我评估的答案，学生可以自我测评。

2. 中国教材例题更加注重双基的训练

例题在教材中有举足轻重的作用，例题选取的好坏对教材有很大的影响。通过比较发现，中国教材比较重视基础知识和基本技能，这也是中国学生在国际测试上表现良好的原因之一。法国教材则比较重视新知的学习和方法等的运用，而没有体现文化育人功能的例题，忽略了例题文化育人的功能。

3. 在习题背景水平上，两国教材在个人生活和科学背景上差异较大

两国教材均是无背景的习题比例最大，这与数学需要大量的练习巩固和提高的特点有关，但两国教材在背景水平上也有差异，中国教材习题背景所占比例由多到少依次是无背景、个人生活、公共常识、科学背景，而法国教材习题背景按比例排序则是无背景、公共常识、科学背景、个人生活。中国个人生活背景习题所占的比例比法国多，但在科学背景方面又比法国少，中国教材可以适当增加科学背景类的

习题。

4. 法国教材的思考题更具挑战性

中国教材的思考题位置和数量不固定，一般都是借助例子或者前面的相关描述，抛出一个有启发性的问题。法国教材思考题位置固定，位于一章的末尾，但数量上不固定，以叙述、图形、游戏、编程等形式出现，逻辑思维能力强，形式更加丰富和多样，同时难度也较大，如经过改编的辛普森悖论、孔多塞悖论等。

（二）思考及建议

1. 发扬双基优良传统，合理设置习题数量

澳大利亚学者维金斯（Wiggins）和别格斯（Boggs）曾提出“中国学习者悖论”。其实，中国从西方引进基础数学教育以来，博采众长，兼容并包，借鉴国际上各种优秀的教育理念，结合中国实际探索并在实践中检验，逐渐形成了一条有中国特色的数学教育道路〔1〕。中国教育历来重视基础知识的教学、基本技能的训练和能力的培养，我们要继续发扬这种优良传统，在注重双基的基础上，合理设置习题数量，避免过多重复的训练。

2. 加强与实际和其他学科的联系

概率与统计本身就与生活紧密相关，将生活中的实际问题改编后引入课堂，能使学生对这部分知识有更好的理解和掌握。数学不是一门孤立的学科，与物理、生物、化学、信息技术等有着千丝万缕的联系，在编写教材的时候要注意与其他学科的联系，让学生发现数学的用处，激发学生的学习兴趣。

3. 加强习题的层次化

法国教材首先会设对应例题的习题，且标记明确页码及对应例题所使用的方法，其次是各地区某年的会考题，再次是拓展题，最后是思考题。其中，思考题以叙述、图形、游戏、编程等形式出现，逻辑思维能力强，形式丰富多样化，同时难度也较大，供学有余力的学生学习。中国教材习题分为课堂练习、课后习题和复习参考题，虽然也有一定的层次，但没有法国教材层次分明，并且拓展类的题目几乎没有，思考题也没有法国教材难度大，所以可以考虑加强习题的层次化，提高思考题难度，最大限度地达到学生的最近发展区。

---

〔1〕 张奠宙，宋乃庆. 数学教育概论（第三版）[M]. 北京：高等教育出版社，2016：64－65.

第七章 中法高中课程几何内容比较研究

柏拉图(Plato)在他教书学园的门口挂着“不懂几何者不得入”的牌子。欧几里得撰写的《几何原本》,在两千多年的时间里,是学校最重要的数学教材。几何在数学教育中一直占据着非常重要的位置。法国在高中几何课程方面的探索值得分析和研究。

本章主要研究法国高中几何课程的发展历史和现状,探讨国际环境、政治、经济、文化、科学技术发展、社会中出现的问题等因素对几何课程的影响,整体上把握法国高中几何课程发展的变化,并研究中法课程标准几何内容设置以及法国教材几何内容安排,以期对我国高中几何课程与教学的改革与发展提供启示和借鉴。

第一节 中法高中课程标准几何内容比较研究

本节首先梳理法国高中几何的发展变化,然后对中国 1990、中国 1996、中国 2000、中国 2003 和法国 1990、法国 2000、法国 2010 的理科的几何内容进行量化分析。

一、法国高中课程标准几何内容的历史发展

(一) 有代表性的法国几何改革

1. 法国古代的几何

西方文化的源头是古希腊和古罗马的数学教育。古希腊数学家欧几里得的《几何原本》,是世界上最著名、最完整而且流传最广的数学著作,长期以来,人们都认为《几何原本》是两千多年来传播几何知识的标准教材。它的主要特点是:封闭的演绎体系,抽象化的内容和方法的公理化,但有点脱离社会生活中的应用。

公元 5 世纪，法国逐渐进入封建社会，教会掌握教育大权，文化课程非常少。直到 14 世纪中叶至 16 世纪中叶的文艺复兴时期，出现了新兴资产阶级反封建的文化大革命运动，法国的人文主义学校开始有数学课，以欧式几何为主，脱离实际应用。1637 年，法国的哲学家和数学家笛卡尔发表了《几何学》，是解析几何的起点，虽在当时未受到重视，但对高中几何课程发展的影响是不可估量的。受笛卡尔的影响，法国逐步重视数学教育〔1〕。

2．18～20 世纪的几何

18 世纪几何改革比较有代表性的人物是达朗贝尔（d'Alembert），他在《数学百科全书》中为法国几何逐渐脱离欧式几何体系感到遗憾，同时指出欧式几何的缺陷，提出自己的改革方案。数学教师拉克若埃（Lacroix）参考达朗贝尔对几何的意见，编写了学校里的数学教材，其中平面几何方面的主要内容包括基本定义与概念，垂线、斜线及平行线，比例，直线和圆，圆的内接、外切多边形，多边形及圆的面积；立体几何包括平面和多面体，平面与直线，多面体，多面体的体积，曲面体，曲面的比较。书中已经出现了数值和数的例子，在平行线部分已出现比例与相似形，还有少量测量等应用问题。该书有英、德、俄、波兰等多种译本，流传甚广。另外一位代表人物是卢梭（Rousseau），他在《爱弥儿》中指出学习几何的方法，他把几何学习生活化、游戏化和实践化，这种通过操作和直观的融合，形成自发的学习指导，在今天看来仍有积极意义〔1〕。

19 世纪，即资本主义向帝国主义过渡时期，拿破仑建立中央集权政府，对高中进行集中领导，教育实行双轨制，既要培养文职官员，又要应对国际资本竞争和科技发展的需要，开始加强数学、自然科学教育。1852 年起，法国中学分文科、实科两个专业，其中实科重视数学、商业算术和簿记等。19 世纪 80 年代初，法国再次实施义务教育。当时法国中学比较广泛使用的数学教材是勒让德（Legendre）在 1794 年写的《几何》，其主要内容包括一般原则，直线形，圆，角的测定，作图题，相似形，面积，正多边形，圆的测定，平面，立体角，多面体，球面上的图形，圆柱，圆锥，球。勒让德是法国杰出的数学家，关心中学数学教育，他的《几何》一书改进了欧式几何，重印了几十版，直到 19 世纪末还被使用，影响深远。现在大部分几何教材都不是欧几里得型，而是勒让德型。他的几何尊重逻辑的严密，但并不把演绎推理看作推理的唯一方法，经常借助于几何直观，有时还会用算术与代数方法。与欧式几何相比，内容大大简化，并在某些方面更严密。但也有一些缺点，如理论性强、缺乏

〔1〕 马忠林，等. 数学教育史[M]. 南宁：广西教育出版社，2001.

实用性等。随着重版次数增加，教材中新添加射影几何等内容，最终导致几何教材内容过重，达不到普及化的目的。1874 年，法国出现了反映数学教育近代化思想的几何教材——《初等几何》，作者是麦雷(Merai)，对 20 世纪的几何教育改革起到了很大的参考作用[1]。

19 世纪末 20 世纪初，法国进入帝国主义阶段，加强政府对教育的中央集权。社会生产力和近代科学技术的急速发展，迫切需要培养新型技术人才和劳动者。20 世纪初出现了国际性的数学教育改革运动，代表人物是英国的培利和德国的克莱因。在几何方面，培利主张重视实验几何学，充分利用坐标系，多教些立体几何(含画法几何)，更多地利用了几何学知识；克莱因主张用几何变换的观点改革传统的几何内容，把解析几何纳入中学数学内容。当时法国几何教材的主要内容如下：高一，平面几何理论的研究，直线，多边形，多边形及圆的面积，测量术；高二，空间中直线及平面，多面体，圆柱，圆锥，球，表面积和体积，移动与旋转的概念，对称理论，画法几何：直线与平面的问题、二视图的立体表示；高三，根轴，极，反演向量，中心射影，椭圆，双曲线及抛物线的研究(方程、切线)，曲线作图，既约方程的应用，圆锥的截口，画法几何：直线、平面、多面体、圆柱、圆锥及球、立体的平面截口、地图制作的概念。并且在几何中运用具体、直观的运动和对称思想，使证明更加简单明了。

第一次、第二次世界大战期间，数学教育几度中断，受到比较大的影响。

3. 新数学运动

第二次世界大战后，国际上兴起了由美国发动的数学教育现代化运动，提倡几何代数化，打破欧式几何体系，轻视几何，重视代数，大量减少传统几何内容，用各种方法代替欧式几何体系。传统的数学教育几乎被几何控制着，并且有一些枝节性的、非本质的问题，如学生会用几个月的时间研究圆束，学习一些特殊定理，如辛普森定理等，但大多数学生并不感兴趣。在布尔巴基学派带领下，法国"新数学运动"的前期课程改革比较顺利。当时几何教材的主要内容如下：高一，实数上的向量空间的概念导引，对向量空间的讨论，平面向量和直角坐标，空间向量，空间直线和平面的位置关系，画法几何；高二，向量，仿射几何，度量几何(平面和空间)；高三，仿射几何与欧式几何的要素(平面和立体)，欧式几何的补充(包括一般二次方程的讨论)。"新数学运动"从 1960 年延续了二十余年，最终因要求过高，即过分强调数学的抽象性、普遍性和数学理论而贬低了具体性和特殊性，削弱了实际应用，

---

[1] 陈昌平，黄建弘，邹一心. 数学教育比较与研究[M]. 上海：华东师范大学出版社，1995.

以及教学方法上的一些缺陷等，于 1981 年宣告失败[1]。

4. 20 世纪 90 年代的改革

进入 20 世纪 90 年代以后，法国基础教育课程改革备受重视，1990 年成立了“国家教学课程标准委员会”，这是全国课程和教学课程标准的编写机构[2]。

这次改革的基本特点：法国高中理科的几何内容覆盖面广，要求也较高，教学目标是学习平面和空间内常见图形性质的描述和表示。向量和几何变换是研究图形的主要手段，且是主要研究的对象，立体几何则依靠直观观察图形，运用原始概念来学习。强调“一概不用公理化系统观点”，注重几何图形的实验操作与计算机技术密切整合。

5. 21 世纪初的改革

2000 年，法国高中进行了改革，数学学科课程标准制定专家组包括数学家、中学教师、数学教育工作者以及教育部的一些人员，主席是统计学家克劳丁·罗伯特。此次改革不是革命，高中教育的基本价值不会变，课程内容上有一些变化：根据不同方向选择增加课程差异，考虑数学在当今社会、经济职业需要的多样性，考虑到文学、哲学、语言中的需要，强调技术的应用，不只是计算器[3]。在减少给学生授课时间的同时，采纳多种教学视角让学生不断获得知识，让他们所有的才能得到发展[4]。

高中几何教育主要有两个目标，即发展学生的空间想象能力和给学生提出问题，让他们充分使用在初中获得的知识和方法等[5]。此次改革的基本特点：对几何要求降低，重视应用。几何课程改革力度相当大，由于增加概率与统计内容，几何内容大幅减少，要求也随之降低，如删减了大量的变换内容，去掉了向量积、圆锥曲线等内容，降低了对参数方程的要求等，但增加了实际应用及学科之间的横向联系，强调用多种方法研究几何，如图形性质、向量、内积、变换等。总之，教育目标是通过采纳多种教学视角让学生不断获得知识，让他们得到全面发展。

6. 面向 2010 年的新高中

法国曾于 20 世纪末推出大动干戈的教育改革方案，遭到了一线教师的强烈反对。在教师罢课的压力下，这个改革方案并未得到贯彻。此后，法国政府在教育方

---

〔1〕 马忠林，等. 数学教育史[M]. 南宁：广西教育出版社，2001.

〔2〕 吴式颖. 外国教育史教程[M]. 北京：人民教育出版社，1999.

〔3〕 米歇尔·阿蒂格，郭玉峰. 法国高中数学教学[J]. 数学通报，2009，48(12)：1 - 4.

〔4〕 汪凌. 法国普通高中的课程研究[J]. 全球教育展望，2002，31(3)：22 - 26.

〔5〕 汪凌. 法国普通教育高中的数学教育课程[J]. 全球教育展望，2002，31(10)：28 - 30.

面转向谨小慎微的改革，“面向2010年的新高中”就是其中一项，主要针对普通高中和技术高中一年级，普通高中二年级、普通高中三年级。

几何的具体内容见第二章，文学、经济与社会专业在高二、高三不再学习几何内容。此次改革的基本特点是更加注重基本内容。继续删减几何内容，特别是变换内容，增加实际应用性的内容，强调学科之间的联系，如几何与代数、物理等其他学科的联系。研究的主要对象是向量，主要手段是向量、坐标，鼓励学生使用软件和信息技术进行几何图形的操作和演示。

（二）法国高中几何课程发展的特点

综合分析法国历史上比较有代表性的高中几何课程改革，发现法国高中几何课程发展的主要特点有：在历史上，几何课程改革取得了不错的成绩；在发展方向上，是沿着现代化进行的；在课程设计上，越来越重视学生的全面发展；在教学方式上，比较重视几何课程与信息技术的整合。

首先，法国高中几何课程改革在历史上取得了一些可喜的成绩，影响深远，如笛卡尔开创的解析几何对全世界高中几何教材的影响是不可估量的。18世纪数学教师拉克若埃编写的几何教材，流传甚广；勒让德的几何改进了欧氏几何，非常有影响力，当代几何教材基本上属于勒让德型，而不是欧几里得型的；卢梭提出的几何学习生活化、游戏化和实践化，在当时比较有创意，在今天看来仍有积极意义；法国布尔巴基学派对全世界几何课程的影响也是不容忽视的。

其次，现代化的发展方向。第二次世界大战后法国基本上沿着制度上的“民主化”和内容上的现代化展开[1]，几何内容也不例外。法国几何课程逐步引入了坐标系、向量、变换等现代内容，向量和变换是研究几何的主要手段，也是主要研究对象。进入21世纪后，随着对概率与统计内容的重视，缩减几何课程，特别降低了对变换的要求。从20世纪90年代开始，法国高中几何就强调“一概不用公理化系统观点”。法国从20世纪70年代开始，以10年为周期，不断调整几何课程方向，根据已经走过的发展历程和经验，得出下一步的改革、发展计划。虽然不同时代会调整具体的措施和步骤，内容各有侧重、目标要求也不相同，但总的方向不变，目的是提高高中的教育质量。总之，法国高中几何课程呈波浪式向现代化进军。

再次，课程设计上越来越注重学生的全面发展。近几十年来，高中几何内容课时量逐渐减少，与以往相比，对几何的目标要求也逐渐降低，但增加了大量的应用

〔1〕 钟启泉.现代课程论[M].上海：上海教育出版社，1989.

性、实践性内容，强调代数、几何、图像的交叉与整合，注重几何与代数、物理等其他学科的交叉综合，并且让学生有比较充足的自由时间，参加以学生为主体的活动，让学生全面发展。

最后，教学方式上重视计算机信息技术。法国在 1971 年就开始普及计算机教育。1996 年的新课程指出，技术要整合到数学教学中去，并且声明这种整合是必要的〔1〕。几何课程除了强调对图形的操作之外，也强调计算机屏幕上图形的演示，无论是教师还是学生都要使用计算机软件。教育信息化进程日益加快，信息技术的知识和技能已渗透到了课程中，并且处于越来越重要的位置。

(三) 思考与启示

法国几何课程的发展受国际大环境、社会、政治、经济及科学技术等因素影响，纵观整个发展历程，有成功也有失败。这让人们清晰地认识到数学教育改革是一个复杂的系统工程，必须谨慎实行，避免短时间内对教学进行较大的改革，每次改革力争做到学科、社会和学生三者间的平衡，并且需要有大量的解释工作，以防造成误解。在一定的理论指导下，进行由点到面的长时期实验，大范围比较，进而认真筛选。

通过对法国高中几何课程变革的分析研究，希望能抛砖引玉，引起广大专家、学者、教师甚至全社会关注我国几何课程的基本全貌，新几何课程的实施效果，斟酌如何解决我国高中几何课程改革中遇到的问题，探讨未来的发展方向。

二、中法高中课程标准几何内容发展变化的比较研究

为细致研究中法高中课程标准几何内容发展变化的不同，选择中国 1990、中国 1996、中国 2000、中国 2003；法国 1990、法国 2000、法国 2010 的理科内容进行量化分析。

(一) 中法几何内容广度、深度、难度的变化

由图 7－1 可知，法国课程标准中，几何内容的广度、难度呈现先降低后升高的趋势。由图 7－2 可知，中国课程标准几何内容的难度逐步升高。

---

〔1〕 Laborde C，孙连举，刘长明．法国数学教学中的技术整合——应用 Gabri-geometry 进行交互式动态几何教学的案例[J]．数学教育学报，2002，11(1)：56－59.

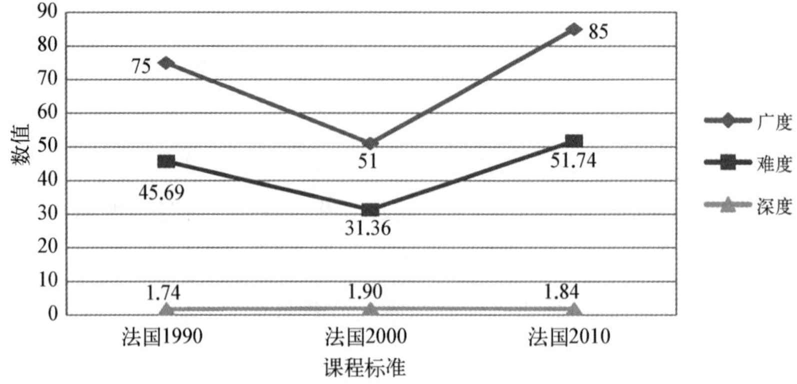

图 7-1　法国几何内容整体比较

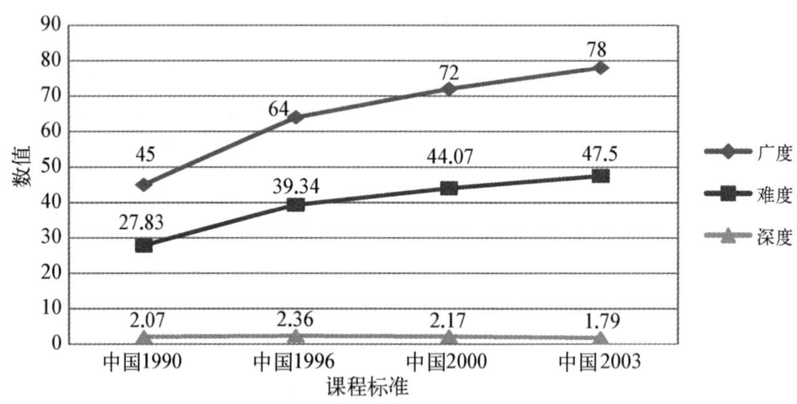

图 7-2　中国几何内容整体比较

(二) 中法几何内容及要求的变化

本小节依据中国教材几何内容安排，比较中法几何内容。由图 7-3 可知，法国三次改革对圆与方程的要求升高，对基本图形位置关系的要求降低，对立体几何初步的要求稍有起伏，对平面向量和空间向量的要求起伏较大；圆锥曲线与方程的内容没有体现。由图 7-4 可知，中国课程标准平面向量和空间向量的难度明显

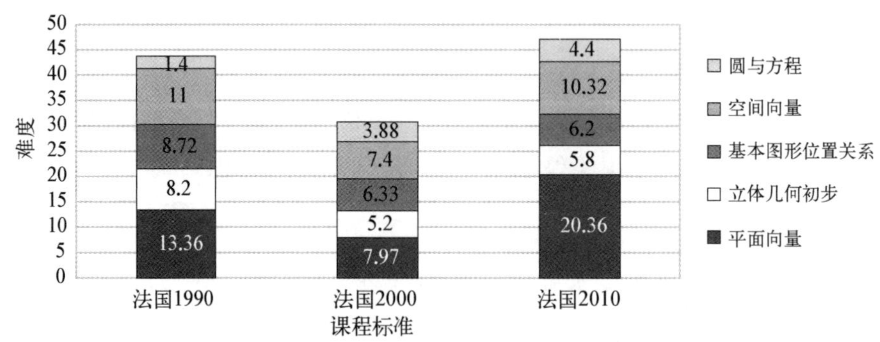

图 7-3　法国几何各部分难度的比较

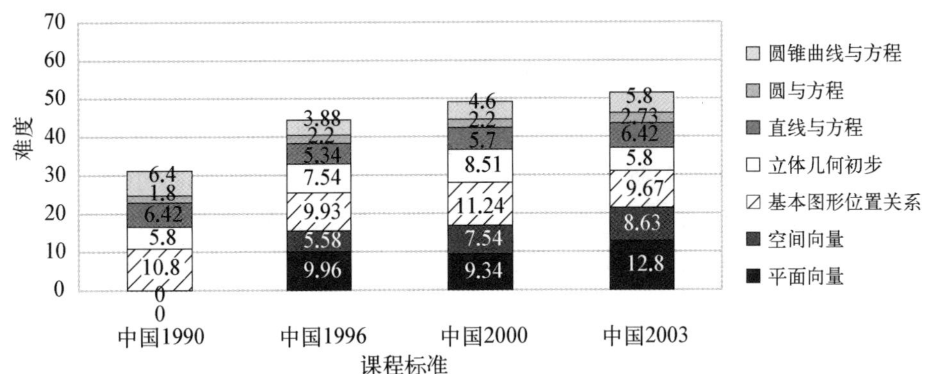

图 7－4　中国几何各部分难度的比较

增大，圆锥曲线与方程的难度有所降低，其他内容均有浮动。

由图 7－5 可知，法国课程标准几何三个主要部分所占的比重有所变化。其中，向量和立体几何的难度先降低后升高，而平面解析几何的难度升高。由图 7－6 可知，中国课程标准向量的难度持续升高，立体几何的难度先升高后降低，平面解析几何的难度上下浮动不太明显。

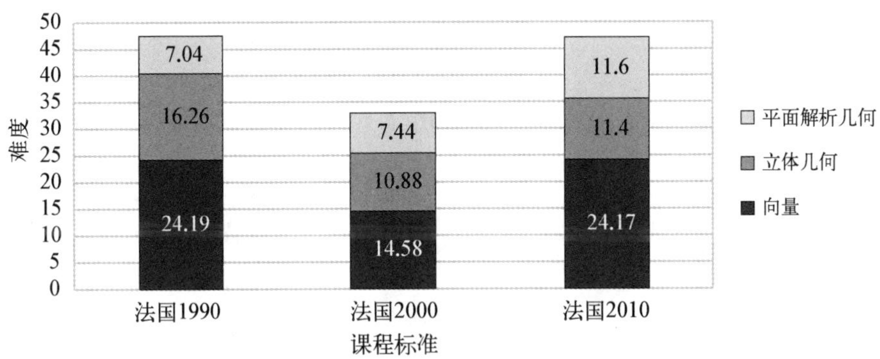

图 7－5　法国几何难度的比较

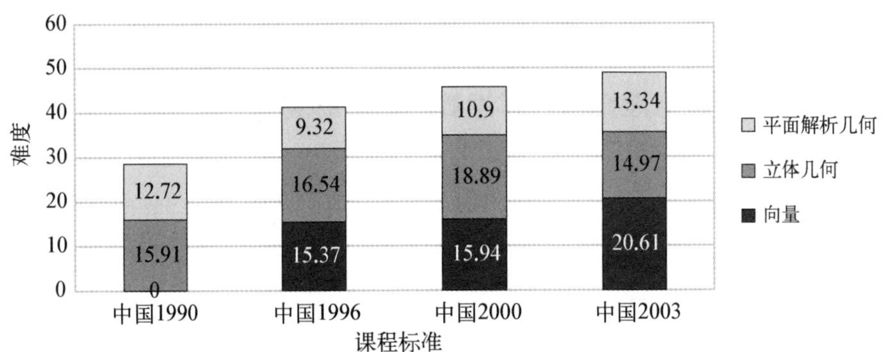

图 7－6　中国几何难度的比较

（三）认知水平分布

由图 7－7 可知，法国课程标准中解释性理解水平知识点所占比重都在 58%以上，其中法国 2000 解释性理解水平知识点所占比重达到 71.1%，相比于其他两个课程标准，法国 2010 记忆性水平、探究性水平知识点所占比重较高。由图 7－8 可知，中国课程标准几何探究性水平知识点所占比重呈下降趋势，解释性理解水平知识点所占比重逐步上升，记忆性水平知识点所占比重略微降低，上下有浮动。

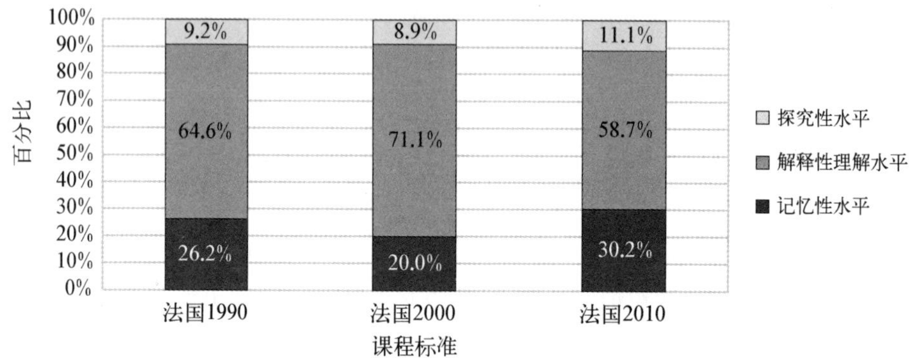

图 7－7　法国高中几何认知水平分布

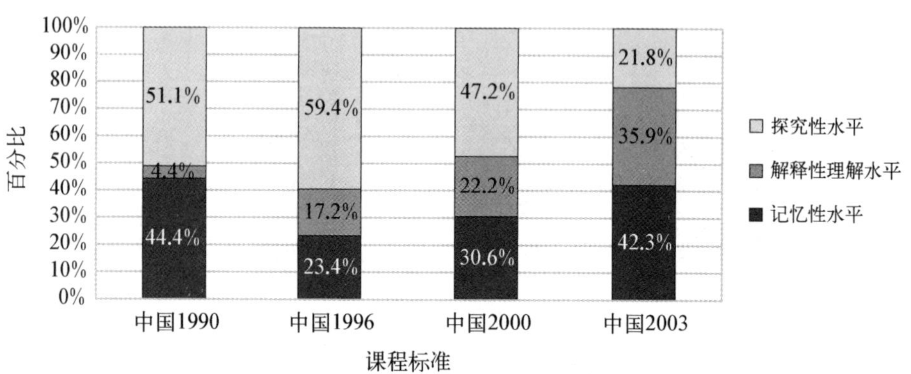

图 7－8　中国高中几何认知水平分布

三、中法高中课程标准几何内容设置的比较研究

法国 2010 对备受争议的几何内容是如何处理的？与中国 2003 中几何课程的设置有何异同？[1]

---

〔1〕 张玉环，Leger A，王沛．中法高中最新数学课标几何比较研究[J]．数学教育学报，2013，22(05)：37－41．

（一）课程理念

法国 2010 提出几何学习的主要动机是解决实际问题，目的是学习平面和空间内常见图形性质的描述和表示，并培养学生论证、数学证明、逻辑推理能力，训练学生进行口头、书面交流的能力等。自 20 世纪 90 年代开始，虽然有人提出将公理作为论证的起点，但他们摒弃了公理化系统的观点，并不致力于考查公理的独立性；在论证方法上，立体几何部分废除利用三角形全等为手段研究图形性质，而是依靠直接观察图形、运用原始概念。强调对几何图形的实验操作，以及电脑屏幕上图形的演示，因为这样利于一些概念的理解和掌握。

中国 2003 指出，学习几何学的一个基本目标是培养学生把握图形的能力，培养空间想象能力，并培养和发展推理论证能力，运用图形及符号语言进行交流的能力，以及几何直观能力等高层次的几何思维和几何素养。要求学生学会准确用数学语言表述几何对象的位置关系，解决一些简单的推理论证及应用的问题。

（二）课程内容选择

法国 2010 高一内容是全体学生必学的，高二以后文学、经济与社会专业不再学习几何，只有理科生在高中学习三年的几何。中国 2003 分必修、选修，所有学生学习空间几何体，点、线、面之间的位置关系，直线、圆与方程，空间直角坐标系，平面向量，三角恒等变换，圆锥曲线与方程。理科生比文科生多学空间向量与立体几何。选学内容包括球面几何，欧拉公式与闭曲面分类，几何论证选讲，坐标系与参数方程，矩阵与变换等，但大部分学校基本不选学。

两国高中理科课程标准几何共同知识点：长方体、四棱锥、圆锥、圆柱体、球体，计算距离、表面积和体积；借助长方体研究空间中线面位置关系；直线垂直平面判定定理；若一直线与平面平行，则过该直线的任一平面与这两个平面相交所得的直线相互平行；圆的方程，空间直角坐标系，点的坐标及位置，探索空间两点的距离公式；正弦、余弦的和差公式及倍角公式；向量的线性运算及几何意义，向量共线，正交分解，坐标表示，用坐标进行向量运算，向量数量积，数量积与向量投影（中国 2003 只要求体会），向量运算的坐标表达，计算两向量夹角，向量的应用，计算一些实际的问题，直线的方向向量，平面的法向量，共面向量等。

法国 2010 理科多要求的知识点：用四种方法计算内积，直线的法向量，用一个点和两个不共线的向量刻画平面，直线的参数表达（中国在选学课程中，很多学校不选学），平面笛卡尔方程、参数方程，三平面相交和异面直线（有兴趣的学生学习）。

中国 2003 理科多要求的知识点：台体的研究并计算其表面积和体积，斜二侧法画直观图，用平行投影与中心投影方法画视图与直观图，线线、线面位置关系内容要求了解5条公理，归纳出4条判定定理，证明4个性质定理，且用向量方法证明空间中线面位置关系，还有三垂线定理及空间位置关系的简单命题，两点式直线方程，掌握点到直线的距离，两直线之间的距离，直线与圆的位置关系，任意三角形边长和角度间关系的探索，掌握正弦定理、余弦定理，以及圆锥曲线。

总之，中国2003理科几何的知识点范围比法国2010广，除平面笛卡尔方程、参数方程等个别知识点外，中国2003理科几何要求比法国2010理科高。文科专业无论在广度还是在深度上，中国2003几何都比法国2010要求高。

（三）课程内容结构编排

法国几何内容编排呈螺旋式上升，且向量、坐标与几何相互交叉融合。例如，向量内容，高一包括向量及线性运算，高二包括平面向量及数量积，高三包括空间向量，并把平面向量的运算推广到空间，逐步深入、螺旋式上升。向量和坐标是高中几何的主要研究工具，且向量也是主要的研究对象，贯穿于几何的始终。例如，三角恒等变换是作为向量数量积的应用出现的。

中国几何内容基本呈模块式编排。例如，立体几何和解析几何基本上分开设置；三角恒等变换虽用到向量数量积内容，但两者是分开设置的；直线与圆的方程，圆锥曲线与方程也是分模块出现的。

（四）能力培养和几何思维方法

高中几何主要培养学生的空间想象能力（包括直观能力和几何洞察能力）、逻辑推理能力。几何研究中，经常使用的几种思维方法，如综合的几何方法、变换的几何方法、用代数处理几何问题的方法（解析几何的方法、向量的方法、代数拓扑和代数几何等）、函数的方法[1]等。

法国高中几何强调方法的多样性，特别注重几何与代数的融合。法国高中几何很少用纯逻辑的方法证明一个命题，而是用多种手段（如基本图形、向量运算、数值计算、图形变换）研究图形的性质。强调数学内部交叉融合，注重几何与代数、物理等其他学科的综合，特别是向量与平面几何、立体几何的相互渗透。例如，高三向量中，让学生知道线性代数中的自由度、线性无关概念；高二平面内积中，强调用

---

〔1〕 王尚志，张思明，胡凤娟．高中数学课程中的几何（一）［J］．中学数学教学参考（上旬），2007(11)：3－7.

四种方法计算内积，并要求证明其等价性。而线面之间位置关系中，注重代数、向量计算。整个高中强调选择合适的工具，有效地解决问题。

中国高中几何注重推理，要求体会代数方法处理几何问题，强调综合的思维方法。几何内容比较注重知识之间的内在演绎，知识体系比较严谨，注重基本知识和基本技能，对逻辑思维要求比较高。虽然重视向量方法、解析几何方法等，但仍以综合的思维方法为主。比如，空间中线面位置关系强调用向量方法证明，但仍偏重于用公理、定理及性质判断线线、线面位置关系。

（五）自主探究活动

中法两国高中几何都注重自主探究活动，但呈现方式不同。法国 2010 几何部分专门设置了综合性比较强的开放性题目，让学生咨询其他学科的教师，如向量部分有静态与动态的机械系统知识。异面垂线、三平面相交知识点难度比较大，可供有特殊需要的学生学习、探究。中国 2003 几何部分，指出教师可以指导和帮助学生运用立体几何知识选择课题进行探究，平面上的向量和三角恒等变换相应的内容中可以插入数学探究或数学建模活动等。

（六）软件工具的使用情况

法国在 1971 年开始普及计算机教育。1996 年的课程指出，技术要整合到数学教学中去，并且声明这种整合是必要的[1]。法国专家设计了许多数学软件，如“用随机数计算圆面积的方法”就是一个有说服力的实例[2]。法国 2010 几何部分要求学生实施算法或使用软件的知识点较多。例如，高一平面构形模块中要求实施算法计算一些简单问题；高一立体几何部分指出引导学生独立使用几何软件；高三研究线面位置关系时，强调使用动态几何软件，以利于学习和研究的顺利进行；还有 Cabri-geometry 交互动态几何软件的使用等。

中国 2003 提出利用信息技术呈现以往教学中难以呈现的课程内容，有条件的学校应在教学过程中恰当地使用现代信息技术展示空间图形，为理解和掌握图形几何性质（包括证明）的教学提供形象的支持，提高学生的直观能力。在三角恒等

---

〔1〕 Laborde C，孙连举，刘长明. 法国数学教学中的技术整合——应用 Gabri-geometry 进行交互式动态几何教学的案例[J]. 数学教育学报，2002，11(1)：56－59.

〔2〕 数学课程标准研制组. 普通高中数学课程标准（实验）解读[M]. 南京：江苏教育出版社，2004.

变换中鼓励学生使用计算器和计算机探索和解决问题，特别在曲线与方程内容中指出，通过一些软件向学生演示方程中参数的变化对方程所表示的曲线的影响，使学生进一步理解曲线与方程，其中平面截圆锥所得的圆锥曲线有案例。中国几何教学探索使用比较多的软件有图形计算器、几何画板、超级画板等。

总之，两国都重视软件工具的使用。中国 2003 中对技术的使用提示仍以教师演示为主，没有算法活动和学生具体操作的案例。法国 2010 更重视信息技术，实施方面比较具体。

第二节　法国高中教材几何内容案例分析及思考

为呈现法国高中教材的特色，选取 SM 教材中高一 G1 章“立体几何”和高一 G2 章“平面定位”这两章的内容详细说明。高一 G1 章“立体几何”主要内容是常见的几何体、线和面。这章的课前练习见案例 7－1。

一、法国高中教材几何内容案例分析

【案例 7－1】高一 G1 章“立体几何”的课前练习

1. 计算面积

(1) 边长为 4 cm 的等边三角形。

(2) 边长分别为 3 cm，4 cm，5 cm 的直角三角形。

(3) 直径为 6 cm 的圆盘。

(4) 直径为 6 cm 的球面。

2. 计算体积

(1) 棱锥：高为 6 cm，底面为边长 4 cm 的等边三角形。

(2) 圆柱：高为 4 cm，底面圆半径为 3 cm。

(3) 四棱锥：边长为 3 cm，高为 4 cm。

(4) 一个直径为 6 cm 的球。

3. 如右图所示的一个花棚。

(1) 构建一个数学模型。

(2) 计算其体积。

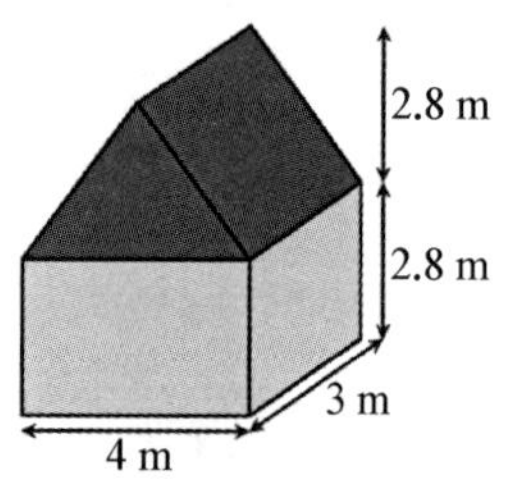

案例分析：这几道习题主要是回顾，要求计算常见图形

的面积以及体积，进一步会计算由常见图形组成的稍复杂图形的体积。

高一 G1 章“立体几何”，准备活动 3 和 4 为学习线线、线面平行知识点打下基础，逐步深入、层层推进，比较细致，具体见案例 7－2 和案例 7－3。

【案例 7－2】高一 G1 章“立体几何”的准备活动 3：在空间中观察

打开空间动态几何软件：

1. 确定下面几个点：A、B、C、D 和 O，其中 O 是矩形 $ABCD$ 的中心；点 S 与前面的几个点不共面。

2. 构建四棱锥，用 $SABCD$ 表示。

3. 判断下列每对直线，它们是否共面？如果是，指出这两条线的位置关系。

(1) OA 和 SC。 (2) AD 和 BC。 (3) SB 和 AD。

案例分析：借助几何软件，在立体图形中确定共面及不共面的点，构建四棱锥，并尝试判断线面、线线之间的位置关系。

【案例 7－3】高一 G1 章“立体几何”的准备活动 4：关于平行的问题

1. 用几何图形解释以下 5 个性质，选取下面几何图形中的数字与性质匹配。

(1) 如果一条直线平行于平面内一条直线，那么这条直线平行于平面。

(2) 如果两个平面平行，那么用一个平面去割这两个平面，割线平行。

(3) 如果两个平面相交，且两条平行线分别包含于这两个平面，那么这两个平面的交线与这两条平行线平行。

(4) 一条直线与两个相交平面平行，那么它和这两个平面的交线平行。

(5) 如果一个平面内的两条相交直线与另一个平面内的两条相交直线分别平行，那么这两个平面平行。

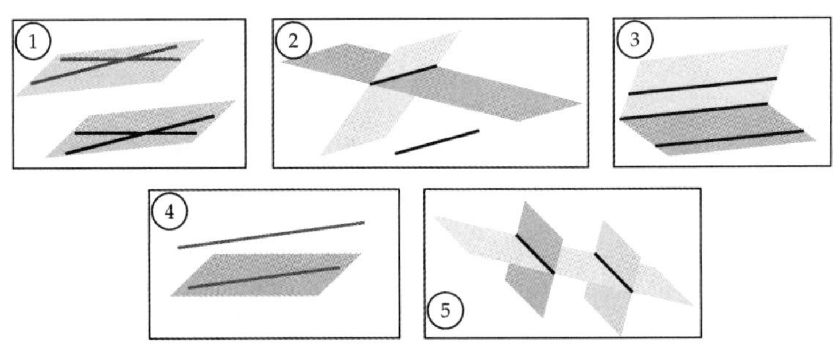

2. 下图由四个正方体构成：找出与直线 BH 平行的直线。

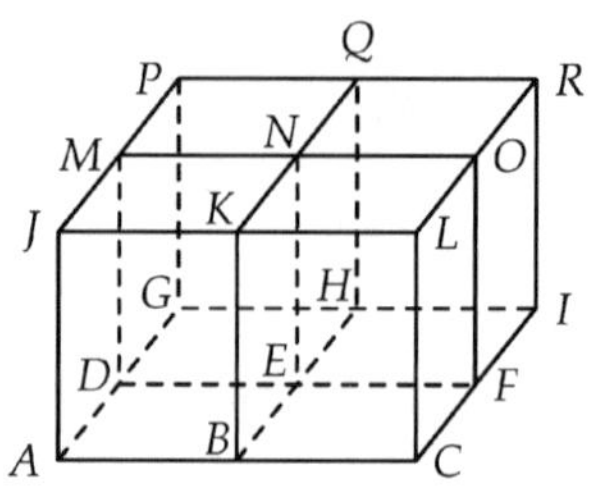

3. 判断。

(1) 一个学生认为：平面 α 中的一条直线与另一个平面 β 中的一条直线平行，那么这两个平面平行。这个说法对吗？

(2) 其他人认为：如果一个平面 α 内的两条直线分别平行于另一个平面 β 内的两条直线，那么这两个平面平行。这个说法对吗？

4. 利用计算机软件，建立一个四面体 $ABCD$。N 是 DC 的中点，P 是 DA 的中点，M 是 DB 上任意一点。

① (推测)确定点 M 的位置，使得平面 MNP 与平面 ABC 平行。

② 如果点 M 的位置确定了，证明平面 MNP 与平面 ABC 平行。

案例分析： 逐步引导学生探究线线、线面、面面的平行关系。

常见立体图形的体积及展开图的呈现见案例 7－4。

【案例 7－4】常见立体图形的体积及其展开图

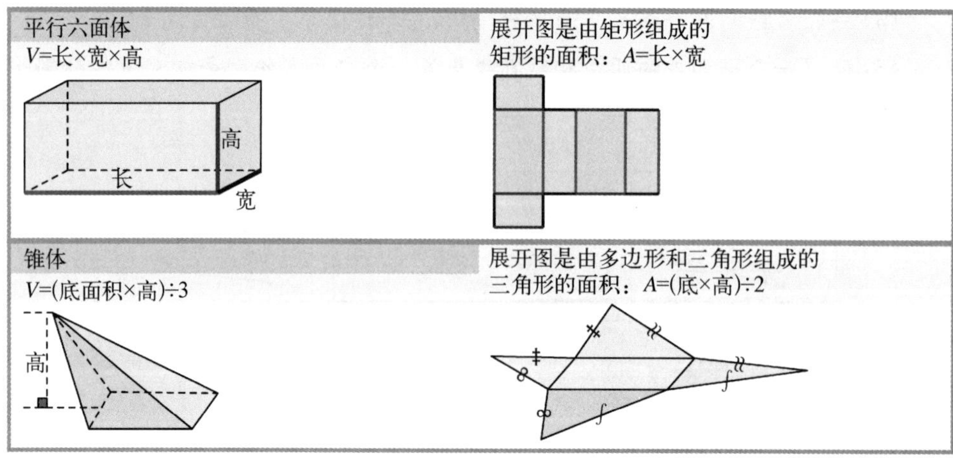

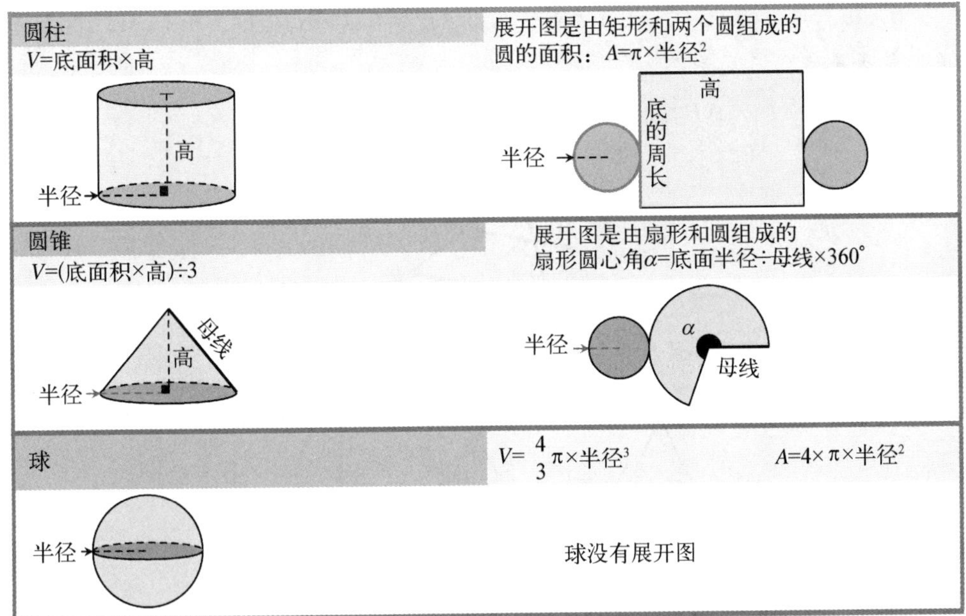

案例分析：回顾五种常见立体图形的体积，并给出其相应的展开图，为计算展开图的面积作铺垫。

高一 G2 章"平面定位"所包含的内容有实数点的坐标、线段中点的坐标、两点距离。章的课前练习和"中点"内容见案例 7－5 和案例 7－6。

【案例 7－5】高一 G2 章"平面定位"的课前练习

1. 计算。

(1) $(-2)+(+4)$。　　(2) $(-7)+(-4)$。

(3) $(-3)-(-5)$。　　(4) $(+6)-(+8)$。

2. 如图为数轴(OI)。计算 AB、AC、BD 和 DC 的长度。

D (−3)　C (−1)　O (0)　I (1)　A (2)　B (4)

3. 写成 $a\sqrt{b}$ 的形式，其中 b 是正整数且不能再开方。

(1) $\sqrt{8}$。　　(2) $\sqrt{12}$。　　(3) $\sqrt{45}$。

(4) $\sqrt{8}+\sqrt{18}$。　　(5) $3\sqrt{75}-2\sqrt{27}$。　　(6) $(\sqrt{5}+\sqrt{3})(\sqrt{5}-\sqrt{3})$。

4. 三角形 EAU 是以 A 为直角的直角三角形，写出这个三角形的勾股定理(毕达哥拉斯关系)。

5. 在三角形 EAU 中，$EA=4.8$ cm，$AU=6.4$ cm，$EU=8.1$ cm。这个三角形是否是直角三角形？

6. 如图，$IJ // AB$，且 $CI=AI$，确定 BC 的中点。

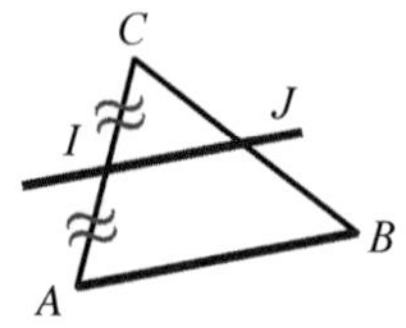

7. 根据下图所示，确定下面每个三角形、四边形的性质。

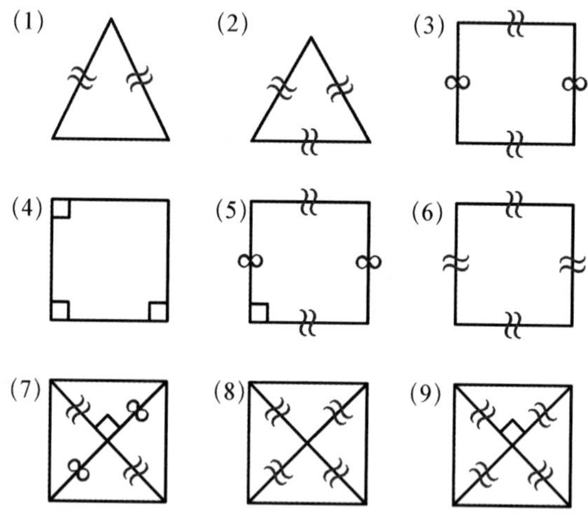

案例分析：课前练习主要复习实数计算，特别是负数计算，在数轴上计算两点长度，式子将化简为 $a\sqrt{b}$ 的形式，回顾勾股定理及逆定理，并回顾等腰三角形等常见图形的性质。

【案例 7-6】中点

1. 准备活动：中间的点

这一活动的目的是推测和证实从给出线段的一端到另一端的中点的坐标。在平面直角坐标系 $(O; I, J)$ 中：

(1) 任取两个点 A 和 B。

(2) 现在考虑两个点 A 和 B，满足 $y_A < y_B$，最终目的是确定点 M 的坐标，使其为 AB 的中点，并写出由点 A 和点 B 求中点 M 的坐标公式。

(3) 在坐标系中标出线段 AB 的中点 M 和点 C，其中点 C 的坐标为 (x_B, y_A)。

(4) 直线 AC 和 BC 与两个坐标轴有什么关系？

(5) 过点 M 作平行于 AC 的直线，与 BC 交于点 N，试确定点 N。

(6) 考虑直线 BC，利用 B、C 两点的坐标，计算线段 BC 的长度。

(7) 推导出 CN 的长度和点 N 的坐标。

(8) 若 $y_A > y_B$，重复上述推导过程。

(9) 确定点 M 的横坐标。

2. 定义：坐标系中点的坐标

为了区分平面内的点，我们定义平面内点的坐标。

定义：定义一个坐标系，先给定平面内三个不重合的点 O，I 和 J，建立坐标系 $(O;\ I,\ J)$。从点 O 出发，以 OI 为 X 轴，方向是从 O 到 I，单位长度为 OI 的长度，以 OJ 为 Y 轴，方向是从 O 到 J，单位长度为 OJ 的长度。

3. 定义：坐标系

若三角形 OIJ 是以 O 为直角的三角形，则 $(O;\ I,\ J)$ 为正交坐标系；若三角形 OIJ 是顶点为 O 的等腰三角形，则 $(O;\ I,\ J)$ 为单位长度相等的坐标系；若三角形 OIJ 是顶点为 O 的等腰直角三角形，则 $(O;\ I,\ J)$ 为直角坐标系；这三类坐标系分别如下图所示：

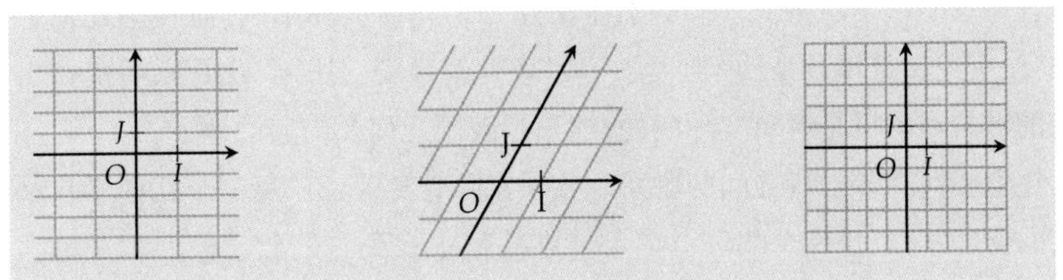

4. 线段中点坐标的性质

线段 AB 的端点坐标为 $A(x_A,\ y_A)$，$B(x_B,\ y_B)$，则 AB 的中点坐标为 $\left(\frac{x_A + x_B}{2}, \frac{y_A + y_B}{2}\right)$。

注：此性质适用于任何类型的坐标系。

案例分析： 通过准备活动的引导，给出点、坐标系的定义，并推导出线段中点的坐标。

由法国高中教材的六个几何案例可知，法国注重学情分析，巩固旧知，为新知学习作充分准备；比较重视几何直观能力的培养；注重逐步引导学生实践、探究，较为自然地给出定义、命题；也比较重视二维和三维的衔接。

二、对我国高中几何的思考与建议

(一) 推理和直观的平衡

英国数学家阿蒂亚(M. Atiyah)说:“几何直观是增进数学理解力的有效途径。”克莱因也说:“一个数学上的主题,只有在成为直觉上的显然后,才算研究到家。”但北京大学附属中学高级教师王鹏远说:“数学要注重直观,但不能止于直观。”美国纽约的大卫·亨德森(David Henderson)教授也指出“灵活的几何推理包括信息与交流,而理解公理等一些工作则是计算机无法完成的”。因此,21 世纪几何教学展望中,大家一致认为“逻辑推理不会全部取消,但必然是作为几何方法之一,而不是全部或主角”[1]。因此,中国高中几何要在继续发扬传统优势的基础上,借鉴国外的先进经验,协调好推理和直观。

(二) 注重联系

注重几何与现实问题之间的联系。几何学是研究现实世界中物体形状、大小与位置关系的数学学科。人们必然生活在一个几何世界中,然而我国几何曾强调抽象,注重逻辑推理和证明,学生学习起来有些难度。法国 2010 则明确指出学习几何的目的和动机是解决实际问题,这正是我国几何要借鉴的地方。

注重几何和各学科之间的联系。数学家陈省身曾说:“每一个几何学科都能找到它的物理背景,每一个物理方向都能在几何中找到它的数学模型。”法国国家教学课程标准委员会在关于“教学课程标准的框架信”中也指出,应该为学生提供各种各样背景(地理、经济、生物、时事等)中的事例,以使学生获得的能力不局限于单纯的数学课[2]。这在法国课程标准中有很好的体现,如“学习几何构形利于数学其他分支及非数学专业,如平面几何、函数、概率和物理等知识的学习”,在向量内容中,提出线性代数中自由度和线性无关的概念。反过来,几何的学习也离不开各知识点的实际背景。因此,我国几何需要进一步加强各学科之间的联系,注意几何方法的多样性及等价性。法国教育部部长阿莱格尔(Allegre)特别强调开放学生的思维,他说:“数学的一个基本思想是,一个问题可以有多种解决办法,而不是唯一

[1] 张福生,唐盛昌.“21 世纪几何教学展望”国际研讨会综述[J].数学教学,1996(2):2-4.

[2] 汪凌.法国普通教育高中的数学教育课程[J].全球教育展望,2002,31(10):28-30.

完美的解决办法。这种思想应当尽早教给学生，否则容易使思想僵化，或形成简单推理的思维。”[1]法国 2010 在方法的多样性方面有很好的体现，如多次强调让学生了解不同方法的等价性，并依据不同的情况选择最合适的方法。王建明、张思明等人[2]也指出“高中几何内容在实现学生学习中的多重表示方面，应该占有一个关键的地位，因为坐标、网格、向量、空间和平面图形等表示形式在多重表示中具有良好直观的形式，它们为数学对象、事实和过程的其他表示形式的实现提供了一个可视化的背景”。

（三）合理使用信息技术

法国在 1995 年建立了一个教育信息专门网站——“Educanet”，这个网站可以为交流多媒体教学经验提供方便。法国教育中信息技术的特点：国家宏观指导，突出专家的咨询作用；国家开发信息资源；设置信息与通信技术证书；制定教育中信息与通信技术的法制规范，教育软件和多媒体必须通过教师和专家的鉴别，确认其符合多媒体委员会认证，才可以在学校中使用；构建数字校园的法律框架等[3]。这些措施值得思考和借鉴。

关键是让学生参与进来。几何受信息技术影响较大，我国在计算机辅助几何教学方面以教师演示为主。韩龙淑[4]指出“不应使信息技术的运用成为花架子，仅仅在形式上创新可能造成在实质上是无效的，同时停留在演示层次的技术运用是否真正体现了教育技术的价值值得怀疑”，要让学生参与进来，进行交互式的实验操作才能真正做到实效。北京教育学院王长沛教授强调“关键在学生，学生应当是数学教育信息技术的使用者，这才有可能真正实现所倡导的探究性学习”。

教师责任重大。新技术与数学教学整合是一个长期过程，教师需要了解所有由环境提供的新的实验可能性和便利性；用其他术语思考几何的困难超出了纸笔环境下存在的困难；为了能够回答学生提出的问题，理解他们的做法并帮助他们纠

---

〔1〕 王晓辉．法国教育信息化的基本战略与特点[J]．外国教育研究，2004，31(167)：60－64．

〔2〕 王建明，张思明，等．高中几何课程标准之我见[J]．数学教育学报，2001，10(4)：55－58．

〔3〕 王晓辉．法国教育信息化的基本战略与特点[J]．外国教育研究，2004，31(167)：60－64．

〔4〕 韩龙淑．高中“课标”与“大纲”中立体几何内容比较研究及启示[J]．数学教育学报，2006，15(2)：71－73．

正错误，教师必须知道学生的反应，以及面对新的情景时可能的策略。数学教育理论工作者应当对技术与数学教学整合进行调查研究，这些调查数据和结果能转化为教师的教育。

第八章 中法高中课程代数内容比较研究

方程与不等式对初中和高中的代数内容起着承上启下的作用，复数是在新的数系下学习代数，这两个知识主题在代数内容中有着鲜明的特点。通过对中法课程中这两个知识主题的比较研究，希望能为我国代数教与学中存在的问题进行有益的指导，也为教材编写和科学评价提供理论依据。

本章分别从内容分布、内容广度及内容深度等对中法高中教材代数内容进行比较分析，希望为我国的教材设置、教师教学、学生学习和评价等方面提出一些建设性的意见及建议〔1〕。

第一节 中法高中课程代数内容分布的比较研究

本节将对教材的内容结构从内容分布、内容安排的呈现展开，对中国人教 A 版教材和法国 SM 教材的代数内容从整体的角度进行比较分析。

一、内容分布概述

（一）中国教材代数分布概述

中国高中数学课程分为必修课程和选修课程。高中数学课程内容突出函数、几何与代数、概率与统计、数学建模活动与数学探究活动四条主线，它们贯穿于整

〔1〕 王菲. 中法高中课程代数内容比较研究——以方程与不等式和复数为例[D]. 开封：河南大学，2018.

个课程体系[1]。由于数学建模活动与数学探究活动多以“阅读与思考”“信息技术应用”和“实习作业”的形式分散在每一章中，因此以所在章节计数。

本节研究以理科学生使用的必修课程、选修2系列及选修4系列作为样本总体。中国人教A版教材中“代数”内容的划分是很明确的，主要分布在必修5、选修2-2和选修4-5中，三本教材中代数内容共6章16小节，合计106页，它们的章、节、页码统计情况详见表8-1，三种课程的汇总统计详见表8-2，按表8-2的数据计算出代数内容占整个课程的比重，详见表8-3。

表8-1　中国人教A版教材代数内容分布表

课　程	教　材	章	节　数	页码数
必修课程	必修5	第三章　不等式	4	34
选修2	选修2-2	第三章　数系的扩充与复数的引入	2	16
选修4	选修4-5	第一讲　不等式和绝对值不等式	2	20
		第二讲　证明不等式的基本方法	3	10
		第三讲　柯西不等式与排序不等式	3	15
		第四讲　数学归纳法证明不等式	2	11

表8-2　中国人教A版教材代数内容分布统计汇总表

课　程	章　数		节　数		页码数	
	代数数量	课程总数	代数数量	课程总数	代数数量	课程总数
必修课程	1	16	4	54	34	654
选修2	1	9	2	31	16	337
选修4	4	19	10	62	56	331
合　计	6	44	16	147	106	1 322

表8-3　中国人教A版教材代数内容分布比重表

课　程	章	节	页　码
必修课程	6.25%	7.41%	5.20%
选修2	11.11%	6.45%	4.75%

---

[1] 陈昌平，黄建弘，邹一心. 数学教育比较与研究[M]. 上海：上海教育出版社，1995.

续　表

课　程	章	节	页　码
选修 4	21.05%	16.13%	16.92%
整　体	13.64%	10.88%	8.02%

从表 8－3 可以看出，在整个高中阶段，从章数上来看，中国高中教材代数内容分布比重为 13.64%；从节数上来看，中国高中教材代数内容分布比重为 10.88%；从页码上来看，中国高中教材代数内容分布比重为 8.02%。综合章、节、页码，可以看出中国人教 A 版教材代数内容在 10%左右，仅占高中阶段数学教材总容量的十分之一。

这样的情况可能是以下几个方面的原因造成的：首先，代数是初中数学教材中的核心内容，占据总内容的 42.7%[1]，初中几乎一半的时间都在学习代数内容，所以在高中阶段需要学习的代数内容就相对较少了；其次，高中阶段数学知识面的拓宽，不仅需要学习几何与代数，还涵盖了概率与统计、平面几何、立体几何、逻辑用语及算法等知识，尤其是学科核心素养的提出，对学生学习及能力都提出了更高层次的要求，随着内容广度的增加，代数内容所占比重自然会减少。

从图 8－1 和图 8－2 来看，在不同课程的分布上，中国人教 A 版教材代数内容的章、节、页码呈现出相似的态势，即代数内容在必修课程和选修 2 的分布比重远远低于在选修 4 的分布比重。从三种不同课程来看，中国人教 A 版教材代数内容在课程分布上差异偏大，但在章、节、页码上三种课程的分布态势较一致。

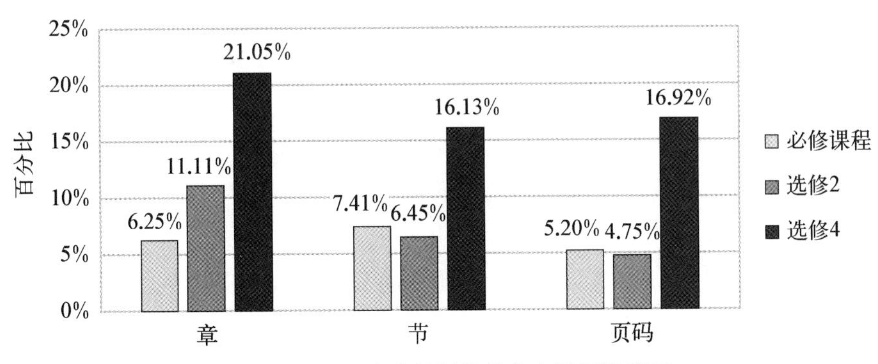

图 8－1　中国高中教材代数内容课程柱状图

〔1〕 吴立宝.六国初中数学教材代数内容国际比较研究[M].上海：上海教育出版社，2016：8.

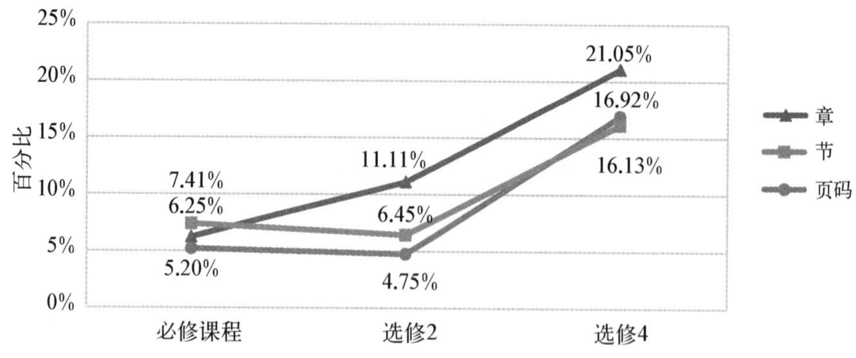

图 8-2　中国高中教材代数内容课程折线图

中国人教 A 版教材代数内容在必修课程和选修 2 的分布比重情况较能反映代数内容在高中教材中的实际情况。在选修 4 中出现较大差异，是因为选修 4 是为那些对数学有兴趣和希望进一步提高数学素养的学生而设置的，是以专题的形式出现的，所以与必修课程和选修 2 在分布比重上出现较大差异是正常的。

（二）法国教材代数分布概述

法国 SM 教材代数内容所占比重比较接近中国人教 A 版教材，约占 8%。

表 8-4　法国 SM 教材代数内容分布一览表

年　级	代　数		总　量	
	章　数	页码数	章　数	页码数
高一	1	18	13	239
高二	2	14	14	312
高三	1	40	17	380
合计	4	72	44	931

法国 SM 教材代数内容年级分布、具体章及页码数情况详见表 8-5，根据表 8-4 可得法国 SM 教材代数内容的章、页码的分布比重，见表 8-6。从章数来看，法国 SM 教材代数内容占据三个年级的 9.09%；从页码数来看，代数内容占三个年级的 7.73%，略低于章数统计。无论从章数还是页码数来看，法国 SM 教材代数内容都在 10% 以下，主要涉及方程与不等式、三角学中的方程与不等式、复数等内容，表 8-5 中“部分”的意思是包含本章的部分内容。

表 8－5　法国 SM 教材代数内容年级分布一览表

年　级	章	页码数
高一	F2：方程和不等式	18
高二	A1：二次函数(部分)	6
	G2：方向角度和三角学(部分)	8
高三	G1：复数	40

表 8－6　法国 SM 教材代数内容分布比重表

年　级	章	页码数
高一	7.69%	7.53%
高二	14.29%	4.49%
高三	5.88%	10.53%
整体	9.09%	7.73%

从年级分布来看，法国 SM 教材代数内容在三个年级中所占比重都是极少的，分别为 1 章、2 章和 1 章，因为高二的代数内容为两章中的部分内容，所以对应的数据失真，此时，考虑页码数的分布比重更符合实际情况。高一代数内容仅占 7.53%，只介绍了方程和不等式、求方程和不等式的精确解以及其近似解等相关内容；高二有 2 章中的部分内容，页码数也仅占到高二总页码数的 4.49%，开始涉及方向角度和三角学中的方程和不等式内容；高三代数内容比重又呈现增加趋势，尽管也只有 1 章，页码数却达到三个年级中的最大值，占该年级总页码数的 10.53%，开始在新的数系下学习代数。从年级分布来看，随着年级升高，代数内容的百分比呈现显著的差异，如图 8－3 所示，章数统计与页码数统计也存在差异。

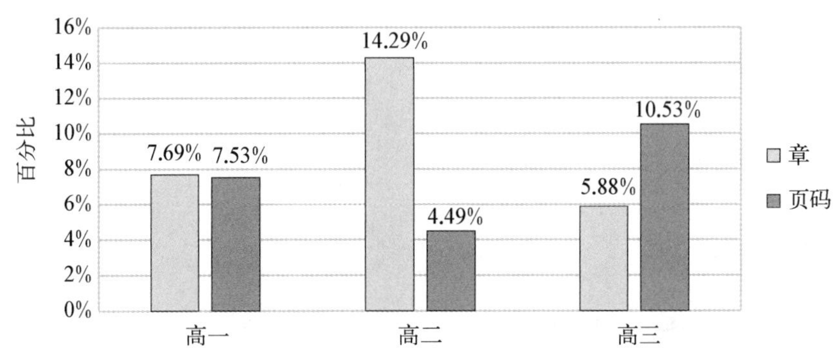

图 8－3　法国 SM 教材代数内容年级分布图

二、内容安排的呈现

中国的代数内容分四部分展开，包括初中阶段的方程、高中阶段的不等式、数系的扩充与复数的引入、不等式选讲。由表 8-7 可以看出，高中课程不等式包括四小节内容：不等关系与不等式；一元二次不等式及其解法；二元一次不等式(组)与简单的线性规划问题；基本不等式：$\sqrt{ab} \leqslant \frac{a+b}{2}$。复数包括两小节：数系的扩充和复数的概念；复数代数形式的四则运算。需要说明的是，初中阶段的方程(包括一元一次方程、一元二次方程、二元一次方程组)在表 8-7 中没有呈现，因为重点是中法高中数学课程的比较分析，所以初中课程在此处不再赘述。另外，不等式选讲包括四讲：不等式和绝对值不等式；证明不等式的基本方法；柯西不等式与排序不等式；数学归纳法证明不等式。不等式选讲处于选修 4 系列，而此系列是为进一步学习数学的学生而设置的，不具普适性，在此不再细致分析。

我国教材把方程安排在初中阶段进行学习，把不等式安排在高中必修 5 的第三章，时间跨度大；复数内容安排在选修 2-2 第三章；不等式选讲安排在选修 4-5。选修 4 系列是为了满足不同学生的需要而设置的，学生可结合自身情况进行组合学习。

表 8-7　中国人教 A 版教材章节内容结构与顺序表

教　材	章　名	小 节 名
必修 5	不等式	不等关系与不等式
		一元二次不等式及其解法
		二元一次不等式(组)与简单的线性规划问题
		基本不等式：$\sqrt{ab} \leqslant \frac{a+b}{2}$
选修 2-2	数系的扩充与复数的引入	数系的扩充和复数的概念
		复数代数形式的四则运算
选修 4-5 不等式选讲	不等式和绝对值不等式	不等式
		绝对值不等式
	证明不等式的基本方法	比较法
		综合法与分析法
		反证法与放缩法

续　表

教　材	章　名	小 节 名
选修 4－5 不等式 选讲	柯西不等式与排序不等式	二维形式的柯西不等式
		一般形式的柯西不等式
		排序不等式
	数学归纳法证明不等式	数学归纳法
		用数学归纳法证明不等式

法国 SM 教材代数内容包括方程和不等式、二次函数、方向角度和三角学、复数四个部分，在高中三个年级都有分布，具体如表 8－8 所示。要求会解方程(或不等式)；求方程(或不等式)的精确解；求近似解和三角学中的方程和不等式。复数部分要求在一个全新的代数系统中认识复数的代数形式和几何表达，学习复数的加、数乘及在几何上的应用；计算复数的逆和除法、模和辐角；了解复数的三角形式。

法国教材把方程和不等式(简单方程和不等式)安排为一章，在高一进行学习。函数和三角学是高二的内容，高二的这部分课程又包括一元二次方程、一元二次不等式和三角学中的方程和不等式等方面的知识，复数是在高三作为单独一章出现的。时间上分布均匀，没有出现我国教材中时间跨度大的问题，难度也层层递进。

表 8－8　法国 SM 教材章节内容结构与顺序表

年　级	章　名	小 节 名
高一	方程和不等式	解方程(或不等式)
		求方程(或不等式)的精确解
		求近似解
高二	二次函数	一元二次方程
		一元二次不等式
	方向角度和三角学	三角学中的方程和不等式
高三	复数	复数的代数形式和几何表达
		复数的加、数乘及在几何上的应用
		复数的逆和除法
		一元二次方程
		复数的模和辐角
		复数的三角形式

第二节 中法高中课程代数内容广度的比较研究

由上面的统计结果可知，法国 SM 教材页码总数远远少于中国人教 A 版教材，人教 A 版教材的页码总数约是法国 SM 教材页码总数的 1.5 倍。两国教材代数内容页码数差异悬殊，但因为版式、开本等均有差别，所以只考虑页码数是不完整的、片面的。下面考虑广度和深度两方面，广度上主要考查方程与不等式、复数两个知识主题，除了这两个知识主题外，法国 SM 教材中还包含三角学中的方程与不等式，中国人教 A 版教材将其归为函数内容，因此不再细说。

一、方程与不等式内容知识统计结果

对于方程与不等式，在中国人教 A 版教材中是混编的，而在法国 SM 教材中方程与不等式内容是独立成章设置的。中国人教 A 版教材将“方程的近似解”放在必修 1，而“不等式”作为单独一章放在必修 5，中法两国高中数学教材中方程与不等式的具体知识点统计，见表 8－9。

表 8－9 中法两国高中数学教材方程与不等式内容知识点统计表

知识主题	知识点	中国人教 A 版教材	法国 SM 教材
方程与不等式	流程图	√	√
	图解法	√	√
	列表法、电子表格		√
	作差(商)法比大小	√	√
	不等式的双向性	√	√
	不等式的传递性	√	
	不等式的同向可加性	√	√
	不等式的乘法性质	√	
	不等式的乘方性质	√	
	不等式的开方性质	√	
	利用平方差公式求解		√
	方程的近似解	√	√

续　表

知识主题	知　识　点	中国人教A版教材	法国SM教材
方程与不等式	不等式的近似解		√
	一元二次不等式	√	√
	解一元二次不等式	√	√
	二元一次不等式(组)	√	
	二元一次不等式(组)的解集	√	
	区域边界	√	√
	测试点	√	
	目标函数	√	
	线性规划	√	
	可行解	√	√
	可行域	√	√
	最优解	√	
	算术平均数	√	
	几何平均数	√	
	$\sqrt{ab} \leqslant \frac{a+b}{2}(a \geqslant 0,\ b \geqslant 0)$	√	

注：表8-9中"√"表示有，空白表示无。下同。

在不等式的性质中，中法两国教材存在较大差异，中国人教A版教材的知识点更多、更细，比法国SM教材多了不等式的传递性、乘法性质、乘方性质和开方性质。另外，中国人教A版教材还包含了线性规划问题，但法国SM教材没有单列，只包含了部分知识点，因此在线性规划问题中，中国人教A版教材比法国SM教材多出4个知识点，包括测试点、目标函数、线性规划和最优解等。从总体上看，在方程与不等式中，中国人教A版教材比法国SM教材多出10个知识点。

二、复数内容知识统计结果

复数内容是高中数学教学中比较难理解的知识。复数本身的发生、发展过程太曲折，教师很难在有限的教学时间内向学生解释清楚，且很多数学家都被复数困惑过[1]。研究中法两国教材的复数内容，分析二者在内容、知识点上的异同尤为重要。两国高中数学教材中复数内容的知识点统计结果见表 8－10。其中需要说明的是：复数的模及其模的计算在中国人教 A 版教材中是以小卡片的形式出现的，属于了解性内容，因而也计算在内。复数可用点、向量表示这个知识点在中国人教 A 版教材中也提到过，“它们是一一对应的关系”，因此也计算在内。

表 8－10　中法两国高中数学教材复数内容知识点统计表

知识主题	知 识 点	中国人教 A 版教材	法国 SM 教材
复数	复数	√	√
	虚数单位	√	√
	复数集	√	√
	复数的代数形式	√	√
	实部	√	√
	虚部	√	√
	纯虚数	√	√
	复数的几何意义	√	√
	复平面	√	√
	实轴	√	√
	虚轴	√	√
	模	√	√
	模的计算	√	√
	加法	√	√
	乘法	√	√
	除法	√	√
	共轭复数	√	√
	实系数一元二次方程		√
	复数可用点、向量表示	√	√
	辐角		√
	辐角的计算		√
	复数的三角形式		√

[1] 李淑文. 中日两国初中几何课程难度的比较研究[D]. 长春：东北师范大学，2006.

续　表

知识主题	知　识　点	中国人教 A 版教材	法国 SM 教材
复数	复数代数形式与三角形式的转换		√
	复数的几何应用		√
	复数的指数形式		√
	指数写作模为 1 的形式		√
	一般形式		√
	用指数表示法计算		√

三、中法教材代数内容广度比较

（一）中法教材代数整体内容广度比较

结合前面对中法两国教材代数内容的两个知识主题的比较分析，可以得到中法两国教材代数内容中两个知识主题的广度情况，见表 8－11，其整体分布情况如图 8－4。

表 8－11　中法两国数学教材代数内容广度统计表

知识主题	中国人教 A 版	法国 SM 教材
方程与不等式	24	14
复　数	18	28
合　计	42	42

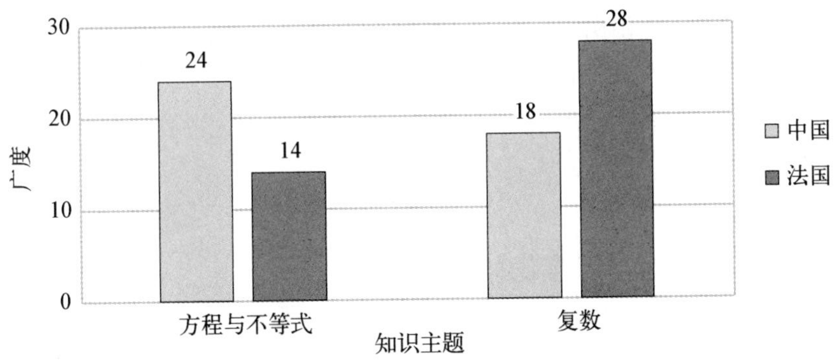

图 8－4　中法两国数学教材代数内容两个知识主题广度分布图

从图 8－4 可以看出，中法两国数学教材代数内容的知识点数量持平，均为 42 个，但二者的侧重点恰好相反，法国 SM 教材将重点放在复数内容，花费大量笔墨详细描述复数的相关知识；而在中国人教 A 版教材的代数知识点统计上，方程与不等式的知识点数量比复数多。

（二）中法教材代数内容分布的规律

分别对中法两国教材方程与不等式、复数两个知识主题在各自国家代数内容中的分布情况进行统计，如表 8－12 所示。两国教材中方程与不等式、复数两个知识主题的分布平均比重为 45.24%、54.77%。从表 8－12 可以看出，中法两国教材中方程与不等式、复数两个知识主题占据代数内容的比重差异还是很大的，中国人教 A 版中方程与不等式比法国 SM 教材约高 23 个百分点，法国 SM 教材在复数上又比中国人教 A 版教材约高 23 个百分点。相比较而言，法国数学教材复数分布比重大约是方程与不等式的 1.5 倍，侧重点明显放在复数内容；中国人教 A 版教材在两个知识主题上分布差别不大。

表 8－12　中法两国数学教材代数部分内容分布比重表

知识主题	中国人教 A 版教材	法国 SM 教材	平　均
方程与不等式	57.14%	33.33%	45.24%
复　数	42.86%	66.67%	54.77%

第三节　中法高中课程代数内容深度的比较研究

在代数内容中，中法两国的教材侧重点不尽相同，在定义的引入、相关概念的给出方面也存在着差异。在内容深度这一方面，代数内容较少，而两国复数内容差异较大，因此没有进行量化的比较，而是从相关概念的引入进行分析，并给出实例讲解，以便大家有更直观的认识。

一、方程与不等式内容深度比较

（一）不等式的引入及概念的给出

相等关系和不等关系表示最基本的数量关系，在现实世界和日常生活中大量存在。

在法国 SM 教材中，准备活动中的活动 2 引出了不等式内容，具体见案例 8－1。

【案例 8－1】法国 SM 教材中“不等式的引入”示例

活动 2　正方形和三角形

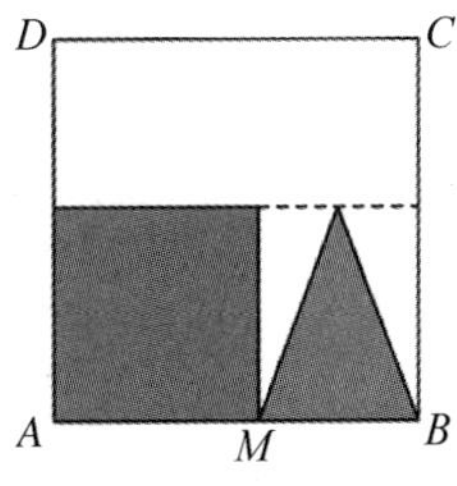

右图展示的是边长为 8 cm 的正方形 $ABCD$，M 是 AB 边上任一点。在正方形 $ABCD$ 中构造：

- 正方形：边长为 AM。
- 等腰三角形：以 MB 为底且和以 AM 为边的正方形等高。

如果我们对正方形和三角形感兴趣，此图恰好就是由正方形和三角形组成。

(1) 三角形的面积和正方形的面积有可能相等吗?

(2) 三角形的面积可能大于 5 cm^2 吗?

(3) 三角形的面积可能比正方形的面积大吗?

(4) 阴影部分面积有可能等于正方形 $ABCD$ 面积的一半吗?

案例 8－1 中，以几何题的形式引入，看似是几何问题，实则是代数问题，每一个小问题的设置都很有技巧，难度层层递进，引导学生用字母 x 表示边长，进而列出相应的方程和不等式，解决实际问题。不愤不启，不悱不发，起到很好的启蒙作用。

中国人教 A 版教材必修 5 中先给出大量实例，让学生自行理解、体会不等关系。在“本册引导”中，先说明不等关系和相等关系都是客观存在的基本数量关系，指出其重要性，并概括性地说出学生在这一模块中将通过怎样的途径，达到怎样的学习目标。而在前言部分，引用了古诗词“横看成岭侧成峰，远近高低各不同”，让学生直观地体会其中蕴含的不等关系，由不等关系引出不等式、一元二次不等式、简单线性规划、基本不等式等问题。知识间相互联系，符合人们的认知规律，且不易遗忘。在教材中还说明了“要比较两个实数的大小，可以考察这两个实数的差”是研究不等关系的一个出发点，为不等关系的解决提供了方法和途径，而这恰恰是法国 SM 教材中没有明确提到的。

（二）不等式性质

中法两国的教材都明确地列举了不等式的性质，但难易程度不尽相同。

法国 SM 教材仅仅用文字叙述了不等式简单的三个性质：不等式的两端加上相同的数字，不等号方向不变；不等式的两端乘相同的大于零的数，不等号方向不变；不等式的两端乘相同的小于零的数，不等号方向改变。但并没有其他的说明性文字。

中国人教 A 版教材必修 5 在形式上，不仅有文字叙述，还有数学符号表示，部分性质有必要的文字说明。在内容上，列举了八条性质，难度也逐渐增强，而且性质可以得到证明。

（三）一元二次不等式

中国人教 A 版教材必修 5 第三章第二节的主要内容是一元二次不等式及其解法，以“上网收费的问题”引入，两公司收费标准不同，进而得出多少小时内 A 公司上网费不多于 B 公司。这就是列一元二次不等式解决实际问题的例子，进而明确给出一元二次不等式的定义。一元二次不等式的解法是和一元二次不等式方程的解及对应函数联系起来的，函数图像与 x 轴的位置关系分别对应不等式大于零、等于零和小于零的情况。教材中将求解一元二次不等式的过程用程序框图表示出来，并预留了几个空格，让学生自行补充完整。

给出的例题有基本的求不等式解的问题，此类题是对基础知识的巩固加深，也是必须要掌握的知识技能；还有现实生活中的实际例子，如刹车距离的问题、制造产品与创造价值关系的问题，学生可以学以致用。

法国 SM 教材中“一元二次不等式”示例见案例 8 - 2。

【案例 8 - 2】法国教材中“一元二次不等式”示例

活动 2　网球的未来

网球运动员雅尼克用智能纳米技术的砖墙工程为他服务。当球的速度达到一定值，即如果球速度 v 的动能大于 $4.6v+34.2$，砖墙将变为绿色；否则，砖墙变成红色。动能取决于速度 v 和质量 m，给出动能公式 $E_c=\frac{1}{2}mv^2$。

网球的质量是 0.058 kg。

(1) 当球速达到 35 m/s 时，砖墙的颜色是什么？

(2) 经过加速，第二次测量的速度为 45 m/s，此时砖墙的颜色是什么？

(3) 列不等式，使之能够表示砖墙是绿色时的速度。

(4) 使用计算器和绘图工具，解这个不等式。

(5) 在上面问题中发现的所有可能的速度中，哪个是最小的？（将结果先用 m/s 表示，然后用 km/h 表示）

一道单纯的代数问题融入了科技的背景后，解题就变得有趣多了。世界本身是联系的，数学也不例外，数学促进了科技的发展，科技反过来又补充和丰富了数学的内涵。

法国教材在给出一元二次不等式的定义后，有一些解释说明性的文字，说明不等式的解与函数相对于横坐标轴的位置，紧接着的一道例题，要求解不等式，给出了解不等式的详细过程，为后来的解题起到参考作用。法国教材定义的给出与我国有明显差别，法国教材更偏重于举例的形式，说明满足何种类型的式子叫不等式；而我国教材是用具有总结性的语句，抓住性质、特点、本质的东西来描述：我们把只含有一个未知数，并且未知数的最高次数是 2 的不等式，称为一元二次不等式。法国教材中二次三项式的符号与方程、对应函数联系起来，形成一个三项式符号的表格，根据表格就可以清楚地求出不等式的解。

（四）一元二次方程

我国将方程这部分内容安排在初中阶段，初一学习一元一次方程，初二学习分式方程，初三学习一元二次方程。在方程的学习过程中，让学生了解方程的定义，判定一个等式是不是方程、是什么方程；掌握方程的解法；会用方程来解应用题，经历通过数学建模解决实际问题的过程。

法国教材要求会解方程并检验方程的解，会用图像法求方程的近似解。法国教材中有多个值得借鉴的案例，如案例 8－3 和案例 8－4。

【案例 8－3】法国教材中“一元二次方程”示例 1

活动 1　细致化

乐年高中的迪里克莱老师要求二年级的学生解方程：$x^2=3.9x-3.8$。恩佐是一位精通计算机的学生，他绘制了 $f(x)=x^2$ 和 $g(x)=3.9x-3.8\ (x\in\mathbf{R})$ 的图像。计算机的屏幕截图如右图所示。恩佐的结论是，方程的解位于区间[3.5, 4.5]内。恩佐说得对吗？说明原因。

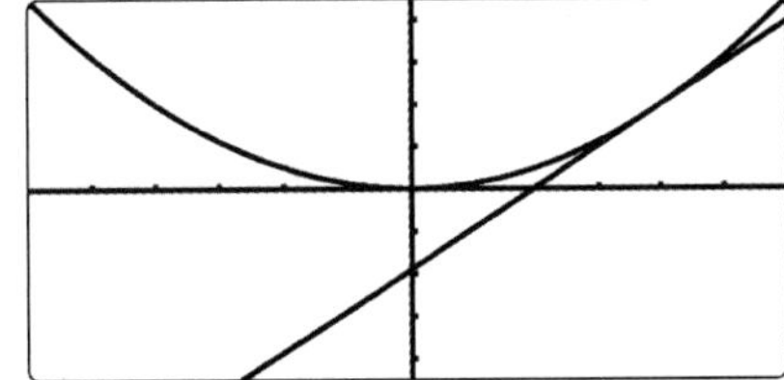

这个案例就是对用图像法求方程近似解的巩固,创设的情境贴近学生的生活实际,给学生一种熟悉感,打消对数学的恐惧,也从侧面反映了数学的实用性。同时提醒学生不仅要掌握数学知识,还要学会使用数学绘图软件等,利用图像巧解问题,体现了数形结合的数学思想方法。

【案例8-4】法国教材中"一元二次方程"示例2

活动5　求圆面积

此活动的目的是比较圆和正方形的面积。如图,$AB=4$ cm,M 是在线段 AB 上的一点,有以 AM 为直径的圆和正方形 $MBDE$。设 AM 的长为 x。

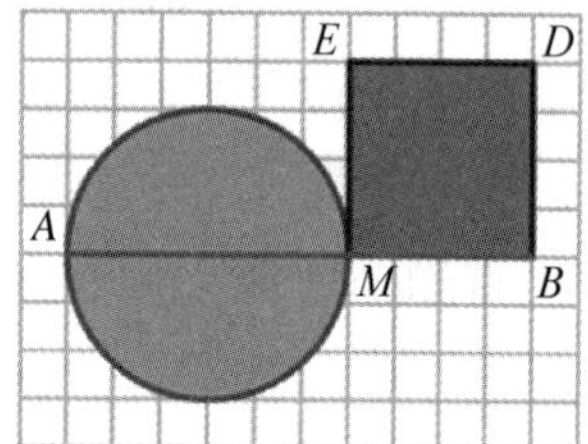

1　建模

(1) 用几何画板画图,并将其呈现给教师。

(2) 通过移动点 M,说明如何根据点 M 的位置来确定圆和正方形的面积。

(3) 是否存在一个 x 的值 x_0,使得两个图形的面积相等?如果有,请写出一个。

2　找一个近似值

(1) 根据 x,确定正方形的面积 $d(x)$和圆的面积 $c(x)$,并指出其定义域。

(2) 绘制这两个函数的图像。

(3) 检索 x_0 的近似值,并将精确度保持在0.001。

3　精确值

(1) 使用计算机软件,求解方程 $d(x)=c(x)$。

(2) 确定 x_0 的精确值。

此案例用一个具体的例子——求圆面积来对方程知识进行巩固加深,每一步的要求都是循序渐进的,而且特别细致,一步步引导学生,逐渐培养列方程解决实际问题的意识,也强调计算机与数学绘图软件的结合。这些都是必须掌握的数学技能,在学习新知识的过程中得到了巩固和提高。

在另外的习题中又涉及两种新方法:扫描法和二分法,还引入了算法的程序框图。用扫描法和二分法分别解同一道题,比较两种方法的适用范围,让学生有直观的感受,而不是泛泛地列举,如"此方法适用于哪种类型的题目"等。同时让数学与计算机结合起来,避免孤立地学习数学知识,也为大学的高等教育间接地作了铺垫。

(五) 用二分法求方程的近似解

中法两国教材中都提到了用二分法求方程的近似解，但内容的安排、知识及方法的给出又有所区别。

1. 内容安排不同

中国人教A版教材必修1在第三章“函数的应用”第一节“函数与方程”中引入二分法，并且以“用二分法求方程的近似解”为题成立单独的一小节。二分法是求函数零点的方法，正是因为函数的零点等价于对应方程的根，因此才能用二分法来求方程的近似解。

法国SM教材中提到了求近似解的新方法，即二分法，详细说明了适用范围和原理。对于同一道例题，要求分别用扫描法和二分法完成，在解题的过程中，让学生自行体会两种方法的优劣、适用范围等。

2. 利用计算机编程

中法两国教材都提到了通过设计一定的计算程序，借助计算机完成计算，但侧重点还是有所不同的。中国人教A版教材必修1在第三章第一节中具体列举了二分法的步骤，也说明了原理。同时在“信息技术应用”中详细给出了二分法求方程近似解的程序框图，并图文并茂地给出了利用计算器或计算机的代数自动求解功能和画图功能求方程近似解这两种方法。在“阅读与思考”中以知识卡片的形式介绍了方程求解的历史发展进程，也提到随着现代计算技术的发展，二分法、牛顿法等数值解法得到了广泛运用。而这些是作为延展知识让学生了解的，并没有考试要求。法国SM教材中使用了电子表格，在题目中明确要求学生用计算机编程，或者用动态演示工具展示等。

二、复数内容深度比较

数系的不断扩充体现了人类在数的认识上的深化。就像人类进入太空实现了对宇宙认识的飞跃一样，复数的引入是对数的认识的一次飞跃。选修2－2中“数系的扩充与复数的引入”一章只有两小节内容：数系的扩充和复数的概念、复数代数形式的四则运算。关于数系的扩充，一个自然而然的想法是像引入无理数那样把有理数系扩充到实数系，通过引入新的数而使实数系得到进一步扩充，使形如 $x^2+1=0$ 这样的问题变得可以解决。所以就假设了一个新数i(虚数单位i是瑞士数学家欧拉最早引用的)取自imaginary(想象的，假想的)一词的词头。

下面是法国教材的准备活动、方法和小组活动的具体案例分析。

（一）复数部分“准备活动”案例分析

【案例 8-5】法国教材中“准备活动”示例 1

活动 3　角度和半径标记

设平面正交坐标系$(O;\vec{u},\vec{v})$。

(1) 在此坐标系中表示以下几点：

① 点 M 满足 $|\overrightarrow{OM}|=\frac{3}{2}$，点 N 满足$(\vec{u},\overrightarrow{ON})=\frac{\pi}{4}$。

② 点 E 满足前述条件。

③ 点 P 满足$(\vec{u},\overrightarrow{OP})=-\frac{5\pi}{6}$。

④ 点 A 满足 $|\overrightarrow{OA}|=2$ 且$(\vec{u},\overrightarrow{OA})=\frac{\pi}{6}$。

⑤ 点 B 满足 $|\overrightarrow{OB}|=1$ 且$(\vec{u},\overrightarrow{OA})=-\frac{2\pi}{3}$。

⑥ 点 C 满足 $|\overrightarrow{OC}|=2$ 且$(\vec{u},\overrightarrow{OA})=\frac{3\pi}{4}$。

(2) 给出点 A、B 和 C 的坐标。

(3) 提出一个通用公式计算点 M 的坐标，知道$(\vec{u},\overrightarrow{OM})$和$|\overrightarrow{OM}|$。

这就是一道按照要求确定点和向量的题目，利用初中知识即可完成。这类题目的巧妙之处在于它的承上启下作用，既温习、巩固了初中的知识，又为新学习的复数知识作铺垫。

【案例 8-6】法国教材中“准备活动”示例 2

活动 1　想象力是无限的

(1) 最简单的数字是自然数，表示为 **N**，其中包含众所周知的数字：0、1、2、3 …

① 哪个自然数增加 7 后等于 12？

② 哪个自然数增加 12 后等于 7？

(2) 前面的例子显示集合 **N** 是“不足够的”，因为一些简单的方程式没有找到解。那么，我们可以使用 **Z** 表示整数集合，其中包含 **N** 及其对立面（如 −3、−2）。

① 分别在 **N** 和 **Z** 中解方程 $2x+8=0$。

② 同样,解方程 $2x+7=0$。

(3) 再次,在某种程度上整数集 **Z** 不足以表达一些方程的解。

① 需要什么其他数集来确保方程 $2x+7=0$ 有解?

② 在这个新集合中,方程 $9x^2=16$ 的解是什么?

③ 描述这个数集至少需要满足什么条件,以便上述方程有解。我们用 **Q** 表示这个数集。

(4) 修改前面的方程,使其在有理数中无解。修改到哪种程度,以便我们可以说它有两个解?

(5) 关于方程 $x^2+1=0$ 在以前数集中的解,我们可以说什么?

(6) 完成下面的集合分布图,每一次通过给出的一个方程在集合中没有解但是在相邻较大集合中有解来显示数集的连续包含。

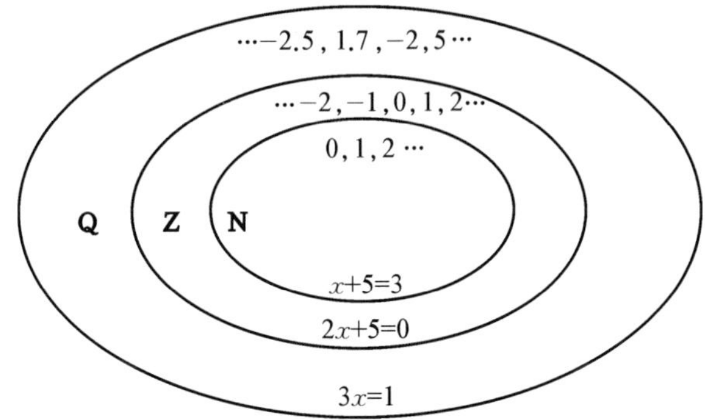

这是一道体会数系扩充的题目,设计巧妙,让学生在做题过程中潜移默化地对数系的扩充有了自己的体会和感受,所用知识都是初中所学,足见设计此题目者是花了一番心思的。题目逐步加深,一步一步由自然数集扩充到实数集,同时也留下了疑问:在实数范围内无解的题目,会不会在其他数集内变得有解?此题目的方法为数系的扩充提供了一种新思路。

法国教材高三复数内容与我国教材内容要求有差异,多了复数的三角形式,包含辐角、模等更深入的内容[1],比我国教材内容更深、更细。但我国教材中又提到了一些关于了解和感受数学文化的内容,这些是法国教材中并没有提到的。法国教材在正文之前,还有一个经典的准备活动,然后是正文部分,其中有很详尽的

〔1〕 吴天文.美国高中复数教学研究——基于高中复数教学要求及教学案例分析[D].广州:广州大学,2017.

方法示例,最后是点睛之笔的小组活动。顾名思义,准备活动和小组活动分别是主要内容的学前引入和学后巩固。

(二)复数部分"方法"案例分析

复数部分一共有10个方法,在此我们选取有代表性的加以说明,见案例8-7和案例8-8。

【案例8-7】法国教材中"方法"示例1

方法4　在复数集**C**中求解二次方程

应用练习　解方程:$z^2-2z=-3$。

过程　将常数项移到等号左边:$z^2-2z+3=0$。

计算判别式:$\Delta=(-2)^2-4\times1\times3=-8$。

判别式$\Delta<0$,所以在**C**中有两个解:

$$z_1=\frac{2-\sqrt{8}\mathrm{i}}{2}=1-\sqrt{2}\mathrm{i},\ z_2=\frac{2+\sqrt{8}\mathrm{i}}{2}=1+\sqrt{2}\mathrm{i},$$

它们互为共轭复数。

【案例8-8】法国教材中"方法"示例2

方法5　确定点集

应用练习　在正交坐标系$(O;\ \vec{u},\ \vec{v})$中确定点集M且复数z满足:

(1) $|z|=3$。　(2) $\arg(z)=-\frac{\pi}{3}[2\pi]$(表示$-\frac{\pi}{3}+2k\pi,\ k\in\mathbf{Z}$)。

过程　(1) $|z|=3\Leftrightarrow OM=3$。因此满足$|z|=3$的点集$M$是一个以$O$为圆心、3为半径的圆。

(2) $\arg(z)=-\frac{\pi}{3}[2\pi]\Leftrightarrow(\vec{u},\ \overrightarrow{OM})=-\frac{\pi}{3}[2\pi]$。

因此,满足$\arg(z)=-\frac{\pi}{3}[2\pi]$的点集$M$是除去原点$O$的半径,向量$\vec{u_1}$满足$(\vec{u},\ \vec{u_1})=-\frac{\pi}{3}[2\pi]$。

这里的"方法"类似于我国教材中的例题,但又不仅仅是单纯的例题,比我国教材中的例题多了方法总结，使得解一类题有方法、有技巧。这些类似例习题的“方法”也是法国教材正文的重要组成部分，很好地将知识、方法与技能技巧结合起来，是做题标准、规范的示例。

（三）复数部分“小组活动”案例分析

有了开头的准备活动及正文部分的详尽方法，在结尾处巧妙设计小组活动，学生就能够立刻学以致用，在活动中锻炼自己。

【案例 8－9】法国教材中“小组活动”示例 1

活动 1　使用计算器

这个实验的目的是要注意计算器上计算模和辐角的功能。我们来看以下两个复数：

$$z_1=-1+\sqrt{3}\mathrm{i},\ z_2=1+\mathrm{i}。$$

(1) 使用你的计算器确定 z_1 和 z_2 的模和辐角。

(2) 使用你的计算器：

① 给出 $z_1\times z_2$ 的模和辐角。

② 给出 $z_1\times z_2$ 的代数形式。

(3) 我们由以下公式来检验计算结果：

$$|z_1\times z_2|=|z_1|\times|z_2|\arg(z_1\times z_2)=\arg(z_1)\times\arg(z_2)[2\pi]。$$

(4) 给出复数除法的类似公式$\dfrac{z_1}{z_2}$，并用你的计算器检验它们。

(5) 确定复数除法的代数形式为$\dfrac{z_1}{z_2}$，并以此推导 $\cos\dfrac{5\pi}{12}$的准确值。

(6) 根据 z_1 给出 z_1^n 的模和辐角的计算公式。当 $n=12$ 时，用计算器检验这个公式。严格证明这个公式。

【案例 8－10】法国教材中“小组活动”示例 2

活动 2　复数中的逆函数

我们把复数域 **C** 中的函数 f 定义为 $f(z)=\dfrac{1}{z}$。

1. 用动态几何软件猜想

(1) 在以原点为圆心，半径为 1 的单位圆上取一个动点 M，对应复数 z。设一个动点 M' 对应复数$\dfrac{1}{z}$。(例如，我们可以创建一个数字 $L=x(M)+y(M)\mathrm{i}$，然后求$\frac{1}{L}$对应的点的坐标)。

(2) 使用"轨迹"函数,当 M 沿着中心为原点和半径为 1 的圆移动时,猜测点 M' 的位置。

(3) 重复先前的两个问题,先后取点 M:

① 在圆心为 O 和半径为 2 的圆上移动。

② 在圆心为 $A(0,1)$和半径为 1 的圆上移动。

③ 在方程 $y=1$ 上移动。

2. 证明猜想

(1) 利用模的性质证明问题(2)和(3)中①的猜想。

(2) 我们想证明 1 题(3)中②的猜想。

① 证明点 M(对应复数 $z=x+y\mathrm{i}$) 在以 $A(0,1)$为圆心,半径为 1 的圆上,当且仅当 $x^2=1-(y-1)^2$。

② 根据点 M 对应的复数$z=x+y\mathrm{i}$,确定$\frac{1}{z}$的代数形式。

③ 当点 $M(z)$在该圆上时,求出对应$\frac{1}{z}$的点M'的纵坐标。

(3) 我们现在要证明 1 题(3)中③的猜想。

① 证明 $M'\left(\frac{1}{z}\right)$ 位于以$B\left(0,\frac{1}{2}\right)$为圆心,$\frac{1}{2}$为半径的圆上,当且仅当 $|z-2\mathrm{i}|=|z|$。

② 证明 1 题(3)中③得到的猜想。

这两个案例中提到了算法在计算机或计算器和几何画板上的实现,法国课程标准中也提到软件工具(计算器或计算机)的使用,可见对其的重视。

【案例 8-11】法国教材中"小组活动"示例 3

活动 4 朱莉娅集

一些数学家高度重视朱莉娅集,并以加斯顿·朱莉娅(Gaston Julia)的名字命名了这个集合。这些集合由关于 $z_{n+1}=z_n^2+c$ 类型的复数列问题构成,其中 c 是一个固定的复数。下面将取 $c=-1$。

这些序列可以根据初始值 z_0 保持有界或分开。朱莉娅"填充"的集合由 z_0 构成,其中 z_n 模的数列保持有界。

(1) 我们用 x_n 和 y_n 表示 z_n 的实部和虚部。根据 x_n 和 y_n 表达 x_{n+1} 和 y_{n+1}。

(2) 我们通过 $u_n = |z_n|$，定义一个实数列 $\{u_n\}$。

① 使用三角不等式，证明对于所有 $n \in \mathbf{N}$，我们有 $u_{n+1} \geqslant u_n^2 - 1$。

② 再次证明，如果有一个级数 n_0，满足 $u_{n_0} \geqslant 2$，那么对于一切的 $n \geqslant n_0$，有 $u_n \geqslant 2$。进一步可以推导出任何自然数 $n \geqslant n_0$，有 $u_n \geqslant 2^{n-n_0} + 1$。

③ 在这种情况下，推导 $\lim\limits_{n \to +\infty} |z_n|$。

(3) 现在，我们将使用以前的标准来确定被认为是朱莉娅集中的初始值 z_0。

- 给定初始值 z 和要计算的 N 的最大值。
- 从该初始值开始，通过计算它们的虚部和实部来计算数列 $\{z_n\}_{n \in \mathbf{N}}$ 的连续项。
- 一旦其中一项的模超过 2，就停止计算。
- 如果在给定的初始值下估计数列 $\{z_n\}_{n \in \mathbf{N}}$ 是有界的，那么答案是肯定的。

(4) 把这个算法转换成 AlgoBox 或 Python 的程序。

(5) 取不同的 z_0 值，运行此算法(取 $N \geqslant 50$)。

第四节　结论与启示

一、结论

(一) 内容分布

中国教材代数内容的划分是很明确的，都是独立、完整的章节，且代数内容所占百分比，不管是章、节还是页码，都保持在 10%左右，仅占高中阶段数学教材总容量的十分之一。这部分内容在必修课程和选修 2 中的分布比重与代数内容整体分布情况接近。也就是说，不管是从章、节、页码来看，还是从不同的课程来看，代数内容占总体的比重都为 10%左右。

法国教材代数内容虽然也有章、节、页码，但划分不够明确，只包含某些章节中的一部分，代数内容所占比重为 8%左右，从章、节、页码来看，法国教材中代数内容所占比重都在 10%以下。

（二）内容广度

在方程与不等式中，中法两国差异较大，中国教材的相关知识点更多、更细，比法国多 10 个知识点。而在复数中两国呈现出完全相反的结论。两个国家教材在代数内容的侧重点又不一样，法国教材的代数内容明显将侧重点放在复数上，而我国教材在两个知识主题上的分布差别不大。

（三）内容深度

关于概念的给出，中法两国教材呈现出不同的态势：法国的更具开放性，知识没有分得太细，甚至以小组活动的方式呈现，让学生通过合作、探究得出；我国教材划分较细，而且更有条理，有利于教师教和学生学。这两种方式若能相互结合效果会更好，因为它们都基于学生与教师的良好配合：教师要很好地引导，学生又要有良好的探究与动手能力。

二、启示

（一）加强代数内容的生活化

日常生活中存在着大量丰富、有趣的数学实例〔1〕。法国教材中有大量贴近生活的例题，习题的设置更贴近生活，如题目与科技联系起来，设置的每一小问循序渐进，难度层层递进，只要有可能，问题的设置要基于现实生活或其他学科。然而，要说明的是，题目必须以简洁、明了的形式呈现，让学生能够自己解决，并发挥其创造力。有些案例又与数学文化联系起来，让学生了解数学的起源、发展过程，对学生数学学习兴趣的培养很有帮助；体会数学解决问题的过程，培养执着、严谨的治学态度，也是数学学习过程中情感、态度和价值观的培养目标。另外，能够让学生体会用建模（列方程、列不等式）解决实际问题的喜悦，而不是直接在题目中要求“列方程解应用题”，为了解题而解题。

（二）合理应用信息技术

人们未来的生活，将是“较少体力的而较多智力型的，较少机械的而较多电子

---

〔1〕 王宽明，刘静. 关于数学生活化价值取向的思考[J]. 教育探索，2008(2)：60－61.

的，较少稳定的而较多变化的”[1]，这表明要想在未来世界生存，必须掌握的生存技巧就是计算机。在法国教材中很多地方都体现了对信息技术的要求，可见法国对信息技术的重视，所以我国数学更应该与时俱进，加强与信息技术的结合。因为在“阅读与思考”“信息技术应用”这些栏目出现的知识很容易被忽略，无法引起重视，起不到好的效果。所以在这种情况下，可以借鉴法国教材的做法，将信息技术贯穿教师教学和学生学习、解题的过程，通过运用和实践，基础知识和基本技能都会有所提高。

（三）注重与其他学科的交叉融合

世间万物都是有机的整体，数学学科也不是孤零零的个体，俗话说，数理化不分家，我国教材多从物理角度引入数学问题，而法国教材就多元化了，物理、科技、数学史等都可以和数学联系起来。我们完全可以借鉴法国教材，这样既增加了趣味性，使数学不那么枯燥，又让学生了解到数学的实用性，明白其他学科的学习也都是以数学为基础的。

基于此，我们可以适当地加大广度、难度，进而让这部分知识更完整、更系统。可以借鉴卢建川的将复数看作平面向量的表征形式，即确立复数的几何视角、摒弃原先的代数视角来介绍复数，进而由向量的平移、旋转和伸缩引申、类比到复数的定义及其四则运算[2]。也可以参考陈美玲的复数教学中，促进新手教师向经验教师的转型[3]。新手教师总体知识水平的掌握、学生“学情”的把握、自身由学到教角色转变的过程，都是需要改进和完善的。另外，对复数的知识框架进行补充、完善，但应该避免过多技巧性的东西和思维的绕弯。对于学有余力的学生，适当安排一些其他的内容，可以是数学史、数学文化的补充和拓展，这些对启发兴趣都是很有帮助的。

（四）适当深化复数内容

我国的复数要求在国际上处于较低的层次，很多国际上受重视的知识点我国

---

〔1〕 美国国家研究委员会.人人关心数学教育的未来[M].方企勤，等译.北京：世界图书出版公司，1993.

〔2〕 卢建川.基于问题驱动的高中复数教学研究与教学内容的重构[D].广州：广州大学，2016.

〔3〕 陈美玲.新手教师与经验教师关于复数的MKT的比较研究[D].武汉：华中师范大学，2015.

课程的要求较低，甚至没有涉及，这是很不应该出现的现象。知识太简单，也会给学生带来心理上的轻视、怠慢，这样的情况是不利于学习的。维果茨基(Vygotsky)认为："教学、学习与发展之间应该是一个相互合作与积极互助的领域，这个领域称为最近发展区。"[1-2] 基于心理学的最近发展区理论，课程内容的难度应该是略高于学生现有知识水平的，是在教师的引导下，学生需要加以努力才能学会的。

通俗地讲，就像摘一棵树上的苹果，稍稍踮脚才能触得到最好，不费力气得到的往往不知道珍惜，因为缺乏挑战性很有可能随处丢弃，而太高、太远的难度又太大，花费很大力气最后很有可能徒劳无功，风险成本太高。因此，只有把难度控制在符合最近发展区的区间内，才符合学生的认知规律，才有可能起到好的效果。

---

〔1〕 徐美娜."最近发展区"理论及对教育的影响与启示[J].教育与教学研究，2010，24(5)：14－16.

〔2〕 李慧群.基于开放环境下的数学教学生活化思考[J].电化教育研究，2010(7)：105－107.

第九章 中法高中数学课程中信息技术运用的比较研究

数学跟哲学一样，是所有科学的基础，是推动整个社会进步的基石，现代信息技术的发展使得数学的研究与应用领域得到进一步扩展，与此同时，数学与信息技术也变得越来越密不可分。法国较早将信息技术应用于数学教学环节，并不断完善信息技术与数学教育的整合。因此，有必要对法国信息技术与数学教学的整合进行研究，通过借鉴法国优秀的经验，为中国数学教育的信息化改革提供一定的参考[1]。

第一节 中法高中数学教材中信息技术运用的比较研究

研究发现，法国高中数学课程标准中信息技术的“提及率”远高于中国[2]，这也在一定程度上说明法国更重视信息技术在数学中的运用。而课程标准是为教材服务的，教材又是课程标准具体实施的对象，为了更好地发挥教材的价值，使学生有效掌握课程标准要求的内容，有必要对教材进行深度研究。本节首先介绍了中法两国高中数学教材中信息技术运用的整体分布情况，然后介绍了中法教材习题中信息技术的运用分布情况，并分析了对应习题的难易程度。通过以上内容的比较，得到信息技术在中法高中数学教材中运用的差异。

〔1〕 符方杰.中法高中数学课程中信息技术的比较研究[D].开封：河南大学，2019.

〔2〕 郭衎，曹一鸣.高中数学课程中信息技术使用的国际比较——基于中国等十四国高中数学课程标准的研究[J].中国电化教育，2016(352)：119-123.

一、教材内容中信息技术运用的整体分布

数学教材是落实课程标准和传播数学知识的重要载体〔1〕,教材的内容直接反映了课程标准的引导方向。因此,数学教材中信息技术的分布情况在一定程度上也反映出课程标准对信息技术的重视程度。中法两国高中数学教材中信息技术的选择种类、使用数量及分布情况中存在不同,本节对此差异展开研究。

(一)教材中信息技术的工具种类

由于中法两国的地域、文化及国家发展现状的差异,两国高中数学教材在信息技术种类的选择上存在差异,法国教材选用信息技术的种类丰富,表述具体,使用更广,除了要求会使用计算机、计算器等常见计算设备外,还涉及电子表格、几何软件、编程软件等辅助软件的详细运用,中国教材中也提及计算机、计算器,但大都未作强制使用要求。表 9-1 给出了中法两国教材中信息技术使用的具体种类。

表 9-1　中法两国教材中信息技术使用种类统计表

	信息技术硬件种类	信息技术软件种类
中国人教 A 版教材	计算机、科学计算器	几何画板、互联网网站
法国 SM 教材	计算机、科学计算器、图形计算器	电子表格、空间几何软件、数值计算软件、编程软件、其他数学软件、互联网网站

从表 9-1 可以看出,在硬件方面,中法两国教材均涉及计算机、科学计算器的使用,但为了提高学生的动手能力和图形理解能力,法国 SM 教材中增加了图形计算器的使用;在软件方面,法国 SM 教材要求学生使用的软件种类更多,需要提及的是,法国 SM 教材中还明确要求学生掌握编程软件,引导学生利用程序编写算法,通过算法解决实际的数学问题。

(二)教材中信息技术的数量分布

除了信息技术的使用工具种类有所不同,两国教材中信息技术内容总量也存在差异。本小节对选取的法国高中理科教材和中国高中理科教材中所涉及的信息

〔1〕 张辅.上海与美国加州小学数学期望课程的比较研究[D].上海:华东师范大学,2007.

技术内容数量进行了统计，按照信息技术内容出现的次数进行计数，同一内容中出现多次按一次计算。中国人教A版教材信息技术统计范围包括例题、练习、习题和思考题；法国SM教材信息技术统计范围包括课前练习、准备活动、例题、习题、自我评估、探究活动、思考题[1]，具体见表9-2和表9-3。

表9-2　中国人教A版教材中信息技术的分布情况

教　材	例题	练习	习题		思考题	总计
			A组	B组		
必修1	7	3	7	3	4	24
必修2	0	0	0	4	1	5
必修3	9	2	0	0	0	11
必修4	7	4	10	0	1	22
必修5	1	0	0	0	2	3
选修2-1	2	0	0	0	3	5
选修2-2	0	1	2	3	2	8
选修2-3	3	1	4	0	2	10
总　计	29	11	23	10	15	88

表9-3　法国SM教材中信息技术的分布情况

教　材	课前练习	准备活动	例题	练习		探究活动	思考题	总计
				习题	自我评估			
高一	0	5	0	70	2	37	4	118
高二	2	20	15	97	1	38	2	175
高三	0	11	6	102	2	34	4	159
总计	2	36	21	269	5	109	10	452

由表9-2及表9-3可知，两国教材在信息技术内容数量上存在较大差异，总体上来看，法国教材信息技术数量较多，约是中国的五倍。中国人教A版八本教材25章内容中，运用信息技术的总数量是88处，平均每本11处，每章不足4处，法国SM三本教材37章内容中，信息技术总共452处，平均每本约150处，每章约12处；其次，中国人教A版教材例题中的信息技术内容数量比法国略多；在思考题中，

〔1〕 张留芳. 中法高中教材概率与统计内容的比较研究[D]. 开封：河南大学，2018.

中国人教A版教材的信息技术数量有15处，法国SM教材有10处，中国是法国的1.5倍。由表9-2和表9-3中的数据可知，中国的练习题和习题A组及习题B组共包含信息技术44处，占信息技术内容总量的一半，法国习题和自我评估题共包含信息技术274处，占信息技术内容总量的一半多。

法国SM教材中信息技术的使用总量及习题中的使用量都比中国多，但在思考题中少于中国。究其原因可能有以下几点：首先，中国各个地区的教育水平不一致，因此人教A版教材对于信息技术的要求只能放到最低标准，不能要求所有的学生都熟练掌握数学教材中信息技术的相关内容，只是要求有条件的地区使用信息技术进行操作。其次，中国高中数学课程标准对信息技术无强制要求，多注重锻炼学生掌握数学知识原理及运算能力，信息技术的相关内容多在章节末零散出现，对信息技术内容不作强制的教学要求，对学生要求较低，自然在教材习题中就出现得较少。而法国课程标准特别重视学生对信息技术的运用，为了充分锻炼学生的实践能力和创新能力，对于学生掌握信息技术的要求较高，要求学生掌握并熟练运用计算器及计算机，能利用相关软件进行几何画图、算法运用、程序编程等基本操作。由于习题训练对学生认识新知、巩固新知、拓展延伸以及思维训练均有重要作用，法国SM教材中关于信息技术的习题出现较为广泛，在拓展活动中也包含着大量的信息技术内容。另外，法国SM教材中对于信息技术内容有专门的介绍。

在中法两国教材中信息技术占比都较高。中国人教A版教材含有信息技术的内容中，例题和思考题共占比50%，所有习题占比50%，其中练习和习题A组分别占比12.5%和26.1%，说明在基础题中信息技术的比重还是比较大的；法国SM教材中信息技术数量较多的是习题和探究活动，约占总题数的83.6%，含信息技术题量最少的是课前活动，自我评估次之，具体见图9-1及图9-2。

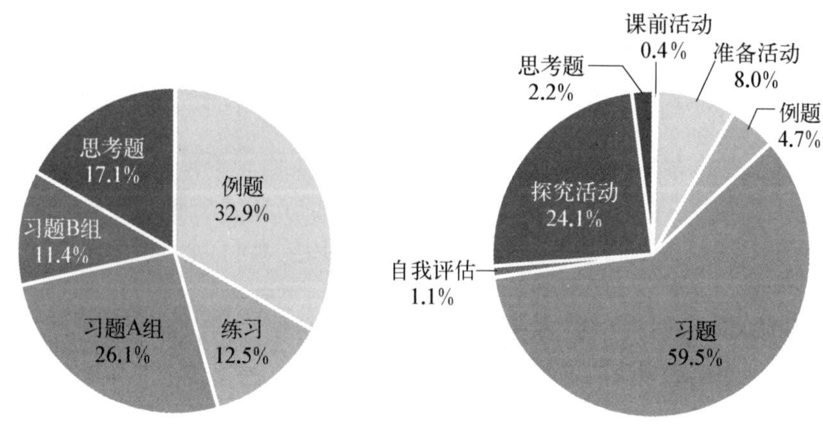

图9-1　中国人教A版教材信息技术比例　**图9-2　法国SM教材信息技术比例**

苏联玛什比茨的研究表明：知识点的掌握需要配合适量的习题进行练习[1]。信息技术内容在数学教材中的分布量当然不是越多越好，信息技术的比重较大则影响数学知识本身的学习，信息技术的比重较小不利于数学学科与现代科技的融合，阻碍了数学的进步和发展。所以，数学教材中信息技术内容数量应控制在适当范围之内。

二、教材习题中信息技术运用的分布

习题是教材的重要组成部分，教材中习题质量的高低直接影响学生对知识的掌握程度，与其他人文学科相比，习题在数学学科中显得尤为重要，在对学生数学能力的培养中起着至关重要的作用。中法两国数学教材习题中信息技术的运用较多，为了解两国数学教材习题中信息技术运用的差异，本小节就中法两国数学教材习题中信息技术运用的数量及分布情况进行比较研究。

（一）教材习题中信息技术在各模块的分布

吴立宝认为教材的例题具有揭示方法、示范引领、介绍新知等功能[2]。习题的重要性不言而喻，对数学教材习题中信息技术运用的研究也是十分有必要的。由于信息技术在数与代数等方面应用的一致性比较高，且中法高中数学教材中都涵盖了数与代数、概率与统计、几何等几方面的内容，下文将从这几大模块分别探究中法两国数学教材习题中信息技术的运用情况。

由表 9－4 可以看出，在法国 SM 教材中有大量的习题。从分类上看，数与代数习题总量最大，存在的信息技术习题也最多；从年级上看，高三年级习题量最大，习题中涵盖的信息技术类型也最多。

表 9－4　法国教材习题中信息技术运用的分布

	高　一		高　二		高　三	
	信息技术总数	习题中的信息技术	信息技术总数	习题中的信息技术	信息技术总数	习题中的信息技术
几　何	32	17(254)	30	16(239)	15	10(283)
数与代数	47	28(320)	100	59(413)	77	70(581)

〔1〕 赵金柱. 高中数学新旧教科书概率内容比较研究[D]. 呼和浩特：内蒙古师范大学，2013.

〔2〕 吴立宝，王富英. 数学教材习题“七功能”[J]. 教学与管理，2014：66－68.

续 表

	高一		高二		高三	
	信息技术总数	习题中的信息技术	信息技术总数	习题中的信息技术	信息技术总数	习题中的信息技术
概率与统计	39	25(158)	45	22(166)	32	22(184)
总 计	118	70(732)	175	97(818)	124	102(1 048)

注：括号内为相应内容中课后习题总数。

在中国人教A版教材中信息技术总量有88处，其中习题有44处，占总数的一半。在必修教材习题中，几何有4处，概率与统计有2处，数与代数有27处，在选修教材习题中，几何有3处，概率与统计没有，数与代数有8处。所以，中国教材信息技术使用中，数与代数占比较大，几何次之，概率与统计最少。

从数量上来看，法国SM教材中信息技术的数量远远大于中国人教A版教材，而且法国SM教材在高一、高二、高三的教材中信息技术均涉及较多；从分布的种类上来看，法国SM教材在使用信息技术计算、画图、运行程序、编写算法等环节上均有所体现；从分布的范围来看，法国SM教材数与代数中的信息技术，明显高于另外两个数学模块，这与法国SM教材数与代数总量较大的现状分不开。

（二）教材习题中信息技术在各章节的分布

法国SM教材内容可分成三大数学模块，每一模块内容又包含几个小节。根据不同模块的内容，让学生充分利用所掌握的工具，如电子表格、图形计算器、几何绘图软件、计算机代数系统等现代信息技术工具去解决问题，并且要求学生能够解决习题中的数值计算、几何图形绘制、算法编写等信息技术操作。表9－5给出了法国SM教材习题中信息技术在每个章节的分布情况。

表9－5　法国教材习题中各章节内容信息技术运用的分布

模块	章节内容	各年级课后使用信息技术习题数		
		高一	高二	高三
数与代数	F1 一般函数/A1 二次函数/A1 数学归纳法和数列	9(57)	8(65)	16(105)
	F2 方程和不等式/A2 函数的推广/A2 极限和连续	9(58)	9(78)	16(89)
	F3 函数单调性和极值/A3 导数/A3 导数，正弦函数、余弦函数	4(42)	4(64)	5(101)

续　表

模块	章节内容	各年级课后使用信息技术习题数		
		高一	高二	高三
数与代数	F4 因式分解和符号研究/A4 导数的应用/A4 指数函数	3(64)	7(66)	6(92)
	F5 二次多项式函数/A5 数列/A5 自然对数函数	3(56)	12(76)	23(103)
	G5 圆的定位和三角学/A6 数列的整体表现/A6 积分	0(43)	19(64)	4(91)
概率与统计	SP1 统计描述/SP1 统计/SP1 条件概率和独立性	11(47)	8(42)	3(49)
	SP2 抽样/SP2 概率：离散型随机变量/SP2 概率密度	14(54)	6(74)	14(88)
	SP3 概率/SP3 二项分布和波动区间/SP3 抽样和估计	0(57)	8(50)	5(47)
几何	G1 立体几何/G1 平面中的向量和直线/G1 复数	2(40)	2(74)	4(118)
	G2 平面定位/G2 方向角度和三角学/G2 立体几何：直线、面和向量	2(35)	7(66)	1(79)
	G3 向量/G3 平面中的内积/G3 空间内积及应用	6(109)	7(99)	5(86)
	G4 直线的方程	7(70)		

注：括号内为该章节内容中课后习题总数。

人教 A 版教材在课后习题中未明确要求学生使用信息技术去完成习题，多数题目通常会注明在条件允许的情况下可使用计算器或者计算机等相关工具。课后习题中提示使用信息工具的习题总共有 33 处，其中必修 3、必修 5、选修 2－1 课后习题中未涉及。在数与代数中，信息技术的使用主要集中在函数内容上，且多为使用计算器计算；在几何中多为用信息技术画图，描述运动轨迹；概率与统计课后习题中没有体现。

三、教材习题中信息技术运用的难易程度

信息技术在数学教材习题中分布广泛，对习题的研究比较不仅要从分布来看，还要从难易程度上去挖掘。本小节主要介绍了习题中信息技术难度的评价标准，并对中法两国教材习题中信息技术的难易程度进行比较。

（一）数学信息技术习题难度模型的刻画

1. 数学习题综合难度的刻画模型

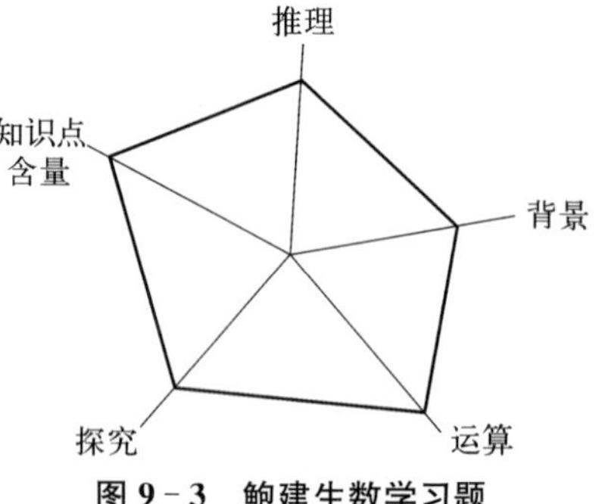

图 9-3 鲍建生数学习题综合难度模型

鲍建生在研究中提出了习题难度刻画模型〔1〕，将难度因素调整为探究、背景、运算、推理、知识点含量五个因素，构建数学题综合难度模型，并给出相关的计算公式：$d_i = \frac{\sum_j n_{ij} d_{ij}}{n}$（$\sum_j n_{ij} = n$；$i = 1$、2、3、4、5；$j = 1$、2…）。其中，$n_{ij}$ 和 d_{ij} 分别表示一组题目中属于第 i 个难度因素第 j 个水平的题目数量和对应的权重值，n 为题目总数。该模型常被用于比较数学问题的综合难度，如张玉环〔2〕、李红玲〔3〕、张维忠等〔4〕学者的相关研究。

2. 教材习题中信息技术运用的难度模型刻画

根据鲍建生对习题综合难度的刻画，以及对专业人士的访谈结果，本小节所研究的教材习题中信息技术运用的难度将从知识点个数、信息技术使用种类、信息技术使用次数、信息技术的特征水平和情境类型五个方面加以刻画。

(1) 习题中知识点个数、信息技术使用种类、信息技术使用次数的水平划分

知识点个数为一节标题内容里出现的主要知识点个数，信息技术使用种类为习题中使用不同信息技术类型的个数，信息技术使用次数为题目中运用信息技术的次数，水平划分见表 9-6。

表 9-6 数学教材中知识点个数、信息技术使用种类及次数的划分

水平划分	知识点个数	信息技术使用种类	信息技术使用次数
水平 1	1 个	1 种	1 次
水平 2	2 个	2 种	2 次

〔1〕 鲍建生. 中英两国初中数学期望课程综合难度的比较[J]. 全球教育展望，2002，31(9)：48-52.

〔2〕 张玉环，Leger A. 中法高中数学课标微积分内容比较研究[J]. 数学教育学报，2014，23(2)：19-23.

〔3〕 李红玲，张玉环. 中法课标中概率统计内容的比较分析[J]. 数学教育学报，2014，23(5)：60-63.

〔4〕 张维忠，黄丽虹. 新教材"三角形"课程难度的对比分析[J]. 数学教育学报，2009，18(4)：62-64.

续　表

水平划分	知识点个数	信息技术使用种类	信息技术使用次数
水平 3	3 个	3 种	3 次
水平 4	3 个以上	3 种以上	3 次以上

(2) 数学习题中信息技术的特征水平划分

以信息技术的复杂程度为依据，对习题中信息技术的特征水平进行如下划分，即无运算、数值运算、已知算法的编程实现、算法设计及编程实现四个水平，具体见表 9-7。

表 9-7　数学习题中信息技术的特征水平划分

水平划分		说　明
水平 1	无运算	能够运用计算器或者计算机软件，会输入数据、制作电子表格、使用软件画几何图形
水平 2	数值运算	能够使用计算器或者计算机进行代数公式运算和解方程
水平 3	已知算法的编程实现	根据给定算法能够实现题目要求以及能够对给定算法进行修改来完成指定目标
水平 4	算法设计及编程实现	能够设计算法以实现条件指令、利用参数变换来实现动态控制函数图像变换

(3) 数学习题中情境类型的水平划分

数学情境在数学教与学的过程中发挥着关键的作用，对学生数学素养的形成也有着一定的影响。PISA 所提倡的"数学素养"强调学生要对在各种生活情境下的数学问题进行辨析并找到解决的策略，将所学的知识应用于实际情境中〔1〕。数学素养十分注重课程中的问题情境与学生的学习过程之间的联系，因而在习题难度比较中也不能忽视情境的重要作用，这里将习题情境按照一定的水平进行划分，具体见表 9-8。

表 9-8　数学习题中情境类型的水平划分

水平划分		说　明
水平 1	无背景	习题中不涉及任何实际背景
水平 2	个人生活	与学生日常生活紧密相关的情境

〔1〕 陈志辉. 中美两国初中数学课程问题情境水平比较研究：以函数内容为例[D]. 上海：上海师范大学，2014.

续　表

水平划分		说　明
水平 3	公共常识	学生能够了解到的社会公共常识背景，如股市波动等
水平 4	科学背景	涉及一些科学实验或以与自然科学相关的学科知识为背景，包括生物、地理、化学等情境中的数学题，并且是学生能够理解的比较客观抽象的科学背景

(4) 数学习题中各难度因素所占比重以及水平赋值情况

通过多方走访和询问，根据一些专业人士的建议，将数学习题中各难度因素进行一定比重的赋值。由于每一种难度因素对习题难度的影响不一样，因此按照难度因素对习题难度进行了划分，其中信息技术特征水平对信息技术的难度影响程度最大，将其比重列为 25%，而信息技术使用次数对信息技术习题难度的影响较小，所以将其列为 15%，其余影响大致相同，均列为 20%，具体见表 9－9。

表 9－9　数学习题中各难度因素所占比重以及水平赋值情况

习题中难度因素	所占比重	水　平			
		水平 1	水平 2	水平 3	水平 4
信息技术的特征水平	25%	1	2	3	4
信息技术使用种类	20%	1	2	3	4
信息技术使用次数	15%	1	2	3	4
情境类型	20%	1	2	3	4
知识点个数	20%	1	2	3	4

利用上述建立的难度模型将中法两国教材习题中信息技术运用的情况进行比较，进而得到两国数学教材中信息技术的难度情况。

(二) 教材习题中信息技术运用的难度比较

1. 法国教材习题中信息技术运用的难度情况

根据图 9－4 的统计可知，法国 SM 教材概率与统计模块中信息技术的难度较高，几何模块次之，数与代数模块比几何模块的难度略低。法国 SM 教材各年级按模块分布情况显示，数与代数模块内容中的信息技术在高三是最难的，高一和高二难度相当；概率与统计模块中的信息技术内容在三个年级的模块中都是最难的，尤其是高一阶段难度达到了 2.13，主要原因是高一概率与统计习题多与科学实验、经济金融、日常生活等背景紧密联系，并多要求学生能够利用算法解决相关问题；

几何模块中也是高一较难，主要是要求学生使用信息技术计算体积、使用几何软件观察图形变换，从所给出的算法中找出问题的答案。

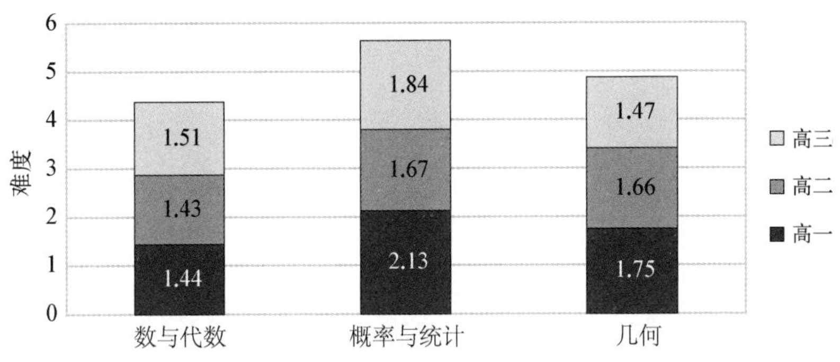

图 9-4　法国教材习题中信息技术难度

2. 中国教材习题中信息技术运用的难度情况

通过实地走访和调查，结合中国人教 A 版实际教学情况，这里把高中数学教材分为高一、高二，其中高一数学教材包括必修 1、必修 2、必修 3、必修 4，高二数学教材包括必修 5、选修 2-1、选修 2-2、选修 2-3。从图 9-5 可知，在人教 A 版教材中，概率与统计在高一教材中难度明显较大，尤其是对试验进行模拟，需要借助信息技术，而在几何习题中都是在条件允许的情况下使用信息技术，数与代数中信息技术的使用多以简单计算为主，使用信息技术的习题量是最大的，但难度不大。

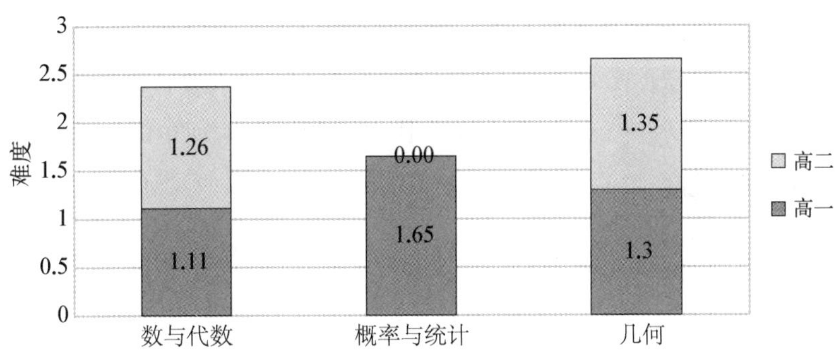

图 9-5　中国教材习题中信息技术难度

3. 中法两国教材习题中信息技术运用的难度比较

(1) 总体比较情况

由图 9-6 可知，在各个模块习题中的信息技术难度上，法国教材均高于中国教材。中法两国教材在概率与统计习题中，信息技术的难度都是最高的，主要是因为概率与统计的习题对学生的背景知识掌握程度要求较高，题目多要求能够根据已知条件利用算法编程实现，这对学生而言不仅要掌握必要的背景知识，还要有一定的信息技术运用能力，对学生实际动手能力要求较高。几何习题中的信息技术难度在中法两国教材中都是相对中等的，题目一般要求能够作出图形，根据图形回答相应的问题。

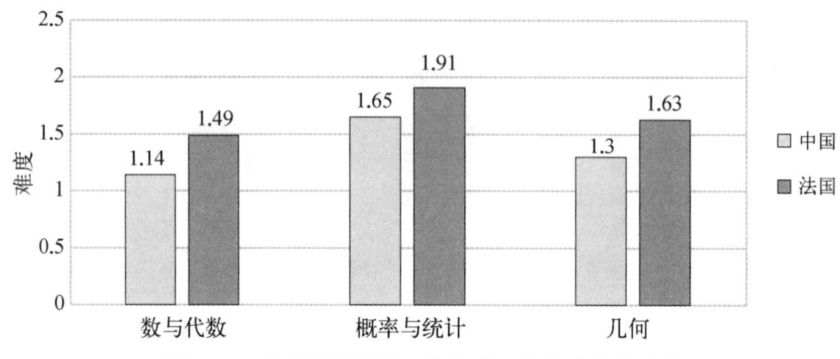

图 9－6　中法两国教材习题中信息技术难度的比较

（2）分模块比较情况

数与代数习题中的信息技术多以计算类的基础性内容为主。依据中国教材数与代数章节安排划分知识，进行中法对比研究，由图 9－7 可知，法国 SM 教材在数与代数的各个内容中均涉及信息技术，且难度较高。中国人教 A 版教材要求学生使用计算器、数值运算软件进行计算。法国 SM 教材要求算法是必要的数学环节，学生需要写出算法流程并通过编程给出对应的结果。复数内容在法国 SM 教材中是几何与代数的结合部分，法国 SM 教材将其放入几何内容中，在中国人教 A 版教材中则将复数内容作为代数内容来看待。法国高中教材中没有排列组合，而中国人教 A 版教材中较难的组合数或者排列数的计算允许学生使用计算器，在教材中还有专门的展示。

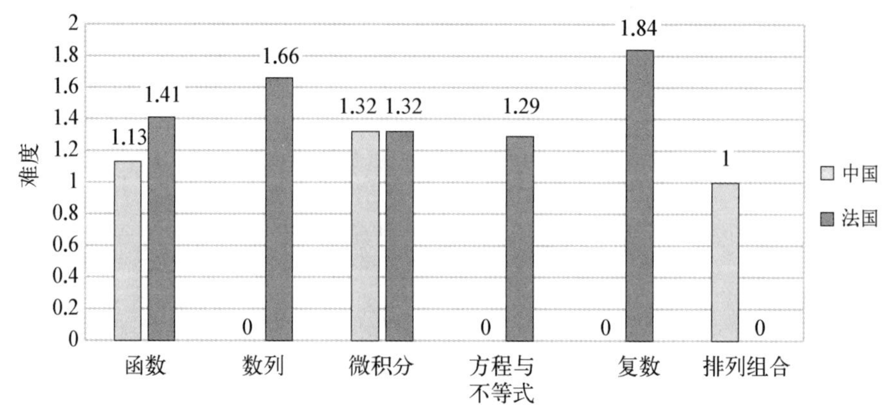

图 9－7　中法高中数与代数习题中信息技术内容的难度比较

概率与统计习题内容中，信息技术的使用两国差异较大。中国人教A版教材概率与统计中的信息技术多在习题中出现，如使用计算器计算标准差、画散点图、求回归方程、随机数的产生等，且仅在概率初步中有所体现。依据中国教材概率与统计章节安排划分知识，进行中法对比研究，由图9－8可知，中国人教A版教材概率与统计习题信息技术内容比法国SM教材少，且难度低。在法国SM教材中信息技术的使用多有提及，在每一章的准备活动、例题展示、探究训练等环节中都有计算器的使用，在习题中更有大量相关类型的习题训练，且难度高于中国人教A版教材。法国SM教材概率与统计模块中，信息技术内容旨在加强对学生动手操作能力的培养，实用性更强。

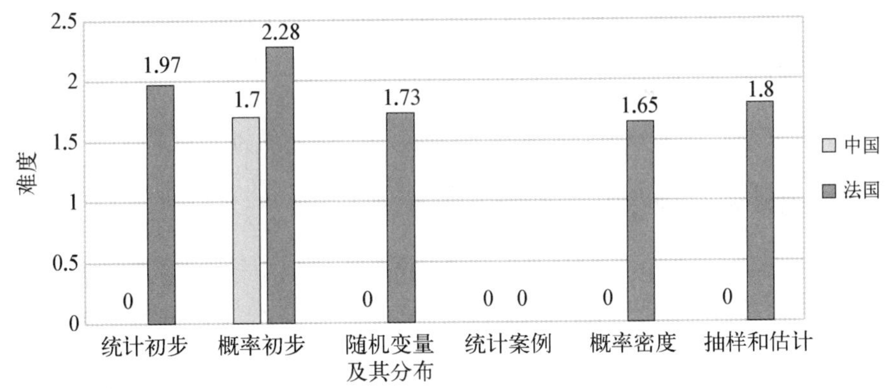

图9－8　中法高中概率与统计习题中信息技术内容的难度比较

依据中国高中教材几何章节安排划分知识，进行中法对比研究，由图9－9可知，法国SM教材几何习题中的信息技术涉及范围更广，难度也比中国人教A版教材的高一些。几何主要培养学生的空间想象能力，使用信息技术绘制图形以及图形变换，不仅让学生对几何图形有更加直观清晰的认识，还锻炼了学生的动手操作

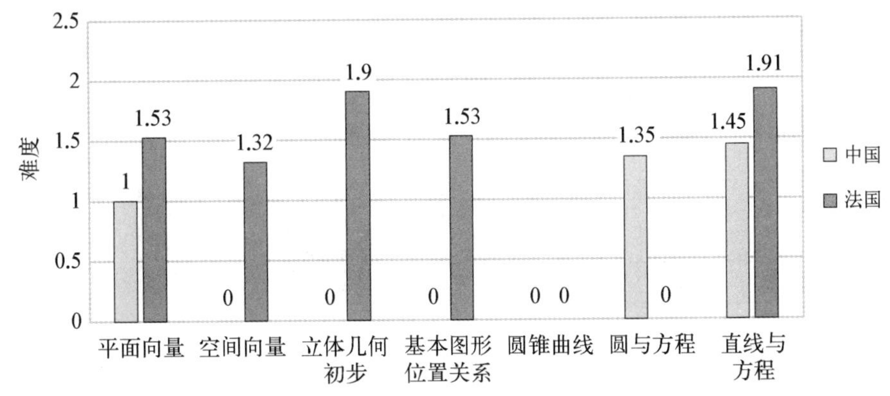

图9－9　中法高中几何习题中信息技术内容的难度比较

能力。在中国人教A版教材中几何内容的绘图以几何画板、图形计算器展示为主，多分布在章末小结前的阅读学习之中，而在要求学生使用信息技术进行练习的习题中却很少见。

第二节　法国数学信息技术运用的展示

法国数学教材中信息技术的运用涉及画函数图像、利用参数动态控制函数图像变化、数值运算、构造几何图形、通过编程做实验等多个方面[1]。为了学以致用，法国数学教材以及教育网站对于数学中信息技术的运用也有针对性的练习。他山之石，可以攻玉，希望通过分析法国教材中的优秀案例，为我国教材编写和改进提供思路。下面就从法国教材和网站中的优秀案例两个方面进行展示。

一、法国数学教材中信息技术运用的展示

教材中的案例依据数学习题中信息技术的运算种类来呈现。按照从易到难依次为：使用计算器或者计算机绘图、使用信息技术进行数值运算、已知算法的编程实现、算法设计及编程实现。

（一）使用计算器或者计算机绘图

【案例9－1】使用几何软件绘制二次函数的图像

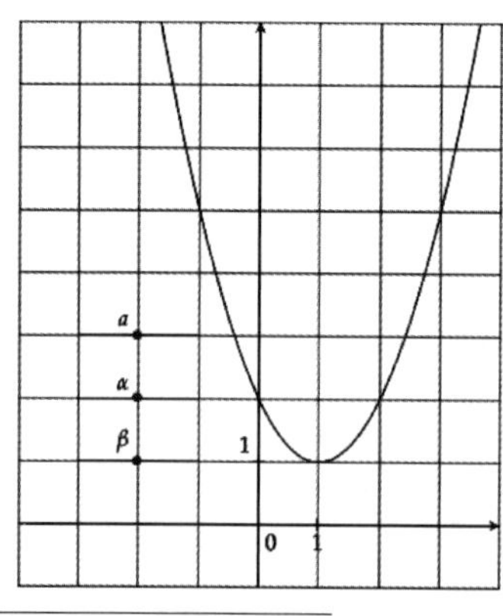

	$a>0$	$a<0$
$\beta=0$		
$\beta>0$		
$\beta<0$		

〔1〕孙名符，刘岗．国家基础教育课程改革中信息技术与中学数学课程整合的若干思考[J]．电化教育研究，2005(1)：16－19.

活动 3　探究解的个数问题

设二次函数为 $f(x)=ax^2+bx+c$，其顶点式对应为 $f(x)=a(x-\alpha)^2+\beta$。

第一部分：实验

(1) 在 -5 到 5 之间选取三个实数变量 a、α 和 β，使用几何软件做出对应的函数图像。

(2) 固定 $a=1$，变化 α 和 β，观察图像，并指出哪一个参数决定方程 $f(x)=0$ 的解的个数。

(3) 固定 $\beta=1$，变化 a 和 α，观察图像，并指出哪一个参数决定方程 $f(x)=0$ 的解的个数。

(4) 固定 $\beta=0$，方程有多少个解?

第二部分：观察记录

(1) 依据 a 和 β 的取值，观察方程 $ax^2+bx+c=0$ 的解的个数，并记录在表格中。

(2) 完成以下命题。

① 如果 $\beta=0$，探究方程 $a(x-\alpha)^2+\beta=0$ 的解的个数。

② 如果 a 和 β 符号相同，探究方程 $a(x-\alpha)^2+\beta=0$ 的解的个数。

③ 如果 a 和 β 符号相反，探究方程 $a(x-\alpha)^2+\beta=0$ 的解的个数。

从案例 9-1 可以看出，该案例要求学生使用几何软件，探究参数变化对二次方程解的个数的影响。该案例将信息技术与求解问题相结合，利用数形结合的思想，通过几何软件探究不同参数下的二次函数与 x 轴交点的个数，进而得出参数对二次方程解的个数的影响。这样的案例设置更有利于学生在探究中解决数学问题，同时锻炼了学生的实践能力。而我国教材多要求学生从原理上探究这类问题，要求学生掌握对应的推导过程，对数学软件的使用并未作强制要求，这样做虽有利于学生计算能力的培养，但对学生实践能力的培养有所欠缺。

【案例 9-2】用平面分割立方体

探究 1　绘制图形

(1) 使用空间中的几何软件构造正方体 $ABCD-EFGH$。

(2) 在下列各种情况下，通过平面 IJK 构造与正方体 $ABCD-EFGH$ 的每个面的交点：

① I 和 J 分别是线段 AB 和 AD 的中点，K 是线段 AE 上的一个点。

② I 和 J 分别是线段 AB 和 AD 的中点，K 是线段 EH 上的一个点。

③ I 和 J 分别是线段 AB 和 AD 的中点，K 是线段 BF 上的一个点。

(3) 通过平面 IJK 创建正方体的截面来检查每个结构，如下图所示。例如，使用 Géoplan-Géospace 软件：

第一步，在界面顶端选择创建。

第二步，在创建目录中选择线段。

第三步，在线段目录中选择凸多边形。

第四步，在凸多边形目录中选择用平面分割多面体。

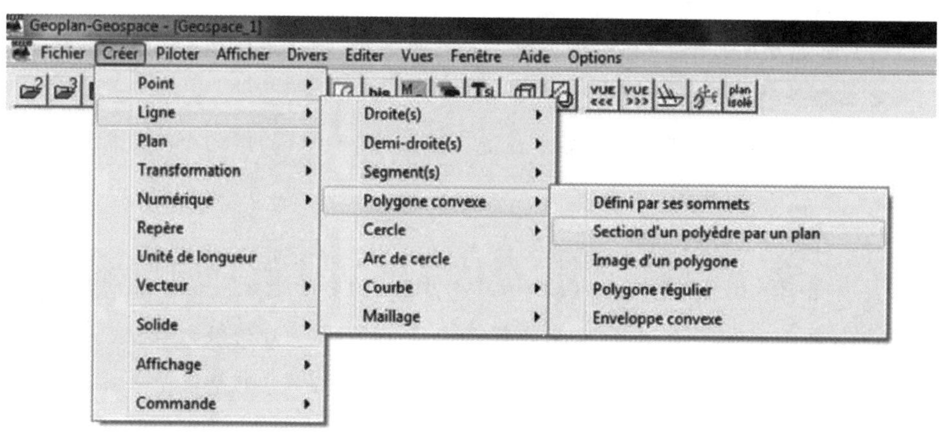

该案例要求学生使用 Géoplan-Géospace 软件，用平面去截空间几何体，题目给出软件操作界面，给出清晰的使用步骤，可以看出法国教材对使用信息技术软件的重视。在解决几何问题时，常常要求学生利用已知条件，借助空间想象能力构造出正确的空间几何图形，进而解决问题。随着教育信息化的迅速发展，我国几何教学也应当引入几何作图软件，以提高教学效率，达到更好的教育效果。

【案例 9-3】圆和切线

在平面直角坐标系中，我们设置点 $A(2, 1)$、$B(6, 3)$和 $C(4, 7)$。

(1) 制作这个图形并按要求完成它。

(2) 确定线段 AC 的中点 I 的坐标。

(3) B 关于 I 的对称点为 D，确定点 D 的坐标。

(4) 四边形 $ABCD$ 的性质是什么？

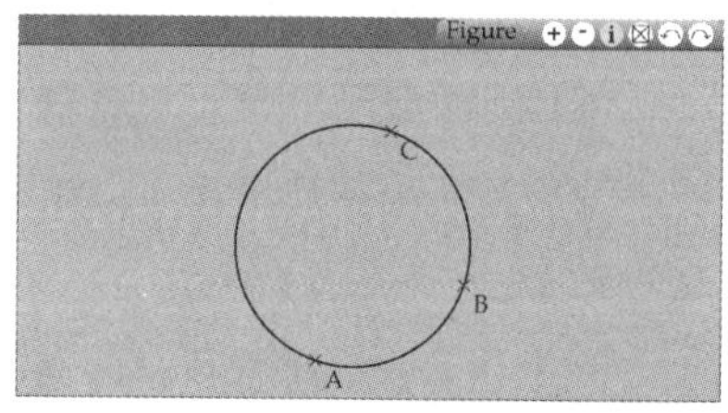

(5) 由此推断，点 B 在以 AC 为直径的圆 C 上。

(6) 我们想要确定直线 MB 与圆 C 相切时的横坐标轴上的点 M。

① 用几何软件绘制图形。

② 猜想点 M 的位置。

③ 我们用 x 表示点 M 的横坐标。证明当且仅当 x 是等式 $10+(6-x)^2+9=(3-x)^2+16$ 的解时，BM 是圆 C 的切线。

④ 依据前面的等式，总结得出的结论。

该案例要求学生使用绘图软件作圆及圆的切线，并根据绘图结果研究圆与切线的相关性质。从该案例中可以看出，在几何模块的教学中，可以通过合理使用图形计算器帮助学生理解几何定义及性质，一方面能改善教学效果，另一方面也能调动学生学习的积极性，用现代信息技术增加课堂教学的趣味性。

（二）使用信息技术进行数值运算

除了简单的作图及表格填写，学生还需要掌握计算技能，学与练要相互结合才能发挥作用，法国教材十分重视学生使用计算器的能力。课堂要以学生为本，采用“问题—探究—解决”的教学模式激发学生的兴趣，数学课程与信息技术的融合能有效发挥这种教学模式的优势[1]。

【案例 9 - 4】用计算器计算组合数

练习：

使用计算器计算组合数 C_7^3。

TI（德州仪器）计算器	CASIO（卡西欧）计算器
组合数 C_7^3 可按以下步骤输入： · 按 math 键 · 选择 PRB · 选择 3：组合	组合数 C_7^3 可按以下步骤输入： · 按 OPTN 键 · 选择 ▷，然后选择 PROB · 选择 nCr

我们得到输出结果 $C_7^3=35$。

---

〔1〕 苏小平.信息技术与中学数学课程整合中新型教学模式的探讨与实践[D].北京：首都师范大学，2005.

该案例要求利用计算器计算组合数，并给出了两种计算器的详细使用步骤。学生在实际操作的过程中对所学知识进行了巩固，同时提高了计算效率。该案例在一定程度上也反映了法国课程标准对学生掌握计算器使用方法的重视，而中国课程标准中对学生使用计算器并未作强制要求。

【案例 9－5】利用计算器计算植物的生长高度

活动 4　植物的生长规律

将 10 cm 高的玉米种植在花园中。经过 n 天，玉米的高度 h_n（单位：m）由下式给出：$h_n=-1.9\cdot 0.978^n+2$。

（1）使用你的计算器，计算 200 天内玉米生长高度的变化。

（2）使用你得到的数据，是否能确定玉米分别长到 1 m、1.5 m、2 m 和 2.5 m 所用的时间？

（3）关于玉米高度的变化可以说明什么？

该案例首先给出玉米的生长高度随生长天数变化的关系式，其次要求学生利用计算器计算 200 天内玉米的生长高度变化，接着利用计算所得的数据查找玉米成长到一定高度时所对应的生长天数，最后思考玉米高度变化中的数学规律，如增减性、取值范围等。该案例从实际事例出发，将使用计算器与探寻函数的相关规律进行了合理整合。

（三）已知算法的编程实现

法国数学在教材和教学中都对学生的算法运用能力有一定的要求，内容涉及算法设计及算法编程实现，通常将算法转化成 AlgoBox 或 Python 的程序，该过程不仅锻炼了学生的逻辑思维能力，而且培养了学生的实际动手能力，对学生实践能力的培养大有裨益。

算法在当前的中国数学教材中出现较少，算法部分内容不作强制学习要求，课程标准中虽然有算法的基础内容，但没有要求学生利用算法进行编程，虽有算法理论的提及，但并无实际的运用过程。其中一个主要原因是从小学阶段到高中阶段对编程教育不够重视，这也使得算法在课程标准中显得可有可无。然而，算法是解决实际数学问题的灵魂，算法的运用对学生逻辑思维能力和实践创新能力的培养都有很大帮助。

算法的运用既涉及对算法原理的掌握，也涉及算法的编程实现，通俗地讲，算法给定了问题的解决步骤，程序给定了算法的实施过程。在实际教学中，学生理解算法、掌握算法、设计算法是需要逐步学习的，法国教材中也遵循这样的教学规律。与算法设计相比，编程手段更相当于是一种实现工具，仅需要遵循编程规则即可，因而实现难度相对简单。为了实现循序渐进的学习过程，法国教材在算法教学的初期，通常给出具体的算法流程，要求学生理解算法，并将算法进行编程实现，进而解决数学问题，下面是相应的教学案例。

【案例 9－6】模拟飞机的订单

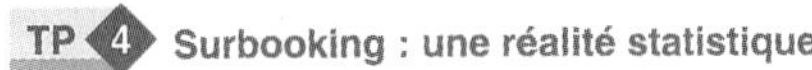

ALGO

Lors d'un vol Madrid-Barcelone pouvant accueillir 250 passagers, la compagnie aérienne s'aperçoit qu'environ 20 % des passagers ayant acheté leur billet ne se présentent pas à l'aéroport. Elle vend alors plus de billets que de places dans le vol.
L'objectif de ce TP est de mettre en évidence un critère statistique utilisé par la compagnie aérienne pour déterminer le nombre de billets supplémentaires qu'elle émettra.

1 Simulation du remplissage d'un avion

On étudie le remplissage de l'avion suivant le nombre de billets vendus.

1) Dans cette question, on suppose que la compagnie n'a pas eu recours à la surréservation et qu'elle a vendu exactement 250 billets.

a) Dans l'algorithme ci-contre qui simule le remplissage d'un vol, que désigne la variable P ?

b) Le programmer, l'exécuter 10 fois et noter à chaque fois les résultats. Commenter.

```
Liste des variables utilisées
    k,P : entiers
Traitements
    Donner à P la valeur de 0
    Pour k variant de 1 à 250 faire
        Donner à P la valeur de P+ent(alea()+0,8)
    Fin Pour
Affichage
    Afficher P
Fin de l'algorithme
```

2) Dans cette question, la compagnie aérienne vend un nombre de billets supérieur à 250.

a) Modifier l'algorithme pour simuler le remplissage de ce vol. (On prendra en entrée le nombre de billets vendus.) Le programmer et l'exécuter.

b) Quel nombre de billets supplémentaires la compagnie peut-elle vendre ? Justifier votre choix et détailler votre démarche.

（译文）探究 4　超量预订：模拟飞机的订单

在可飞行的航班中，马德里—巴塞罗那航班可容纳 250 名乘客，航空公司意识到购买机票的乘客中约有 20%没有出现在机场。公司出售的票比飞机上实际的人数多。本题的目的是强调航空公司使用的统计标准，以确定它将发行的额外票数。根据售票数量研究飞机的订单情况。

(1) 假设公司没有采用超额预订并且仅售出 250 张票。

① 在准备飞行的飞机上座率模拟算法中，变量 P 是多少？

② 对飞机订单情况进行编程，运行 10 次并记录每次结果。

(2) 航空公司售出超过 250 张票。

① 修改算法以模拟此航班的订票模型（把出售的门票数量作为输入），编程并运行它。

② 公司可以出售多少张额外的门票？证明你的选择并详细说明你的方法。

该案例首先给出飞机上座率的模拟算法，然后要求学生对该算法进行编程实现，并记录模拟结果，最后要求学生在理解算法的基础上，对该算法进行修改，并运用修改后的算法进行编程实现。将信息技术与实际统计问题进行了有效融合，案例的实用性较强。

（四）算法设计及编程实现

在学生逐步理解、掌握了算法后，就要开展设计算法的训练，要求学生依据实际问题，建立数学模型并编写算法，从而解决实际问题，这增加了对学生综合运用能力的要求。

【案例 9－7】利用信息技术模拟游戏

三门游戏

在美国某著名商场中有这样一个游戏，主持人首先给大家呈现三扇关闭的门，在其中一扇门后藏有一辆汽车，玩家只要选中带有汽车的那扇门，就会赢得这辆汽车。操作步骤如下：

第 1 步：由玩家自主选择一扇门，之后主持人将会对玩家进行游说，并在另外两扇门中打开其中一扇没有隐藏汽车的门。这时候询问玩家是否还要坚持第一选择。

第 2 步：玩家有选择保持或改变他的第一选择的权利。

(1) 当玩家保持自己的选择时，编写算法计算期望，并模拟 1 000 次游戏。

(2) 当玩家改变自己的选择时，编写算法计算期望，并模拟 1 000 次游戏。

(3) 你觉得哪种策略对玩家更有利？请说明理由。

该案例涉及游戏的公平性，及根据规则采取怎样的方法才能更大可能地赢得比赛，通过学生编写算法总结归纳出赢得游戏的概率，有理有据，不仅锻炼了学生的实际动手操作与编写程序的能力，而且使得问题解决显得更为合理。我国教材中常要求学生算出获奖的期望，而结合信息技术模拟并编写算法很少。

二、法国教学网站中数学信息技术优秀案例的展示

除了在数学教材中融入信息技术手段，法国还会给教师和学生提供一些专业的数学学科网站和数学学科软件，以便教师和学生进行交流和学习。本节将主要介绍法国 Sésamath 数学协会的网站以及其中所涉及的专业数学软件。

（一）利于数学教师、学生发展的网站

法国有许多专业的数学学科网站，整理并提供专业的数学学科知识，供教师和学生交流与学习。下面以 Sésamath 数学协会的网站为代表，针对网站上的一些内容作一些介绍，这将对于我们成立专门的学科网站有一定启发。

该网站最初以组织数学项目为主，每个项目都汇聚了一个教师团队，用户可以通过访问每个项目的页面，了解对应的项目资源。然而，随着网站不断发展和壮大，项目与项目之间有相互重叠的现象，为了构建更好的用户体验，在多个大型集团的支持下，该网站依据用户的需求进行了改革，增加了更多与数学教育相关的知识，进一步成为法国最热门的数学学科网站之一。其主要目标是对所有人提供免费的数学教育资源和数学专业工具，并大力提倡其成员和贡献者使用它们进行学习交流和资源共享，通过该网站传播数学知识。

1. 个性化课程

法国 Sésamath 网站给出的数学网站链接如图 9－10 所示，左侧一列是针对班级需求，提供专业课程、专业教辅资料以及个性化学习的链接。从上往下，第一个链接指的是数学实验室，教师可以通过网络实验室的一些工具为学生创建一些个性化的培养课程，以便于学生在家里和学校都能够去学习喜欢的课程。每位用户首先需要创建一个账户，可以在账户内添加同学、同事、学校等，便于进行资源共享。

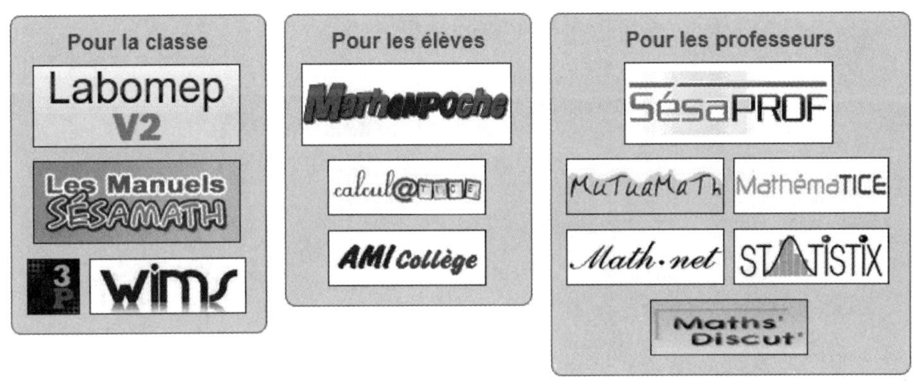

图 9－10　法国 Sésamath 网站给出的数学网站链接

第二个链接提供一些由教师制作的手册，如电子版教材、幻灯片，以及一些对应的练习等内容，用户可以免费下载使用。手册内容由数十名专业的教师制作，并及时根据实际的课堂使用情况进行修改和完善。

第三个链接使用 Web 2.0 技术（包括 JavaScript）为学生创建个性化教育途径，学生可以使用该链接进行数学编程，教师可以创建和管理网络班级。此链接中可

以使用图形化编程，网站中提供了详细的帮助说明及示例展示。例如，学生在处理复杂问题的过程中，可以通过提供的文本阅读或音频解析来获取帮助。

第四个链接有以下类别：Web 交互式多用途服务器（Acronyme de Web Interactive Multipurpose Sever，简称 Wims）、课程和参考、在线计算工具、互动练习、数学娱乐、快速工具、分类练习(OEF)、工作表、公开课，在每种类别下都能链接到相应的课程。例如，列举出最受欢迎的 20 种在线计算工具，几种常用的见表 9－10。

表 9－10　常用在线计算工具

工　具	功　能
函数计算器	用于函数数值计算，主要有函数计算功能、数值微分、数值求和或求积等功能
矩阵计算器	用于计算行列式、逆、特征向量
线性求解器	用于解决线性系统，包括参数系统
动画图	跟踪曲线和移动曲面：缩放、变形、旋转等
傅里叶-拉普拉斯	计算傅里叶变换、拉普拉斯变换及其逆变换
基本转换器	转换不同数字基数之间的数字，任意精度

其中，在函数计算器中，打开链接可以发现如图 9－11 的界面，选择需要计算的函数种类，如常见的函数式、一阶导数、二阶导数、求积分、求微分、求极值等，只需按规定条件输入内容就可以得到想要的结果。

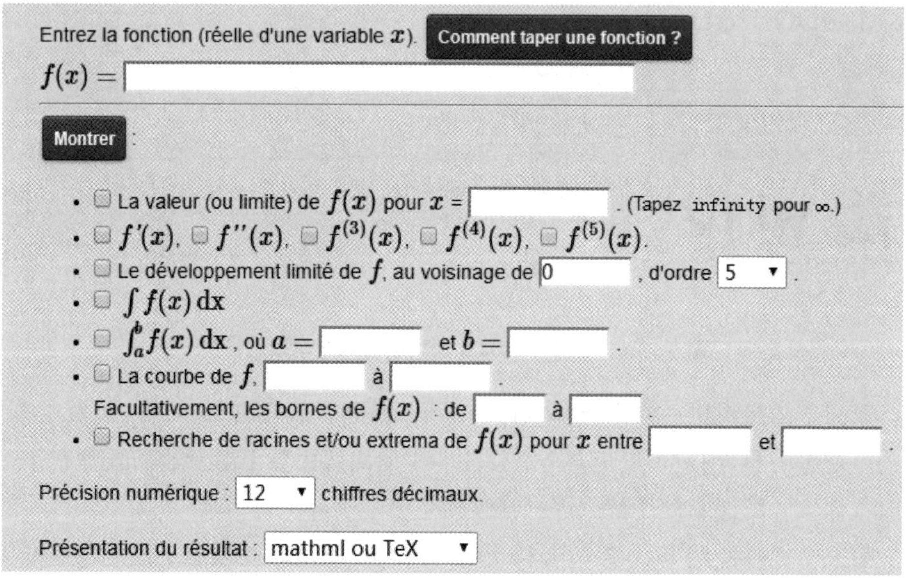

Entrez la fonction (réelle d'une variable x). Comment taper une fonction ?

$f(x) =$

Montrer :

- La valeur (ou limite) de $f(x)$ pour x = . (Tapez infinity pour ∞.)
- $f'(x)$, $f''(x)$, $f^{(3)}(x)$, $f^{(4)}(x)$, $f^{(5)}(x)$.
- Le développement limité de f, au voisinage de 0 , d'ordre 5 .
- $\int f(x)\,\mathrm{dx}$
- $\int_a^b f(x)\,\mathrm{dx}$, où $a =$ et $b =$.
- La courbe de f, à .
  Facultativement, les bornes de $f(x)$: de à .
- Recherche de racines et/ou extrema de $f(x)$ pour x entre et .

Précision numérique : 12 chiffres décimaux.

Présentation du résultat : mathml ou TeX

图 9－11　函数计算器界面

2. 针对学生的数学辅导

图 9 - 10 中间一列是针对学生需求提供的数学辅导链接。第一个链接旨在为学生提供多种类型的学习资源，包括课程、练习、动画帮助、家庭作业培训、心算、逻辑游戏等。课程资源按章节分布，学生可以根据需要按章节进行选择。除此之外，在动画帮助环节中，不仅有几何图形制作方法，还会提供一些参赛信息，鼓励学生投稿参赛。图 9 - 12 给出的几何图形示例，摘自杰尼·迪涅尔(J. Deniere)出版的几何书籍，包含了漂亮的建筑图形和几何图形。学生可以仿照这里几何图形的展示方法，从生活中抽象出几何图形，体会抽象概括的数学思想方法。学生可根据图 9 - 12 给出的作图步骤，根据提示信息一步一步地作出几何图形，图形投稿之后，主办方会将参赛作品展示到网站虚拟画廊中，以供大家学习交流。

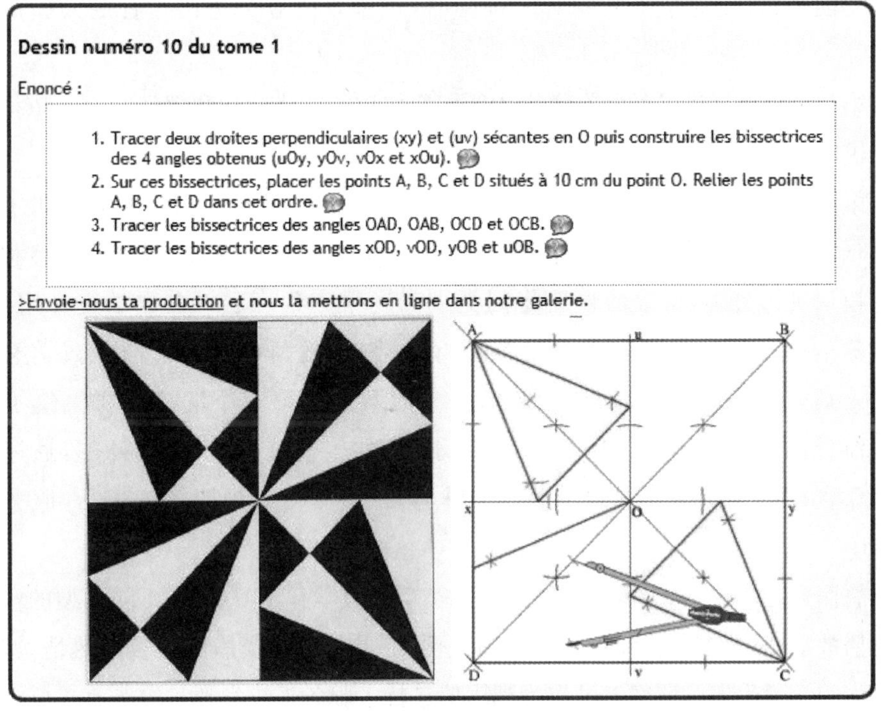

图 9 - 12　制作几何图形

第二个链接是由北欧国民教育(Nordic National Education)指导信息和技术(Information Communication Technology，简称 ICT)以及数学团队制作的学生数学学习心理辅导的网站，学生注册后根据数学测试来进行数学心理测评。这大多针对小学阶段的学生，为了让他们养成良好的数学学习习惯，培养他们良好的数学素养，进行过程性的跟踪与评价。

3. 满足数学教师的需要

图 9 - 10 右侧一列是针对教师需求所提供的相关链接，按照从左到右，从上到下进行排序，第一个链接是为教师提供的专业网站。教师注册后可以访问专用教学资源，如教师用书、教学笔记等专业教学资料；可以对数学软件或者数学出版物进行专业评价，提供相关的改进意见；可以加入教师社区，方便教师间的交流学习。

第二个链接是用于分享和集体改进教育文件的网站。教师可以在这个网站里针对某一课程提出自己的观点和建议，也允许其他教师进行点评和提供建议。例如，可以纠正教材中出现的错误，提出更好的教材改进建议；也可以分享任何有关于数学教育类的观点，大家可以对此进行讨论和研究。该链接网站同时提供搜索功能，当自己对某一问题有所疑问时，也可以搜寻关键词查看别人类似的观点。

第三个链接提供了教师在教学中所需要使用的在线期刊和教学案例。依据页面提供的分类检索功能，教师可以很快找到自己所需要的专业性资料。

第四个和第五个链接也都提供了许多教学资源。第四个链接主要提供了数学论坛和数学史的介绍。论坛按照代数、数学分析、组合与图形、几何、比赛和考试等模块进行分类，可以清晰地将同类别问题聚集到一起。在数学史介绍中，数学家的相关事迹资料多来源于维基百科网站，教师在了解了这些数学家的生平之后，能更好地去激励和启发学生学习数学。第五个链接主要汇集了概率与统计的教学经验，这里有一些交叉学科，如生物统计、医学统计等，通过与不同学科间的交叉融合展现了数学的魅力，让数学更好地服务于生活，服务于人类。

总而言之，Sésamath 网站提供了不同类型的教学和学习资源，不同类型的资源在传播数学知识，丰富教师和学生学习生活的同时，提高了教师的教学热情，增加了学生的学习乐趣。该网站可作为利用信息技术服务于数学教学的典范。反观国内，类似有影响力的数学教学网站较少，仍需补充。

（二）法国数学学科相关的软件

Sésamath 数学教学网站会介绍一些专门的教学软件，并给出了数学教学软件对应的网页链接。图 9 - 13 给出了该网站中的几种常用数学教学软件，直接点击图标就能链接到相应的软件中去，按从左到右，从上到下进行介绍。

图 9－13　法国 Sésamath 网站给出的数学软件链接

第一种软件是一个专门的数学图形绘制软件，可对几何模型进行分析和模拟，需要指出的是该软件是免费使用的。打开该软件链接如图 9－14 所示，可以看出该软件类似于我国教材里的几何画板，可根据界面左端的分类选择需要的作图类型。依据实际需求作出需要的几何图形，图 9－15 给出了示例图形，可以看出利用该软件可以作抛物线、圆等平面图形以及空间几何体，软件使用简洁，结果展现明了，为几何教学提供了一个实用工具。

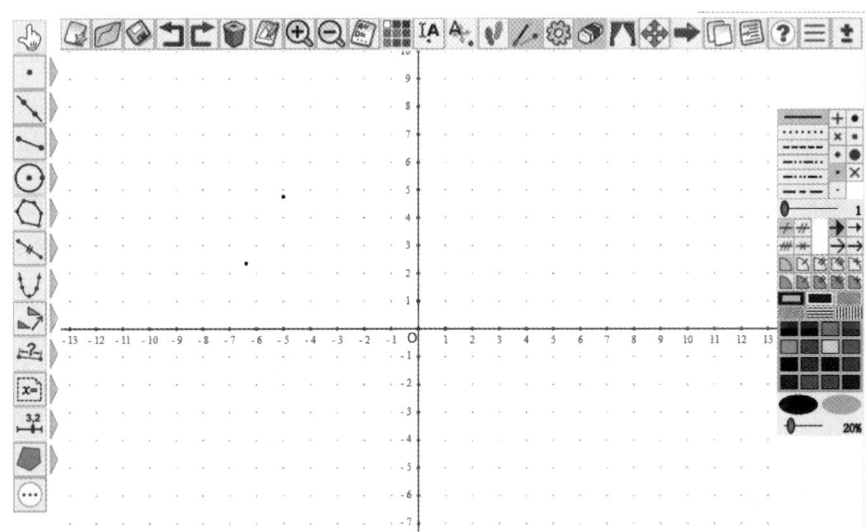

图 9－14　Mathgraph 软件使用界面

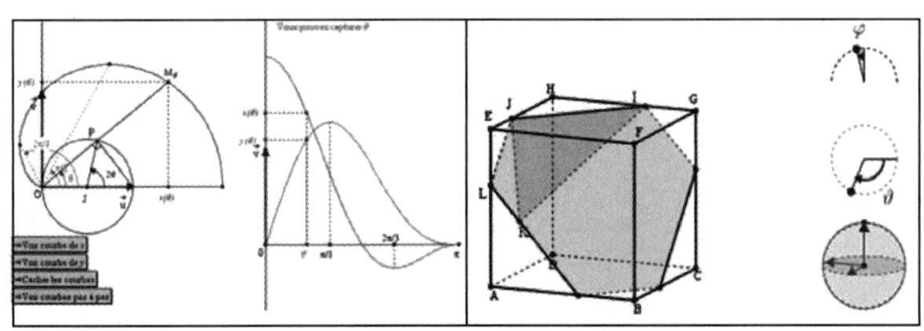

图 9－15　Mathgraph 软件中的应用举例

第二种软件主要对学生的学习过程进行跟踪、管理和评估，并不局限于数学学习。学生从幼儿园到高中阶段均能使用，软件按照他们的兴趣爱好、成长经历、学习过程等信息进行分析与评估，教师、家长和学生都可以访问对应的评估结果。教师可以通过该软件随时掌握每名学生的学习状态，特别是针对没有掌握的知识，进行有目的的教学补充。家长可及时了解孩子的学习情况，对学生进行有效鼓励和引导。学生可清楚地知道自己已经掌握了什么，对于自己没有获得的知识，做到心中有数，进行针对性地学习。该软件的优点是，通过技能评估向学生表明，即使在困难中也明白自己已经获得了某种技能，对自信、自尊的培养很重要，给予学生犯错的机会，更重视如何实施针对性的成功补救。通过技能评估，学生及其家人可以明确了解所学的概念，了解学校的期望，有利于家校间沟通及建立家校间信任。

第三种软件允许使用几何虚拟仪器来创建自定义动画，工具本身类似于图形化编程模块，利用该软件创建的动画不需要直接的代码编程，有利于学生使用。软件界面打开后如图 9 - 16 所示，在界面上方有一系列可操作的工具，选中需要操作的模块即可作出图形。例如，使用圆规、直尺、三角板等工具展示作图，也可以添加文本材料、直接作出直角、平行线、扇形等多种图形。工具均是已编程好的实物图形，使用方便，展示直观，教师可以通过简单的操作示范，让学生迅速掌握软件的使用过程。所作图形可以添加动画形式，可以在线展示所做成果，也可以自由导出到其他应用程序上。这种操作简单方便，作图步骤直观清晰的数学工具深受大家喜爱。

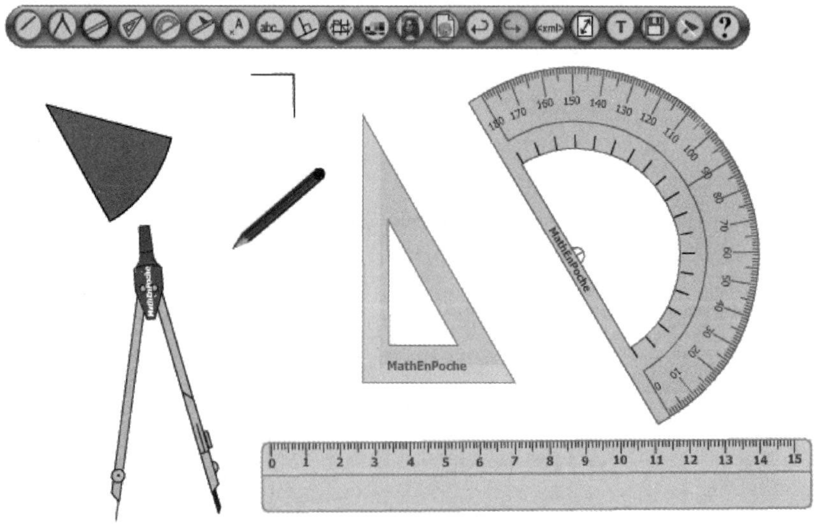

图 9 - 16　Instrumenpoche 软件使用界面

第四种软件是一种几何软件,可在线使用,无须安装。由于使用方便,该软件无须占用硬盘空间,教师在数学课堂上也可以很轻松地运用,因此在学校教学活动中经常用到该软件。其中,最具直观的功能是动画模式,图 9－17 为动画模式的一个展示。图 9－18 是利用该软件画出函数图像及函数切线,并能求出函数图像与坐标轴的交点以及切点,且可以选择在右侧编程中变换函数表达式并改变函数图像。

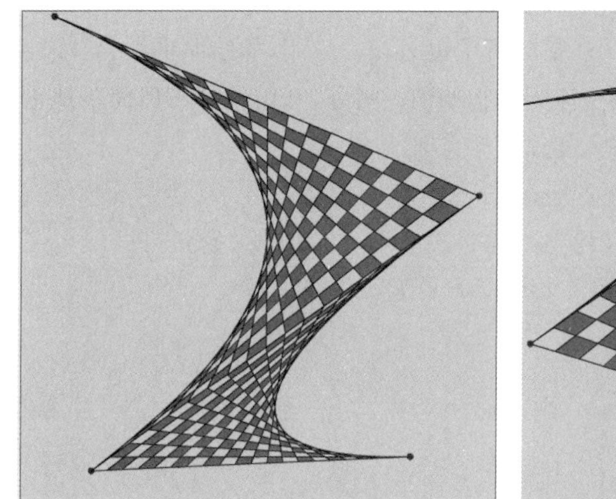

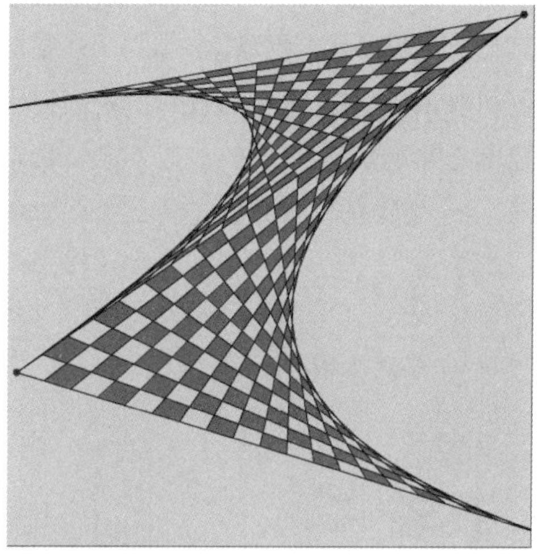

图 9－17　Tracenpoche 软件的图形变换

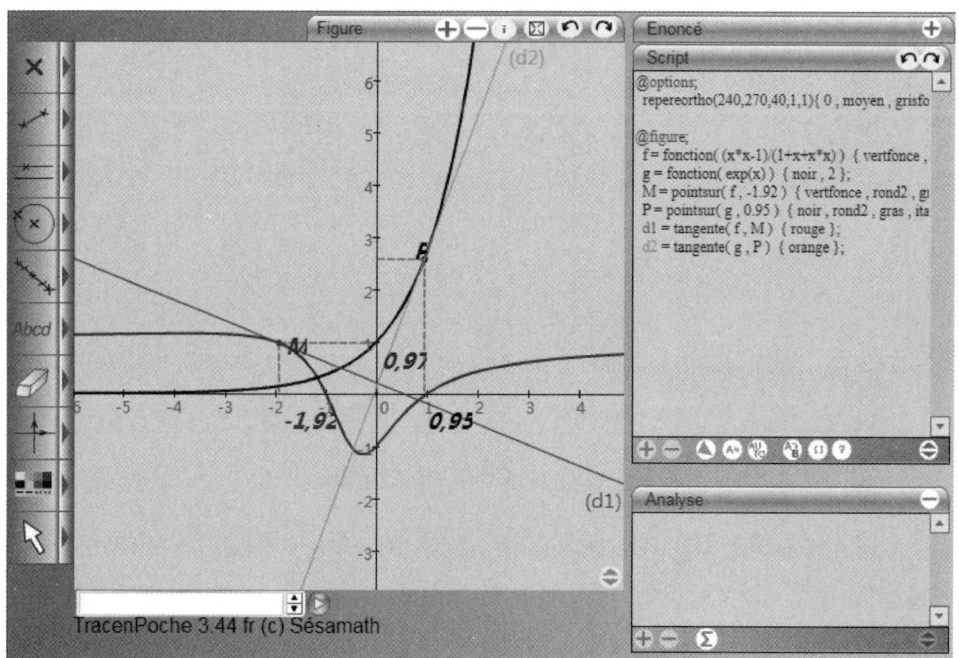

图 9－18　Instrumenpoche 中的数学图形

第五种软件涉及数值计算、几何、电子表格和编程等内容，这个软件的优势之处是它的几何部分可以与其他几个模块融合使用。第六种软件由于打开受限，这里不作过多描述。

此外，在法国一些教育论坛上还会介绍一些其他数学软件，方便大家学习交流。比如，GeoGebra 是一个动态数学软件，它将几何、代数和微积分结合在一起；GeoLabo 是一个几何软件，允许绘制数学图形、自由修改、动画、导入和自由导出到其他应用程序或者网络上，GeoLabo 在分析中也有较好应用，如绘制曲线、自动绘制切线、研究重复序列、自由地改变序列的初始值。另外，利用软件可以简单地创建重心并观察其变化情况，以 GeoGebra 软件为例：

- 创建在平面 A、B、C 三个点和 Ox 轴上三点：I，J，K。
- 在命令行中，创建 $G=\dfrac{(x(I)*A+x(J)*B+x(K)*C)}{(x(I)+x(J)+x(K))}$。
- 移动 I 或 J 或 K。（图 9－19）

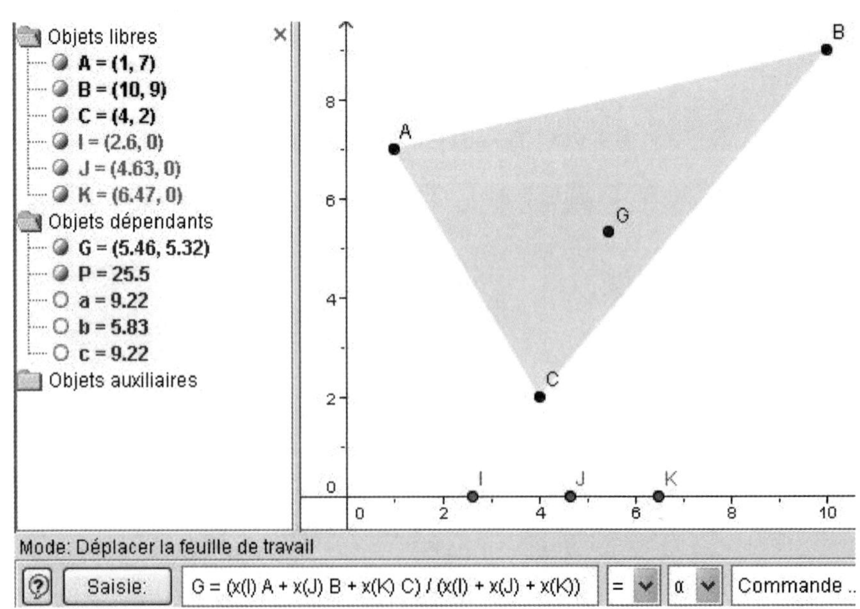

图 9－19　GeoGebra 中的数学图形

除了在平面图形中使用 GeoGebra，法国网站中还给出了 GeoGebra 立体几何的运用过程，如建立 $ABCDEF$ 的立体几何图形，如图 9－20 所示。首先，在线或下载并安装必要的存档后启动 GeoGebra 3D（图 9－20(1)）；其次，选择几何布局并使用，查看菜单并添加其他有用的窗口，如代数和 3D 图形窗口；再次，调整 GeoGebra 窗口大小并通过拖动分隔条或条形图将窗口排列在其中，或使用外部化窗口出现的按钮。

根据活动窗口是 Graph 还是 3D Graph，工具栏会有所不同，在如图 9－20(2)所示的操作界面中选择要建立的模型。

通过建立窗口、选择模型、绘制线段、构造平面等一系列操作，可以绘制立体图形 *ABCDEF*，如图 9－20(3)所示。图形包含空间坐标轴，在图形中还可以解决直线与立方体相交的问题，可以求出交点个数、交点坐标，除了线与几何体的相交问题，还可以构造平面与几何体相交的情况，能够直观地看出截面情况。另外，直线方程、平面方程、三维图形方程等都能够通过软件求出，这对以后的数学学习有很好的帮助。

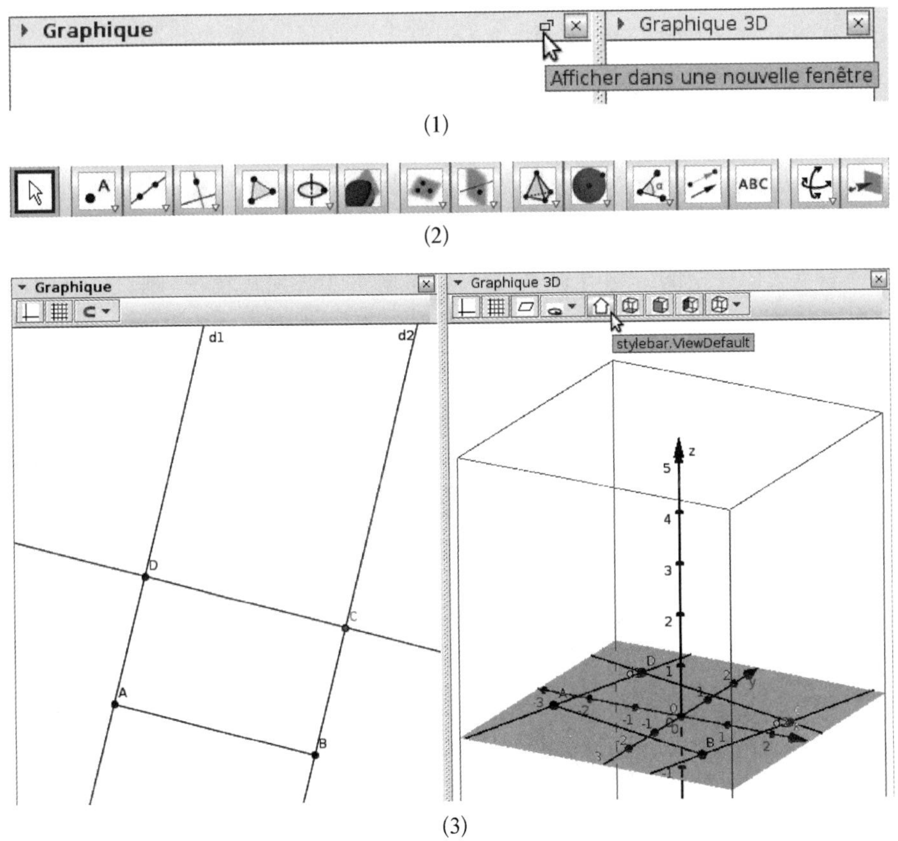

图 9－20　GeoGebra 中绘制的图形

总之，无论是教学网站还是数学教学软件，使用目的都是服务于教师的教学工作和学生的学习过程。合理使用教学网站可减少教师的教学工作负担，提高教师的数学素养；可以丰富学生的学习途径，增加学生的学习兴趣，培养学生的数学思维能力。

第三节 研究结论

总体来看,中法两国在高中数学与信息技术的整合上各有特点。法国高中数学与信息技术的融合程度较高,在数学教材、教学网站及数学软件中均涉及信息技术,学生课堂作业到课后练习也均涉及信息技术。中国高中数学与信息技术的融合程度较低,数学教材中涉及信息技术内容较少。

从两国高中数学教材及优秀案例的比较中得出以下结论:

(1) 在数学教材内容的比较中,两国教材信息技术使用的工具种类上相近,但使用的总量上,法国教材远大于中国教材。

(2) 在数学教材习题信息技术使用的比较中,法国教材习题中信息技术使用范围广且难度大多高于中国教材。

(3) 习题运用信息技术难易程度的分析中,法国在各个模块习题中运用信息技术难度整体高于中国,其中概率与统计习题中涉及的信息技术难度最大,主要原因是概率与统计类型的习题背景多为科技、金融等实际应用情境,题目多要求学生能够根据题目或者提示的算法编写程序并运行得到对应的结果,这对学生而言不仅要掌握必要的背景知识,还要掌握相应的信息技术使用方法。此类问题虽有难度,但对培养学生的知识运用能力以及创新能力大有帮助。

(4) 案例展示中,法国将信息技术与数学教学的融合贯穿于教材编写、课堂教学及学生课后解题的整个过程,并与其他学科相互融合、相互渗透,且配套有专业的数学网站和软件。

(5) 我国在数学与信息技术相互融合方面,还不能满足学生的个性化发展,在教学设备、师资队伍、教材编写等方面都有待完善。

使用好信息技术这把利刃,不仅能为数学课堂增加更多的乐趣与魅力,而且能强化学生对数学问题的理解程度,提高学生解决问题的能力。针对以上结论,参考目前我国高中数学与信息技术的融合情况,提出下面的建议。

一、加速信息技术与数学的融合发展

(一) 提倡建立数学专业的网站

在法国网站的展示中可以看到,通过一个专业的数学网站,可以链接到很多与数学学习、数学教学相关的网站。不仅有个性化课程，还有针对教师和学生的实用性模块。教师可以根据需要建立个性化课程，学生可以不局限于班级和学校而选择自己所感兴趣的课程；学生可以根据自己的数学学习状况，选择相应的数学辅导课程，包括教材、数学速算、专项练习等，查漏补缺，尽可能满足需要；除此之外，还有数学学习心理的测试，时刻关注学生数学学习的心理变化。教师群体可以通过网站了解会议信息，在线期刊搜索、多种多样的论坛网站让教师互相参考学习。现阶段，我国教育资源发展不均衡的情况很突出，如果能设立一个涵盖面全，汇集各类数学教师群体，紧跟时代步伐，有着协调统一模式，资源实现互助共享的网站，学校、教师还有学生都将受益无穷。

（二）开发实用功能型数学软件

在法国教学网站中，数学专业软件的介绍与使用都会一一列出。使用专业的数学软件能提高课堂时间的利用率，提升学生的数学学习兴趣，提高课堂的趣味，满足学生的发展需要。在过去条件不允许的情况下，通过手绘或实物模型等方式展示函数图像、立体几何图形等，让学生凭直观的想象去感受图形，对于几何素养不高的学生，很难想象出几何图形，将很快失去学习数学的兴趣。对于数学软件的使用，直观的图形让学生一目了然，可以培养他们绘制图形和算法编写的能力。我国现阶段在教学的过程中很少使用专业的数学软件，从长远来看，这不利于学生的发展。

（三）更新教学设备，丰富线下、线上资源

中国各个地方经济发展不平衡，导致教育的基础设施匹配不完全一致。国家已经努力在很多基础设施的配备上做到尽可能地完善，确保更多学生和教师跟上时代的步伐。国家应逐步实现教育资源的公平配置，首先，强化基础设施，每个学校都应配备标准化的数学实验室和多媒体教室；其次，从法国的教学网站中可以发现，法国专业的数学网站涵盖面全，能够关注到学生和教师的需求面，我国也应建立专业学科网站，汇集多种资源，满足教师和学生的多种需求；再次，应加大数学教学软件的开发与应用。

（四）教材编写方面，不断更新信息技术内容，进行有效融合

中国数学教材引入信息技术应用时，多以简单提示为主，不作强制学习要求。而法国教材中对于如何使用以及对学生信息技术的要求都是很明确的，我国在后

续的教材改进中,可以提供可行有效的信息技术操作步骤,真正将信息技术融入数学教育中。时代不断地向前发展,数学教材也应顺应时代,满足教育教学的需求。教材要彰显出其重要性和独特性,教材编写要体现出基础性和创新性。法国数学教材中大量信息技术的应用值得我们参考,但信息技术在数学教材中并不是越多越好,在教材编写中应合理增加信息技术内容,实现信息技术与数学教材的有效融合。

二、教材编写中注重信息技术的数学实用性价值

(一)适当增加教材中使用信息技术解决实际问题

数学教材不应拘泥于方程计算、公式证明等纯数学问题,而应适当引入信息技术,增加与人们生活联系更为密切的题材,引导学生利用信息技术方法解决一些人工难以完成或无法完成的计算、绘图等数学建模难题,更好地利用理论知识服务于实际问题的解决,这样在提高学生动手能力的同时,有利于学生创新能力的培养。教材中有关信息技术的相关习题应该广泛涉及其他学科相关知识,通过学科间的交叉融合,锻炼学生利用信息技术解决实际数学问题的能力,更有利于培养复合型人才。因此,教材习题要涉及多情景,增加选材范围。

(二)合理增加教材中的算法内容

法国课程标准中将使用算法工具作为数学活动中的必要环节,要求学生掌握运算算法、差分算法、欧拉算法和几何中的结构算法等基本算法,并能利用计算器或使用相关软件进行算法编译[1]。使用算法目的不仅是用自然语言或符号语言来描述和解决问题,更重要的是,通过对算法编写提高学生解决问题的能力。因此,我国数学教材中,有必要增加算法相关内容。

(三)增加学生与信息技术相关的数学作业

中国教材中通常不强制要求学生掌握信息技术的使用方法,应借鉴法国教材中软件使用、算法学习、程序编写、作业习题等有效形式将学与练相匹配,增加与信息技术相关的数学作业,提高学生的实践能力。

---

〔1〕 张玉环,杨莹,赵洁.中法高中数学课程内容分布的历史嬗变[J].中国数学教育,2015(3):58-64.

数学教学与信息技术的整合是一个漫长而艰巨的过程，数学教学与信息技术的整合过程需要循序渐进、持之以恒地实施。利用好信息技术这一把利剑，可以更好地进行课程改革，更好地推进素质教育，更好地培养创新型人才。

（四）信息技术习题数量及难度要适中，注重能力培养

数学中有关信息技术的习题并不是越多越难越好，数学教材中信息技术习题要数目适量、难度适中，有利于学生实践创新能力的培养。法国数学教材中信息技术涉及广泛，难度较高，不建议高中数学教材使用过量、过难的信息技术，这将增加学生的负担。数学与信息技术相互融合的过程中要把握好度，循序渐进，制定适合学生发展的方案。数学中运用信息技术不单单是训练学生的信息技术使用能力，更要培养他们的数学思维，从数学的角度去思考和解决问题。

三、有效应用信息技术，助力课堂教学

（一）有效应用信息技术，促进数学课堂的教与学

通过对法国教材相关优秀案例的展示，可以看出法国教材对学生使用信息技术的重视程度。法国高中数学教材给出计算器的详细使用过程，提高学生的数学运算效率；给出解决实际数学问题的算法流程，并要求学生通过编程编译对应习题的算法，帮助学生提高解决具体问题的能力；给出使用几何软件的操作步骤，提升学生的空间想象能力。而我国高中数学教材对信息技术的使用一般不作强制要求，案例多呈现在“阅读与思考”中，且不具体，对信息技术的重视程度不如法国，不利于学生的逻辑思维能力及实践创新能力的培养。因此，为了顺应信息化发展要求，有必要重视信息技术在数学教材中的使用。

可以通过采用信息技术进行原理讲解、动画展示，以便更好地进行数学原理的探究[1]；可利用信息技术进行模拟仿真，如概率与统计实验，可有效提高学生对概率与统计的认识，加深相关知识的理解；可利用信息技术对一些经典数学模型进行直观展示，提高学生的学习兴趣。这些功能不但使教师的课堂教学更为高效，课堂内容更为丰富，而且使学生对数学知识的理解更为直观，对数学问题的思考更为深刻。

---

〔1〕 雷沛瑶，胡典顺，沈晓凯. 三个版本高中数学教材中“信息技术应用”的比较研究[J]. 中小学教师培训，2018，382(5)：78－82.

（二）提升师生利用信息技术进行问题探究、问题解决的能力

教师是教学活动的引导者和传授者，是进行数学教育信息化改革的关键推动者。通过调查得知在实际的教学过程中，很多教师不愿意主动使用信息技术，如果我们在教材革新的过程中将信息技术主动融合到数学教材中，加大教师培训力度，可以提升教师课堂教学信息技术应用能力，拓展学生使用信息技术解决问题的能力，能改善数学课堂的枯燥，让数学在信息技术的革命中发挥重要作用。

（三）教材紧跟时代发展，加快一流教师的培养

数学教育资源在“互联网＋”时代的推动下从封闭走向开放，数学教育的教学内容、教学方式以及考核形式均需进行改变。数学教师队伍要随着技术的革新而不断更新，将第一流的知识带给学生，教师要学会适应教育的革新，更新自己的资源库，利用好信息技术这把宝剑。

与法国教材相比，中国数学教材很少涉及信息技术的使用，法国教材中信息技术的使用更为细致和具体，对学生实践创新能力的培养更加可观。法国教材在各个模块习题中的信息技术难度都高于中国。法国教材让学生根据实际问题编写程序，且课后习题较多，中国也有类似的习题但缺少让学生动手实践、发现运用的过程。例如，必修1中每个章节末的“阅读与思考”中有信息技术的使用步骤和教程，这一点非常好，但是对一线教师进行访谈，发现教师在真实的课堂上很少使用信息技术，一般都是一带而过。必修2中的知识对空间想象能力的培养很重要，中国教材中很少有体现学生使用信息技术作图的过程，而在类似知识的处理上，法国教材提倡学生使用信息技术作图，让学生在做中学，通过实践直观地看到图形的发生过程，培养学生的直观想象能力，培养学生的数学核心素养。

（四）以提升学生的核心素养为目标，弱化高考指挥棒的影响

若想提高学生的信息化素养，真正授学生以渔，首先要求教师掌握扎实的信息化基础知识，能够利用信息技术探究数学问题，解决数学问题。高考目前仍是我国选拔人才的主要方式，高考考什么，教师就会教什么，不注重学生能力的培养、核心素养的提升。信息技术不是现行高考的考查范围，教师在课堂上不会讲，学生一般也不会自己学习，从长远来看，这不利于我国数学教育的发展。针对一些教师受高考压力和教学进度的影响导致急功近利的问题，学校和课程标准中要合理安排课时，要重视统计和概率基础方面的知识，注重各种模型的理解和应用，避免学生不理解只会生搬硬套公式的现象出现。

第十章 研究结论、创新与展望

第一节 研究结论

本书首先详细介绍法国2010年开始实施的高中数学课程标准，然后依据课程标准、教材研究中法高中数学课程的内容分布，最后选择高中数学课程比较重要的内容(如微积分、函数、概率与统计、几何、代数等)以及信息技术的运用，具体比较中法高中数学课程。

一、中法高中数学课程内容分布比较研究

内容选择方面，中法两国内容的历史嬗变各有特色。法国历来更注重精英教育，而中国则越来越趋向于大众教育、普及教育。据统计，2006年，法国拿到高中毕业会考证书的比例，普通高中、技术高中、职业高中分别为35%、17.2%、12.3%，总共64.5%。也就是说，法国上普通高中且能拿到毕业证的大概有三分之一的学生。这是由两国在不同时期的社会现状、学科发展以及学生需求所决定的。

内容编排方面，法国各模块知识按年级分布越来越平衡，法国知识的编排注重螺旋式上升，即一个知识点在不同年级多次出现，认知要求逐步深入。我国一般比较注重知识的模块化学习，高中新知识的学习集中在前两年。

二、微积分、函数、概率与统计、几何、代数内容比较研究

(一) 微积分方面的思考与建议

通过中法高中微积分课程对比，对我国高中微积分课程设置和教学提出一些思

考和建议。在课程标准方面，把高中的微积分内容选定，并注意各知识点之间的衔接性、逻辑推理性；兼顾大众教育和精英教育、加强学科内的层次化教学。微积分教材方面，编排上设置课前预备练习、例题设置更详细具体、加强习题的层次化；内容上注重学科交叉与实际应用；多方面地呈现微积分。在教师方面，教师需要拥有完善的知识结构和新的教学理念；教学过程中要让学生了解微积分的重要性和趣味性，让学生有学习的动力和源泉。在考纲方面，加强高考考纲与课程标准的一致性。对学生来说，应注重理解，尽量避免死记硬背；尝试探究学习、自主学习模式。

（二）函数方面的思考与建议

通过中法高中函数课程对比，提出一些思考和建议，如注重函数概念的透彻理解，可以依托生活实例，从现实生活中抽离出函数概念，让学生循序渐进地理解函数概念。函数知识的编排方面，在保持系统性的基础上，加强各部分的联系与综合。注重学生数学思维的训练，函数知识蕴含着丰富的数学思想方法，教师在日常教学中要刻意指明函数的哪一部分蕴含了什么数学思想方法，对学生进行潜移默化的影响。加强函数模型和生活生产的联系，函数知识与生产生活有着紧密的联系，学习函数新知时注意结合实例，习题设计时多考虑与生活生产相关的背景，一方面可以提高学生的学习兴趣，另一方面便于学生理解。习题设计时，注意在充分考虑学生认知特点的基础上，做到习题的难度层层递进，这样有利于学生练习和自我检测。法国习题设计的起点低，难点各个击破，这一点值得参考。

（三）概率与统计方面的思考与建议

中法都比较重视概率与统计教育，拥有众多共同的基础知识点，也都体现了对分层教学的重视。但是，在内容要求方面，中国的知识点偏少而对实际应用的要求偏多，法国的知识点更广而对具体计算能力的要求更深；在实际应用方面，中国更倾向于与现实生活的联系，而法国更注重学科之间的联系；在信息技术使用方面，中国的要求显得比较笼统，而法国的要求则相对具体很多。基于此建议，教学时应注意加强概率与统计和其他学科的联系、合理应用实际问题于概率与统计教学、加强对计算机及软件的详细要求。

（四）几何方面的思考与建议

法国几何改革在历史上取得了一些不错的成绩，“二战”后几何内容沿着现代化的道路前进。法国课程标准中的几何内容强调以解决实际问题为学习动机、注重几何与代数的交叉融合、轻推理但强调几何方法的多样性、对信息技术使用说明比较具体等。基于此建议，教学时应注意推理和直观的平衡；注重几何与现实问题之间的联系；注重几何和各学科之间的联系；合理使用信息技术等。

（五）代数方面的思考与建议

中法两国高中数学课程对代数的侧重不同。相比而言，法国更注重复数内容。在知识的呈现方式上，法国更具有开放性，知识点没有进行细致划分。基于比较研究，建议代数内容注重生活化，加强与其他学科的交叉融合，适度深化复数内容等。

三、中法高中数学课程信息技术运用的比较研究

法国高中数学与信息技术的融合程度较高，而我国较低。基于此，建议我国加速信息技术与数学的融合发展，如建立数学专业的网站，更新教学设备，丰富线下、线上资源等；同时，教材编写注重信息技术的数学实用性价值，如合理增加教材中的算法内容，增加相关作业等；加强课堂教学中信息技术的有效应用。

数学课程内容的选定，应从最需要、最基础、可接受性出发，并要协调好社会、学生及学科三因素。数学课程的内容编排，要根据学生的认知特点及知识的特性来考虑，并且要进行大量的实践检验。总之，基础教育的内容影响着国民的整体素质，每次课程改革一定要谨慎。

第二节　研究创新与展望

一、研究创新

近几十年来，国内系统介绍法国高中数学教育的文献非常有限，本书从纵向与横向、定性与定量、宏观与微观角度比较研究中法高中数学课程标准、教材。具体而言，研究创新主要体现在以下两个方面。

（一）研究文本全面且有代表性

本书主要选取中法 1990 年以来实施的高中数学课程标准、中国人教 A 版高中教材、法国两个版本的教材为研究对象。

（二）研究方法的创新

采用宏观与微观、纵向与横向、定性与定量相结合的比较方法。其中，定量分析包括广度、深度、难度、认知水平分布、知识模块分布的分析研究；用教育统计方法处理量化出来的大量数据，再进行原因分析。

二、研究展望

本研究尝试解决了一些问题，仍有不少问题需要进一步研究。

（一）中法高中数学更全面、细致的研究

分内容研究方面，本书主要选择比较重要的内容，如微积分、函数、概率与统计、几何、代数等，后续研究中，可以展开对复数、数列等内容的更全面细致的比较研究。

内容研究方面，可以考虑更细致地研究核心内容知识。以函数内容为例，对课程标准函数内容、教材函数内容和教材习题比较研究时，以整个函数内容为研究对象，没有对函数各部分进行细致的研究，在后续的研究中，可以把函数内容分为函数的图像和性质、指数函数、对数函数、幂函数和三角函数等几个部分，从知识选择、知识讲解等具体的角度分别进行中法之间的对比，从而能为中国教材中的函数内容提供更为细致的参考。

（二）量化模型的进一步改进研究

本书涉及的量化模型包括课程标准的广度、深度、难度；教材内容的广度、深度、难度；教材例习题的难度。其中，影响难度的因素很多，也较为复杂，如何更客观地量化需要进一步考虑。例如，如何考虑同一内容在不同年级学习的难易程度？在教材难度模型建立时，如何客观、准确地量化定义、概念的不同引入方式？

（三）中法义务教育数学课程的比较研究

本书只对中法高中数学课程进行比较研究，国内近几十年来对法国义务教育阶段数学课程的系统研究比较有限。在后续研究中，可以尝试对中法小学、初中数学课程进行定性、定量的比较研究。

(四) 法国课堂教学实践的研究

本书主要针对文本(课程标准、教材)进行研究,没有关注法国的课堂教学实践。课堂教学是教育落实的关键,后续研究中,可以尝试开展法国基础教育数学课堂教学实践的研究,如课堂教学效果分析、师生互动研究等。

图书在版编目（CIP）数据

中法高中数学课程比较研究 / 张玉环著. — 上海：上海教育出版社, 2020.12
（中小学数学课程国际比较研究丛书 / 曹一鸣主编）
ISBN 978-7-5444-9538-7

Ⅰ. ①中… Ⅱ. ①张… Ⅲ. ①高中 - 中学数学课 - 对比研究 - 中国、法国
Ⅳ. ①G633.602

中国版本图书馆CIP数据核字(2020)第223639号

策　　划　刘祖希
责任编辑　周明旭　潘迅馨
封面设计　王　捷

中小学数学课程国际比较研究丛书
中法高中数学课程比较研究
曹一鸣　丛书主编
张玉环　著

出版发行　上海教育出版社有限公司
官　　网　www.seph.com.cn
地　　址　上海市永福路123号
邮　　编　200031
印　　刷　上海信老印刷厂
开　　本　700×1000　1/16　印张 19　插页 3
字　　数　340 千字
版　　次　2021年1月第1版
印　　次　2021年1月第1次印刷
书　　号　ISBN 978-7-5444-9538-7/G·7875
定　　价　59.00 元

如发现质量问题，读者可向本社调换　电话：021-64377165